TIAOSHUI
TIAOSHA

水库调水调沙

焦恩泽　缪凤举　林秀芝　著

黄河水利出版社
·郑　州·

内 容 提 要

本书用实例论述了水库调水调沙的的发生、发展与逐步完善的过程，同时又将调水调沙分为多年调节、年调节、日周调节和适时调节4种类型。用泥沙运动基本理论概括了水库调水调沙的基本条件和必要条件；依据国内已建水库的实践，总结出了水库调水调沙的正面作用和负面影响。另外，还较多地介绍了三门峡水库调水调沙的经验和遇到的问题以及解决问题的思路与结果，对梯级水利枢纽联合运用（调水调沙）以三门峡水库和小浪底水库为例提出了建议性的框架。

本书可供规划设计、工程管理人员以及高等院校相关专业师生参考使用。

图书在版编目（CIP）数据

水库调水调沙/焦恩泽，缪凤举，林秀芝著．—郑州：黄河水利出版社，2008.11

黄河水利委员会治黄著作出版资金资助出版图书

ISBN 978-7-80734-521-3

Ⅰ．水…　Ⅱ．①焦…②缪…③林…　Ⅲ．水库-水利建设　Ⅳ．TV62

中国版本图书馆CIP数据核字（2008）第157152号

策划编辑：岳德军　电话：0371-66022217　E-mail：dejunyue@163.com

出 版 社：黄河水利出版社

地址：河南省郑州市金水路11号　　邮政编码：450003

发行单位：黄河水利出版社

发行部电话：0371-66026940、66020550、66028024、66022620（传真）

E-mail：hhslcbs@126.com

承印单位：河南省瑞光印务股份有限公司

开本：787 mm×1 092 mm　1/16

印张：15

字数：346千字　　印数：1—1 000

版次：2008年11月第1版　　印次：2008年11月第1次印刷

定价：45.00元

王瑶水库近坝左岸露滩后溜滩与冲刷情况

王瑶水库泄水
遂洞口冲刷情况

王瑶水库近坝上游的泄空冲刷情况

巴家嘴水库泄空时，大量漂浮物与泥草到达泄水口实况

巴家嘴水库泄空冲刷过后冲刷出新的河槽实况

巴家嘴水库泄空冲刷出高含沙水流实况

恒山水库泄空水位下降到输水洞闸门上游石洞口冲刷实况

恒山水库水位继续下降，大堆泥滩进入输水洞实况

接近输水洞底板进入输水洞的泥块实况

泥滩与滩地杂草进入恒山水库输水洞前

前　言

黄河是世界上著名的多沙河流，几千年来灾害不断，黄河难以治理也缘于其泥沙之多。以修建在黄河中游地区三门峡峡谷地段的三门峡水文站（1958 年以前为陕县水文站）为准，黄河的多年（1919～1998 年）平均径流量为 397 亿 m^3，输沙量为 13.5 亿 t，平均含沙量为 34 kg/m^3。水库修建以后，如何处理泥沙问题在规划阶段大体上预想三种途径：水土保持，在支流上修建大型拦泥库堆沙，利用异重流排沙。

三门峡水库于 1960 年 9 月中旬关闸蓄水，时逢三年自然灾害，黄河上中游水土保持、拦泥库等规划项目难以落实。至 1962 年 4 月，三门峡库区共淤积泥沙近 15 亿 m^3，占 335 m 高程以下库容 96.5 亿 m^3 的 15.5%。同时，渭河下游的华县至渭河河口河段的两岸地下水水位上升，盐碱化、沼泽化面积扩大。由于泥沙淤积上延，回水末端超出原来规划的范围，水库被迫由蓄水运行改为滞洪排沙运用。

1964 年为丰水年份，进库（四站❶）径流量为 659.2 亿 m^3，输沙量为 29.19 亿 t。三门峡库区淤积量达 40 亿 m^3，潼关河床高程由建库前的 323.4 m 上升到 328.1 m（1964 年 11 月 1 日），给渭河下游带来更大的威胁。基于上述严峻的形势，自 1965 年起对三门峡水利枢纽工程进行第一次增建（建 2 条泄洪洞）和改建（将 4 条发电引水管改为泄洪管）。

1967 年又是丰水年，进库径流量为 678 亿 m^3，输沙量为 28.9 亿 t，1967 年汛后潼关高程上升到 328.38 m。因此，国务院决定对三门峡水利枢纽工程进行第二次改建（打开施工导流底孔，电站引水口下卧到 287 m），于 1973 年 11 月基本完成。自 1973 年 11 月开始，三门峡水库采用蓄清排浑的方式进行调控运用。1977 年，张启舜、龙毓骞首次提出：三门峡水库运用模式为调水调沙。

三门峡水库调水调沙已历时 30 余年，取得了非凡的成就，为国内外所公认，它为在多沙河流上修建水库解决了保持库容、维持冲淤平衡的问题，达到了国际领先水平，也为国内大型水库（黄河小浪底、长江三峡）所采用。

然而，调水调沙模式也是有条件的，并非所有水库都可以采用。调水调沙又有多种形式：多年调水调沙，年内调水调沙，洪水（大流量）调水调沙以及适时调水调沙。

此外，若调水调沙运用调度不当也会出现负面影响，如进库的径流量、输沙量发生变异，流域内人类活动以及自然界发生异动，枢纽下游对水库运用的要求等，都会影响年度调度运用的筹划与更改。作者基于上述考量，以及所接触的实际，感到：对于调水调沙的正面作用人们为之欢呼，而其负面作用却鲜为人知；调水调沙的必要条件尚无人概括，调水调沙的原理尚未理清，调水调沙的效应也有待总结。为此，在一年左右时间的构思后，根据所了解的情况和掌握的资料，作者编写了《水库调水调沙》一书，它补充了《黄河水库

---

❶ 四站是指龙门（黄河）、河津（汾河）、华县（渭河）、洑头（北洛河）。

泥沙》(黄河水利出版社,2004 年版)一书之不足。由于作者对调水调沙的了解并不全面,而且调水调沙的内容和所涉及的范围还在发展,有待在实践过程中不断补充与完善,本书如能起到抛砖引玉的作用,作者也就很欣慰了。

本书第一至十三章、第十六至十八章由焦恩泽编写,第十四章由缪凤举编写,第十五章由林秀芝编写。全书由焦恩泽统稿。本书在编写过程中得到了黄河水利科学研究院时明立院长、江恩惠副院长、姚文艺总工的鼎力支持,并得到了张清、王平工程师的大力协助。另外,本书的部分研究成果得到国家“十一五”科技支撑项目(项目编号:2006BAB06B04)和水利部公益性行业科研专项(项目任务书编号:200701007)的资助,在此一并表示感谢。

书中尚有多处不完善的地方,敬请读者批评指正。

作 者

2007 年 9 月

目　录

第四篇　水库调水调沙的实践

第一篇　绪　论

第一章　水库调水调沙概述

自从三门峡水库采取调水调沙运用以来，相关科技工作者通过实践不断地总结经验，逐步对其进行改进和完善，时至今日已经有30余年了，所取得的成就已风靡国内外。其之所以被人们高度重视，是因为水库调水调沙可使在多沙河流上修建的水库减少淤积，保持部分库容长期可以使用，为防洪、防凌、灌溉、供水发挥了重要作用。

调水调沙从字面上看似乎只是水库管理的一种方式，然而实际上它却涉及水库管理工作的方方面面。调水可以理解为将大流量过程的径流量存蓄在水库中，待枯水季节向下游补水。当然，有很多水库尚有防洪、防凌、发电等多目标的开发；而调沙则是以往没有出现过的事情。

闹德海水库修建后历经30多年仍保持3/4左右的库容可以（能够）长期使用，它的运用方式为滞洪排沙。1970年以后，在坝体上安装闸门实施控制运用，水库仍然保持长期可以使用的库容。

黑松林水库采用蓄清排沙运用，既缓解了水库淤积，又满足了下游农民引浑灌溉的要求，其经验非常可贵，这实际上是蓄清排浑的原型。

三门峡水库实施调水调沙运用也不是凭空而来的，是在吸取了其他水库的经验，对三门峡水库1960~1968年实测资料进行分析、研究与总结后，得到了升华。

通过总结三门峡库区泥沙运动，发现三门峡库区在洪水期的输沙能力大于建库前天然河道的输沙能力，称之为富余输沙能力。

在1974年三门峡水库正式采用蓄清排浑运用之后，许多学者围绕着这一运用模式进行了多方面的研究与探讨。关于水库富余输沙能力，在第二期改建规划工作期间只是在资料分析中，从感性认识方面得知富余输沙能力确实存在。然而，为什么水库中的能坡（比降）变小而输沙能力却反而增大了呢？直至进入调水调沙运用之后才从理论上得到了解决。焦恩泽于1981年在《泥沙研究》发表的《可用库容问题的研究》[1]一文中提出了理论方面的观点，并在用实测资料佐证之后，又在《人民黄河》2006年增刊[2]中做了补充。

有关可用库容（又称为长期可以使用库容）的问题，韩其为早在1978年就论证了可用库容的存在及计算方法[3,4]；1980年，夏震寰等在国际学术会议上发表了相关的论文[5]。然而，并非所有修建在多沙河流上的水库都存在可用库容，对于修建在平原河流上的水库，其可用库容实际上是平滩流量情况下的河槽体积。

水库调水调沙是张启舜、龙毓骞在1977年首先提出的，他们经过认真思考，将非汛期淤积在库内的泥沙调整到汛期排沙出库，称之为调沙；而调水则不言自明。1993年，杨庆安、龙毓骞等组织多名专业人员对三门峡水库的运用做了系统的研究，将水库运用方式作为专题进行了总结[6]。

经过几十年的实践证明，水库调水调沙是解决修建在多沙河流上水库泥沙问题的有效途径，同时也为水资源的利用找出了新的思路，并且经过许多水库应用与改进都取得了显著效益。

然而，调水调沙运用更应因地制宜。任何一座水库都有其特性，从地理、地貌方面来分析，其可能处在某流域的上游、中游和下游，原始地貌可能是峡谷型、湖泊型，或者兼而有之，原始河床组成又有基岩、卵石、砾石、粗细泥沙之分。这些边界条件对于调水调沙运用方案的制订有着密切的关系。进库径流量、输沙量及其在年内的分配是调水调沙运用方案的制订必须考量的重要因素。有的水库非汛期与汛期的径流量几乎相等，如黑松林水库汛期（6～9月）径流量占全年的42.7%，而有些水库汛期径流量占全年的60%以上。就某一座水库来讲，非汛期输沙量多年平均值占全年输沙量的15%左右，然而在个别年份却占全年输沙量的67.6%，如三门峡水库1991年（运用年）非汛期输沙量为4.158亿t，汛期输沙量只有1.992亿t，全年输沙量为6.15亿t。这种特殊情况会给调水调沙运用带来极其不利的后果。因此，在制订年度调水调沙计划时，应当考虑水库前期的冲淤情况，相应地调整运用年的方案。

流域内大兴水利、水电及水土保持工程之后也会改变其下游水库的进库径流量与输沙量及在年内的分配，而这种改变又给调水调沙运用带来了新的问题，这些都是要求管理工作者时刻关注的问题，而且管理工作者还应对应改变后的情况来调整水库运用方案。

水库周边地区在修建水库之后会受到影响，而其在为发展工农业生产取水、城镇的发展提供水资源的同时又会产生负面影响。为此，在采用调水调沙运用方案时应予以重视。例如，万家寨水库在规划设计时就确定回水与淤积末端要控制在拐上断面以下，因为拐上断面以上是黄河内蒙古河段，该河段属冲积性平原河流，河床坡降较缓，只有1.2‰左右，若回水末端上延到这一河段，将引起内蒙古河段河床高程上升，从而危及防洪、防凌安全，威胁该地区工农业生产。

此外，还要关注水库排沙对下游河道的影响，三门峡水库在小浪底水库蓄水之前，水库排沙过程就十分重视出库的流量与含沙量过程搭配是否合理，避免"小水带大沙"对黄河下游产生不利影响。

总之，采用调水调沙运用方式时，不能只看有利的一面（解决水库淤积问题），还要更多地全面衡量诸多问题，才能事半功倍。

基于上述理念，本书构思与编写的内容共分四篇十八章：第一篇为绪论，包括第一章至第三章，主要叙述了调水调沙在生产实践中的重要作用，调水调沙产生、发展与完善的过程，调水调沙必备的条件；第二篇论述了水库调水调沙的基础理论，为第四章至第六章，分别讨论了水库富余输沙能力、溯源冲刷输沙能力以及可用库容问题，这三方面的内容是支持调水调沙的基础理论。只有在满足基础理论的前提下，才有可能论证调水调沙的可行性；第三篇主要介绍了已有的水库调水调沙效应，为第七章至第十一章，深入讨论了调水调沙与保持库容的关系，调水调沙控制淤积上延，合理调控出库水沙过程，调水调沙对下游河道的效益以及调水调沙的负面影响；第四篇主要介绍了已有水库调水调沙的实践，为第十二章至第十八章，分别介绍了各种调水调沙的经验、效益。

参考文献

[1] 焦恩泽. 可用库容问题的研究[J]. 泥沙研究，1981(3)：57-65.

[2] 焦恩泽，等. 水库调水调沙的原理与实践[J]. 人民黄河，2006(增刊)：22-26.

[3] 韩其为. 论水库的长期使用[G]//长江水利水电科研成果选编. 武汉：长江流域规划办公室，长江水利水电科学研究院，1980.

[4] 韩其为. 长期使用水库的平衡形态及冲淤变形的研究[J]. 人民长江，1978(2)：18-35.

[5] 夏震寰，等. 论长期使用库容[C]//第一届河流泥沙国际学术讨论会论文集(第二册). 北京：光华出版社，1980：753-762.

[6] 杨庆安，等. 黄河三门峡水利枢纽运用与研究[M]. 郑州：河南人民出版社，1995.

第二章 调水调沙的由来与发展

第一节 调水调沙源于黑松林水库

蓄清排浑运用最早是从黑松林水库运用中总结出来的经验❶，其后由三门峡水利枢纽二期工程改建规划设计工作组提升到理论高度。

黑松林水库位于陕西省淳化县境内的冶峪河，冶峪河是渭河二级支流，发源于淳化县凤凰、英烈二山；经淳化、泾阳至三原与清水河相汇，进入石川河。水库集水面积为 286 km^2，占流域总面积的 77.3%。流域地貌为黄土丘陵沟壑区，多暴雨，水土流失严重，侵蚀模数约为 2 400 t/(km^2 · a)。多年年均径流量为 1 417.9 万 m^3，输沙量为70.31 万 t，表 2-1 为径流量、输沙量和含沙量的年内分配值。

表 2-1 淳化水文站 1961～1971 年平均水沙年内分配

月份		1	2	3	4	5	6	7	8	9	10	11	12	全年
径流量	径流量(万 m^3)	73.5	75.3	85.6	97	128	81.5	138	228	160	154.5	114	82.5	1 417.9
	占全年(%)	5.2	5.3	6.0	6.9	9.0	5.8	9.7	16.1	11.3	10.9	8.0	5.8	100
输沙量	输沙量(万 t)	0.014 5	0.019 7	0.041 3	0.052 2	1.33	1.325	15.54	50.45	1.285	0.212	0.023 6	0.013 2	70.31
	占全年(%)	0.02	0.03	0.06	0.08	1.89	1.89	22.10	71.75	1.83	0.30	0.03	0.02	100
含沙量(kg/m^3)		0.20	0.26	0.48	0.54	10.4	16.3	112.6	221.3	8.0	1.4	0.21	0.16	49.6
流量(m^3/s)		0.27	0.31	0.32	0.37	0.48	0.314	0.52	0.85	0.62	0.58	0.44	0.31	0.40

黑松林水库于 1959 年 5 月建成并投入运用，大坝为均质土坝，坝高 45.5 m，在大坝右侧设置一孔输水兼作排沙洞，各项工程指标见表 2-2。

表 2-2 黑松林水库各项工程指标

总库容（万 m^3）	860	坝底高程（m）		1 729
有效库容（万 m^3）	790	输水洞	进口断面尺寸（m）	2×1.5
死库容（万 m^3）	70		设计流量（m^3/s）	5.0
坝顶高程（m）	1 774.5		最大泄量（m^3/s）	10
输水洞进口高程（m）	1 741.5	泄洪道设计泄量（m^3/s）		675
泄洪道底坎高程（m）	1 764.5			

❶ 黄河水库泥沙观测研究成果交流会，水库泥沙报告汇编，1973 年 12 月。

黑松林水库兴建的目标为以灌溉用水为主兼顾防洪。其于1959年5月建成并开始蓄水，由于进库输沙量较大，至1962年汛前，库区共淤积泥沙268万m^3，占总库容的31.2%，任此发展下去水库很快会被淤废。

由表2-1可知，径流量在年内分配比较均匀，月最大径流量为228万m^3（8月），占全年径流量的16.1%，月最小径流量为73.5万m^3（1月），占全年径流量的5.2%，最大值与最小值的比值为3.1。径流量超过100万m^3的月份有5月、7~11月，共6个月，占全年径流量的65%。

输沙量则集中在7、8两月，约为66万t，占全年输沙量的93.85%，相应的径流量只占全年的25.8%，那么其他月份的总沙量只占全年总沙量的6.15%，其相应的径流量却占全年径流量的74.2%。其中，非汛期（10月~翌年5月）的径流量占全年径流量的57.2%（见表2-1）。

从径流量和输沙量在年内各月的分配来看，进入黑松林水库的径流量和输沙量有以下几个特点：①非汛期沙量很小，不足2万t，而径流量达到810.4万m^3，非汛期输沙量对水库的威胁很小，可以拦蓄的径流量很丰富，基本上可以满足下游灌溉用水；②汛期输沙量集中在7、8两月，特别是集中在几场洪水期，最大含沙量可达到800 kg/m^3，上游来沙组成较细，中值粒径为0.025~0.03 mm，由于含沙量大、泥沙组成细，即使在库区沉降，其沉速也比较缓慢，若淤积历时短暂也容易冲刷，排沙出库；③水库下游灌区有引洪淤灌的习惯，泥沙中含有大量的有机质，肥分很高，对农作物有利。

基于上述各方面的原因，改变水库运用方式势在必行。黑松林水库于1962年汛期改为非汛期蓄水、汛期敞泄排沙、下游引洪淤灌的运行方式，将这种运用方式称为蓄清排沙。自1962年5月至1972年11月，进库总沙量为667万t，出库总沙量为529万t，库区仅淤积138万t，库区淤积主要发生在三次较大洪水期间，如表2-3所示。

表2-3　黑松林水库三次较大洪水进出库水沙特征值

日期（年-月-日）	进库				出库				排沙比（%）
	Q_{max} (m^3/s)	W（万 m^3）	W_s（万 t）	S_{max} (kg/m^3)	Q_{max} (m^3/s)	W（万 m^3）	W_s（万 t）	S_{max} (kg/m^3)	
1969-08-09	251	321.0	100.0	585	6.54	247.9	38.95	418	39.0
1970-08-04	370	326.0	118.0	438	8.79	255.0	75.76	606	64.2
1971-08-20	465	592.7	148.0	314	10.75	488.0	86.2	621	58.2

从表2-3中可以看出，进库洪峰流量远远大于下泄流量，是泄流量的40倍左右。由于泄流能力太低，库区在洪水过程发生壅水，进库泥沙发生沉积，三次洪水造成库区淤积沙量高达165万t。因此，黑松林水库出现三种排沙形式：异重流排沙、壅水排沙和敞泄排沙。图2-1是1971年8月洪水进出库流量和含沙量、库水位、清浑水交界面、进出库的d_{50}综合过程线。从图中可以看出：20~24日发生异重流，其清浑水交界面变化过程很清楚；

25 日以后库水位急剧下降，属于壅水排沙过程，出库含沙量迅猛增加；26 日以后属于泄空排沙，出库含沙量突然增大。

由于黑松林水库的泄流规模很小，遭遇较大洪水过程就会产生异重流排沙，洪水过后又会出现壅水排沙和泄空排沙。分析这三种排沙形式可以得知，黑松林水库是一种不完整的蓄清排浑的运用模式。然而，虽然是不够完善的运用模式，但毕竟是首次提出了解决多沙河流水库淤积的途径，仍然引起了人们的关注。

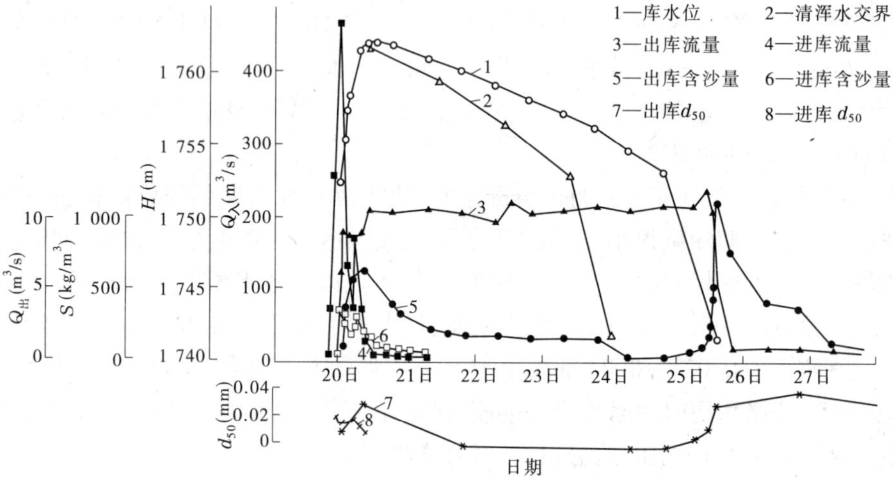

图 2-1　黑松林水库一次洪水综合过程线

所以，在论述蓄清排浑运用方式时，黑松林水库的经验是开创了先例，功不可没的。

黑松林水库的经验为：非汛期有水可蓄，汛期敞泄可以排沙减淤，下游灌区乐于引水引沙、引洪淤灌，保持部分库容用以防洪。

第二节　生产要求闹德海水库调控运用

闹德海水库位于辽宁省彰武县辽河支流柳河中游的闹德海村，控制流域面积 405 km^2，于 1942 年建成，至 1970 年 10 月为滞洪排沙运用。1963 年 7 月大水后，鉴于防洪需要，于 1965 年扩建，大坝加高 3.5 m，坝顶高程达 191.5 m，相应库容增加到 1.96 亿 m^3。为了充分利用水资源，于 1970 年在大坝 5 个底孔（151 m 高程）、2 个中孔（163.5 m 高程）和顶部溢流坝段安装闸门后，于 1970 年 11 月起实施控制运用，解决了下游部分地区和城市用水。控制运用后的原则是：冬春两季蓄水拦沙，根据需要向下游和城市补水；6 ~ 9 月敞泄排沙，以期达到库区年内冲淤平衡。

大坝扩建之前，柳河发生两次大洪水：第一次发生在 1949 年汛期（无详细资料）；第二次发生在 1963 年 7 月 23 ~ 27 日，进库最大流量达 8 040 m^3/s，洪水总量为 2.045 亿 m^3，输沙量为 0.676 亿 t，见表 2-4。

各年代闹德海水库进出库径流量与输沙量见表 2-5 及表 2-6。

表 2-4 柳河 1963 年洪水特征值

项目	石门子水文站	三家子水文站
最大流量(m^3/s)	7 000	1 040
相应含沙量(kg/m^3)	288	1 190
洪水水量(万 m^3)	16 800	3 650
洪水沙量(万 t)	3 670	3 090
平均含沙量(kg/m^3)	219	847

表 2-5 20 世纪各年代闹德海水库出库径流量与输沙量统计❶

项目	年代	汛期	非汛期	全年	非洪水期
径流量(万 m^3)	70 年代	13 674	10 257	23 931	4 675
	80 年代	8 802	8 452	17 254	3 197
	90 年代	13 434	9 997	23 431	3 028
	多年平均	11 807	9 521	21 328	3 700
输沙量(万 t)	70 年代	888	40	928	51
	80 年代	576	12	588	36
	90 年代	692	11	703	29
	多年平均	721	22	743	40

表 2-6 20 世纪各年代闹德海水库进库径流量与输沙量统计❶

项目	时段	汛期	非汛期	全年	汛期/全年(%)	非汛期/全年(%)	非洪水期
径流量(万 m^3)	60 年代*	20 856	13 939	34 795	59.9	40.1	—
	70 年代	12 277	9 927	22 204	55.3	44.7	3 793
	80 年代	7 966	6 965	14 931	53.4	46.6	3 017
	90 年代**	12 646	9 021	21 667	58.4	41.6	3 236
	多年平均	12 608	9 567	22 175	56.9	43.1	3 361
输沙量(万 t)	60 年代*	2 328	130	2 458	94.7	5.3	—
	70 年代	601	94	695	86.5	13.5	63
	80 年代	464	47	511	90.8	9.2	31
	90 年代**	490	56	546	89.7	10.3	43
	多年平均	850	78	928	91.6	8.4	46

注:带*者为 1964~1969 年;带**者为 1990~1996 年。

❶ 黄河水利科学研究院,闹德海水库延长蓄水期库泥沙问题的研究,HX-9818-053,1998 年 12 月。

从表 2-5 及表 2-6 中可以看出，库区多年平均淤积量为 185 万 t，约合 140 万 m^3。表中还给出，非汛期多年平均进库输沙量为 78 万 t，占全年输沙量 928 万 t 的 8.4%；非汛期多年平均进库径流量为9 567万 m^3，占全年径流量 22 175 万 m^3 的 43.1%。由此可知，非汛期有水可蓄，而进库沙量较少，水库可以按蓄清排浑方式运用。

闹德海水库自 1970 年 11 月起采用“冬春季蓄水，汛期排沙”的方式运行，据不完全统计，自 1974 年 10 月至 1997 年 10 月，在 192 m 高程以下共冲刷泥沙 1 152 万 m^3，23 年年均冲刷量约为 50 万 m^3。

库区冲刷主要集中在汛期中小洪水过程，如 1986 年 9 月 3 日和 7 日的两场洪水，进库洪峰流量分别为 154 m^3/s 和 100 m^3/s，持续时间较长，库区冲刷量分别为 196 万 t 和 510 万 t。又如 1994 年 7 月 18 日洪水，洪峰流量为 235 m^3/s，历时 13 天，库区冲刷量为 776 万 t。

由上述情况可以认为，闹德海水库的运用模式就是蓄清排浑，只是水库承担的任务是为下游部分农田的灌溉供水，同时水库下游大板桥断面以下有一个面积很大的洼地，可以起到滞洪滞沙作用。柳河下游并没有因为改变运用方式而引起负面反应，但是闹德海水库的泄流能力有限，遇到较大洪水时，壅水历时较长，库区还会发生淤积。例如，1984 年 8 月 11 日洪水，进库最大日平均流量为551 m^3/s，洪水历时 6 天，最高库水位为 176 m，库区淤积827 万 t；又如 1994 年 7 月 13 日洪水，进库最大日平均流量为 675 m^3/s，历时 5 天，最高库水位为 182.77 m，库区淤积 132 万 t。就闹德海水库的现状来看，若年内遭遇连续性较大洪水，水库出现累积性淤积是不可避免的，因此在制订运用方案时要留有余地。

第三节　三门峡水库深化认识、逐步完善调水调沙方式

三门峡水库在 1967 年汛期，进库（四站）径流量为437.4 万亿 m^3，输沙量为27.4 亿t，黄河龙门站最大洪峰流量高达 21 000 m^3/s，时值渭河华县站小水，北洛河洑头站出现高含沙小洪水，黄河洪水倒灌渭河，使渭河河口以上 8.8 km 河段淤死，造成三门峡库区淤积灾害最严重的局面。

1968 年，水利电力部组成三门峡水利枢纽工程第二期改建规划设计工作组进驻三门峡工区。工作组对三门峡建库以来的有关资料进行了系统的分析，总结出水库冲淤、水库运行、水库排沙等的较为完整的计算方法❶，做了三门峡水库泥沙冲淤等一系列的计算，预估潼关河床高程下降 2.0 m，潼关以下库区可恢复库容约 10 亿 m^3，水库运用方式改为非汛期蓄水拦沙，汛期敞泄排沙，利用洪水的富余输沙能力冲刷非汛期落淤的泥沙，使之排出库外，命名为蓄清排浑运用。1973 年 11 月，第二期改建工程基本完成，潼关河床高程下降 1.84 m，潼关以下库容恢复 10 亿 m^3，与规划数据非常接近，证明规划与设计思想和计算方法是可信、正确的。

从 1973 年 11 月起，三门峡水库按蓄清排浑方式运用，至 1985 年汛后，潼关河床高程

---

❶ 黄河水库泥沙观测研究成果交流会，水库泥沙报告汇编，1973 年 12 月。

和潼关以下库区达到冲淤平衡，证明蓄清排浑运用方式对于在多沙河流上的水库保持库容、发挥效益是适用的。

尽管在多沙河流上的水库调水调沙是非常理想的运用方式，然而宇宙间的事物是千变万化的，如年际间的径流量、输沙量差异较大，在年内的分配也是变化无常的。且人类活动又是一项非常活跃的因子，会影响人们已确定的计划，诸如兴建大型水利水电工程、增加灌溉用水量、水库调度运用没有及时地跟随客观的变化而出现意想不到的问题等。

通过三门峡水库30多年的运用，经历了上述各方面的问题，都认真地做出了总结与改进，基本上达到了预期的目标。有关三门峡水库调水调沙的实践将在第十三章至第十七章详细讨论。

第三章　调水调沙必备条件

采取调水调沙运用方式的水库需要具备几项基本条件，否则难以达到最佳效益，它们分别是：有调水调沙可以长期使用的库容、有能够满足泄流与排沙设施的较低高程的孔（洞）口，兼顾上、下游的合理运用方案。

第一节　调水调沙库容

调水调沙库容有两方面的含义：一是该库容能够满足足够的存蓄非汛期径流量的库容，同时靠近坝区的某一高程以下，有堆积泥沙的库容用以调节径流量和输沙量；二是选择建库地理、地貌条件为峡谷河道或丘陵地貌的河道，能够造成淤积后河床阻力大幅度减小，从而促成河流出现富余输沙能力，用以调沙。

调水调沙库容应当是长期可以使用的库容，简称可用库容。这种库容并非所有修建在多沙河流上的水库都存在。例如，修建在冲积性平原河流上的水库，其建库前与建库后，河流输沙能力几乎相同，也就是说不存在富余输沙能力，这一类水库要恢复一定数量的库容，只能靠降低库水位，由于发生溯源冲刷而恢复的河槽库容实际上是天然河流在平滩流量下的河槽体积，而且要靠进库有较大流量，又要求库水位大幅度下降，黄河三盛公水利枢纽工程就是如此。

修建在峡谷河道上的水库，水库淤积以后，床面的综合阻力（n）与能坡（J）会大幅度减少，从曼宁公式 $u=(R^{2/3}J^{1/2})/n$ 来分析，综合阻力 n 与流速 u 是 1 次方的关系，而与能坡 J 是 1/2 次方关系。由于阻力减少所能增加的能量大于由于能坡减小所损失的能量，因此就提升了水流流速，水流挟沙能力可以用 $S_*=f(u^2/(gh),u/\omega)$ 来表示，流速增加就意味着水流输沙能力增大，则输沙能力在相同流量的前提下也就增大。与建库前相比，增大的输沙能力可认为是水库富余输沙能力。峡谷型水库的另一个特性为河道窄深，这可能与理论上的稳定河宽相等甚至小于稳定河宽，水库淤积之后只有河槽库容，没有滩地库容或只有少量的滩地库容。这一类型的水库，其可用库容占总库容的比例特别大。

修建在丘陵地带河流上的水库，由于其所处的这种类型的河流的地貌特点为窄深河道与宽浅河道相间，或者均为宽阔河道，所以造成库区淤积的是流域地表冲刷起来的以细泥沙为主的悬移质，与原河床组成相比，其综合阻力下降，但仍然能够产生富余输沙能力，在调水调沙运用之后，可以保持一定数量的可用库容供长期使用。

考虑前面提到的有足够的库容，要研究非汛期进库的输沙量以及其占全年输沙量的百分比与径流量占全年径流量的百分比。它启示我们，非汛期拦截在库内的泥沙能否被汛期洪水的富余输沙能力冲刷，从而排沙出库，尤其是承担防凌任务的水库，要考虑需要预留多少库容才能满足防凌需要，同时要考虑非汛期淤积在库区的部位可能在哪一库段，这些问题都与调水调沙方案的编制有极其重要的关系。

第二节　泄流建筑物布局与泄流能力

水利枢纽工程的泄流形式有：溢洪道、坝顶部的溢洪堰、输水隧洞（有在靠近河床或在坝高的中层）、底孔或深孔的垂直分布。泄流设施在横断面上的布局，有集中在一侧的，也有分散布设在全断面或者设置在左右两侧的。从排沙效益来看，分散布设在全断面而且以布设有底孔与中孔为好。四川大渡河上的龚嘴水电站泄流建筑物的布局就较为理想，如图 3-1 所示。

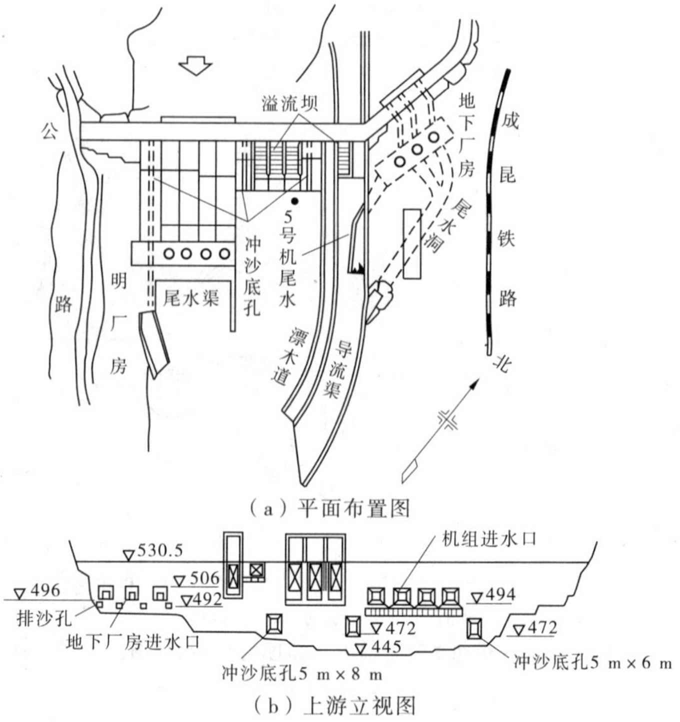

图 3-1　龚嘴水电站工程平面布置及上游立视图　（单位：m）

将冲沙孔布设在电站进水口下方，能够在电站前沿形成一个相互连接的横向冲刷漏斗，可以防止粗泥沙进入机组，同时也减少进入机组的含沙量。

三门峡水利枢纽工程的泄流排沙孔的布局为：在高程较低处设置底孔，这对排沙十分有利，然而电站坝段设有排沙孔（见图 3-2），而且电站进水口高程（287 m）比底孔高程（280 m）只高出 7 m，对于防止泥沙进入水轮机组作用有限，发电设备的严重磨损是不可避免的。三门峡水利枢纽工程的泄流能力如表 3-1 所示，各类建筑物的泄流能力如图 3-3 所示。

青铜峡水利枢纽工程是一座低水头、以灌溉为主兼顾发电的大型水利枢纽工程，在每座机组下方均设置有两条泄流管（实为排沙孔），起到了防止粗泥沙进入机组的作用，同时也减少了进入机组的水流的含沙量，如图 3-4 所示。

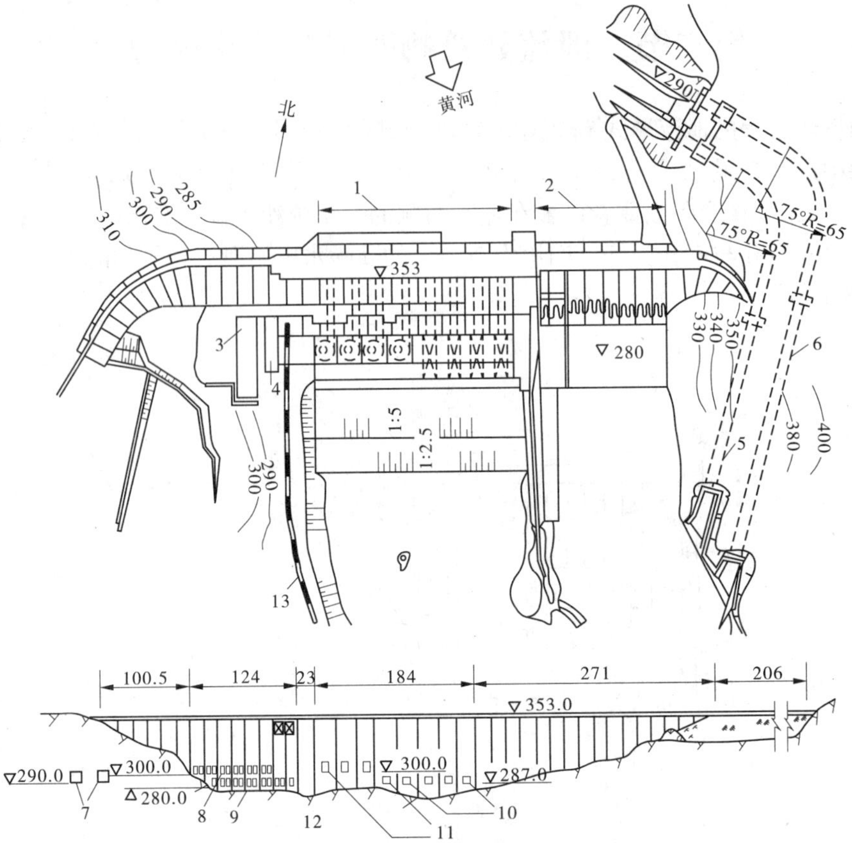

1— 电站坝段;2—溢流坝段;3—110 kV 变电站;4—副厂房;5—1 号隧洞;6—2 号隧洞;7—泄流排沙隧洞;
8—12 个 3 m×8 m 的深孔;9—12 个 3 m×8 m 的底孔;10—电站进水口;
11—排沙钢管;12—闪长玢岩;13—进厂铁路

图 3-2 三门峡水利枢纽工程泄流孔示意图(上游高程图) (单位:m)

表 3-1 三门峡水利枢纽工程泄流能力

库水位(m)	285	290	295	300	305	310	315	320
泄流能力(m^3/s)	630	1 130	2 460	3 590	5 070	7 147	9 054	10 454

闹德海水库的泄流排沙孔集中在靠近原河床的 5 个底孔(见图 3-5)。然而,由于泄流能力不足,只有在中小流量时排沙效果才最好,遇较大洪水时,壅水时间长,库区发生大量淤积。

水利枢纽的泄流能力对实施调水调沙运用有着重大的作用。恒山水库的总库容只有 1 330 万 m^3,而其泄洪洞最大泄量却高达 1 260 m^3/s,这就是其能够实施多年调水调沙的重要因素。然而,如果深入分析就会发现,这种设计未免太过。

当龚嘴水电站库水位为 520 m 时,排沙底孔的总泄量约为 3 800 m^3/s,在一般洪水进库后,壅水历时不长,当库水位下降到 520 m 时,对排沙极为有利。

适合调水调沙运用的泄流能力目前还缺少理论方面的研究,根据已有水库的实测资料分析,令 Q_0 为某特定高程的下泄总流量,大体上是进库洪水频率的 5% ~10%;令 Q_c

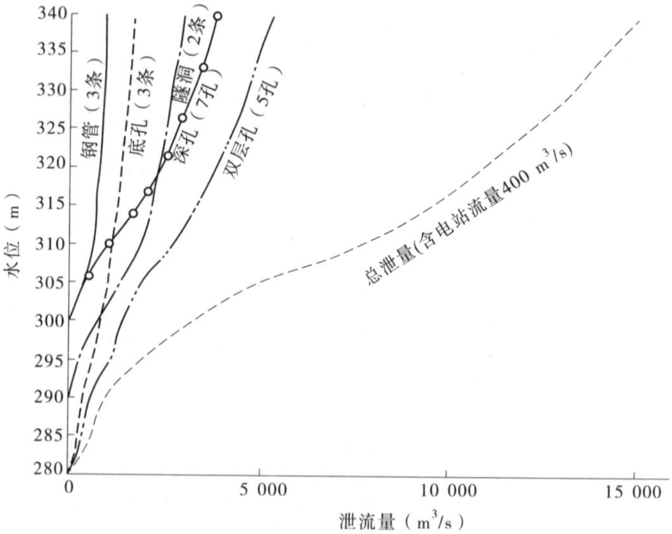

图 3-3　三门峡水利枢纽工程泄水建筑物泄流曲线

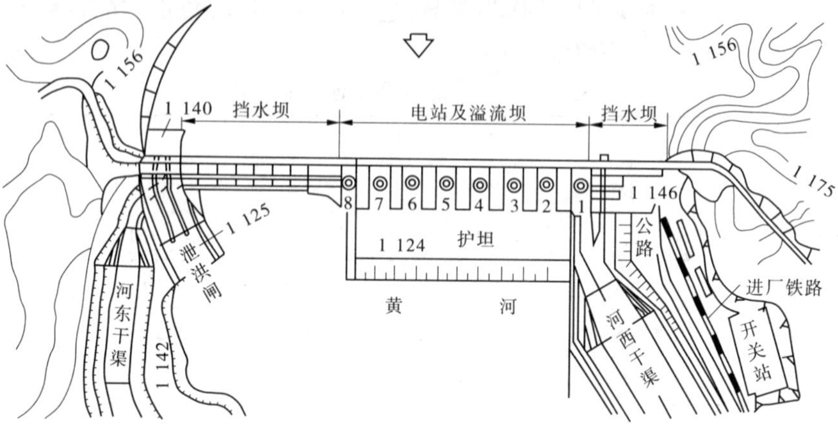

（a）平面布置图

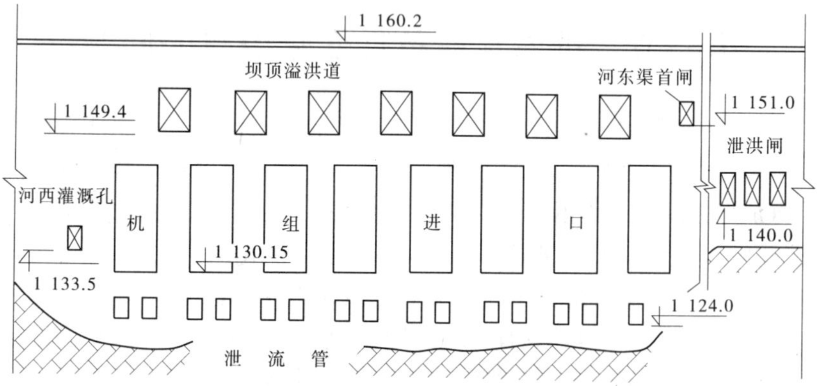

（b）上游立视图

图 3-4　青铜峡水利枢纽工程平面布置及上游立视图（单位：m）

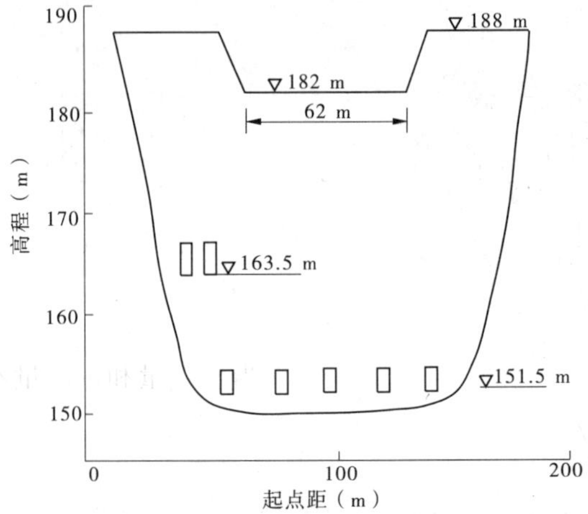

图 3-5　闸德海水库泄流建筑物布局示意图

为进库的多年汛期平均流量，Q_0/Q_c 的值在 3.5～4.9（大型水库）及 13～16（中小型水库）的范围内较为合适（见表 3-2）。从表中可以看出，大型水库的 Q_0/Q_c 值小，小型水库的 Q_0/Q_c 值大。表 3-2 中的数据只能作为参数，这个问题有待收集更多的资料或者作为专题进行室内试验，方能取得较为满意的结果。

表 3-2　调水调沙运用的泄流能力表

水库名称	大型水库			中小型水库	
	三门峡	青铜峡	龚嘴	黑松林	镇子梁
特定水位(m)	318	1 154.8	528	751	1 016
Q_0(m^3/s)	10 500	8 520	10 720	10.0	39.0
Q_c(m^3/s)	2 400	1 760	2 900	0.64	3.0
Q_0/Q_c	4.4	4.8	3.7	15.6	13.0

第三节　进库水沙条件变化引起的问题

任何一座大型水利水电枢纽工程在规划设计阶段所采用的水文泥沙数据较多地采用长系列的多年平均值、某时段系列年，或者选用丰、平、枯时段进行组合。特殊情况时如考虑防洪需要再加上大洪水年份的资料。然而，上述提供的资料只能代表“过去”已发生过的情况，不能反映水利水电工程建成后的水文泥沙发生变化的特性。

一般来讲，径流量和输沙量在年内分配上是汛期大于非汛期，其中输沙量尤为突出。这里需要注意两个问题：一是非汛期输沙量淤积在库区，利用汛期降低水位将淤积泥沙冲起并排沙出库的输沙形式有富余输沙能力、溯源冲刷输沙能力以及沿程冲刷输沙能力，三种输沙能力具体能挟带多少沙量排出库外？二是汛期洪水是不确定的，若流域内已经兴建了若干座水库，就会改变拟建工程的进库水沙过程。如黄河小浪底水库，由于三门峡水库在非汛期的 8 个月进行蓄水拦沙，出库几乎全是清水下泄，排沙量不及建库前的 1/10，接近全年的输沙量均在汛期排泄到小浪底水库，因此小浪底水库的进库水沙系列就不能按照三门峡水库第二期工程改建前的水沙系列进行规划设计。不仅如此，还要考虑社会的发展、水资源配置的变化，因此在制订调水调沙方案时均应特别注意事态的发生、发展，以求符合客观实际情况，否则会带来意想不到的后果。

水文气象有一定的周期性变化规律，即有枯水系列周期和丰水系列周期，其中在输沙量和径流量的丰、平、枯变化时有同步演变，也有不同步发生。径流量与输沙量的同步演变均发生在丰水年份。一般来讲，问题多出在枯水年份，这使得在制订调水调沙方案时，只能牺牲兴利保障库容以求生（以后的效益）。当径流量和输沙量不是同步变化，特别是上游有较大水电工程进行大幅度的调节（例如，黄河上游的龙羊峡水库、刘家峡水库联合调节径流量对下游的影响，促使三门峡水库进库的径流量与输沙量的不协调）时会给制订调水调沙方案带来较多问题。如汛期洪水场次与峰量减少，进而使三种（富余、溯源冲刷、沿程冲刷）输沙能力下降，造成在可用库容内出现累积性淤积，达不到年内冲淤平衡，会影响下一年度的经济效益。

从上述可知，进库水沙条件是调水调沙的最主要也是最为重要的条件，凡是采用调水调沙运用的水库，一定要先研究进库水沙条件可能发生的变化及其对水库运用带来的正面与负面的影响。

第二篇　水库调水调沙的基础理论

在多沙河流上修建的水库，当挟沙水流进入水库蓄水位影响范围内时，泥沙逐渐发生沉积是不可避免的。20 世纪 60 年代以前，为了减少水库淤积，国内外多采取异重流排沙的方式将泥沙排出库外，然而水库被泥沙淤废仍然是无法避免的。1974 年以后，黄河三门峡水库采用蓄清排浑运用方式，并逐步演变为调水调沙运用方式，解决了因泥沙淤积而使水库被埋废的问题，且能够保持一定数量的库容，为防洪、防凌、供水和发电等进行径流调节。

为了达到保持可以长期使用的库容，广大的泥沙专家、水利专家经过长期的艰苦奋斗、调查研究，不断地努力探索，找到了在多沙河流上修建水库必须采取调水调沙的运用方式。三门峡水库运用的三大难点：一是要稳定潼关断面的河床高程，减轻对渭河尾闾的影响；二是对黄河下游河道不增加淤积，特别是山东河道少淤或不淤；三是为黄河下游防御三门峡水库以上大洪水（以下简称“上大洪水”）提供足够的防洪库容。然而，采用调水调沙运用方式的过程也是不断地试验、总结、改进和完善的过程。

调水调沙运用方案在调度和操作上似乎是经验性的，其实在内涵方面都具有泥沙学科的原理。就水库调水调沙的原理而言，基本上有水库富余输沙能力、溯源冲刷的输沙能力、可以长期使用库容三个主要方面。

第四章　水库富余输沙能力

1964 年，黄河三门峡水库进库径流量和输沙量属于丰水丰沙年份。由于泄流能力不足，汛期库水位经常超过 320 m 高程，促使潼关以下库区发生严重淤积，坝址附近的滩地已达到 318 m 高程。同年汛后，库区出现了很强烈的溯源冲刷和沿程冲刷，在广阔的滩地上冲刷塑造出了新的河槽，形成了“高滩深槽”的淤积形态。

三门峡水利枢纽工程第二期改建工程于 1969 年开始，工程规划设计工作组在规划设计过程中发现，尽管大坝抬高了侵蚀基准面，河床比降由 3.5‱下降到了 1.7‱，然而输沙能力却没有下降。例如，1965 年汛期潼关水文站（进库）总沙量为 3.017 亿 t，三门峡水文站（出库）总沙量为 3.814 亿 t；1966 年又是丰水丰沙年，进库与出库沙量相等，均为 21.1 亿 t。为什么河道比降变缓（可看做水力能坡变小）而进出库的输沙量却维持相等甚至出库输沙量反而增大呢？唯一的解释就是三门峡水库存在富余输沙能力。由于规划设计工作有时间限制，工程规划设计工作组没有做进一步的深入研究，但是存在富余输沙能力的事实却被人们所接受。

第一节　富余输沙能力的产生条件

淤积在库区内的泥沙，90%以上都是来自流域地表受流水侵蚀的悬移质，在黄土高原地区也因为重力侵蚀，有大量泥沙进入支沟进而逐渐进入干流河道直至进入水库。因此，水库中的淤积物质属于悬移质泥沙的范围。在水库淤积末端有少部分推移质淤积物，但所占的比例很小。处在石山区下游的水库会有较多的卵石、小砾石、粗泥沙进入水库，淤积在库区上段。

当然，在修建水库之前的河道特性（河槽形态、河床纵剖面、河床糙率等）又是千差万别的。从宏观上看，可以概括为三大类型：堆积性平原河流、过渡性河流和侵蚀性河流。

堆积性平原河流多处于河流或者出峡谷河道的下游河段，其产生、发展都是水流挟带大量泥沙出峡谷后，由于断面突然宽阔，水流分散而输沙能力急骤下降，很大一部分泥沙发生沉积，久而久之，经过历史时期的演变，逐渐形成了完整的冲积性河流，其主要特性是河流纵向坡度平缓，横断面宽广，主流容易摆动，河床是由流域输送下来的悬移质泥沙中的床沙质逐渐沉积塑造形成的，所以它的床面物质较细，河床糙率要小一些。在堆积性平原河流上修建水库之后，水库淤积所塑造出来的河道特性与其原始的特性有相似之处。

天然河流的流量过程是不稳定的也是不均匀的，在洪水过程中尤其如此。所以，在河槽形态方面天然河流的流量过程又随之而改变。然而，就长时期来概括，仍然是有规律可循的。

水库修建在丘陵地带的河流上，从地理、地貌的特征来看，具有石山区河流特征，且两岸为岩石高崖，河床多为卵石、粗泥沙所组成，河道纵剖面较陡；同时，又有开阔河段相间，开阔河段的河槽左右摆动，有滩槽之分。河床组成有粗泥沙与细泥沙，间或少许小卵石夹杂其间。河床平面形态有节点存在，控制河流左右摆动。因此，它不同于平原堆积性河流，又不同于侵蚀性河流，然而由于有上述两类河流的某些特征，其纵向坡度大于堆积性河流、小于侵蚀性河流。从输沙能力来看，多处在饱和状态与次饱和状态。

侵蚀性河流是由地质构造运动和长时期的水流侵蚀与切割作用形成的。河床的物质组成很少由来自流域侵蚀的泥沙所构成，更多的表现出构造运动和水流侵蚀后所遗留下来的原貌。所以，这类河流的河床组成绝大多数为砾石、岩石、大孤石和面积很大的石碛，贯穿全河段，因此河流的纵向坡度陡峻、水流急湍、输送能力强。来自流域坡面上的悬移质泥沙和部分推移质泥沙很难在这种类型的河流沉积。当河道两侧发生岩石崩塌时，其中有些碎石屑可能会被水流挟带到下一河段落淤，然而这类物质的圆滑度极差，多为有棱角的粉末。在大砾石、小砾石及卵石间隙中也会沉积极少量的推移质及悬移质泥沙。

河流床面的物质组成可以用河床物质直径 D_0 来表示，河流的纵向坡度用 J_0 来表示，D_0 与 J_0 有相关关系，尤其是在堆积性平原河流和山区丘陵性河流中的 D_0 与 J_0 的相关关系较好；而高山峡谷性河流，由于其床面组成不是沉积物质所造成的，其 D_0 与 J_0 的相关关系很差，有些河段几乎没有相关关系。

在河流上修建水库以后，坝址处的水位被人为地抬升，当库区壅水以后，其水力坡度变缓，同时由于水流流速减缓，进入水库的泥沙发生沉积，床面物质组成细化，用 D_s 来表示；河床纵向坡度变缓，用 J_s 来表示。因此，淤积以后细化的 D_s 与原河床物质的 D_0 的比值为 D_s/D_0，淤积以后的河床纵向坡度 J_s 与原河床的纵向坡度 J_0 的比值为 J_s/J_0，D_s/D_0 与 J_s/J_0 之间具有一定的相关关系，如图 4-1 所示。图中，当 D_s/D_0 小于 0.326 时，J_s/J_0 的变化很大，几乎与 D_s/D_0 没有关系，之所以出现这种现象正如前面所讨论的：修建在峡谷性河流上或者接近峡谷性河流的水库，淤积以后的河床组成与原河床组成相关关系很小，而各水库的淤积物又都是来自流域的悬移质泥沙，其组成也非常接近，所以原河床的 D_0 与淤积以后的 D_s 都是在一个范围内。河流纵向坡度由于水库所在流域内的地理、地质条件不同而相差很大，因此 J_s/J_0 的值就出现较大的差异。

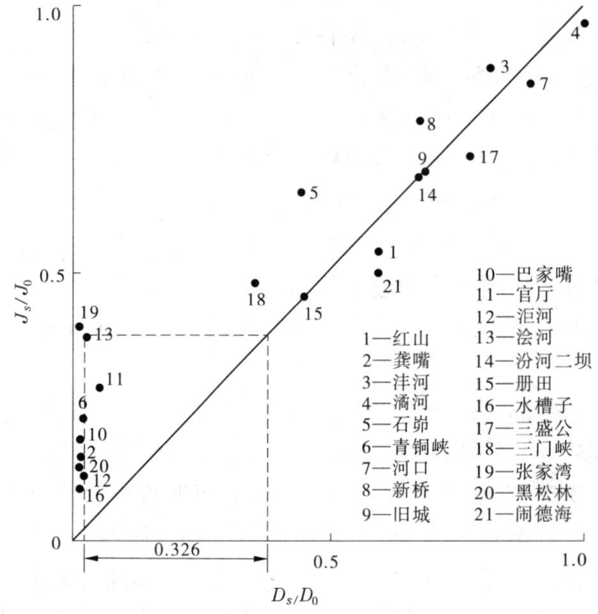

图 4-1　J_s/J_0 与 D_s/D_0 关系图

实际上，河床物质组成 D 可以反映河床床面的糙率 n。根据已有研究成果，河床综合糙率 n 与 D 的 1/6 次方成正比，即

$$n = 0.016D^{1/6} \tag{4-1}$$

从曼宁公式 $u = R^{2/3}J^{1/2}/n$ 中可以看出，糙率 n 与流速 u 为 1 次方关系，河床坡度 J 与流速 u 是 1/2 次方关系。从中可以知道，因为糙率 n 减小而增大的流速 u 要大于因为河床坡度减小而使流速减小的值。

河流挟沙能力与流速呈高次方关系，挟沙能力可表示为

$$S_* = f\left(\frac{u^2}{gh}, \frac{u}{\omega}\right) \tag{4-2}$$

从式(4-1)及式(4-2)中可以看出，河床综合糙率对河流输沙能力起着重要作用。在相同的来水来沙条件下，综合糙率减小所增加的输沙能力要大于因为河床坡度减缓所损失的输沙能力，这样在水库中就存在富余输沙能力了。

第二节　水库富余输沙能力的论证

在上一节里已经讨论了水库的富余输沙能力是因为河床床面综合糙率减小而产生的。在本节中将利用三门峡水库的实测资料来进行论证。三门峡水库潼关以下库区的河段属丘陵性河流，在水库修建之前有陕县水文站，该站建于1919年，除因战事停测过几年外，还算是观测资料比较系统，观测项目比较齐全的。洪水期与枯水期，高含沙洪水与一般挟沙水流都有详细观测。

三门峡水库建成以后，陕县水文站被淹没。为了研究水库泥沙的运动基本规律，水库修建以后在原陕县水文站旧址的上游约20 km处设立了北村水文泥沙因子观测站。两站相距较近，因此两者有可对比性。

在水库某一河段内，其建库以前的输沙能力与建库以后的输沙能力，可以用下式表达[1]

$$q_s = \Phi \frac{q^{1.6} J^{1.2}}{D^{2/3} \omega_0} e^{6.715 S_V} \tag{4-3}$$

式中：q_s 为单宽输沙率，t/(s·m)；q 为单宽流量，$m^3/(s \cdot m)$；J 为水面比降(‱)；D 为河床质中值粒径，mm；e 为自然对数底；S_V 为体积比含沙量；ω_0 为悬移质泥沙单颗沉速，cm/s；Φ 为系数。

从水文泥沙的长系列平均值来看，式中的 q、S_V、ω_0 可看做定值，只有河床质中值粒径 D 和水面比降 J 在水库修建前与建成后发生改变。

河床质 D 与综合糙率 n 的关系如式(4-1)所示。

将式(4-1)代入式(4-3)即可得

$$q_s = \Phi \frac{q^{1.6} J^{1.2}}{\left(\frac{n}{0.016}\right)^4 \omega_0} e^{6.715 S_V} \tag{4-3'}$$

从式(4-3′)中可以看出，综合糙率 n 对输沙能力的影响远远大于河床比降 J。前者是4次方，后者为1.2次方。

选用陕县水文站（代表建库前）和北村水文站（代表建库后）的实测流量 Q 与综合糙率 n，点绘 $Q \sim n$ 关系图如图4-2所示。图中，陕县水文站综合糙率变化范围为0.009～0.026，流量变化范围为394～11 000 m^3/s；北村水文站综合糙率变化范围为0.004～0.017，流量变化范围为123～5 640 m^3/s。

从图4-2中可以观察到，在相同的流量条件下，建库前的综合糙率大于建库后的综合糙率，而且随着流量的增加，两者相差也越大，尤其是流量超过1 000 m^3/s 以上时，两者的差别极为显著。这就给我们一个重要的启示：水库中的富余输沙能力主要出现在洪水或者是大流量过程，小流量的富余输沙能力可以忽略，这为制订水库运用方案提供了重要参考数据。

从陕县和北村两处水文站的实测河床质的中值粒径来分析，两者比值（$D_{50陕}/D_{50北}$）为1.67～3.14（见表4-1）。

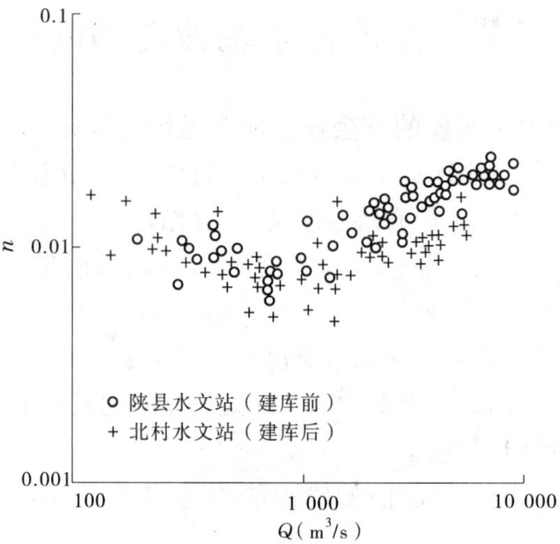

图 4-2　$Q \sim n$ 关系图

表 4-1　陕县、北村水文站河床质中值粒径 D_{50}

月份	2	4	6	10	12
陕县 $D_{50陕}$(mm)	0.218	0.172	0.182	0.229	0.241
北村 $D_{50北}$(mm)	0.094 6	0.103	0.107	0.073	0.118
$D_{50陕}/D_{50北}$	2.30	1.67	1.70	3.14	2.04

表 4-1 中的河床质中值粒径具有随机性，而且取样的次数较少，然而从定性方面理解，修建水库之前和之后，河床组成确实发生了变化。

第三节　富余输沙能力经验关系

正如上一节所讨论的，富余输沙能力主要来自于河床综合糙率的改变，为此这里仍然采用三门峡水库建库前的陕县水文站（1954 年）和建库后的北村水文站（1966 年）的资料。1954 年为丰水丰沙年，实测流量、含沙量共 136 次，其中 20 次由于没有比降资料而未被采用。1964 年，三门峡水库已经淤积成高滩深槽形态；1966 年为丰水丰沙年，北村水文站的断面形态已经稳定，该年共测流取沙 69 次。两站资料完整、项目齐全。建立了单宽输沙率 q_s 和相对应的水流功率 $\gamma' qJ$（q 为单宽流量，$m^3/(s \cdot m)$；J 为水面比降(‰)）的相关关系，如图 4-3 所示。

根据图 4-3，建立经验关系式为

$$q_s = 0.002\,6(\gamma' qJ)^{2.4} \quad (北村) \tag{4-4}$$

$$q_s = 0.000\,1(\gamma' qJ)^{1.7} \quad (陕县) \tag{4-5}$$

式中：q_s 为单宽输沙率，$t/(s \cdot m)$；γ'为浑水容重，t/m^3。

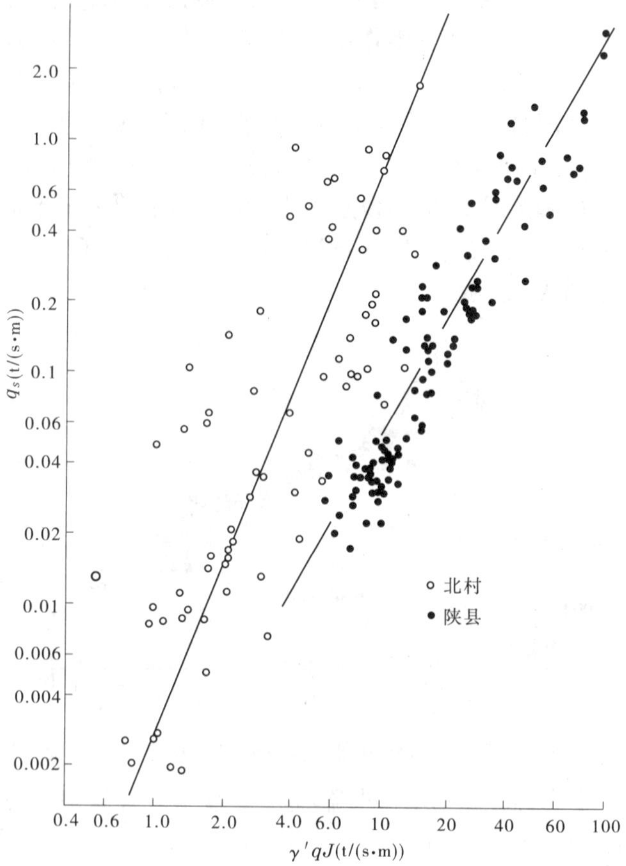

图 4-3　$q_s \sim \gamma' qJ$

从图 4-3 中可以看出，陕县站的 $q_s \sim \gamma' qJ$ 相关关系较好，而北村站的点据要分散一些，这主要是受水库运用的影响，当进库流量大于泄流能力时，库区会出现壅水，则输沙能力下降。当进库流量小于泄流能力时，库水位急骤下降，河槽比降增大，库区发生冲刷，进而输沙能力增大。但是，从 q_s 和 $\gamma' qJ$ 关系的总体上看，还是具有一定规律性的，与建库前对比，能够说明三门峡水库确实存在富余输沙能力。

对比式(4-4)与式(4-5)可以看出，式(4-4)的系数为 0.002 6，而式(4-5)的系数为 0.000 1，前者是后者的 26 倍。从 $\gamma' qJ$ 的指数来看，式(4-4)为 2.4，而式(4-5)为 1.7，前者是后者的约 1.4 倍。这种差别体现出了三门峡水库的富余输沙能力。

是不是所有的水库都存在富余输沙能力？这要从水库所处河流的特性及其建库前后河床组成的改变而定。正如本章第一节所讨论的，例如黄河三盛公水利枢纽工程，在其修建之后几乎不存在富余输沙能力。

三盛公水利枢纽工程位于黄河上游宁夏河段中段，属冲积性平原河流性质。原河床比降约为 1.7‱，河床物质由中细沙组成。

三盛公水利枢纽工程是一座大型低水头灌溉枢纽工程，总库容为 0.8 亿 m^3，兴利库容为 0.3 亿 m^3。它的主要任务是抬高水头，改变多口无坝引水，在黄河岸边建闸，人为控制引水工程，同时在壅水时起到沉沙池作用，以便减少进入渠系的泥沙。

在年度内的运用过程是：5～10 月抬高水位引水灌溉，11 月～翌年 4 月，将全部闸门开启敞泄冲刷排沙。在灌溉期间如果库区淤积严重，还实施短期停灌冲刷排沙。

枢纽修建之前，枢纽上游设有渡口堂水文站，枢纽修建后，于 1964～1966 年在渡口堂旧址附近的黄淤 8 断面和黄淤 12 断面设立了水沙因子断面，进行流量、含沙量等项目观测。因此，可以利用渡口堂水文站和库区黄淤 8 断面、黄淤 12 断面的实测资料进行输沙能力分析。其结果如图 4-4 所示。

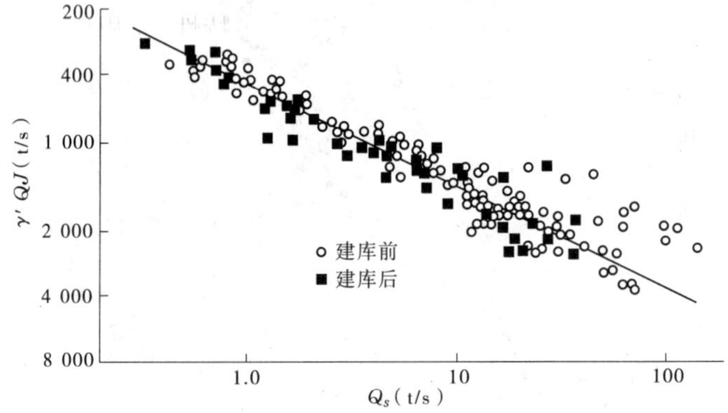

图 4-4　三盛公水利枢纽工程建库前后 $Q_s \sim \gamma' QJ$ 对比

从图 4-4 中可以看出，输沙率 Q_s 与水流功率 $\gamma' QJ$ 呈较好的相关关系。其中，建库前和建库后的点据都密集分布在平均线附近。建库前后的点据混杂在一起，这说明冲积性平原河流的河床物质组成虽然因为修建水库发生微小的细化而使其综合糙率有所减小，但是它所获得的能量与比降减小所损失的能量基本相当，也就是说不存在富余输沙能力。

三盛公水利枢纽工程经过多年淤积之后，闸上游的河道比降约为 1.3‱，与原河床比降的比值，即 J_s/J_0 为 0.765。对照图 4-1 可以看出，其相应的 D_s/D_0 也在 0.76 左右。由此可知，水库淤积以后河床细化不大，因此也可以推断出，三盛公水利枢纽工程的富余输沙能力是微乎其微的。

参考文献

[1] 焦恩泽．黄河水库泥沙[M]．郑州：黄河水利出版社，2004.

第五章　溯源冲刷实例及其输沙能力

在有泥沙来源的河流上修建水库以后，泥沙淤积是不可避免的，水库淤积形态多为三角洲淤积和锥体淤积，不论哪种淤积形态，每当库水位急骤下降时，库区在前期淤积的基础上都会发生由下而上的溯源冲刷。溯源冲刷过程中的水流含沙量比一般情况下要大，这对恢复河槽库容具有非常重要的作用。

溯源冲刷的发生、发展及其输送能力又与前期淤积特性、沉积历时、库水位降落幅度有关，同时也确定了溯源冲刷的输沙能力。

第一节　溯源冲刷实例

作者曾亲眼目睹官厅、三门峡、巴家嘴、王瑶以及恒山等水库的溯源冲刷。

官厅水库为常年蓄水运用的大型水利枢纽，由于受北京市城市和工业用水的要求，限制了水库排沙，即使是泥沙组成非常细的异重流所挟带的泥沙，也不能随意排放出库。所以官厅水库发生异重流的泥沙几乎全部淤积在库内并上延到距坝 10 km 以上的库区，淤积面上限高程已经超过汛期限制水位。

1960 年汛期，永定河流域少雨干旱，官厅水库蓄水不足，在距坝 10 km 附近脱离了回水影响，发生溯源冲刷。作者曾有幸到官厅水库进行调研，水库实验站站长龙毓骞介绍了上述情况，并且同作者亲自前往观察。在现场看到河床上面出现楼梯式的阶梯，水流沿阶梯形状一级一级向下流动，手摸床面光滑细腻。据介绍，该河段之所以出现这种冲刷形态，是因为前期异重流淤积物经过 6 年多的沉积与固结，再经过很长一段时间，冲刷出来的，其纵向形态如图 5-1 所示。冲刷出阶梯形态的溯源冲刷，除异重流淤积物的泥沙颗粒细、沉积固结历时较长外，官厅水库进库流量小（除洪水期外，一般在 20 m^3/s 以下）也是主要因素。

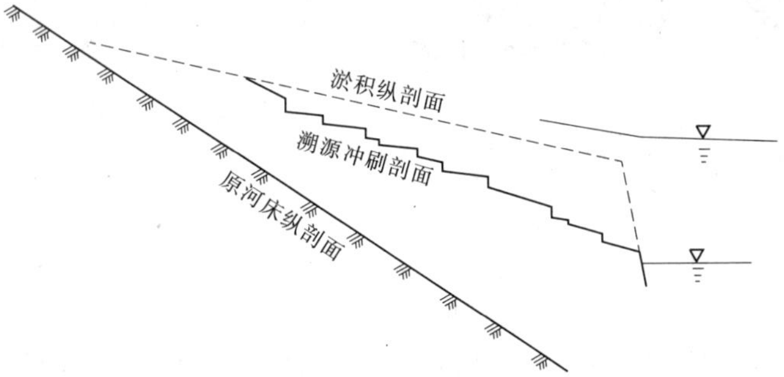

图 5-1　官厅水库溯源冲刷示意图

黄河三门峡水库于 1961 年汛期产生异重流，异重流抵达坝前库段，泄流深孔底坎高程为 300 m,300 m 高程以下为异重流淤积物。

三门峡水利枢纽工程在第二期改建过程中,打开施工期的导流底孔,其底坎高程为 280 m。1970 年 6 月 25 ~30 日相继打开 1 ~3 号底孔依次投入运用,史家滩水位由 300. 88 m 下降到 296. 41 m(史家滩水位站距坝 1 100 m),降幅为 4. 47 m。这一时期的进库流量为 370 ~530 m^3/s,近坝段发生跌水形式的强烈的溯源冲刷,三门峡库区实验总站抓住时机观测近坝区水面线,如图 5-2 所示❶。从图 5-3、图 5- 4 中可以看出,跌水形式的冲刷非常强烈。异重流淤积物被水流冲刷成多股,切割成很多支沟。这正是异重流淤积物经过 10 年(1961 ~1970 年)的沉积与固结,在大幅度的水位落差条件下形成的。

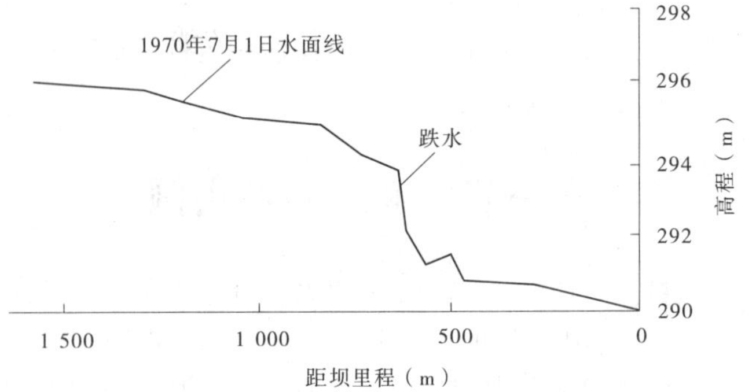

图 5-2　1970 年 7 月三门峡坝前发生溯源冲刷水面线

图 5-3　跌水下泄右岸胶泥层水冲刷破碎的原貌
(1970 年 7 月 1 日)

图 5-4　跌水处水流情况
(1970 年 7 月 1 日)

上述两座水库的溯源冲刷是在异重流挟带的黏土类土质经过长时期的压缩固结后,在枯水季节流量很小的条件下产生的结果。

在前期淤积下来的泥沙沉积历时较短,如一个非汛期甚至几个月的历时,每当库水位急骤下降时,溯源冲刷的速度就会非常快。

1954 年,官厅水库输水洞尚未安装闸门,水流任其自由排泄。同年 10 月中旬,库区

❶　图 5-2 ~图 5- 4 由三门峡库区实验总站提供。

滞洪水量几乎全部排泄，库水位急骤下降，淤积物出露水面，自输水洞洞口开始发生强烈冲刷，并很快向上游发展。在淤积平坦的河床上冲刷出一条小河槽，飞快地向上游发展，河槽两侧嫩滩上澄出的“清水”也逐渐汇集，归入河槽，加大了冲刷速度。溯源冲刷的速度基本上同高岸上人行速度(5 km/h)相等，当发展到2 km之后，速度减缓，其纵剖面为上凸形，靠近洞口为一下落型抛物线，向上游逐渐变缓。库水位再次下降，河槽又随之下切，并且拓宽河槽宽度，冲刷坡度加大，逐渐向上游传递。库水位第3次下降，河槽随之下切，直至库水位下降到临界值。

黄河三门峡水库自1962年4月改为滞洪排沙运用以来，几乎年年都发生溯源冲刷。这里对几次较为典型的年份做一介绍。

1964年，黄河为丰水丰沙年份，三门峡水库由于泄流能力不足，汛期处于长时段的壅水过程，潼关以下库区淤积非常严重，多达13亿t，同时形成了高滩深槽的格局；同年10月下旬以后，库水位急骤下降，坝前水位由322 m下降到309 m(11月底)。至1965年1月，潼关以下库区冲刷3.7亿t，冲刷长度达94 km，日最大冲刷率达130 t/s，如图5-5所示；同年11月进库月平均流量为2 090 m^3/s，坝前水位落差约15 m，因此溯源冲刷强度大、速度快，平均速度为1.24 km/d。从冲刷形态上看，似乎像剥笋皮，一层一层冲掉，实际上也是随库水位降落，呈不连续的阶梯式向上游发展，只是因为流量大、流速快、冲刷进展快而掩盖了真实的形态。

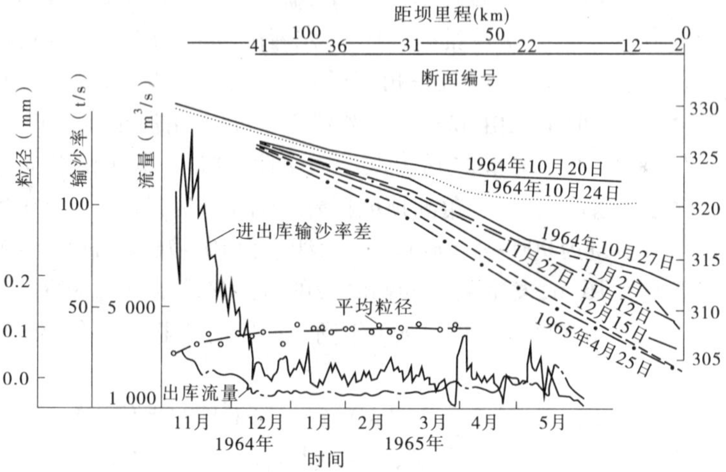

图5-5　三门峡水库1964年汛后溯源冲刷中水面线和出库沙量与泥沙平均粒径的变化

钱宁对阳武河灌区沉沙池冲洗过程做了详细观测，其冲洗过程中水面的变化如图5-6所示。从图中可以清楚地看出，溯源冲刷过程也是阶梯形态发展的过程。

三门峡水库1964年汛期的溯源冲刷有以下几个特点：①溯源冲刷期间，进库流量大、发展速度快，平均速度为1.24 km/d；②受冲刷作用的影响，河床发生粗化，河床质中值粒径由0.03 mm粗化到0.1 mm；③水面比降增大，最先出现在坝前至会兴(距坝13.6 km)，随后是会兴至北村(距坝42 km)，再次是北村至灵宝(距坝51.4 km)，最后是灵宝到太安(距坝74 km)，太安以上河段略有增大，水面比降由0.9‰～1.2‰增加到1.8‰～3.2‰；④溯源冲刷的强度是逐渐变弱的，从图5-5中的进出库输沙率差可以看

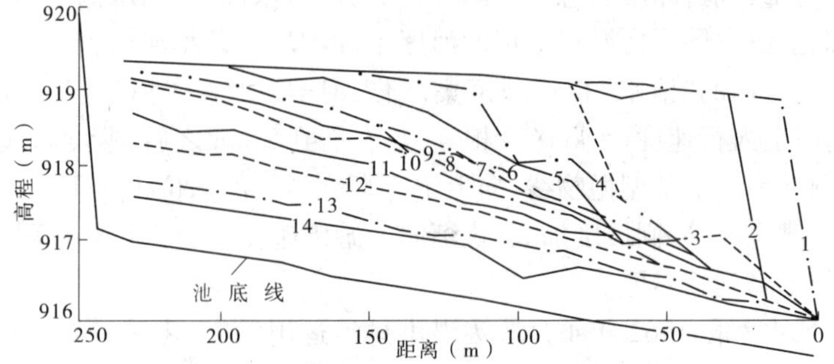

曲线编号	0	1	2	3	4	5	6	7	8	9	10	11	12	13	14
冲刷历时(h)	0	5	10	20	35	50	90	102	137	152	182	237	297	357	387

图 5-6　阳武河灌区沉沙池冲洗过程中水面的变化[1]

出，最大冲刷强度出现在 11 月上旬，坝前水位由 10 月 24 日的 320. 58 m 下降到 10 月 27 日的 314. 57 m，落差达到 6. 01 m；⑤从图 5-5 中还可以看到，将 11 月 12 日与 10 月 24 日的水面线相对比，冲刷体积类似三角洲形态，也是冲刷最强烈的时期，此后冲刷强度减缓，及至 12 月底以后，溯源冲刷与沿程冲刷在库区同步进行，潼关以下库段的上段以沿程冲刷为主、下段以溯源冲刷为主。

1962 年 4 月，三门峡水库由于 1961 年汛期潼关以下库区淤积严重，引起潼关断面 1 000 m^3/s流量的水位大幅度上升，促使渭河河口段淤积，同流量水位上升，防洪标准下降，促使渭河两岸农田沼泽化。经国务院批准，三门峡水库由蓄水运用改为滞洪排沙运行。

1961 年汛后，潼关以下库区淤积成三角洲形态，三角洲顶点在黄淤 30 断面（距坝 68 km）。1962 年 3 ~5 月，坝前水位由 328 m 下降到 312 m，三角洲顶点附近的滩面高程约 321 m。当水位下降至低于 321 m 之后开始发生溯源冲刷，并且相继向上游发展，见图 5-7。溯源冲刷的起始条件是：①三角洲顶坡比降约为 1. 5‰，前坡比降约为 5. 4‰；②潼关水文站（表示进库）流量为 900 ~1 200 m^3/s，含沙量为 10 ~16 kg/m^3。溯源冲刷的边界条件是水库水位落差为 16 m，发生溯源冲刷时段的进库平均流量为 860 m^3/s，平均含沙量为 16 kg/m^3，水沙条件比较稳定。与 1964 年溯源冲刷时期相比，属于低含沙小流量的冲刷条件。

本次冲刷过程使太安水文站（距坝 74 km）由 3 月 21 日的水位 319. 89 m 下降到 3 月 25 日的水位 317. 42 m 的过程，溯源冲刷已达到太安断面。3 月末达到坫埼断面（距坝 94 km），5 天上溯距离 20 km。4 月 7 日上溯到潼关断面（距坝 113. 5 km），7 天上溯距离为 19. 5 km。至 5 月 20 日止，潼关至太安库段共冲刷 0. 83 亿 t。此次冲刷根据不同方法求出潼关、坫埼和太安三处断面的冲刷厚度，列入表 5-1。

表 5-1 中的数据是用两次淤积大断面的平均河床高程求得的，因此统计历时拉长。此外，黄河桃汛发生在 3 月 27 日 ~4 月 6 日，总水量为 12.4 亿 m^3，最大流量为 2 060 m^3/s。一般情况下，桃汛期间潼关断面冲刷幅度在 0. 3 m 左右。因此，表 5-1 中潼关断面冲刷厚度既有溯源冲刷的效益又有桃汛冲刷的效益。

从上述几个实例可以看出，库水位下降到淤积面高程以下时方能发生溯源冲刷。由于水位下降速度大于河床变形速度，因此出现瞬时的跌水现象，溯源冲刷的厚度和数量由

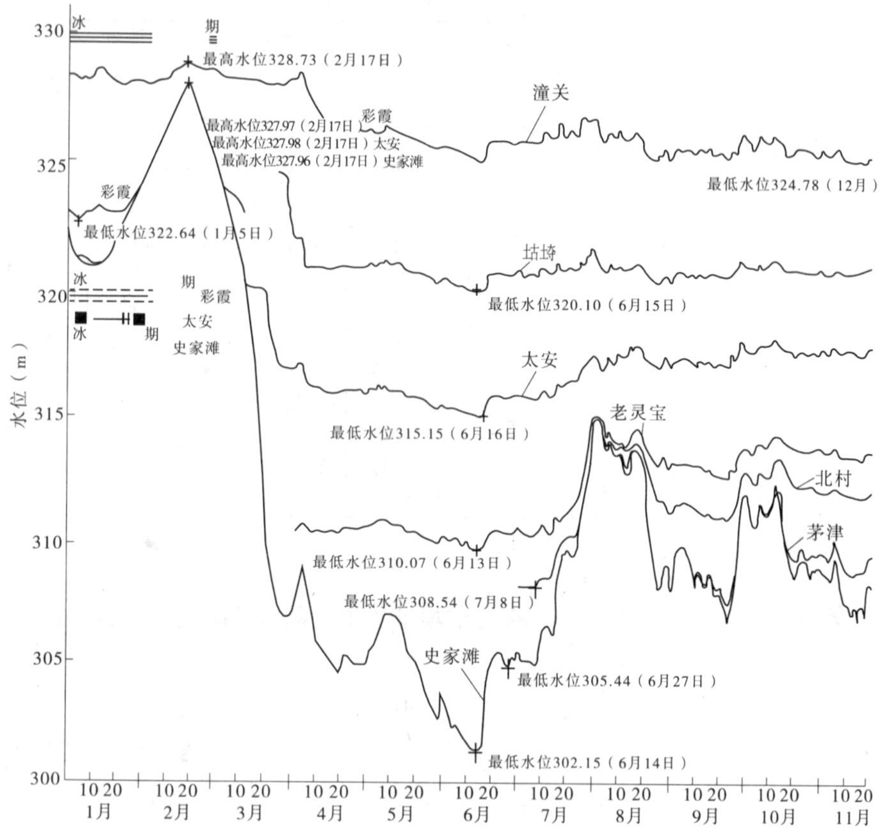

图 5-7　1962 年三门峡水库各水位站水位过程线

表 5-1　各断面冲刷厚度　　（单位:m）

计算方法	潼关	坫埼	太安
水位流量关系法	1. 65	3. 50	3. 70
同流量水位法	1. 55	3. 65	3. 90
大断面法	1. 80	2. 70	3. 10

下而上沿程逐渐减弱,直至与沿程冲刷相衔接为止。判断溯源冲刷主要从沿程由下而上的冲刷厚度、水面比降变化以及冲刷数量来分析。

溯源冲刷的范围一般是从三角洲顶点或锥体淤积顶点的下端附近作为起点,向上游发展至沿程冲刷相衔接为终点。然而,在实际操作中,起点与终点的真实位置难以确定。这是因为库区淤积大断面的间距较大,一般的间距均在 3 ~ 5 km,个别断面的间距大于 5 km,当溯源冲刷的起点在两断面之间出现时,只好估算其大致位置或距坝里程。关于终止位置,由于沿程冲刷与溯源冲刷的结合点不易确定,只能判断两者衔接的范围,然后再做合理的推断。

表 5-2 是三门峡水库调水调沙运用以来,各年溯源冲刷范围与平均流量的统计。表中的 $H_{史}<300$ m 的天数是指坝前水位低于 300 m 高程的天数。

表 5-2　三门峡水库溯源冲刷范围及平均流量统计[2]

年份	最远断面位置	平均流量(m^3/s)	$H_史<300$ m 的天数(d)	年份	最远断面位置	平均流量(m^3/s)	$H_史<300$ m 的天数(d)
1974	黄淤 38	1 146	5	1988	黄淤 36	1 760	9
1975	黄淤 38	2 844	7	1989	黄淤 37(2)	1 929	12
1976	黄淤 36	3 004	3	1990	黄淤 37(2)	1 314	24
1978	黄淤 36	2 097	0	1991	黄淤 33	575	31
1979	黄淤 37(2)	2 043	0	1992	黄淤 37(2)	1 232	26
1980	黄淤 38	1 261	27	1993	黄淤 36	1 314	27
1980	黄淤 38	3 183	5	1994	黄淤 36	1 254	10
1982	黄淤 37(2)	1 729	6	1995	黄淤 33	1 071	33
1983	黄淤 37(2)	2 954	0	1996	黄淤 35(2)	1 204	29
1984	黄淤 36	2 653	8	1997	黄淤 31	523	0
1985	黄淤 36	2 194	10	1998	黄淤 33	808	7
1986	黄淤 34	1 263	14	1999	黄淤 35(2)	896	6
1987	黄淤 31	710	10	2000	黄淤 34	688	4

注：$H_史$为史家滩(坝前)的水位。

溯源冲刷的长度 L 与来水量 W、潼关至坝址水面比降 J 和前期淤积量 ΔW_s 有关，其经验关系式[2]为

$$L = 70(W_{Q>1\,000}J)^{0.09} + 16.3\Delta W_{31-41} + 2.62 \tag{5-1}$$

式中：$W_{Q>1\,000}$是指流量大于 1 000 m^3/s 的来水量，亿 m^3；ΔW_{31-41}是指前期黄淤 31 断面至黄淤 41 断面间的淤积量，亿 m^3。这是因为调水调沙运用以来，非汛期回水范围均超过黄淤 31 断面，三角洲顶点也在黄淤 31 断面上下游附近，当库水位在汛初下落时，受水位下降的影响而产生的溯源冲刷也在黄淤 31 断面上下游。

表 5-3 是溯源冲刷范围内各断面的冲刷厚度[2]。

表 5-3　溯源冲刷范围内各断面的冲刷厚度

时段(年-月-日)	潼关同流量(m^3/s)	同流量各断面冲刷厚度(m)				潼关平均流量(m^3/s)
		潼关	坫埼	大禹渡	北村	
1974-07-08 ~ 12	1 000	-0.1	-0.3	-0.9	-0.14	1 219
1975-06-30 ~ 07-10	1 000	-0.1	-0.43	-0.55	0.08	767
1975-07-22 ~ 08-04	1 000	-0.18	-0.65	-1.25	-1.2	2 947
1975-07-01 ~ 08-05	1 000	-0.54	-1.5	-2.63	-3.83	2 000
1976-07-05 ~ 08-07	1 350 ~ 1 390	0.04	-0.42	-1	-1.13	1 906
1977-07-18 ~ 24	1 000	-0.07	-0.54	-0.9	-0.55	865
1978-07-07 ~ 11	1 000	-0.03	-0.26	-0.53	-0.37	759
1978-07-11 ~ 08-04	1 000	-0.49	-0.87	-1.1	-1.05	1 673
1979-07-04 ~ 22	730 ~ 713	-0.07	-0.59	-1.16	-1.12	813
1981-06-25 ~ 07-01	500	-0.05	-0.07	-0.4	-0.5	357
1982-07-15 ~ 29	1 120 ~ 1 140	0.01	-0.07	-0.22	-0.25	1 249
1982-07-12 ~ 08-29	1 060 ~ 1 080	-0.23	-0.88	-1.49	-1.16	1 857
1983-06-28 ~ 07-14	1 660 ~ 1 600	-0.09	-0.35	-0.5	-0.63	1 481
1984-06-10 ~ 23	1 000	0	-0.14	-0.4	—	699
1985-06-23 ~ 07-10	1 000	-0.16	-0.24	-0.48	—	541

续表 5-3

时段(年-月-日)	潼关同流量 (m^3/s)	同流量各断面冲刷厚度(m)				潼关平均流量 (m^3/s)
		潼关	坩埼	大禹渡	北村	
1990-06-19 ~ 30	897 ~ 848	-0.07	-0.13	-0.46	0.94	1 004
1991-07-24 ~ 08-07	1 000	-0.2	-0.22	-0.75	-2.67	996
1992-07-30 ~ 08-22	1 280 ~ 1 270	-0.28	-0.55	-0.8	-0.34	2 398
1993-07-31 ~ 08-12	1 000	0.49	-0.2	-0.5	-0.2	2 109
1994-08-05 ~ 20	1 000	-0.25	-0.55	-1.3	-3.55	2 423
1995-07-25 ~ 08-10	1 470 ~ 1 420	-0.23	-0.35	-0.93	-3.35	1 588
1996-07-16 ~ 25	1 260	0.04	-0.2	-0.76	-2.76	1 280
1996-07-27 ~ 08-22	1 190 ~ 1 180	-0.41	-0.63	-1.98	-2.06	2 115

三门峡水库各年的溯源冲刷,其前提是在非汛期或当年汛期(如 1964 年)泥沙沉积不久的状况下发生的,淤积物固结历时短、抗冲能力弱,再加上汛期水量多、流量大,对恢复库容极为有利,是水库调水调沙的重要条件之一。

第二节　溯源冲刷的输沙能力

从上一节的实例中可以看出,溯源冲刷具有很强的输送能力,这是由于溯源冲刷过程中反复出现跌水形式的急流冲刷所展现出来的。

当库水位下降至淤积面高程以下时(见图 5-8),就会出现跌水水面线,水流处在急流流态(即佛汝德数 $Fr>1$)。跌水过程是溯源冲刷强度最大的时段,也是泥沙输送能量最强的时段。然而,在跌水处难以捕捉观测时机,即使遇到良好的时机,由于安全问题也不能强行观测。只有在跌水处下游某断面,如图 5-8 所示的 A—A 断面时,才可以观测发生跌水后的水文泥沙因子。因此,可以用实测资料研究溯源冲刷过程的输沙能力。

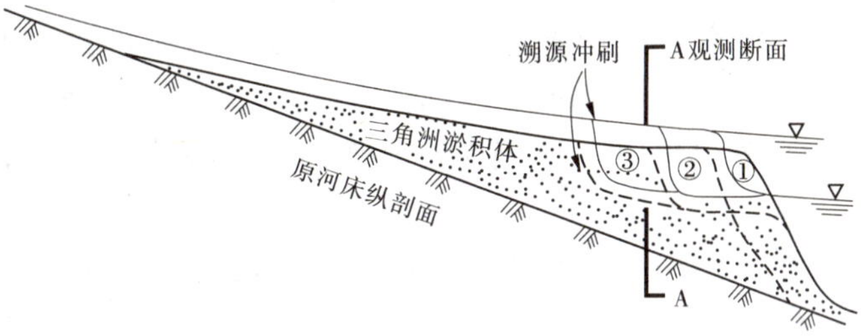

图 5-8　溯源冲刷过程及观测断面示意图

三门峡水库三角洲顶坡淤积比降一般为 1.5‱ ~ 1.9‱,比降与流量、含沙量及其组成等有关。这里采用 1.7‱作为淤积三角洲均衡比降,当溯源冲刷点上移至跌水断面后,其水面比降均小于 1.7‱,最小值下降到 0.44‱。北村水文站在三门峡库区所处的位置近似图 5-8 中的 A—A 断面。根据北村站 1963 ~ 1965 年的 130 组资料进行溯源冲刷输沙能力的分析,其中比降大于 1.7‱的资料确定为在没有发生溯源冲刷时的水流输沙状态;当比降小于 1.7‱,又大于 1.0‱时,是溯源冲刷点已经上移到距观测断面较远的水面比降的情况;将比降小于 1.0‱的资料看做是溯源冲刷点刚离开观测断面。采用单宽水流功率 $\gamma' qJ$(t/(s·m))与单宽输沙率 q_s(t/(s·m))建立相关关系,如图 5-9 所示,其经验关系为

$$q_s = 0.001\,2(\gamma' qJ)^{2.15} \quad (J > 1.7‱) \tag{5-2}$$

$$q_s = 0.003\,0(\gamma' qJ)^{2.15} \quad (1.0‱ < J < 1.7‱) \tag{5-3}$$

$$q_s = 0.010\,0(\gamma' qJ)^{2.15} \quad (J < 1.0‱) \tag{5-4}$$

式中:J 为水面比降;γ' 为浑水容重;q 为单宽流量;q_s 为单宽输沙率。

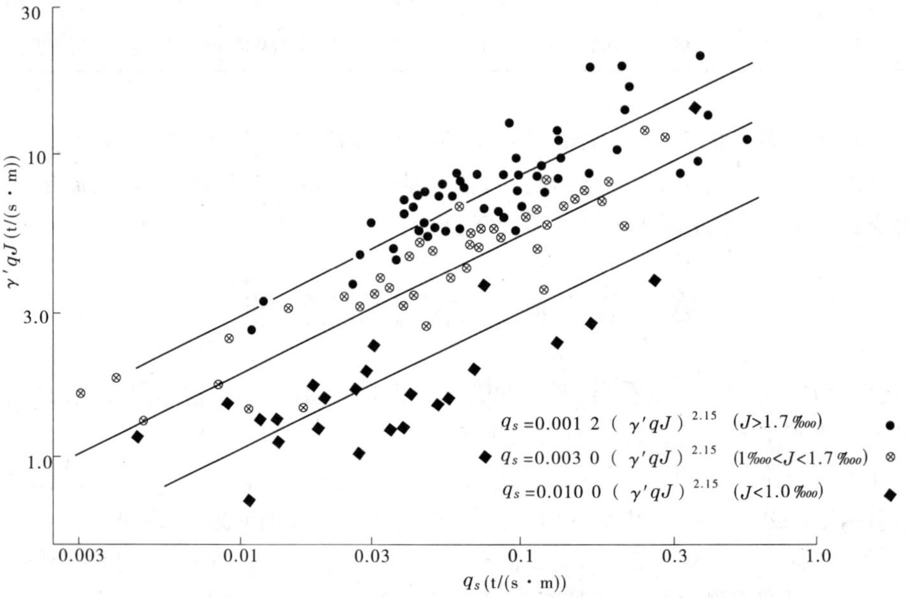

图 5-9　三门峡水库溯源冲刷期 $q_s \sim \gamma' qJ$ 关系图(1963 ~ 1965 年)

从图 5-9 中可以看出,在 $J < 1.0‱$的溯源冲刷情况下,其单宽输沙率特别大,与不发生溯源冲刷的输沙率($J > 1.7‱$)相比,高出近 10 倍。$J < 1.0‱$的点据比较分散,这是因为在溯源冲刷点上移超过测流断面以后,水面比降或者床面坡度也正处在变化过程中,它是一个不稳定的瞬时剧烈变化,并又逐渐向趋于稳定的方向发展,最后又接近于正常情况下的水流输沙过程。

应当指出的是:在水库中发生溯源冲刷的过程中,挟沙水流流向坝前的距离远近与排沙量有密切关系。因为溯源冲刷条件下的挟沙水流是超饱和的,会有部分泥沙在沿程发生落淤,若远距坝址,则出库沙量偏小;反之,发生溯源冲刷的河段距坝址较近,水流挟沙虽然处在超饱和状态,但是因为在浑水条件下,泥沙群体沉降速度慢,还来不及下落到床面,挟沙水流已经抵达坝前,因此排沙量会大,即排沙效益高。在规划设计工作中应当考虑这个特性。

参考文献

[1] 钱宁,等. 河床演变学[M]. 北京:科学出版社,1987.

[2] 侯素珍. 潼关以下黄河三门峡库区汛期冲刷规律分析[J]. 泥沙研究,2002(3):9-13.

第六章　可用库容

1962 年以后,三门峡水库因为淤积严重引起各界,尤其在水利水电行业的关注。

修建水库的目的就是兴利除害,在多沙河流上修建水库以后,只有保持水库不被泥沙全部淤废才能达到兴利除害的目的。因此,保持一定数量的可以长时期使用的库容(简称可用库容)就成了各界最为关注的课题[1]。

第一节　可用库容的出现与内涵

辽宁省闹德海水库最初是为了保证沈山(沈阳至山海关)线铁路安全运输而修建的滞洪水库,而在 1970 年以后增加为多目标开发兴利的水库。然而,这些都需要有一定数量的库容才达到兴建水库的目的,即要保持有一定的可以使用的库容。

陕西省黑松林水库是一座以灌溉为主的地方性小型水库。建成后因为泥沙淤积速度快,有淤废的危险。经过研究找出既可以延长水库寿命又具有长期可以使用库容的运用方式。

在本节将分别讨论可用库容的由来与内涵。

一、闹德海水库[2]

1937 年芦沟桥事变以后,日本侵略者疯狂地向我国华北、华中地区侵略。东北地区成为日伪政权供应战备物资的大后方,其主要的运输通道是沈阳至山海关铁路,该铁路横跨辽河支流柳河。柳河流域多暴雨洪水,洪水期经常冲毁铁路地基、切断运输线,柳河岸边的新民火车站三次搬迁和加高站址。日本侵略者为了保障运输安全,在柳河中游修建了闹德海水库,于 1942 年建成,拦河大坝为混凝土重力坝,靠近床面设有 5 孔泄洪排沙孔,底坎高程为 151.5 m;在右岸中部设 2 孔泄流孔,底坎高程为 163.5 m,以 182 m 高程为溢流堰底坎高程,原坝顶高程为 188 m,相应总库容为 1.683 亿 m^3。1963 年闹德海水库遭遇百年以上大洪水,洪水漫坝顶而泄,1964 年进行改扩建后,工程的各项指标为:坝顶高程达到 194 m;校核洪水位为 193.1 m,相应库容为 2.28 亿 m^3;设计洪水位为 189.5 m,相应库容为 1.39 亿 m^3;溢洪道高程为 181.5 m,相应库容为 0.5 亿 m^3;大坝长度为 167 m,最大坝高为 53.9 m。

闹德海水库改建后,于 1970 年又在溢流堰和排沙孔上安装了闸门进行控制运用,它的运用方式是:1970 年以前为敞泄滞洪排沙;1970 年 11 月以后开始控制运用,冬春两季蓄水,6~9 月敞泄排沙。经过多年的滞洪排沙与控制运用,水库仍然能够保持一定数量的库容可以长期使用,库容及冲淤量的变化如表 6-1 所示。

闹德海水库曾经发生过两次大洪水:一次是在 1949 年洪水过后,库容损失达到 42.3%;一次是在 1963 年洪水过后,库容损失为 40%。洪水过后水库处在冲刷过程中,截至 1972 年 10 月,仍保留有 1.34 亿 m^3 的剩余库容,占总库容的 79.6%。

表 6-1 闹德海水库库容与冲淤量[2]

测次	时间（年-月）	库容（亿 m^3）	冲淤量（亿 m^3）	累积淤积量（亿 m^3）	占总库容的百分比（%）
1	1942-07	1.683	0	0	—
2	1950-07	0.971	+0.712	0.712	42.3
3	1952-12	1.119	−0.148	0.564	33.5
4	1956-06	1.153	−0.034	0.530	31.5
5	1957-02	1.196	−0.043	0.487	28.9
6	1957-12	1.216	−0.020	0.467	27.7
7	1958-11	1.201	+0.015	0.482	28.6
8	1963-06	1.203	−0.002	0.480	28.5
9	1963-12	1.009	+0.194	0.674	40.0
10	1964-05	1.076	−0.067	0.607	36.1
11	1966-10	1.174	−0.098	0.509	30.2
12	1967-10	1.205	−0.031	0.478	28.4
13	1968-10	1.243	−0.038	0.440	26.1
14	1969-10	1.286	−0.043	0.397	23.6
15	1971-10	1.225	+0.061	0.458	27.2
16	1972-10	1.340	−0.115	0.343	20.4

注:①总库容按 188 m 高程计算;②表中“+”为淤积,“−”为冲刷;③占总库容的百分比(%)是累积淤积量与总库容的百分比。

闹德海水库的冲淤变化过程给人们一个重要启示:当水库具有一定规模的泄流能力或量级时,只要水库运用方式得当,是可以维持一定数量的可用库容来保持长时期兴利除害的。

二、黑松林水库[3]

黑松林水库是一座小型水库,其总库容为 860 万 m^3,于 1959 年 5 月建成并开始蓄水运用。经过 3 年的蓄水拦沙运用,淤积泥沙达到 162 万 m^3,占总库容的 18.8%,按这一方式运用下去,不到 16 年水库就会被泥沙全部淤废。

经过多方面的研究与总结,认识到:①年均进库的输沙量有 93% 集中在 7、8 两月的洪水过程中,97% 在汛期(6~9 月)进入水库;②年均水量在年内的分配,汛期径流量占全年径流量的 42.7%,7、8 两月占全年径流量的 25.8%,而非汛期进库径流量占全年径流量的 57.3%;③若改变水库运用方式,汛期降低水位排沙,尤其是在 7、8 两月空库排沙,用 25.8% 的水量可将 93.0% 的泥沙排泄出库。

黑松林水库坝高 45.5 m，设有输水兼排沙底孔（2.0 m×1.5 m），泄流能力为 10 m^3/s。自 1962 年起改为蓄清排沙运用，7、8 两月空库排沙，9 月基流大、含沙量低，水库关闸蓄水，有异重流发生时，开启闸门排沙。非汛期蓄水为下游灌区提供水源，同时保持了库容。

从上述两座水库的实例来看，闹德海水库从建成以后就采用滞洪排沙运用，其特点是：泄洪排沙孔及溢流堰共有上、中、下三层泄流设施，5 个底孔均匀分布在靠近河床的高程上，中小流量进库以后，基本上不发生壅水，对水流输沙作用影响较小。经过近 30 年的运用，仍然能够保持 58%～78% 的可用库容，我们是知其然而不知其所以然，尽管如此，这还是给人们以很重要的启发。

黑松林水库使人们认识到水库淤积的严重性，从径流量和输沙量在年内分配的特点可以总结出水沙特性：用 26% 的径流量排出 93% 的泥沙，可以延长水库寿命。其中有意无意地存在着一个可用库容的问题。

对可用库容的研究，最早是林一山于 1978 年发表在《人民长江》第 2 期的题为《水库长期使用问题》一文中提出的；1980 年“第一届河流泥沙国际学术讨论会”，夏震寰等发表了《论长期使用库容》的相关论文[6]；焦恩泽于 1981 年在《泥沙研究》第 3 期发表了题为《可用库容问题的研究》的论文；韩其为等在 1993 年的《泥沙研究》第 3 期上发表了《论长期使用水库的造床过程》。上述多篇论文对可用库容问题作出了较为详细的论述。读者可以自选阅读。

对于滞洪排沙运用的水库而言，在洪水期库区出现壅水，在受壅水影响的范围内，流速减缓、泥沙落淤后，原河槽发生淤积，若由于洪水较大而发生漫滩，滩地也会淤积，但是含沙量在垂线分布的规律是接近水面的部分含沙量低，靠近床面的部分含沙量高，因此在同一时期，河槽淤积的厚而滩地淤积的薄。当库水位下降之后，直至坝区的壅水已经几近全部消失，河槽发生冲刷，而滩地淤积量几乎不变。

在蓄水运用的水库，挟沙水流进入回水区之后，也是滩地与河槽同时发生淤积，河槽的淤积厚度大于滩地的，经过一段时间以后，在横断面上呈现出水平淤积形态。库区淤积一段时间以后形成三角洲淤积形态，有些水库呈锥体淤积形态。当库水位降落到汛前限制水位之后，在三角洲或锥体淤积面上冲刷塑造出新的河槽。

当采用非汛期蓄水拦沙、汛期降低水位或敞泄排沙运用时，非汛期淤积在河槽内的泥沙被洪水冲刷，排出库外，河槽的容积得到恢复。若汛期洪水较大且漫滩，部分细泥沙被水流挟带上滩落淤，几乎全部落淤的泥沙难以冲刷出库。这就是所谓“死滩活槽”的概念。

由此可知，所谓的可用库容就是指可淤可冲，能够恢复原来库容以及没有被淤废的部分滩库容之总和。

第二节　可用库容的基本条件

在挟沙水流的河道上修建水库之后，都会遇到水库泥沙淤积问题。通过调查研究可知，根据水沙年内分配和水沙运行规律，与得当的水库运用方式相结合，是可以保持部分库容能够长时期使用的。如果进一步探讨,并非所有水库都具有长期可以使用的库容。例如山西省的镇子梁水库(见图6-1),它是修建在堆积性平原河流上的水库,水库建成之前的河床物质组成及其纵剖面与水库建成后的河床物质组成及其纵剖面相差很小,淤积纵剖面近似平行抬升。这间接地说明,全库区各断面的滩槽差也几乎相等。对于这种类型的水库,只有天然河道的槽蓄量,不存在更多的可用库容。

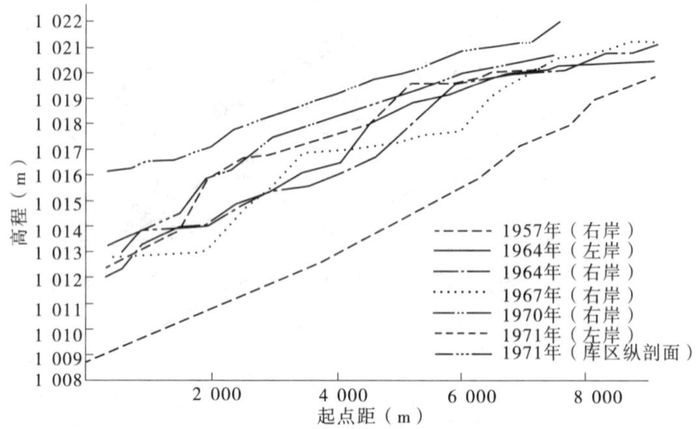

(a)主河道纵剖面图

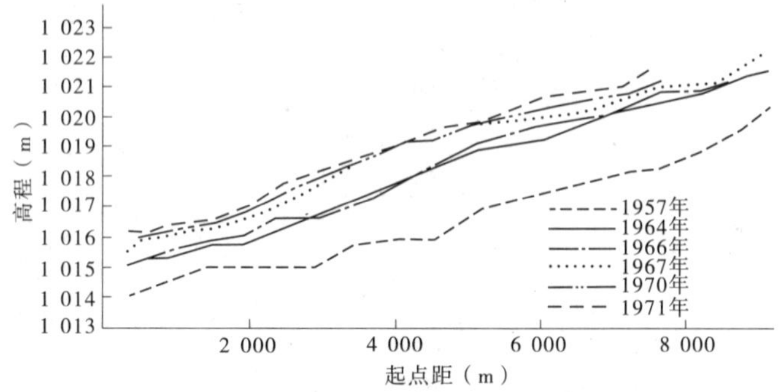

(b)滩地纵剖面图

图6-1 镇子梁水库纵剖面图

为了长期保持可以使用的库容,必须具备一定的基本条件,其中包括:进库的水文泥沙条件,水库的输沙能力和富余输沙能力,库区地质地貌特性,原始河道形态,水工建筑物的科学布局,泄水建筑物的泄流能力等。

一、进库水文泥沙条件

任何一条河流的径流量均来自于降雨,其中包括高寒地区降雨后结冰、积雪,再逐渐融化成径流。就流域产沙而言,汛期降雨,尤其是暴雨,是流域产沙的主要成因。从径流量或流量与输沙量或输沙率来看,它们之间存在着某种相关关系,输沙率随着流量的增加而急剧增大。图6-2~图6-5分别为三门峡库区北村水文站,黄河、渭河交汇后下游的潼关水文站,黄河干流龙门水文站,黄河中游上端的头道拐水文站 $Q_s \sim Q$ 相关关系图。

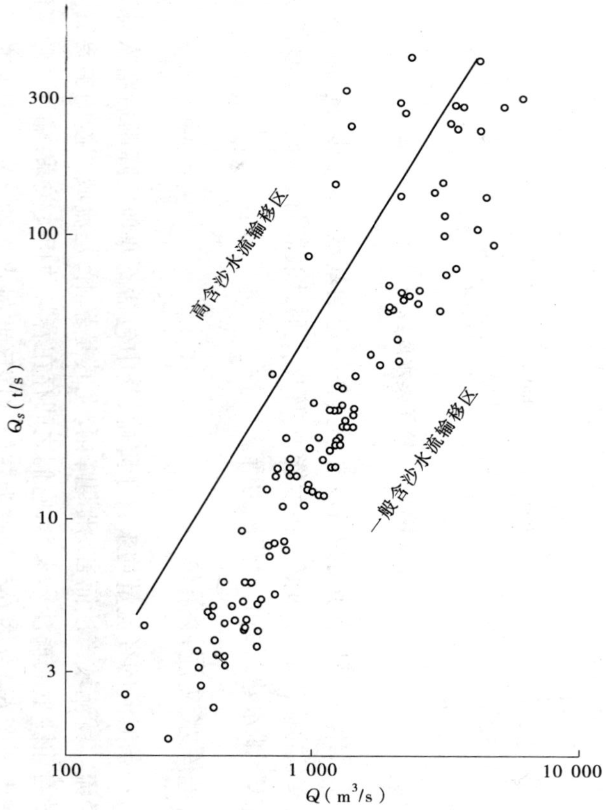

图 6-2　三门峡库区北村水文站 $Q_s \sim Q$ 相关关系图(1965 ~ 1966 年)

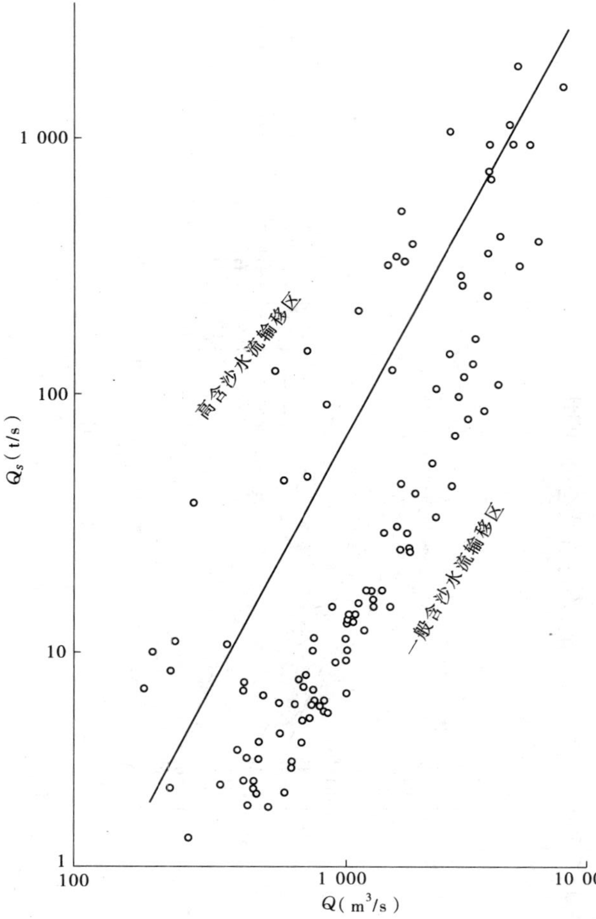

图 6-3　黄河、渭河交汇后下游的潼关水文站 $Q_s \sim Q$ 相关关系图(1965 ~ 1966 年)

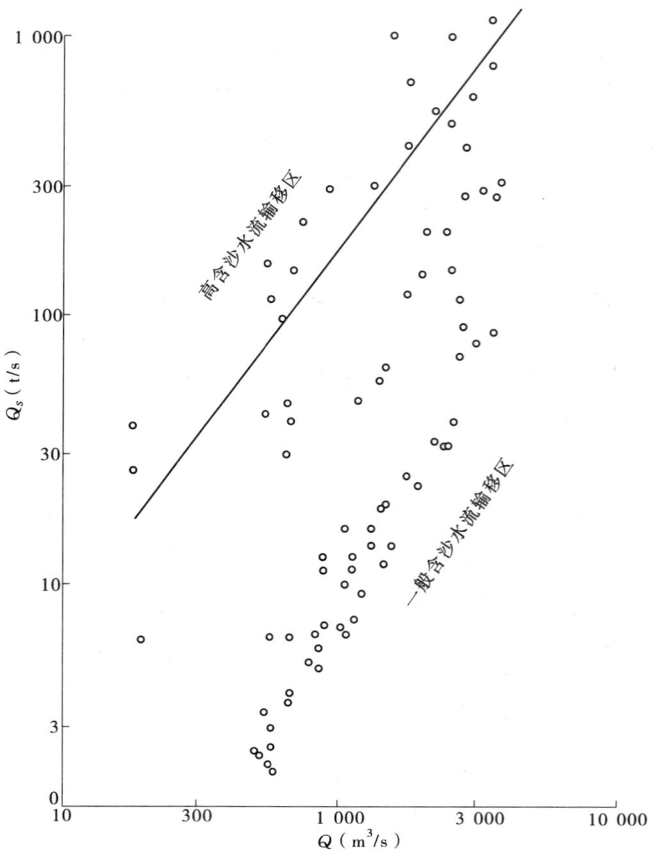

图 6-4　黄河干流龙门水文站 $Q_s \sim Q$ 相关关系图(1964 ~ 1966 年)

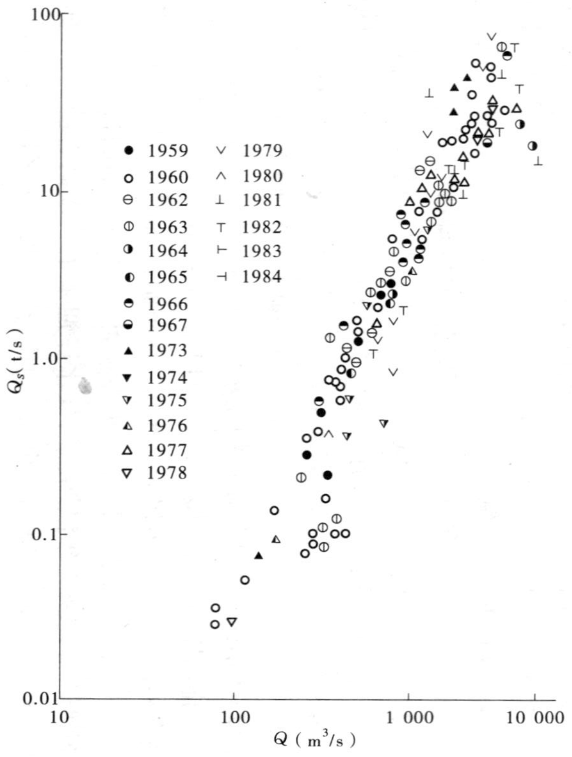

图 6-5　黄河中游上端的头道拐水文站 $Q_s \sim Q$ 相关关系图

图 6-5 中的输沙率 Q_s 与流量 Q 之间的关系较好是因为黄河上游黄土地区的面积较小,但径流量大,均属于一般挟沙水流。龙门水文站以上至头道拐区间是黄河流域产沙的最主要地域之一,在汛初发生暴雨洪水时,经常发生高含沙洪水,尤其是 7 月,8 月上旬也时有发生。8 月下旬以后的洪水由于前期地表松散的黄土已经被暴雨产流冲走,因此经常出现高含沙水流。所以在图 6-2 中分为高含沙水流输移区和一般含沙水流输移区。同理,图 6-3及图 6-4 也有两种泥沙输沙区。从图中不难看出,输沙率 Q_s 与流量 Q 成高次相关。

在第四章已经讨论了富余输沙能力和溯源冲刷输沙能力,它们都表现出两种输沙能力与水流功率成高次方关系。水流功率 $\gamma' qJ$ 中浑水容重和水面比降的变幅不大,而流量的变幅最大,均超过 10 倍以上,有的甚至达到 100 倍;其次,也说明这两种输沙能力在恢复库容的作用主要是靠大流量(如大于 1 500 ~ 2 000 m^3/s)产生的。

因此,要使库区非汛期淤积的泥沙能够冲刷并恢复河槽库容,一定要有较大的流量过程进入水库,才能达到将非汛期淤积在水库中的泥沙靠汛期洪水以及库水位下降所引发的溯源冲刷排出库外。可称做"将非汛期泥沙用汛期洪水调出库外"。

在高含沙洪水进入水库以后会出现"贴边淤积"刷深主槽,形成窄深的断面形态,如图 6-6 所示。从图中可以看出,主河槽发生冲刷,然而断面的过水面积减小很多,对防洪将产生不利影响。1997 年汛期三门峡水库迎来了 3 次高含沙洪水,如表 6-2 所示。由表 6-2可知,潼关站与三门峡站(出库)相比,潼关以下库区淤积 0. 36 亿 t。大断面测量(1977 年 5 月 ~1977 年 8 月 7 日)得淤积 0. 36 亿 m^3。输沙率法与断面法的结果基本一致,说明在高含沙洪水过程中库区是淤积的。在遇到高含沙小洪水时,淤积量就更大一些。由此可知,要维持可以长期使用的库容,有利的水沙条件是至关重要的。

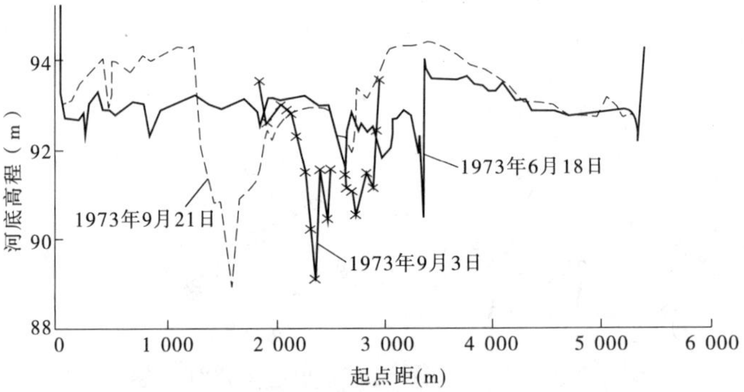

图 6-6　高含沙洪水前后花园口断面形态变化

表 6-2　1977 年三门峡水库 3 次高含沙小洪水径流量与输沙量

站名	7 月 6 ~9 日		8 月 3 ~5 日		8 月 6 ~10 日	
	径流量(亿 m^3)	输沙量(亿 t)	径流量(亿 m^3)	输沙量(亿 t)	径流量(亿 m^3)	输沙量(亿 t)
四站	17. 8	7. 58	8. 08	2. 21	1. 81	7. 60
潼关	17. 5	6. 85	7. 85	1. 37	17. 7	7. 54
三门峡	17. 8	6. 65	7. 68	1. 30	17. 4	7. 45

水沙系列有某种程度的周期性，在某一时期可能出现丰水期，而另一时期又会出现平水期甚至是枯水期。在丰水期，洪水一般出现次数多、相应径流量大，输沙能力也很强，对调沙与恢复可用库容非常有利。在平水期洪水次数及径流量基本能够满足恢复可用库容的要求。如遇到枯水期，又加上上游大型水库的调控，往往会出现可用库容难以在当年恢复，甚至出现累积性淤积。这就要求水库管理工作者对水库运用方案进行及时调整，以达到年内冲淤基本平衡，消除累积性淤积。

二、水库运用原则

在采用调水调沙运用方式的水库，年内的调度原则是非汛期蓄水拦沙，汛期降低水位排沙，达到年内库区冲淤平衡。然而，天然径流量变化无常，时有丰水年、平水年或枯水年出现，相对应的会出现库区冲淤随之发生变化，进而需要根据实际情况随时调整水库运用方案。

水库运用方案中要控制非汛期淤积重心的部位，淤积重心靠近坝区，有利于库水位下降后的冲刷排沙，这就要求非汛期库水位不能过高、蓄水量不能过大。若是从兴利方面考虑，如下游灌溉用水、城市及工业用水、保证下游河道有某一级流量过程发电效益等，则要求抬高库水位，由此引起淤积重心的部位偏上。若遇到有利水沙年份，库区有可能达到冲淤平衡，如果遇到不利水沙年份，库区槽库容难以恢复。因此，在制订下一年度运用方案时需要：①查实当年库区是否达到冲淤平衡，淤积重心的部位对调水调沙是否有利；②根据长期气象和水文预报，判断下一年度的水情状况是丰水年、平水年还是枯水年；③科学合理地制订非汛期最高库水位及某流量级水位出现的天数、非汛期平均库水位；④对水库最高水位的回水是否影响库区末端地区的工农业生产或上游防洪水位为多高等问题应做全面调查，防止事故发生。如万家寨水库，在水库实施运用过程中，要确保水库上游拐上断面不受回水或淤积抬高河床高程的影响；天桥水电站的回水或淤积末端要控制在黄甫川河口附近的曲峪乡以下。

三、建库前河流地貌地形与可用库容的关系

天然情况下，根据河流地貌特征，河流大体上可以分为三种类型：峡谷地区侵蚀性河流、丘陵地区过渡型河流、堆积性平原河流。

峡谷地区的河流受构造运动的作用：地块大面积隆起，相对运动激烈，长时期的水流切割形成的河流穿行于高山峡谷之中，床面孤石峥嵘，碛滩连绵不断，基岩毕露，岸壁岩石参差不齐，河谷窄深。在这种类型的河道上修建水库，其河宽小于造床流量下的河宽，因此在发生淤积之后，没有滩地与河槽之分，可用库容全部属于河槽库容。由于河床特别粗糙，因此淤积以后的综合糙率将大幅度减小。又因为原始河床坡度陡峻、单宽流量大，水流输沙经常处于不饱和状态。水库淤积以后，河床床面细化，其富余输沙能力很大，如龙羊峡水库就属于这一类型。

丘陵地区过渡型河流多处在山区峡谷过渡到丘陵盆地之间。它既受构造运动的影响，又具有堆积性的特征。从长时间来观察，河流处于冲淤平衡状态。床面多为粗泥沙、黏土、小卵石相间组成或交错成层。河岸既有岩石又有古地层（第三纪或第四纪以上的岩性结构），两岸有“节点”出露，控制河流左右摆动，河流的纵横剖面比较稳定，水流挟沙接近饱和状态。水库修建后，泥沙淤积可形成滩地与主槽之分，可用库容也随之分为滩库容与槽库容。若水库运用合理，则很大部分槽库容可以长期使用，滩库容随着洪水漫滩泥沙落淤而发生损失，直至洪水不上滩为止。水库富余输沙能力视河床阻力变化而定，但可以肯定是具有富余输沙能力的，三门峡水库就属于这一类型。

堆积性平原河流是在流域大量侵蚀的泥沙出峡谷后经过长期的逐渐沉积构建成平原或盆地，水流流经平原或盆地塑造出来的河流。这一类型的河流，它的床面组成大部分是悬移质泥沙中的床沙质，又有部分悬移质泥沙构成。河床形态宽浅，有滩地与主槽之分。就多沙河道而言，还具有主流摆动频繁、游荡和冲淤善变、汊流多、沙洲林立的特性。在此类河道修建水库，淤积纵剖面呈平行上升（见图 6-1）形态，它的可用库容实为自然河槽的槽蓄量。淤积以后河床组成略粗于流域供给的悬移质平均粒径，与建库前相比较，综合糙率减小得不多，因此没有多少富余输沙能力（见图 4-4）。

上述三种河流的地貌与形态又不是绝对的，更多的是组合型形态，如刘家峡水库，其下段和坝址附近为刘家峡峡谷，中段为永靖盆地，上段为寺沟峡峡谷，汇进库区的洮河库段为洮河的茅笼峡。三段峡谷为河道型库区，而永靖盆地为湖泊型库区。又如河北省官厅水库蓄水后全库区均成为湖泊型水库。河道型水库的可用库容占原始库容的百分比要大一些，而湖泊型水库的可用库容占原始库容的百分比则比较小。

四、可用库容的河槽形态[1,4-7]

水库在常年蓄水的情况下，进库输沙量在库区淤积成三角洲或锥体形态，经过若干年之后，河槽纵剖面将形成一条下凹型淤积平衡比降，这个比降可表示为

$$J_s = 45.5A^{5/6}\frac{D^{1/3}d^{5/3}S_i^{5/6}}{q^{1/2}e^{5.6S_V}} \tag{6-1}$$

式中：J_s 为淤积平衡比降（‱）；A 为系数；D 为河床质中值粒径，mm；d 为悬移质中值粒径，mm；S_i 为进库含沙量，kg/m^3；q 为单宽流量，m^3/(s·m)；S_V 为体积比含沙量。

式(6-1)是从河流地貌学概念出发，联解方程求得的。因此，各项物理量都取长时段的平均值。如果按水力学的原理考虑，比降 J（$u=\frac{1}{n}h^{2/3}J^{1/2}$）与流量 $Q=Bhu$ 成正比，与地貌学的概念正好相反。请读者特别注意。

每当库水位下降时，库区就会发生冲刷，经过一段时期的控制或敞泄运用，河槽纵剖面基本达到冲淤平衡。水库发生的冲刷量取决于库水位下降幅度的大小、发生冲刷时期进库的流量与含沙量的多寡以及冲刷的历时长短等。当然，与冲刷后的河宽也有一定关系。

一般来讲,在泄空冲刷过程中,发生冲刷的河段不受壅水影响。为了计算方便起见,假定冲刷水流为均匀恒定流,取冲刷时段的流量为平均值,忽略冲刷过程中床沙质与悬移质的交换,不考虑河床粗化对冲刷效益的影响,采用图 6-8 进行简化。

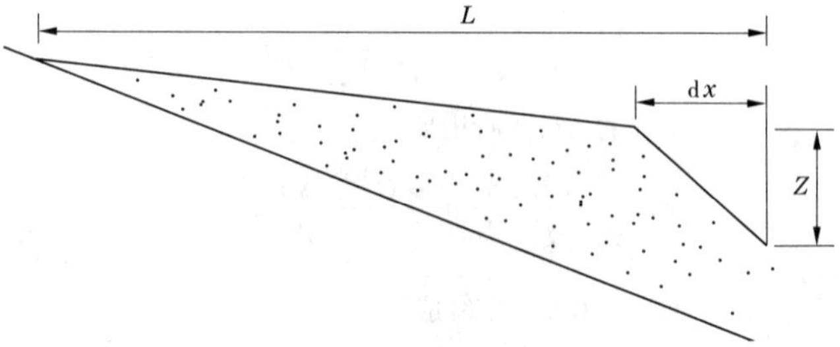

图 6-7　水库冲刷概化图

水库淤积比降一般很小,均在万分之几,故假定淤积面为水平面,忽略淤积比降带来的影响。由图 6-7 可以看出,在 dt 时间以后水库淤积面上的冲刷点溯源向上为 dx 距离。其冲刷体积为

$$\mathrm{d}V=\frac{1}{2}(BZ\mathrm{d}x) \tag{6-2}$$

式中:B 为冲刷宽度;Z 为坝前冲刷厚度。

令冲刷后的宽深比符合

$$B=h^2\xi^2 \tag{6-3}$$

式中:h 为水深;ξ 为河相系数。

将式(6-3)代入式(6-2),可得

$$\mathrm{d}V=\frac{1}{2}\xi^2h^2Z\mathrm{d}x \tag{6-4}$$

输沙平衡方程式可写为

$$\mathrm{d}V=\frac{Q\Delta S}{\gamma_s}\mathrm{d}t \tag{6-5}$$

式中:Q 为泄流量;$\Delta S=S_o-S_i$,S_o 为出库含沙量,S_i 为进库含沙量;γ_s 为泥沙容重。

令式(6-4)与式(6-5)相等,则

$$\frac{1}{2}\xi^2h^2Z\mathrm{d}x=\frac{Q\Delta S}{\gamma_s}\mathrm{d}t \tag{6-6}$$

用曼宁公式 $u=\frac{1}{n}h^{2/3}J^{1/2}$ 及连续方程 $Q=Bhu$ 联解,并令 $J=Z/x$,代入式(6-3),得

$$h=\frac{(nQ)^{0.272}x^{0.136}}{\xi^{0.545}Z^{0.136}} \tag{6-7}$$

将式(6-7)代入式(6-6),得

$$\frac{Q\Delta S}{\gamma_s}\mathrm{d}t=\frac{1}{2}\xi^{0.91}(nQ)^{0.545}x^{0.272}Z^{0.728}\mathrm{d}x \tag{6-8}$$

(1)冲刷长度。对式(6-8)进行归纳整理,可得

$$x^{0.272}\mathrm{d}x=\frac{2Q^{0.455}\Delta S}{\gamma_s\xi^{0.91}n^{0.545}Z^{0.728}}\mathrm{d}t$$

两边进行积分后得

$$\frac{x^{1.272}}{1.272}=\frac{2Q^{0.455}\Delta S}{\gamma_s\xi^{0.91}n^{0.545}Z^{0.728}}t+C$$

因为当 $t=0$ 时,$x=0$,所以 $C=0$,则冲刷长度为

$$x=\frac{2.08}{\gamma_s^{0.785}\xi^{0.715}n^{0.428}}\frac{Q^{0.357}\Delta S^{0.785}t^{0.785}}{Z^{0.571}}\tag{6-9}$$

令 $\lambda_1=\dfrac{2.08}{\gamma_s^{0.785}\xi^{0.715}n^{0.428}}$,则式(6-9)可写成

$$x=\lambda_1\frac{Q^{0.357}\Delta S^{0.785}t^{0.785}}{Z^{0.571}}\tag{6-10}$$

式(6-10)为水库冲刷长度计算公式。当 $t\to\infty$ 时,则 $x=L_{冲}$,即冲刷的最大长度。

(2)冲刷体积。水库的冲刷体积可由式(6-5)积分求得,即

$$V_{冲}=\frac{1}{\gamma_s}Q\Delta St\tag{6-11}$$

(3)冲刷极限时间。水库冲刷是向不冲刷方向发展的,其经过一定时间之后,趋于稳定或接近终止,由冲刷开始到冲刷终止的历时为冲刷极限时间。

在式(6-10)中的冲刷长度 x 等于 L 时,则有 $t=t_{\max}$。由式(6-10)可得

$$t_{\max}=\frac{1}{\lambda_1^{1.272}}\frac{Z^{0.728}L^{1.272}}{Q^{0.455}\Delta S}\tag{6-12}$$

将式(6-12)代入式(6-11),即可得到最大冲刷体积

$$V_{\max}=\frac{1}{\gamma_s\lambda_1^{1.272}}Q^{0.545}Z^{0.728}L^{1.272}\tag{6-13}$$

(4)出库含沙量。上述各公式中,均有一项库区冲刷含沙量 ΔS,即 $\Delta S=S_o-S_i$。此处,S_i 为进库含沙量,S_o 为出库含沙量,为求解式(6-5)~式(6-12),必须给出出库含沙量 S_o。

这里引用武汉水利电力学院挟沙能力公式

$$S_o=k\frac{u^3}{gh\omega}$$

脚标为“o”代表出库含沙量。将曼宁公式 $u=\dfrac{1}{n}R^{2/3}J^{1/2}$ 代入上式可得

$$S_o=k\frac{J^{3/2}h}{n^3g\omega}\tag{6-14}$$

令 $J=\dfrac{Z}{x}$,并将式(6-7)及式(6-10)代入式(6-14),可改写成

$$\begin{aligned}S_o&=\frac{k}{n^3g\omega}\cdot\frac{Z^{2.36}}{\lambda_1^{1.5}Q^{0.535}\Delta S^{1.17}t^{1.17}}\cdot\frac{n^{0.272}Q^{0.272}}{\xi^{0.545}Z^{0.136}}\cdot\frac{\lambda_1^{0.136}Q^{0.049}\Delta S^{0.107}t^{0.107}}{Z^{0.078}}\\&=\frac{k}{n^{2.73}\xi^{0.545}g\lambda_1^{1.36}}\frac{Z^{2.14}}{Q^{0.214}\Delta S^{1.06}t^{1.06}\omega}\end{aligned}\tag{6-15}$$

令 $\lambda_2 = \frac{k}{n^{2.73}\xi^{0.545}g\lambda_1^{1.36}}$,则式(6-15)可改写为

$$S_o = \lambda_2 \frac{Z^{2.14}}{Q^{0.214}t^{1.06}\Delta S^{1.06}\omega} \tag{6-16}$$

将式(6-16)可以整理成

$$S_o \Delta S^{1.06} Q^{0.214} t^{1.06} \omega = \lambda_2 Z^{2.14} \tag{6-17}$$

设 $A = Q^{0.214}t^{1.06}\omega$,$C = \lambda_2 Z^{2.14}$,并假定 $\Delta S^{1.06} \approx \Delta S$,将 $\Delta S = S_o - S_i$ 代入式(6-17),可写成

$$AS_o^2 - AS_o S_i - C = 0$$

最后可得

$$S_o = \frac{1}{2}\left[S_i + \left(S_i^2 + \frac{4\lambda_2 Z^{2.14}}{Q^{0.214}t^{1.06}\omega} \right)^{1/2} \right] \tag{6-18}$$

式(6-18)中的 ω 项是单颗粒泥沙沉速。在水库泄空冲刷或者低水位洪水排沙过程中,在很多情况下是高浓度输沙。因此,在计算泥沙沉降速度时应改为群体沉速 ω_s,即 $\omega_s / \omega = \mathrm{e}^{-6.715S_V}$,用此式改正式(6-18)后可得

$$S_o = \frac{1}{2}\left[S_i + \left(S_i^2 + \frac{4\lambda_2 Z^{2.14}\mathrm{e}^{6.715S_V}}{Q^{0.214}t^{1.06}\omega} \right)^{1/2} \right] \tag{6-19}$$

式中:S_V 为体积含沙量。式(6-19)即为简化后的出库含沙量计算公式。

(5)冲刷比降。由式(6-13)可以知道,当冲刷已经达到最大冲刷体积时,即为冲刷已达到终止时刻,其冲刷比降应当是达到平衡的冲刷比降。

由式(6-10)可以解出冲刷比降公式

$$\left(\frac{Z}{x}\right)^{0.571} x^{1.571} = \lambda_1 Q^{0.357} \Delta S^{0.785} t^{0.785}$$

则

$$J^{0.571} = \lambda_1 \frac{Q^{0.357}\Delta S^{0.785}t^{0.785}}{x^{1.571}}$$

经整理后,可得

$$J_{冲} = \lambda_3 \frac{Z^{1.57}}{Q^{0.357}(\Delta St)^{0.78}} \tag{6-20}$$

式中:$\lambda_3 = 0.481\gamma_s^{0.785}\xi^{0.715}n^{0.428}$。

(6)冲刷宽度。在式(6-3)中给出 $B = h^2\xi^2$,将式(6-7)及式(6-10)代入式(6-3)之后经过整理后,可求得冲刷宽度

$$B = \lambda_4 \frac{Q^{0.642}\Delta S^{0.214}t^{0.214}}{Z^{0.427}} \tag{6-21}$$

式中:$\lambda_4 = 1.2\xi^{0.91}n^{0.428}/\gamma_s^{0.214}$。

第三节　可用库容估算

可用库容的估算,首先要选择计算公式,要包含有淤积比降、冲刷比降、冲刷宽度等。

一、水库三角洲淤积比降

(一)侯晖昌公式

在 20 世纪 60 年代初,侯晖昌首先采用 3 个方程:

阻力方程 $$u=\frac{1}{n}h^{2/3}J^{1/2}$$

挟沙方程 $$S_*=k\frac{u^3}{gh\omega}$$

连续方程 $$q=uh$$

求得水库三角洲淤积比降。

令 $n=A_nD^{1/6}$,$\omega=A_\omega d^2$,则

$$J_c=A_*\frac{S^{5/6}d^{5/3}D^{1/3}}{q^{1/2}}$$

式中:J_c 为冲淤平衡比降;S 为年平均含沙量;d 为年平均悬移质中值粒径;D 为年平均河床质中值粒径;q 为多年平均单宽流量;A_* 为综合系数。

(二)对侯晖昌公式的改进

焦恩泽在研究淤积比降的过程中,考虑到多沙河流水库的泥沙是群体沉降,因此对侯晖昌的公式进行了改进,则其变为

$$J_s=45.5A^{5/6}\frac{S^{5/6}d^{5/3}D^{1/3}}{q^{1/2}e^{5.6S_V}}$$

(三)梁栖榕公式

$$J=47.3\frac{n^3\xi^{0.4}S^{0.678}\omega^{0.73}}{Q^{0.2}}$$

此外,还有经验公式,如表 6-3 所示。

表 6-3 经验型淤积比降公式[5]

提出公式的单位或个人	公式	依据资料	附注
水利水电科学研究院河渠研究所	$J_k=1.28\times10^{-4}\left(\frac{S\omega}{q^{0.6}}\right)^{0.308}$	根据 11 个水库资料得出,但不是三角洲顶坡坡降	ω 以 cm/s 计,其余同前
李保如	$J_k=0.00455\left[\left(\frac{S}{Q}\right)^{\frac{1}{2}}D_{50}\right]^{0.59}$	依据天然河流及游荡性河流的模型资料	D_{50} 以 mm 计
黄河水利科学研究所	$J_k=1.06\left(\frac{S}{Q}\right)^{0.96}D_{50}^{1.2}$	根据黄河沙质河段资料	D_{50} 以 mm 计
水电部第十一工程局设计研究院	$J_k=2.66\times10^{-4}\left(\frac{S^{\frac{1}{2}}}{Q^{\frac{1}{4}}}\right)$	主要根据三门峡水库资料同时也采用了一些天然河道资料	
水电部第四工程局	$J_k=1.7\times10^{-4}\left(\frac{S^{\frac{8}{27}}}{Q^{\frac{2}{27}}}\right)$	根据 7 个水库资料(基本上都是北方水库)	

类比型公式如表6-4所示，这些公式是原河床比降与淤积后比降之比。表6-3与表6-4在采用时要参照表中的附注，因为各公式都是根据实测资料建立的，有一定的局限性。

冲刷比降可按式(6-20)计算。

冲刷宽度可按式(6-21)计算。

冲刷长度可按式(6-10)计算。

表6-4　淤积前的比降对比公式[5]

提出公式单位或人	公式	建立公式使用资料的范围	附注
杉尾	$\frac{J_k}{J_o}=0.589J_0^{0.064}$	根据163个拦沙坝资料	
黄河水利科学研究所	$\frac{J_k}{J_0}=f\left(\frac{D}{D_0}\right)$	函数关系	D和D_{50}分别为淤积前后床沙平均粒径和中径
水电部第六工程勘测设计队	$\frac{J_k}{J_0}=1.95\left(\frac{d_{50}}{D_{50}}\right)^{0.1}\cdot\left(\frac{1}{HV}\right)^{0.15}$	根据14个北方水库资料	d_{50}为悬沙中径，H为侵蚀基面抬高值(以m计)；V为相应于H的库容(以m^3计)
清华大学水利系	$\frac{J_k}{J_0}=f(HJ_0^{0.2})$	根据40个北方水库资料	H为侵蚀基面抬高值(以m计)
水电部成都勘测设计院科研所	$\frac{J_k}{J_0}=0.79(HQJ_0)^{-0.17}$	根据以南方为主的15个水库资料	H为侵蚀基面抬高值(以m计)
焦恩泽	$J_k=3.81\frac{S^{0.192}J_0^{0.212}}{Q^{0.115}Z_s^{0.327}}$	根据北方9个水库三角洲顶坡资料	Z_s为三角洲顶点淤积厚度或坝前淤积厚度
涂启华	$\frac{J_k}{J_0}=f(J_0^{0.56}Z_s^{0.68})$	根据北方9个水库资料	Z_s为三角洲顶点淤积厚度或坝前淤积厚度

二、可用库容估算公式

可用库容按图6-8进行估算，其计算式为

$$V_{槽}=BLH+\frac{1}{2}(BL\Delta H)+\frac{m}{3}L\Delta H^2 \tag{6-22}$$

式中：$V_{槽}$ 为冲刷后的河槽库容；B、L 分别为冲刷宽度、冲刷长度，前节已给出计算公式。

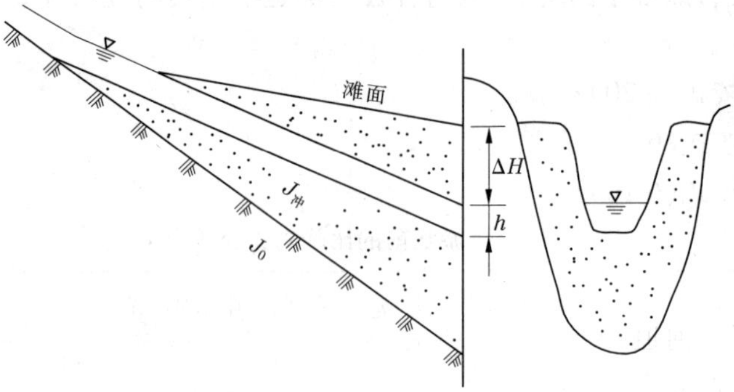

图 6-8　可用库容示意图

参考文献

[1] 焦恩泽．可用库容问题的研究[J]．泥沙研究，1981(3)：57-65.

[2] 辽宁省水利科学研究所，彰武县闹德海水库管理所．闹德海水库冲淤变化及近两年非汛期蓄水运用情况的初步分析[G]//水库泥沙报告汇编．郑州：黄河水库泥沙观测研究成果交流会，1973.

[3] 陕西省水利科学研究所，泾阳县冶峪河管理局．黑松林水库蓄清排沙引洪淤灌初步经验[G]//水库泥沙报告汇编．郑州：黄河水库泥沙观测研究成果交流会，1973.

[4] 焦恩泽．黄河水库泥沙[M]．郑州：黄河水利出版社，2004.

[5] 中国水利学会泥沙专业委员会．泥沙手册[S]．北京：中国环境科学出版社，1992.

[6] 夏震寰，等．论长期使用库容[C]//第一届河流泥沙国际学术讨论会论文集(第三册)．北京：光华出版社，1980.

[7] 焦恩泽．多沙河流水库淤积的几个问题[R]．郑州：黄河水利科学研究所，1978.

第三篇　水库调水调沙效应

多沙河流上的水库,泥沙淤积十分严重,尤其是三门峡水库初期运用阶段(1960 年 9 月~1962 年 3 月),由于淤积引起黄河小北干流和渭河下游下段河道发生溯源淤积,致使洪水位大幅度上升、河道淤积,威胁两岸工农业生产和群众生活的安全,社会各界人士非常关注,一时间掀起研究水库泥沙问题的高潮。

研究水库泥沙问题的核心是研究如何减少淤积,延长水库寿命和采取各种相应的有效措施,防止或减缓淤积。

陕西省黑松林水库于 1962 年首次采用蓄清排沙运用方式,取得了很好的效益。如将黑松林水库的蓄清排沙运用看做是调水调沙的雏形,那么调水调沙至今已有 40 多年的实践经验了,取得了丰富的经验与可喜可贺的成就。在本篇中,将对调水调沙效应进行较为全面的总结,以资为修建在有泥沙的河流上的水库的运用方面提供借鉴。

水库调水调沙运用的核心是在保持可以长期使用库容的基础上,使多沙河流上的水库获得广泛的、巨大的经济效益和社会效益。

多沙河流水库的淤积特性是:在某一库水位控制下均会出现淤积上延,并超过设计的回水末端,而回水末端又因为泥沙淤积上延而随之上延,出现恶性循环,严重威胁库区末端上游工农业生产和人民群众的安全,甚至影响城市的经济发展。

当水库调水调沙运用不当时,出库的水沙过程中的流量与含沙量两者不相适应也会造成下游河道发生意想不到的淤积,给防洪、河道治理、保护湿地和维持河流健康生命带来危害。

水库调水调沙的最终目标是:保持一定数量的可用库容,为防洪、防凌、供水、发电多目标兴利;科学地调节出库流量、含沙量过程,使两者相适应,以免造成下游河道发生淤积或萎缩;尽可能防止水库淤积上延,危及水库上游和周边地区工农业生产、生活。

由于国民经济快速发展,流域内自然状态受到人类活动的不断干扰,使径流量、输沙量发生变化,甚至恶化。

为了达到预想的目标,在制订水库运用方案和实施方案的过程中,必须适应客观的变化,随时跟踪上游来水来沙条件的改变来修订水库运用方案或实施方案,否则水库及下游河道将出现极其不利的负面作用。

第七章　调水调沙与保持库容的关系

在有泥沙的河流上修建水库,其开发目标几乎没有完全相同的。高坝大库,多数是为了防御洪水,避免下游河道洪水灾害,同时尽可能兴利,如进行发电、航运、灌溉等综合利用。一般低水头水利枢纽工程又因为所处的地理位置，决定了它的开发目标，如黄河三盛公水利枢纽工程处在内蒙古河套灌区上首，坝址处的河道是冲积性平原河流，水利枢纽工程是为了保证河套灌区用水而修建的。因此，工程开发的目标是以灌溉为主兼顾发电。

正是因为工程的开发目标各有差异，所需要的可用库容各不相同，因此所采用的调水调沙的方式也是千差万别的。随着调水调沙方式的发展与不断完善，调水调沙的内涵极为丰富，在本章中将一一介绍。

第一节　日、周调水调沙与保持库容的关系

日、周调节的水利水电枢纽工程，由于所要求的可用库容相对较小，这类水利枢纽工程的调水调沙的方式是灵活多样的。它的目标较为单纯，枢纽上下游对它约束比较少或者就没有预想到它会带来不利影响。每当库容受泥沙淤积威胁之后，可以随时抓住时机进行调水调沙。

一、黄河三盛公水利枢纽

黄河三盛公水利枢纽位于黄河上游的下段，在内蒙古自治区的磴口县境内的黄河干流上，是一座低水头水利枢纽，最大坝高 10 m，该水利枢纽的开发目标比较单一——为河套灌区供水兼顾低水头发电。水利枢纽的运用水位原则上不考虑对枢纽上下游河床变形的影响。枢纽上游河道穿行于沙漠和峡谷之间，为冲积性河流，两岸多为沙丘荒漠，又远离城镇，村落稀少，不牵扯移民、淹没农田的问题。由于是低水头枢纽，建成后抬高水位不大，进入水库的多年平均输沙量约为 1.7 亿 t，溯源淤积是有限的。枢纽运用只是调节汛期部分洪峰，削峰率较低，加上又受上游青铜峡水库的削峰作用影响，所以三盛公水利枢纽不承担防洪、防凌任务。

三盛公水利枢纽为了保证河套灌区 56 万 hm^2 引水量，需要保持 3 000 万 m^3 以上的调节库容，水库运用方式比较灵活，除灌区停灌用水期间实施敞泄排沙外，当汛期的进库流量大于 3 000 ~ 4 000 m^3/s 的洪水时，将所有闸门全部开启，冲刷库区前期淤积下来的泥沙，以便恢复部分库容，一般为 7 ~ 10 天。当库区被上游来沙淤积侵占了调节库容时，则随时停灌，闸门全部开启，冲刷排沙恢复调节库容。因此溯源淤积是有限的。

经过几十年的实践，三盛公水利枢纽工程采用较为灵活的调水调沙运用，既能基本保证河套灌区用水，又达到了保持所要求的可用库容，为灌区农业服务。当然，由于枢纽多样且不定期的调节水沙出库，流量与含沙量的过程会出现不相适应的情况，对下游河道会造成不利影响。这个问题将在第八章进行讨论。

二、青铜峡水利枢纽

青铜峡水利枢纽位于宁夏自治区青铜峡县境内，枢纽工程是一座以灌溉为主结合发电的大型水库，于 1967 年 4 月建成蓄水。水库淤积经历了四个时期：①施工导

流期(1963 年 4 月 ~ 1966 年 10 月),共淤积 0.083 1 亿 m^3;②蓄水拦沙运用期(1966 年 11 月 ~1971 年 9 月),期间淤积 5.33 亿 m^3;③蓄清排浑运用期(1971 年 10 月 ~1976 年 9 月),期间冲刷 0.000 8 亿 m^3;④蓄水与沙峰排沙运用期(1976 年 10 月 ~1985 年 6 月),期间淤积 0.093 8 亿 m^3。从上述库区冲淤过程和数量可以看出,蓄清排浑和蓄水与沙峰排沙两个时期共 14 年,年均淤积量约为 66 万 m^3。证明所采用的运用方式是正确的。

青铜峡水利枢纽为日、周调节水库,担负宁夏灌区(秦渠、汉渠、唐徕渠)引用水任务,灌区设计最终发展灌溉面积为 36.7 万 hm^2,最大引用流量 560 m^3/s,其中秦、汉两干渠引用流量为 110 m^3/s,唐徕渠引用流量为 450 m^3/s。为了保证灌溉和发电用水量,必须确保可用库容为 0.5 亿 m^3 以上。

在蓄水拦沙运用期,库区淤积 5.335 亿 m^3,占总库容 6.165 亿 m^3 的 86.5%,通过总结与研究,自 1972 年起水库运用改为蓄清排浑方式。在此期间库区虽然发生过微冲,但是丰富的汛期水量利用系数很小,发电效益受到损失,而且青铜峡电厂是宁夏自治区唯一一座大型水电站,对地区的能源供应起关键性作用。通过总结 1967 ~1971 年的水文泥沙以及水库调度等各方面资料发现,汛期来沙量占全年总沙量的 86.2%,从多年(1919 ~1998 年)资料得知,多年年均来沙量为 1.71 亿 t,汛期来沙量为 1.505 亿 t,占年均来沙量的 88.0%,7、8 两月的来沙量为 1.125 亿 t,占年均来沙量的 65.8%,而且来沙量又集中在沙峰过程。因此,水库运用改为“高蓄水”运用,仅在大水、大沙时期,迅速降低水位冲刷排沙,保持正常高水位 1 156 m 以下的库容为 0.55 亿 m^3,以满足灌溉和发电用水。

由此可以认为,青铜峡水库是一种采用适时调水调沙的运用方式来维持长期可用库容的水库。

三、龚嘴水电站❶

龚嘴水电站修建在长江支流大渡河上,四川省峨边与乐山交界处。成昆铁路沿库区通过,其路基高程在 530.0 m 左右,因此限制了水库蓄水位的高程。水库规划设计时,确定水库建成后电站运行 15 年,泥沙淤积后,若遇百年洪水,不影响成昆铁路正常运行,并保证有 0.965 亿 m^3 的调节库容。

龚嘴水电站建筑物特征值见表 7-1。

表 7-1 龚嘴水电站建筑物特征值

坝顶高程(m)	530.5	设计洪水位(m)	528.3
坝长(m)	447	汛期限制水位(m)	520.0
溢流坝进口底槛高程(m)	506	最高蓄水位(m)	528.0
冲沙孔进口底槛高程(m)	472.0	最低运用水位(m)	520.0
排沙孔进口底槛高程(m)	492	总库容(530.6 m 高程以下)(亿 m^3)	3.57
正常蓄水位(m)	528.0	调节库容(亿 m^3)	0.96

❶ 安宗金,龚嘴水库按流量级控制运用与排沙效益,龚嘴发电厂,1989 年。

龚嘴水电站工程平面布置图参见图 3-1。

水电站建成后，于 1971 年 10 月开始蓄水，至 1989 年已淤积 2.220 4 亿 m^3，530.0 m 高程以下尚有库容 1.516 6 亿 m^3。水库各级高程库容与淤积量见表 7-2。

表 7-2　龚嘴水电站分级高程库容与淤积量

高程(m)	原始库容(亿 m^3)	1989 年末库容(亿 m^3)	总淤积量	
			体积(亿 m^3)	占相应库容的百分比(%)
520	2.432	0.286 5	2.145 5	88.2
528	3.450	1.229 5	2.220 5	64.4
530	3.737	1.516 6	2.220 4	59.4
520 ~ 528	1.018	0.943	0.075	7.4

从表 7-2 中可以看出，水库经过近 20 年的运用，530 m 高程以下已经淤积 2.220 4 亿 m^3，占库容的 59.4%，520 m 高程以下淤积 2.145 5 亿 m^3，占相应库容的 88.3%，占总淤积量的 96.6%，520 ~ 528 m 高程之间尚存有库容 0.943 亿 m^3，已经接近预期的调节库容 0.965 亿 m^3，龚嘴水电站采取大流量排沙措施，维持了调节库容。

第二节　年调水调沙与保持库容的关系

所谓年调水调沙是指在年度(如水文年、日历年或运用年)内进行的调水调沙运行。其中运用年的含义又是多种多样的。这是因为每座水库开始蓄水的日期都是根据该水库的实际情况确定的，所以运用年的时段划分也就各不相同，但是从计算库区淤积量来看，较多采用水文年或以淤积大断面测量的时段为准。尤其是在计算库容曲线时，按水库测验规范的规定，均以汛前淤积大断面为准进行计算。采用输沙率法只能计算库区冲淤量，但是无法给出库区冲淤分布的数量和图形。所以在本节讨论年调水调沙时，就会发现各水库的调水调沙的时间划分很不一致。

一、闹德海水库[1]

闹德海水利枢纽为混凝土重力坝，1965 年大坝加高 3.5 m，1970 年安装闸门的坝顶高程为 194 m，校核洪水位相应库容为 2.28 亿 m^3，与原设计 188 m 高程的相应库容 1.683 亿 m^3 相比，增加了 0.597 亿 m^3 库容。其设计洪水位为 189.5 m，相应库容为 1.39 亿 m^3。水利枢纽特征值见表 7-3。

[1] 黄河水利科学研究院，闹德海水库延长蓄水期库区泥沙问题研究，1998 年 12 月。

表 7-3　闹德海水利枢纽特征值

坝顶高程(m)	194	最大坝高(m)	53.9
校核洪水位(m)	193.1	坝长(m)	167
校核洪水位相应库容(亿 m^3)	2.28	坝顶宽度(m)	5
设计洪水位(m)	189.5	溢流堰顶高(m)	181.5
设计洪水位相应库容(亿 m^3)	1.39	溢流堰相应库容(亿 m^3)	0.496
泄洪闸孔数	5	底孔数	5
中孔数	2	底孔高程(m)	151.5
中孔高程(m)	163.5		

闹德海水库为河道型水库，大坝至上游 4 km 库区范围内为峡谷型河流，原河床比降为 46‱，河谷宽度为 50 ~ 100 m，峡谷以上 14.2 km 范围内的库区为复式型河槽，原河道比降为 12.7‱，河宽度为 300 ~ 800 m。滩坎高差 1 ~ 3 m。14.2 km 以上至距坝 18.7 km，原河道比降为 6.5‱。

水库自 1942 年建成后至 1970 年 11 月为滞洪排沙运用，后经改建安装了闸门，自 1970 年 11 月起开始控制运用，冬春两季蓄水，6 ~ 9 月敞泄排沙，至 1995 年尚保持库容 1.303 亿 m^3。大坝加高、库容增大以后，进库水沙量均未出现大于 1963 年的大水大沙年。因此，淤积高程仍在 188 m 高程以下，即 188 m 高程以下仍有 1.303 亿 m^3 库容。自 1971 年至 1995 年 25 年期间，闹德海水库仍然能够保持 77% 的可用库容。

(一)水沙特性

闹德海水库的进库径流量和输沙量在年内分配如表 2-6 所列。从表中可以看出：1964 ~ 1996 年多年平均径流量为 22 175 万 m^3，其中汛期径流量为 12 608 万 m^3，占全年径流量的 56.9%，非汛期径流量为 9 567 万 m^3，占全年径流量的 43.1%。1970 年以后(1970 ~ 1996 年)改为调水调沙运用，多年平均径流量为 19 371 万 m^3，汛期径流量为 10 776万 m^3，占全年径流量的 55.6%，非汛期径流量为 8 595 万 m^3，占全年径流量的 44.4%。同期多年平均输沙量为 928 万 t，其中汛期输沙量为 850 亿 t，占全年输沙量的 91.6%，非汛期输沙量仅有 78 万 t，占全年输沙量的 8.4%。值得重视的是汛期除洪水期以外的非洪水期(或称做平水期)多年平均径流量约 3 361 万 m^3，输沙量为 46 万 t，平均含沙量为 13.7 kg/m^3。与非汛期输沙量统计在一起共有输沙量 124 万 t，而径流量为 15 969万 m^3，占多年平均径流量的 72.0%。

闹德海水库于 1970 ~ 1996 年共发生 200 次洪水，见表 7-4。从表中可以看出，70 年代洪水次数最多，进入水库的输沙量最大。70 年代以后水库上游开展了大量的水土保持工程和修建了中小型水库与拦沙堰，减少了进库输沙量。如 90 年代进库径流量为 9 484 万 m^3，比 70 年代多 1 000 万 m^3，然而输沙量却比 70 年代减少了 134 万 t。

表 7-4　闹德海水库各年代洪水期进库径流量与输沙量

年代	洪水期		6 月		7、8 月		9 月		洪水次数
	径流量（万 m^3）	输沙量（万 t）	径流量（万 m^3）	输沙量（万 t）	径流量（万 m^3）	输沙量（万 t）	径流量（万 m^3）	输沙量（万 t）	
70 年代	8 484	538	1 188	73	6 567	443	729	22	90
80 年代	5 011	430	557	23	3 484	283	970	124	54
90 年代	9 484	404	1 579	56	7 249	325	653	23	56
多年平均	7 456	463	1 056	50	5 602	353	798	60	200

对比表 2-6 与表 7-4 可以看出，洪水期输沙量分别占汛期输沙量的 82% ~93%，占全年输沙量的 74% ~84%，如表 7-5 所示。由此可以看出，只要将洪水期输沙量全部输送出库，就可以解决水库淤积的最主要部分。

表 7-5　闹德海水库洪水期进库输沙量占汛期、全年百分比

年代	输沙量（万 t）			洪水期输沙量占全年输沙量的百分比（%）	洪水期输沙量占汛期输沙量的百分比（%）
	全年	汛期	洪水期		
70 年代	695	601	538	77.4	89.5
80 年代	511	464	430	84.1	92.7
90 年代	546	490	404	74.0	82.4

闹德海水库原河床组成为粗泥沙及小卵石，中值粒径 D_{50} 约为 0. 72 mm。进库悬移质泥沙的中值粒径 d_{50} 为 0. 04 mm。水库蓄水或滞洪之后，床面落淤了悬移质泥沙，使其成为河床组成物质，从富余输沙能力概念来分析，闹德海水库也存在富余输沙能力，而水库的富余输沙能力在洪水期表现的最为突出，如表 7-6 所示。从表 7-6 中可以看出，洪水期出库输沙量均大于同期汛期进库输沙量，如 70 年代，洪水期出库输沙量为 837 万 t，同年汛期进库输沙量为 601 万 t。就多年平均而言，洪水期出库输沙量为 682 万 t，汛期进库输沙量为 521 万 t，这充分说明库区存在富余输沙能力，同时更说明洪水的输沙能力很大，利用它来恢复库容是一项重要措施。

表 7-6　闹德海水库进出库输沙量对比　　（单位：万 t）

年代	汛期			洪水期		
	进库	出库	冲淤量	进库	出库	冲淤量
70 年代	601	888	-287	538	837	-299
80 年代	464	576	-112	430	540	-110
90 年代	490	692	-202	404	663	-259
多年平均	521	721	-200	463	682	-219

历年汛期、洪水期进出库输沙量、冲淤量统计见表 7-7。

表 7-7　闹德海水库历年汛期进出库输沙量、冲淤量统计

年份	进库沙量(万 t)			出库沙量(万 t)			冲淤量(万 t)		
	汛期	洪水期	非洪水期	汛期	洪水期	非洪水期	汛期	洪水期	非洪水期
1970	1 089	1 031	58	1 148	1 123	25	-59	-92	33
1971	1 500	1 414	86	2 116	2 054	62	-616	-640	24
1972	362	208	154	698	533	165	-336	-325	-11
1973	203	164	39	360	318	42	-157	-154	-3
1974	399	358	41	605	567	38	-206	-209	3
1975	711	640	71	1 058	1 005	53	-347	-365	18
1976	93	55	38	118	85	33	-25	-30	5
1977	922	871	51	1 532	1 505	27	-610	-634	24
1978	212	166	46	304	274	30	-92	-108	16
1979	515	472	43	941	910	31	-426	-438	12
1980	281	240	41	386	337	49	-105	-97	-8
1981	75	49	26	126	91	35	-51	-42	-9
1982	11	2	9	31	5	26	-20	-3	-17
1983	140	114	26	261	231	30	-121	-117	-4
1984	1 234	1 182	52	574	543	31	660	639	21
1985	406	361	45	370	319	51	36	42	-6
1986	2 073	2 028	45	3 413	3 375	38	-1 340	-1 347	7
1987	164	144	20	154	107	47	10	37	-27
1988	55	38	17	89	67	22	-34	-29	-5
1989	203	170	33	353	327	26	-150	-157	7
1990	807	751	56	1 117	1 076	41	-310	-325	15
1991	603	537	66	804	756	48	-201	-219	18
1992	174	116	58	196	167	29	-22	-51	29
1993	267	232	35	432	403	29	-165	-171	6
1994	935	906	29	1 839	1 803	36	-904	-897	-7
1995	153	130	23	219	208	11	-66	-78	12
1996	186	154	32	233	225	8	-47	-71	24

（二）泄流设施特征

闸德海泄流建筑物的布局与高程见表 7-3，其中溢流堰是用来宣泄大洪水的，5 个底孔基本上与原河床高程持平，以排沙为主，中孔既可泄洪又可排泄洪水泥沙。从闸德海水库运用来看，汛期全部闸门都开启，只有冬春两季蓄水，5 月末开始向下游供水。

从泄流建筑物的布局分析来看，可以满足排沙要求。

（三）水库运用特征

闸德海水库自 1970 年安装闸门以后，采用蓄清排浑运用，即冬春蓄水、汛期敞泄方式。在少沙期蓄水、多沙期排沙可以使水库蓄水 0.5 亿 m^3，作为下游农田灌溉用水；汛期闸门全部开启自由敞泄，空库运行。

非汛期运用采取高蓄水，历年水位特征值如表 7-8 所列。非汛期最高蓄水位均在 180 m以上，平均水位几乎全在 176 m 以上，只有个别年份，如 1993 年为 170.89 m。

表 7-8　闸德海水库水位特征值

年份	非汛期		$H>174$ m 的天数（d）	年份	非汛期		$H>174$ m 的天数（d）
	平均水位（m）	最高蓄水位（m）			平均水位（m）	最高蓄水位（m）	
1971	176.29	182.21	128	1983	177.37	181.74	202
1972	176.41	182.39	186	1984	178.99	182.24	198
1973	177.16	180.05	115	1985	177.62	182.22	201
1974	178.82	182.41	176	1986	179.57	182.44	208
1975	179.79	182.36	213	1987	177.81	182.20	202
1976	176.84	182.44	185	1988	176.81	182.10	196
1977	178.26	182.50	183	1989	178.78	184.39	196
1978	179.90	182.42	212	1990	178.36	184.30	195
1979	178.75	182.63	192	1991	179.32	182.40	204
1980	177.62	182.42	190	1992	178.30	183.91	199
1981	176.51	182.14	190	1993	170.89	182.19	112
1982	177.11	182.98	200	1994	180.01	182.33	210

闸德海水库除下游供水外，可以任意排沙，不用考虑下泄流量与含沙量的协调关系。水库原河床比降很大，淤积上延不大，对上游河道两侧没有产生不利影响。

二、小浪底水库

小浪底水库处在黄河中游下段，三门峡坝址下游 130 km 处，河南省孟津县境内。总库容为 126.5 亿 m^3，开发目标是防洪、防凌、减淤、供水和发电。

枢纽主体工程于 1994 年 9 月开始修建，1997 年 10 月 28 日截流，1999 年 10 月 25 日下闸蓄水，2000 年 1 月 1 日第一台机组开始发电。泄流排沙建筑物布设如图 7-1 所示。

小浪底水利枢纽主要技术经济指标如表 7-9 所示。

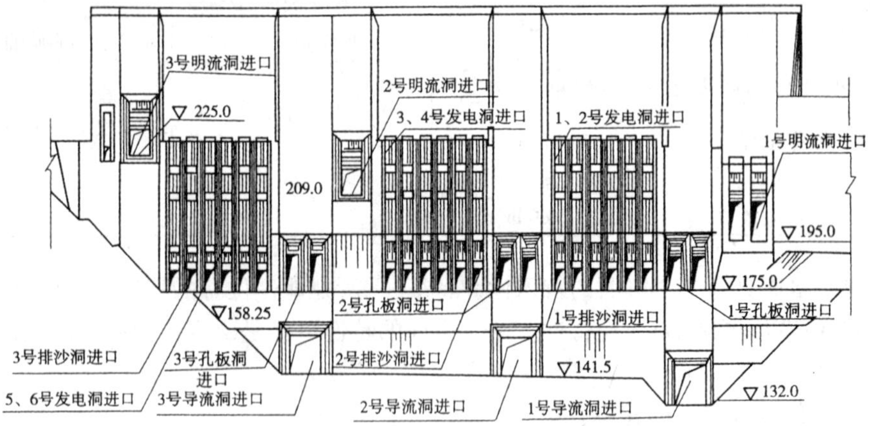

图 7-1 小浪底水利枢纽泄流排沙建筑物布设

表 7-9 黄河小浪底水库主要技术经济指标

坝址以上流域面积		694 155 km²	型式	多级孔板洞(代表型)
坝址岸石		砂页岩互层	断面尺寸	Φ14.5 m
水文特征	多年平均降雨量	635 mm	洞长	3 条单长 1 100 m
	多年平均流量	1 342 m³/s	进口底坎高程	175 m
	多年平均径流量	423.2 亿 m³	闸门型式尺寸(高×宽)	偏心铰弧形闸门 4.8 m×4.8 m
	多年平均输沙量	15.94 亿 t	最大泄量	1 632 m³/s
	调查最大流量	36 000 m³/s	型式	陡槽式
	实测最大流量	17 000 m³/s	堰顶高程、净宽	258 m、34.5 m
	设计洪峰流量	(0.1%)24 000 m³/s	闸门型式	3 孔弧形门
	设计洪水总量	12 天 139 亿 m³	闸门尺寸(高×宽)	11.5 m×17.5 m
	校核洪峰流量	(0.1%)52 300 m³/s	启闭设备	油压启闭机 2 台 150 t
	校核洪水总量	12 天 172 亿 m³	消能形式	水垫塘消能
水库特征	调节性能	不完全年调节	多级孔板型式	心墙堆石体堵塞明渠
	设计洪水位	272.3 m	堰顶、底高程	280 m、268 m
	校核洪水位	273 m	堰顶宽度	100 m
	正常高水位	275 m	孔板洞最大泄量	3 000 m³/s
	死水位	230 m	材料型式	钢管
	总库容	126.5 亿 m³	断面尺寸	Φ7.8 m
	其中:防洪库容	40.5 亿 m³	长度	6 条单长 19 923 m
	兴利库容	51 亿 m³	进口、底坎高程	195 m、190 m
	死库容	75.5 亿 m³	闸门尺寸(高×宽)	5 m×9 m
主坝	坝型	壤土斜心墙堆石坝	最大输、引水量	303×6 m³/s
	坝顶高程	281 m	厂房型式	地下厂房
	最大坝高	154 m	厂房尺寸	250 m×23.5 m×56.4 m
	坝顶长度、宽度	1 317 m、15 m	装机容量	6 台 30 万 kW
	坝基防渗型式	混凝土防渗墙	保证出力、年电量	35 万 kW、58 亿 kWh
	坝体工程量	4 813 万 m³	年利用小时	2 609/3 148 h

续表 7-9

副坝	坝型	土石坝	最大、最小、设计水头	141.7 m、92.9 m、11.2 m
	坝顶高程、坝高	281 m、45 m	水轮机型号	混流式
	坝顶长度、宽度	170 m、15 m	主变压器	6 台 360MVA/ 2 台 540MVA
	坝体工程量	76 万 m^3		
效益	灌溉面积	400 万亩[1]		
	发电量	51 亿 kWh/a		

小浪底水库具有 3 个鲜明的特殊性和特征:①所处地理位置的特殊性;②进库水沙条件的特殊性;③库区地形、地貌特性。这三方面的特性可能是决定小浪底水库运用的新形式和新内容。

(一)所处地理位置的特殊性

小浪底坝址上距三门峡水利枢纽约 130 km,最高蓄水位与三门峡电站尾水位相衔接。两库区间虽然有 52 条支流汇进库区,但进入水库的输沙量很少。因此,进入小浪底水库的输沙量几乎全部是三门峡水库排泄出的输沙量。

小浪底水库坝址以下很快进入黄河下游河道,而水库的首要任务是承担黄河下游防洪与防凌任务。近期黄河下游河道的主槽过洪能力只有 4 000 m^3/s,超过此流量级就会漫滩。黄河下游二级悬河已成为心腹之患:滩地横比降大,一旦生产堤溃决,直接威胁防洪大堤,此外滩区近 200 万人口的生活、生产的安全也难以保证。

由于种种原因,考虑保护下游滩区,要求小浪底水库下泄流量凑够花园口断面流量,不大于 5 000 m^3/s[2]。由此可知,黄河下游防洪、保滩对小浪底水库的要求是很苛刻的。

三门峡水库的首要任务是为黄河下游防止"上大洪水"对下游防洪的危害,要求在"上大洪水"发生时,三门峡要滞蓄"上大洪水"部分水量。为此,三门峡水库必须维持水库冲淤平衡,保留长期可用库容,以满足下游防洪的要求。因此,三门峡水库的运用方案中的主要指标是维持潼关以下库区冲淤平衡和潼关河床高程基本稳定。所以在三门峡水库运用过程中,尽可能排泄全年的进库输沙量。这就是小浪底水库所处的地理位置的特殊性,既要承受三门峡下泄的径流量和输沙量,又要考虑下游河道的要求。

(二)进库水沙条件的特殊性

三门峡水库自 1974 年开始实施调水调沙的运用方式,将非汛期进入库区的输沙量拦截在潼关以下库区,借助汛期库水位下降以及洪水期的溯源冲刷输沙能力、洪水的富余输沙能力,将非汛期淤积下来的泥沙冲起输送出库。由于这种运用方式使进入小浪底水库的水沙过程发生了很大的变化[2]:非汛期 8 个月几乎全部是清水进入小浪底水库,水库蓄水之后各年非汛期进库沙量如表 7-10 所示。其中,2002 年及 2005 年两年进库沙量偏大,这是因为 2002 年 6 月 9 日 ~7 月 1 日三门峡水库连续发生三次高含沙洪水进库,各次洪

[1] 1 亩 = 1/15 hm^2,下同。

[2] 黄河水利委员会总工程师办公室,黄河水利科学研究科院,小浪底水库运用初期三门峡水库承担任务分析,"九五"国家重点科技攻关项目,2001 年 4 月。

水特征值见表7-11。由于进库输沙量较大,三门峡水库提前降低水位排沙,如表中第2、3两次洪水期间,库水位已经下降到310 m以下,最低下降到302.85 m,因而增加了非汛期进入小浪底水库的沙量。2005年为了配合小浪底水库调水调沙,6月27日~7月1日,三门峡水库进行首次敞泄排沙。在此期间,水库平均水位为291.73 m,最低水位下降到286.03 m,进库(潼关)输沙量为0.005亿t,出库(三门峡)输沙量为0.407亿t,也就是进入小浪底水库的沙量(见表7-10),其他年份非汛期的进库输沙量很小。

表7-10　2000~2005小浪底非汛期进库沙量

年份	2000	2001	2002	2003	2004	2005
输沙量(亿t)	0.235	0	0.981	0.005	0	0.407

表7-11　2002年三门峡水库洪水特征❶

时段(月-日)	站名	洪峰流量(m^3/s)	水量(亿m^3)	沙量(亿t)	平均库水位(m)	最低库水位(m)
06-09~16	龙门	1 560	2.71	0.117	317.84	317.06
	华县	1 200	2.70	0.161		
	潼关	2 180	5.58	0.238		
06-22~26	龙门	1 200	3.30	0.107	308.96	302.85
	华县	890	1.51	0.437		
	潼关	1 510	4.65	0.550		
06-27~07-01	龙门	2 430	3.30	0.365	306.31	305.14
	华县	520	1.45	0.068		
	潼关	1 430	4.41	0.201		

此外,进入三门峡水库的洪水受三门峡水利枢纽的滞洪作用,洪峰受到削减,峰形坦化后进入小浪底水库。从流量Q与输沙率Q_s的经验关系($Q_s=Q^m$)来判别,流量过程坦化以后,小浪底水库进库段的输沙能力也随之降低,这对小浪底水库后期的汛期敞泄排沙有负面影响。

(三)小浪底库区地形、地貌特性

三门峡水库坝址以下至河堤断面约60 km范围是库区的上段,为山区峡谷段,地形窄深而陡峻,宽度为200~300 m,自然状况下的纵比降约为12‱。河堤以下约为10 km河段,河道变宽,宽度为400~800 m。此后,进入八里胡同窄深河段,纵比降约为11‱,这两段是库区的中段。八里胡同至坝址河道宽阔,坡度略缓,约为10‱。为库区下段。

库区上段的河床多由卵石、砾石和岩石组成,坡陡流急,再加上小浪底水库水位升降幅度大,汛末开始蓄水,至最高水位时,库区上段将由自然河流状态演变成变动回水区,再转变为回水末端区。在汛末开始蓄水时(10月下旬左右),三门峡水库已经下泄了清水,河道将发生冲刷,将三角洲(锥体)的淤积末端泥沙冲起带往下游(三角洲顶坡、前坡视流量大小而定)。所以小浪底水库淤积形态是没有尾部段的、不完整的三角洲或锥体淤积形态如图7-2所示。正因为如此,小浪底水库淤积上延而影响三门峡电站尾水位的几率很小,甚至没有影响。

---

❶ 侯素珍,王平,2005年三门峡水库冲淤变化分析,黄河水利科学研究院,2006年4月。

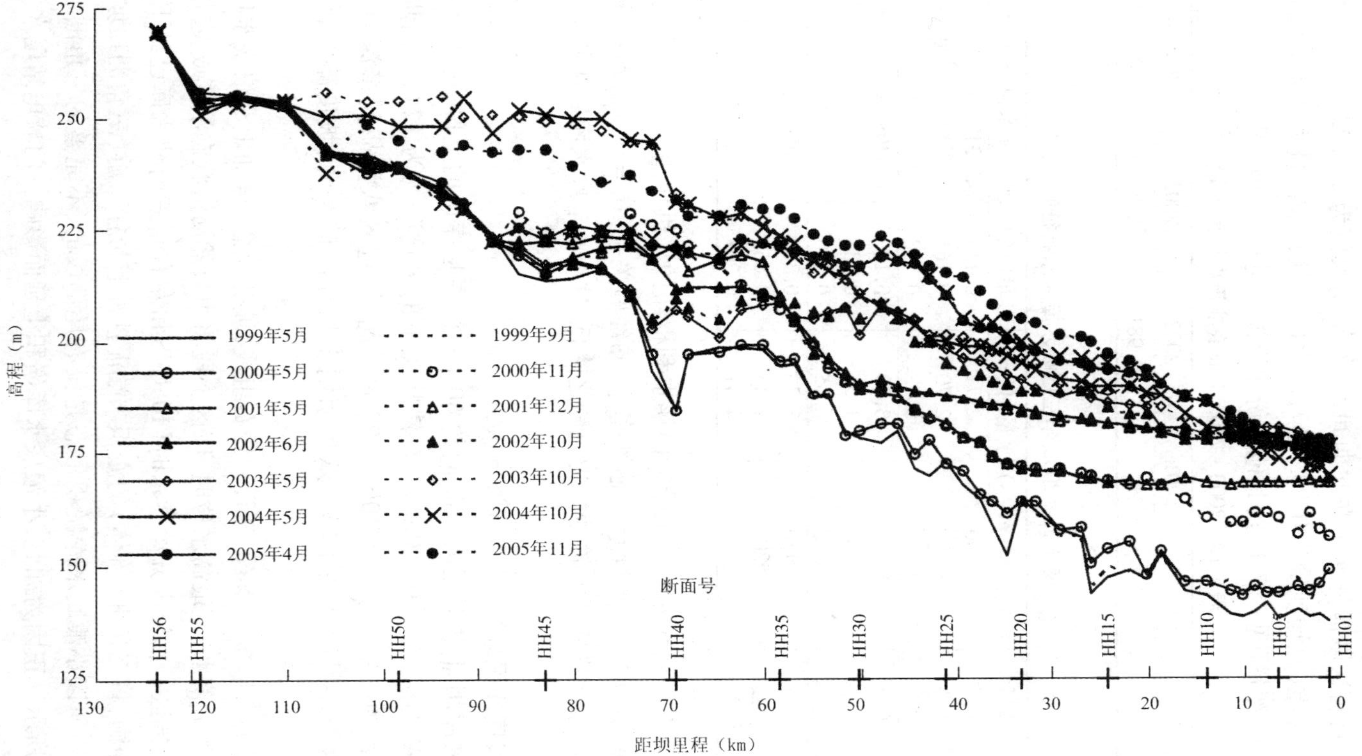

图7-2　小浪底水库历年淤积纵剖面

其次，由河道地形特征所决定，库区上段淤积以后的滩地库容占库容总的比重很小；只有在库区下段的库容中滩地库容所占比重才相对较大。黄河干流库区保持可用库容比较容易，有利于防洪、防凌或兴利。

（四）近期调水调沙的特殊性

由于非汛期进入小浪底水库的输沙量很少（见表7-10），即使三门峡水库提前于6月中下旬敞泄排沙，其输沙量也远小于设计的非汛期进库沙量。所以小浪底水库不存在将非汛期进库沙量暂存起来，等待汛期排出库外的条件，也就没有调沙的任务。

然而，小浪底水库对下游河道创建了调水调沙的功能，增加了平滩流量，扩大了主槽过洪能力。有关下游调水调沙问题将在另外章节进行讨论。

三、万家寨水利枢纽

万家寨水利枢纽位于黄河中游的上段，左岸（东岸）为山西省偏关县，右岸为内蒙古自治区准格尔旗。坝顶高程982 m，最大坝高91 m。最高蓄水位为980 m，正常蓄水位为977 m，总库容为8.96亿m^3，长期可用库容为4.45亿m^3。枢纽工程的主要任务是供水结合发电调峰，同时兼有防洪、防凌作用。

万家寨水库在规划设计的过程中，吸取了国内众多水库泥沙问题的研究成果和经验，枢纽工程具有下列特征。

（一）水库地形地貌特征[1]

黄河中游上段的起点头道拐以下至大榆树湾河段称为拐上河段，河长为10 km，比降为2.8‱，大榆树断面处在拐上河段末端，河床高程为979.4 m，当万家寨水库最高蓄水位达到980 m时，水库的水平回水末端正交汇在这个断面。

图7-3给出了水库天然条件下的河床纵剖面。从图中可以看出水库纵剖面有两个转折点：第一个转折点在草盖营子，河底高程为982.4 m，在其上游的河床由沙质组成，河床比降约为2.0‱；第二个转折点在大榆树湾，河底高程为979.4 m，在其下游（库区）的河床由沙卵石逐渐过渡到基岩床面，第一个转折点至第二个转折点之间的河床比降增加至3.5‱，第二个转折点以下的河床比降由7.0‱陡然达到11.7‱。因此，万家寨水库淤积末端高程必须控制在第二个转折点以下。

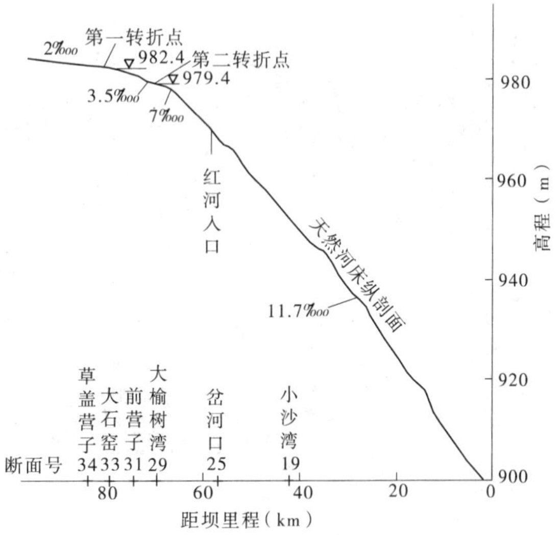

图7-3 万家寨水库天然河床纵比降

万家寨水库地形很特殊，除了河床坡度陡峻之外，库区平均河宽只有350 m，其宽度接近造床流量的宽度，因此水库库区几乎均为河槽库容。两岸岸壁岩石陡立、参差不齐，水库蓄水以后，库区床面经悬移质泥沙淤积以后，会出现较多的富余输沙能力,对保持库容非常有利。

(二)泄流排沙建筑物特征

水库泄流排沙孔的垂直布设分为4层:表孔(1孔,底坎高程为970 m),用以宣泄洪水;中孔(4孔,底坎高程为946 m),用以宣泄洪水和排沙,当946 m高程以下库容基本上淤满之后,又有排沙功能;底孔(8孔,底坎高程为915 m),主要作用是排沙,在排沙期最低水位为952 m时,最大泄量在5 000 m^3/s以上,可以满足排沙用水;排沙孔设置在水电站两个进水口中间的下方20 m处,底坎高程为912 m,共设5孔,主要任务是在水电站进水口前方形成一连串的冲刷漏斗,防御粗泥沙进入水轮机组,减少过流部件磨损。万家寨水库建筑物特征值见表7-12。

表7-12　万家寨水库建筑物特征值

最高蓄水位		980 m	排沙孔(5孔)	孔口尺寸	1.4 m×1.8 m
总库容		8.96亿 m^3		底坎高程	912 m
汛限水位		966~961 m		925 m高程泄量	56.5 m^3/s
表孔(1孔)	孔口尺寸	4 m×10 m	底孔(8孔)	孔口尺寸	4 m×6 m
	底坎高程	970 m		底坎高程	915 m
	最大泄量	846 m^3/s		设计泄量	5 519 m^3/s
中孔(4孔)	孔口尺寸	4 m×8 m			
	底坎高程	946 m			
	设计泄量	2 380 m^3/s			

枢纽布置见图7-4及图7-5。

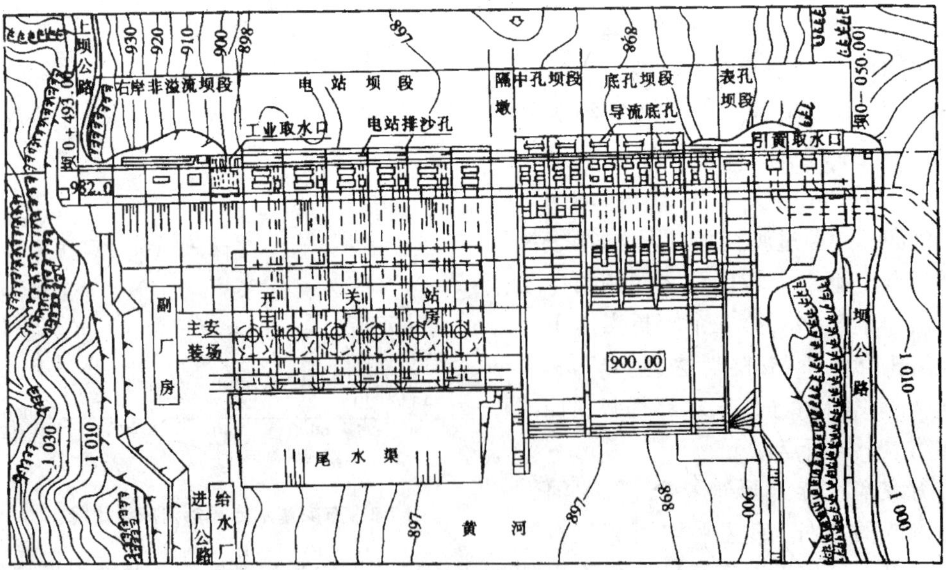

图7-4　万家寨水利枢纽平面布置　(单位:m)

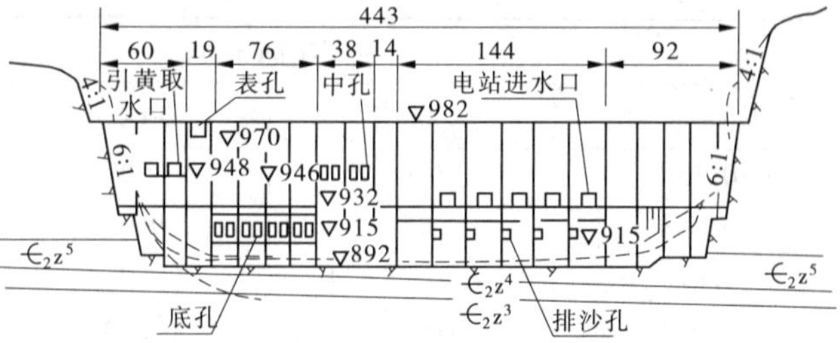

图 7-5　万家寨水利枢纽布置上游立视图　(单位:m)

(三)进库水文泥沙特性

万家寨水库的进库径流量、输沙量绝大部分来自黄河干流,水库上游河口镇(头道拐)作为进库站,其次在左岸由红河(浑河)进入库区,红河放牛沟水文站的多年平均径流量为 2.32 亿 m^3,占水库进库径流量的 1.1%,悬移质沙量为 0.185 亿 t,占水库进库总沙量的 12.0%。此外,放牛沟断面的推移质沙量约为 50 万 t。

黄河干流河口镇(头道拐)水文站多年(1919~1998 年)年均径流量为 240.8 亿 m^3,汛期为 140.5 亿 m^3,非汛期为 100.3 亿 m^3;年均输沙量为 1.71 亿 t,汛期为 1.5 亿 t,非汛期为 0.21 亿 t。

从上述的数据中可以看出,万家寨水库在非汛期有水可蓄,非汛期来沙量不大,又有良好水库地形条件(坡度陡、河宽窄),采用蓄清排浑的运用方式,能够保持部分库容长时期使用。

(四)对水库运用的限制

万家寨水库的回水末端(980 m 高程)正处在大榆树湾附近(见图 7-3),水库水位一旦超过 980 m,其淤积末端很可能上延到第一个转折点草盖营子,其上游河床比降仅为 2.0‱,长此下去就会出现淤积上延,影响河口镇以上河道,使其发生淤积,其后果将非常严重。因此,要严格控制淤积末端,不能让其上延到大榆树湾断面。

万家寨水库的长期可用库容设计值为 4.45 亿 m^3,相当于 960 m 高程以上的原始库容(4.535 亿 m^3)。由于万家寨水库库区平均宽度只有 350 m,几乎全部是河槽库容,河槽库容易淤也易冲,因此在采用调水调沙运用方式时,对保持库容非常有利。

水库自 1998 年 10 月运用以来至 2006 年汛前,由库容曲线查得,7 年来库区共淤积约 2.55 亿 m^3(见表 7-13)。年均淤积量约 0.365 亿 m^3。从表 7-13 中可以看出,920 m 高程以下库容基本淤满,所剩余的库容只是孔口上游的冲刷漏斗,950 m 高程以下尚有库容约 1.39 亿 m^3,可作为调沙库容。

(五)库水位变幅大有利于冲刷和恢复库容

库水位最高可达到 980 m,最低库水位可下降到 948 m(冲沙水位),年内水位变幅达到 32 m。这对控制淤积末端上延和保持 950 m 高程以上的库容是非常有利的。

表 7-13　万家寨水库库容曲线

高程(m)	库容(亿 m^3)			
	原始库容	2002 年	2004 年	2006 年
915	0.150	0.04	0	0
920	0.368	0.19	0.049	0
925	0.610	0.37	0.022	0.029 4
930	0.913	0.64	0.043 9	0.190 8
935	1.380	0.99	0.739	0.406 1
940	1.779	1.38	1.108	0.705 8
945	2.322	1.84	1.509	1.028 1
946	2.470	1.94	1.598	1.095 6
950	2.953	2.36	1.960	1.386 7
952	3.270	2.59	2.145	1.545 1
955	3.693	2.96	2.445	1.816 1
960	4.535	3.67	3.000	2.381 5
965	5.466	4.50	3.708	3.104 2
970	6.482	5.56	4.656	3.989 2
975	7.636	6.71	5.788	5.010 38
980	8.962	8.04	7.088	6.407 6

四、三门峡水库

三门峡水库自 1974 年开始按调水调沙方式运用以来，至今已经走过 30 多年，创造了在多沙河流上修建水库以后可以保持一定数量的可用库容的极其宝贵的经验和原理，得到国内外同行、专家的称赞，在 30 多年的历程中，也遇到了一些意想不到的问题。如非汛期蓄水位过高、历时较长，造成库区淤积部位偏上，依靠汛期洪水冲刷后还出现累积性淤积，同时由于淤积部位偏上和淤积上延促使潼关河床高程上升，潼关河床高程是渭河下游的准侵蚀基面，由于潼关高程上升的作用，渭河下游下段的河道防洪受到负面影响。

1987 年，黄河上游龙羊峡水库建成蓄水，对多年径流量进行调节，又加上近 10 年来降雨量减少，进入枯水系列，直接影响到三门峡库区冲刷效益，也出现了累积性淤积，可用库容受到损失。为了恢复维持可用库容，黄河水利委员会经过多次调查研究，经水利部批准开展了四项重大现场试验：①汛期水库运用试验；②潼关河段清淤工程试验；③非汛期库水位控制在 318 m 试验；④非汛期洪水降低潼关高程试验。四项试验均取得了较好的成效，确保可用库容稳定并继续发挥作用。

有关四项重大试验将在第四篇做专题论述。

第三节　多年调水调沙形式

水库采用多年调水调沙运用来保持可用库容是比较少见的。这是因为用库容调节径流量、以丰补枯是水库的功能，但是用库容来拦截几年泥沙以后再排沙出库，并且能保持可用库容的这类调节模式称为“多年调水调沙”。

从目前国内众多水库来看，唯有山西恒山水库实施的是多年调水调沙，并且还通过系统的观测，总结出了有益的经验。在本节中将作详细的评述。

一、恒山水库概况❶

恒山水库位于山西省浑源县境内的唐峪河下游，坝址处在峡谷中，是一座混凝土双曲拱坝，总库容为 1 330 万 m^3。泄水建筑物有尺寸为 7 m×9 m、高出河床 14.5 m 的泄洪洞，最大泄量为 1 260 m^3；在大坝中部设有高出河床 2.6 m 的泄水排沙洞，最大泄量为 17.0 m^3/s。水库的任务是以防洪为主，结合灌溉兼顾发电。

大坝于 1958 年开始兴建，1960 年基本建成，1966 年 1 月蓄水，至 1973 年底总淤积量达到 327 万 m^3，多年平均淤积量约为 40.9 万 m^3，总淤积量占总库容的 24.6%。1974 年改为“水沙多年调节、集中空库冲刷”的运用方式。

二、恒山水库库区与来水来沙特征

恒山水库库区为峡谷型水库，原河床纵比降为 3.0%，河谷平均宽度约为 300 m，主槽宽度为 30～60 m。水库回水长度约为 1 200 m。泄洪洞上游的主槽纵比降为 1.3%～2.6%，滩面纵比降为 0.23%～0.6%。库区地形如图 7-6 所示。

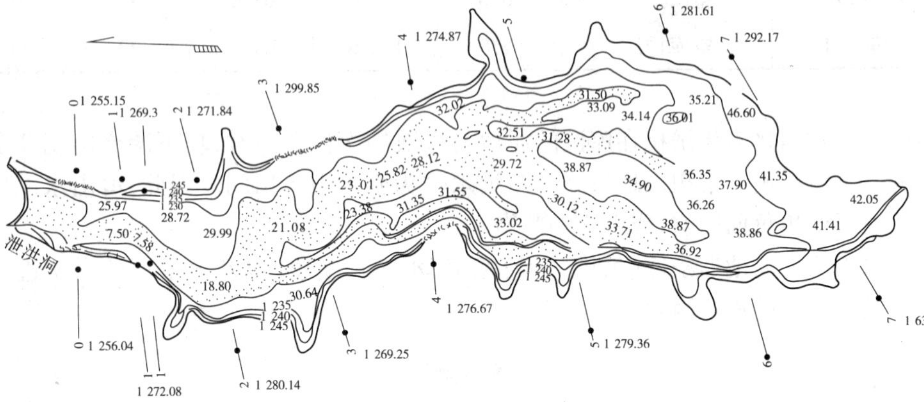

图 7-6　恒山水库平面地形图

在水库回水末端上游右岸有一座火电厂，电厂每年向库区末端排放约 10 万 t 的煤灰，与上游来沙混在一起成层落淤于库区。在没有洪水进库的时期，库内以煤灰淤积为

❶　郭志刚等，恒山水库的水沙调度经验，1983 年。

主;在发生洪水时期,以来沙淤积为主,形成了“透水层”(煤灰)和“不透水层”的泥沙交替淤积。

进库径流量多年平均约为 1 215 万 m^3,年内径流量基本上是汛期与非汛期各占 50%,输沙量多年平均约为 77 万 t,其中汛期输沙量占 95% 以上。来沙中粒径小于 0.025 mm 的占全沙的百分比约为 15%,粒径大于 0.05 mm 的占全沙的百分比约为 20%,洪水期平均含沙量约为 390 kg/m^3,实测最大含沙量为 836 kg/m^3,出库最大含沙量可达 1 220 kg/m^3。

三、恒山水库运用情况

恒山水库建成后水库运用可分为三个阶段:①蓄水运用阶段(1966 ~ 1977 年);②蓄水排沙阶段(1968 ~ 1973 年);③多年调节空库排沙阶段。至 1982 年底,库区总淤积量(包括火电厂排灰)约为 211 万 m^3,占总库容的 15.9%,尚保存库容 84.1%,约为 1 120 万 m^3。各阶段的进出库输沙量和冲淤量见表 7-14。

表 7-14　恒山水库各阶段不同运用方式进出库输沙量、冲淤量

阶段	时段	运用方式	进库沙量(万 m^3)	出库沙量(万 m^3)	排沙比(%)	淤积量(万 m^3)	累积淤积量(万 m^3)
Ⅰ	1966 ~ 1967 年	汛初空库,大汛蓄水	243.3	154	63.3	89.3	89.3
Ⅱ	1968 ~ 1973 年	蓄洪排沙	362.9	133	36.6	229.9	319.2
Ⅲ	1974 年	空库排沙	30.4	102	335.5	-71.6	247.6
	1975 ~ 1978 年	蓄洪排沙	192.1	96	50	96.1	343.7
	1979 年	空库排沙	42.2	125	296.2	-81.8	261.9
	1980 ~ 1981 年	蓄洪排沙	73.3	46.2	63.0	29.1	291.0
	1982 年	空库排沙	62.9	142.6	226.7	(-79.7)	(211.3)

恒山水库每当将多年淤积在库区的泥沙与煤灰一次排泄出时,坝下游会出现高含沙水流过程。下游村民非常积极地将高含沙洪水作为肥水引入田间。因此,恒山水库排沙对下游河道不产生负面影响,或者影响甚微。

恒山水库所处的地形条件(坡度陡、河宽窄、水库长度短)以及火电厂的煤灰进库是构成多年调水调沙的重要因素。

参考文献

[1] 张启舜,等. 万家寨水库泥沙综合研究[J]. 人民黄河,1992(9):10-14.

第八章　调水调沙控制淤积上延

在有泥沙的河流上修建水库，一般都会出现淤积上延问题。天然河流的输沙水流多数在水流挟沙饱和状态上下波动，从长时段统计来看，又处在冲淤平衡状态。修建水库以后，受库水位影响的河段各断面水流流速降低，挟沙水流转向超饱和或过渡到超饱和，部分泥沙首先是粗泥沙落淤到床面，构成回水末端库段淤积，其形态被称为“尾部段淤积”。

随着库水位的缓慢上升，回水末端上移，与之相应的淤积也随之上移，称之为“淤积上延”。

水库淤积上延又不能一概而论，首先要根据水库的地形、地貌、原河道的纵横剖面和进入水库的径流量、输沙量以及含沙量的特性等作具体分析。其次是由于水库所处地区、河段的情况差异较大，对控制水库淤积上延的要求也不相同。因此，规划设计以及水库建成后的实际运用操作是有区别的。

水库淤积上延的程度或者说对库区末端带来的危害又与输沙量多寡、泥沙组成粗细有关。库区末端地区的社会经济十分繁荣，工业、农业生产效益非常高的地区，对控制淤积上延的要求异常强烈；而库区末端处于荒漠，十分荒凉的地区，对淤积上延的控制几乎没有什么要求。

在少沙河流上修建的水库，在自然条件下，河道中的水流挟沙经常处在不饱和状态，即使进入回水区，虽然受到过水面积增大的影响，但是挟沙水流处在饱和或接近超饱和的状况，泥沙落淤在回水末端以下库区，因此不存在淤积上延的负面影响。

目前有观测资料、项目较为齐全的淤积上延的水库，如表 8-1 所示。

所谓水库淤积上延是指“水库淤积末端的高程 Z_s 高于最高库水位 Z_H，即 $Z_s > Z_H$”。或者说水库淤积末端距离坝址长度 L_s 大于回水距离坝址的水平长度 L_w，即 $L_s > L_w$。不论是 Z_s、Z_H 还是 L_s、L_w，其取值都是比较不易确定的。如回水长度 L_w，往往在非汛期会出现最高水位，其相应的回水长度最大，然而水库发生淤积的时期却是在汛期，两者不相对应。由于汛期的淤积末端又是变化无常的，淤积末端受上游来水来沙变化的影响，时而上移、时而下挫，因此很难确定。尤其对于淤积末端形成长时段累积的后果，不是由哪一年或者哪一个汛期、哪一场洪水所造成的。为了统一标准，采用最高水位对应淤积末端高程，在定性上是合理的。

采用调水调沙运用可以达到控制淤积上延的目的。

水库淤积末端是否应当控制与水库所处的环境有关。如三盛公水库左岸是乌兰布和沙漠，右岸是库布齐沙漠。黄河穿行于两沙漠边缘，两岸沙漠均高出河床 10 ~ 30 m。多年进库输沙量为 1.71 亿 t，非汛期输沙量为 0.21 亿 t。三盛公水库是一座低水头枢纽，拦河闸闸底板高程为 1 049.5 m，校核洪水位为 1 056.36 m，由此可知壅水高度不足 7 m。为了确保可用库容，其运用方式又是调水调沙模式，因此淤积上延程度不严重，上游地区对此又没有要求进行控制。

表 8-1　我国已有水库淤积上延各因素

水库	河流	淤积年限(年)	多年平均值			天然河床坡降 J(‰)	坝高 H(m)	正常蓄水位下的原始库容 V ($\times10^6 m^3$)	最高库水位水面回水长度 L_w(km)	淤积最远点距坝里程 L_s(km)	$L_s-L_w=\Delta L$(km)
			流量 Q (m^3/s)	含沙量 S (kg/m^3)	进库输沙量 W_s ($\times10^6 t$)						
官厅	洋河	30	16.6	18.3	26.4	3.0	50	1 200	25.5	36.5	11.0
	桑干河	30	24.0	15.0	26.4	3.6	50	1 200	25.5	32.0	6.5
三门峡	黄河	40	984	32.9	921	0.39	106	7 150	140	196	56
	渭河	40	246	51.6	389	0.15	106	7 150	180	278	98
	北洛河	40	23.2	119.3	84.9	0.168	106	7 150	160	215	55
镇子梁	浑河(雁北)	24	2.3	62.9	5.14	1.2	14	36	9	15	6
闹德海	柳河	30	11.9	64.3	15.6	1.4	41.5	168	24	29	5
黑松林	冶峪河	13	0.45	49.8	0.7	11	45.5	8.6	3	3.3	0.3
红山	老哈河	17	34	46.8	43	0.61	31	580	35	54	19
册田	桑干河	25	16.3	32.8	16.7	1.05	—	580	27	33	6
孤峰山	三沙河	20	—	138	—	10.0	—	23	2	2.5	0.5
丹江口	汉江	13	1 200	2.92	115	0.6	97	17 450	181	185.6	4.6
碧口	白龙江	5	295	2.64	27.3	3	102	450	32.9	30	−2.9
水槽子	以礼河	23	19.3	2.45	1.42	4.65	36.9	9.58	6.6	6.6	0
石泉	汉江	5.5	342	1.23	7.15	0.74	65	470	67	70	3.0
青铜峡	黄河	5	1 030	7.2	202	0.707	42.7	606	35	37.5	2.5
刘家峡	黄河	10	834	3.31	82.4	2.5	147	5 740	56	52.5	−3.5
冶源	弥河	13	6	6.1	1.15	2.57	23.7	93.5	8	8.3	0.3
岗南	滹沱河	17	49	7.54	11.6	2.5	63	1 558	21.3	21	−0.3
冯家山	千河	3	15	9	4.3	3.85	73	389	16.6	17.3	0.7
二龙山	东辽河	15	9.5	7.03	2.1	1.5	28	1 760	20	18.1	−1.9
大伙房	浑河(辽宁)	6	52.3	0.9	1.37	1.27	52.3	1 410	35	35	0
丰满	第二松花江	16	434	0.21	4.8	0.75	90.5	8 110	149	128.6	−20.4
白莲河	浠水	18	36.9	0.365	1.5	1.2	69	800	44	41	−3
西津	郁江	16	1 600	0.288	10.3	0.1	41	1 400	170	156.3	−13.7
龚嘴	大渡河	8	1 530	0.698	24.5	1.4	85.5	310	42	35	−7
上犹江	上犹江	13	94.2	0.161	0.35	1.0	67.5	721	45	43.8	−1.2
黄坛口	乌溪江	5	101	0.16	0.41	1.1	44	91	23	19	−4
柘溪	资水	11	320	0.10	3.33	3.5	104	2 720	150	138.8	−11.2
石门	褒河	8	43.6	0.93	1.48	4.3	88	105	16.2	15.7	−0.5

注:表中数据来自很多未正式刊印的论文,数据仅供参考。

恒山水库虽然是按照多年调节水沙的运用方式,洪水期进库含沙量大,但是水库回水末端人烟稀少,河道两岸高出河床数十米,淤积末端时冲时淤,淤积上延任其发展。

从表 8-1 中可以看出,很多少沙河流上的水库,含沙量很小,不足 1.0 kg/m^3,原河床纵比降在 10‰以上,这些水库又多处在深山峡谷之中,所以淤积末端高程均低于正常蓄水位的高程。淤积上延没超越回水末端以上,也不存在淤积上延影响地区工农业生产等社会经济问题。

第一节 调整或确定运用水位指标

水库淤积上延问题主要是由四个因素造成的。从表 8-1 可以看出:一是进入库区的径流量、输沙量或者含沙量,几乎是含沙量较大的水库均出现淤积上延,而含沙量较小的水库,淤积最远点距坝里程均小于最高蓄水位末端距坝里程。二是水库蓄水位的高低,一般情况下,蓄水位越高其泥沙淤积部位越偏上,直接影响淤积上延;反之,则蓄水位越低其淤积部位越靠近坝区,在有足够的泄流能力和泄流孔(洞)底坎高程较低的前提下,能够很容易地冲刷排沙出库。三是水库库区所处的地形条件,若库区处在高山峡谷,为河道窄深、纵剖面很陡的地形,其水流功率 $\gamma' qJ$(γ'为浑水容重,q 为单宽流量,J 为纵比降)大、输沙能力强、冲刷效果好,容易达到库区冲淤平衡;若库区处在宽浅河道,尤其是在库区末端附近河流纵比降平缓,受回水影响泥沙容易淤积,就不利于冲刷。四是进库的流量与含沙量之间是否相互适应或者说搭配关系是否适当。这四个方面就是确定水库运用指标非常重要的因素。

一、调整水库运用指标控制淤积上延

三门峡库区潼关断面处在黄河干流及其支流渭河汇流区下游的控制性断面,河宽由 3 000 m 突然缩窄约 800 m,有卡口作用,是黄河干支流河道的准侵蚀基准面(见图 8-1)。潼关断面以上的黄河小北干流河床纵比降为 3.5‱~6.0‱,而渭河下游的下段河床纵比降约为 1.2‱。历史时期黄河小北干流(禹门口至潼关河段)多年平均淤积量约为 0.5 亿 m^3。当潼关断面在流量大于 3 000 m^3/s 时,卡口作用明显出现,潼关至上源头(小北干流下段水位站)河段的水面比降由 3.0‱~3.5‱下降到 2.5‱以下。泥沙在汇流区发生淤积,影响渭河下游下段行洪,进而促使渭河河口发生淤积。

三门峡水库建成蓄水以后,坝址水位从原河床平均高程 280 m,上升约 50 m,回水超过潼关断面,黄河与渭河、北洛河来沙量在汇流区淤积加重,促成渭河河口段出现形态固定的拦门沙坎,直接威胁渭河下游河道行洪能力和防洪安全。为此,三门峡水利枢纽进行了两期改建与扩建工程,在 1973 年汛后实施调水调沙运用以后,不断地对水库运用方案进行调整,以改善潼关高程上升的局面,缓解因为潼关高程上升引起的黄河小北干流河段和渭河下游河道淤积上延。为此,三门峡水库进行了三项重大试验:①非汛期水库运用试验;②汛期水库运用试验;③潼关河段清淤工程试验。这些试验对稳定潼关高程取得了很好的效果。有关试验方面的成果,在第四篇中将作详细的讨论与评价。

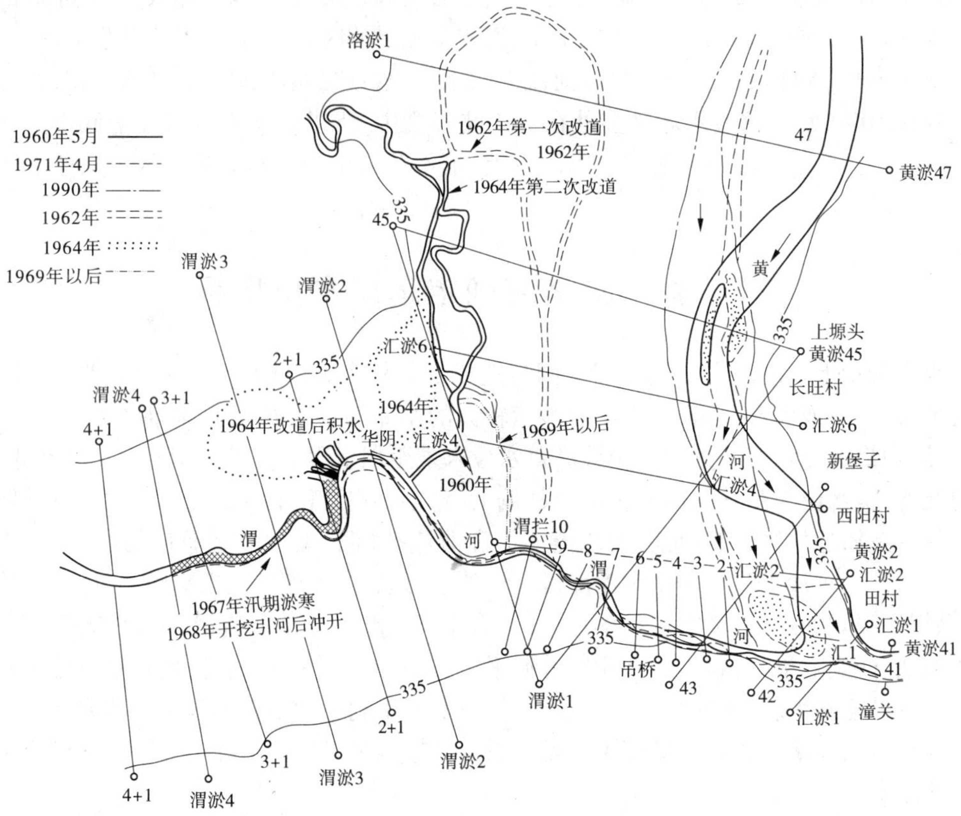

图 8-1 黄河、渭河汇流区河道平面变化图

二、确定水库运用指标

三门峡水库由泥沙淤积造成的沉痛教训使水利工程界人士记忆深刻。在20世纪60年代中期以后的水库规划设计工作中，水利工作者十分重视泥沙淤积所可能带来的危害，尤其对控制淤积上延问题均做了多方面、各种途径的研究，这在第四篇中将专门介绍。

(一)大渡河龚嘴水库❶

龚嘴水库在规划设计过程中就明确提出，低坝方案最高水位为528 m，水库运行15年以后在泥沙淤积的基础上，出现百年一遇洪水(11 400 m^3/s)时，回水不淹没成昆铁路附近的沙坪一号硐(硐口高程537.9 m)，通过认真地分析与计算，确定正常高水位为528 m，汛期(6～9月)运行水位520 m，5月和10月运行水位525 m。

水库从1971年汛期蓄水至今已有30多年，通过多方面的研究和改善运用方式，仍保留了长期可用库容，又达到了控制淤积上延的目标。

(二)万家寨水库[1]

万家寨水库回水末端的上游是黄河内蒙古河段末端，其河床纵比降为2.0‰的平原

❶ 水利电力部成都勘测设计院，龚嘴水库泥沙淤积的初步研究，1978年6月。

河流，而回水末端以下河道比降为 7.0‱（见图 7-3），水库水位一旦上升就会影响到平原河流，势必会发生严重淤积，引起严重的后果。

万家寨水利枢纽的规划设计工作由水利部天津勘测设计院承担，在规划设计过程中采取三种手段（资料分析计算、数学模型和实体模型）对水库泥沙进行了认真研究。同时，又采用类比法（对照天桥水库、青铜峡水库）进行了多方面的论证，综合进库水沙条件、库区河床条件，根据武汉水利水电学院、清华大学、中国水科院三家的试验结果，确定最高运用水位为 980 m，排沙期水位分别为 952 m、955 m。自 1998 年 10 月投入运用以来至今历经 10 年，控制了淤积上延。

第二节　跟踪冲淤变化调整水位指标

采用调水调沙运用方式的水库的库水位在年内的变化过程是：非汛期逐渐抬高水位蓄水拦沙；汛期降低水位冲刷排沙或敞泄排沙。三门峡水库年内日均库水位变化过程如图 8-2 所示。史家滩是库水位代表站。在非汛期蓄水过程中有桃汛，一般为 10 天左右，多年平均输沙量约为 0.2 亿 t。为了使进库泥沙尽可能向坝区输送，库水位在桃汛期间下降后又再上升。在 1993 年以后，因为上游来水来沙出现不协调情况，非汛期淤积部位偏上，为此进一步调整非汛期库水位，使非汛期全过程都有所降低，尤其是减少超过 320 m 高程以上的蓄水天数，其结果使得淤积部位下移，以便控制潼关高程上升。

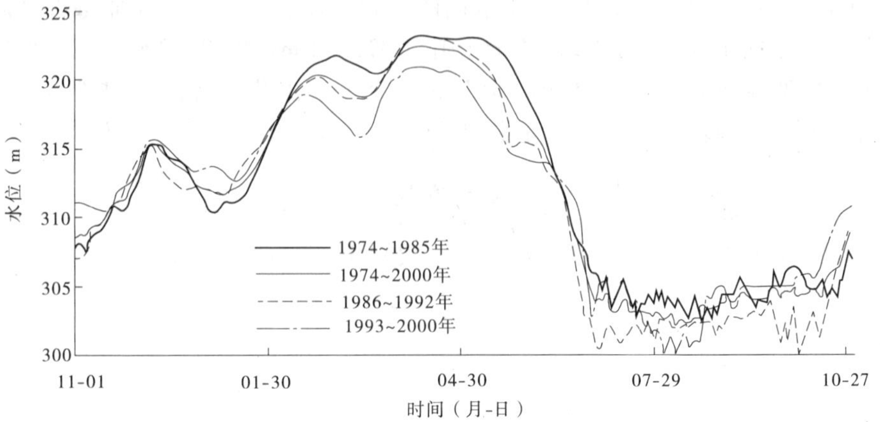

图 8-2　三门峡水库史家滩日均水位过程

第三节　维持库区冲淤平衡

调水调沙的基本过程是非汛期蓄水拦沙，汛期依靠洪水或大流量冲刷排沙出库，以期达到库区槽库容（可用库容的主要部分）冲淤平衡。然而，由于各年进入水库的流量与含沙量时而出现不相适应的过程，会发生冲刷或者淤积。发生冲刷有利于恢复库容，但是出现淤积则将减少库容，特别要避免连续几年发生累积性淤积。为此，在制订年度水库运用方案时，必须根据上一年度库区的冲淤情况和冲淤部位及时修订运用水位，满足控制淤积上延的要求。图8-3是三门峡水库潼关以下库区不同时期冲淤量的沿程分布图。

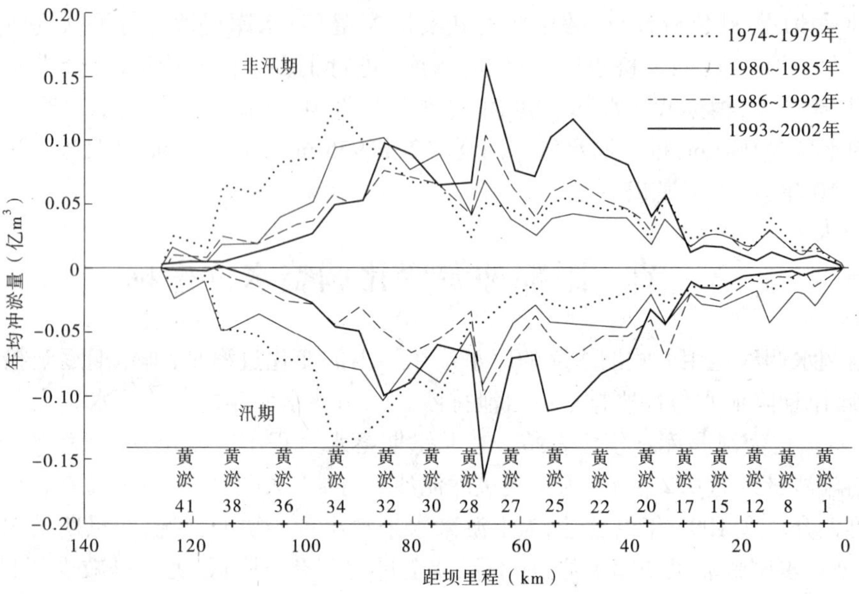

图8-3　三门峡水库潼关以下库区不同时期冲淤量的沿程分布

从图8-3中可以看出，1974年，非汛期的淤积重心在黄淤34断面，潼关高程（用1 000 m^3/s流量的水位表征）由326.64 m上升到327.62 m。1993～2002年，非汛期的淤积重心在黄淤28断面以下，潼关高程下降到327.78 m。由此可以看出，非汛期库水位直接影响到泥沙淤积在库区的分布，进而影响汛期排沙效益。

参考文献

[1] 张启舜，等. 万家寨水库泥沙问题综合研究[J]. 人民黄河，1992(9)：10-14.

第九章　合理调控出库水沙过程

修建在少沙河流上的水库，经过调节以后的出库流量过程，在保证维持河道健康生命水量的前提下，一般（包括防洪、供水、发电）对调节后的流量过程没有苛刻的要求。然而，修建在多沙河流上的水库，挟沙水流在抬高水位之后，具有易淤难冲的特性，当水位抬升幅度较大时，会发生出库流量大而含沙量小"大水带小沙"的过程，若库水位下降较大时会出现出库水流"小水带大沙"的过程。前者会促使下游河道发生局部河段或全河段冲刷，而后者又会造成下游部分河道或全河段发生严重淤积。

水库调水调沙在操作过程中，如何使出库流量过程达到合理的水沙搭配，满足下游河道输沙能力所需要的水沙过程，是水库调水调沙应当认真研究的课题。

从三门峡水库调水调沙的经验来看，大体上可以概括为三个方面：①在汛期的洪水期，如何调控出库的流量与含沙量，使之合理搭配，以期达到避免对下游河道产生不利影响的目标，在 1961 ~ 1964 年期间，下泄流量的含沙量很低，引起下游河道两侧滩地大量塌滩，村庄与粮仓倾倒于河道之中，1967 ~ 1973 年，又因为三门峡水利枢纽工程进行了一期、二期工程改建，泄流能力增加，水库在汛期实施敞泄排沙，出库挟沙水流呈超饱和状态，致使下游河道发生严重淤积；②减少过机泥沙，在洪水期水流含沙量较大，挟带粗泥沙相对较多，同时再借助于洪水冲刷前期的淤积物与洪水挟带的泥沙，因此库水位下降幅度大、库水位较低、排沙效益好，然而在这个时期发电，过机含沙量大、泥沙颗粒粗，对水轮机的磨损是相当严重的；③控制对下游不利的水沙过程，这就要求在洪水排沙过程中，适时调控库水位，使流量与含沙量的搭配接近合理，从而减轻下游河道淤积量，因此需要管理部门周密设计、精心操作，方能达到预期效果。

第一节　出库流量与含沙量的合理搭配

流量与含沙量的合理搭配是指一般流量过程与含沙量过程中，某一流量或者时段平均流量 Q 挟带多大的含沙量 S 时，能够达到河床冲淤维持平衡，对于这种情况下的流量与含沙量的搭配称为合理的流量与含沙量的搭配，可以叫做水沙搭配参数 S/Q。从黄河下游实测资料可知，当 $S/Q \leqslant 0.01\ \text{kg}\cdot\text{s/m}^6$ 时，河道基本上是冲淤平衡的；当 $S/Q > 0.01\ \text{kg}\cdot\text{s/m}^6$ 时，河道很容易发生淤积。当然它又与流量大小、河床形态有一定的关系，见表 9-1 及表 9-2。根据黄河的资料分析，可以用水沙搭配参数来判断河床冲淤或作为指标性的参数。

根据已有研究成果表明，黄河下游全河段的冲淤量与水沙搭配参数有较好的关系，如图 9-1 所示。

表 9-1 黄河下游低含沙($S=20\sim30\ kg/m^3$)水沙搭配与冲淤量[❶]

起始日期(年-月-日)	历时(d)	平均流量(m^3/s)	平均含沙量(kg/m^3)	S/Q($kg\cdot s/m^6$)	冲刷效率(kg/m^3)					冲淤量(万 t)
					铁谢—花园口	花园口—高村	高村—艾山	艾山—利津	铁谢—利津	
1963-09-07	10	2 841	22.05	0.007 8	-6.27	0.24	-3.10	-4.85	-13.98	-3 436
1963-10-27	5	2 353	21.78	0.009 3	7.08	-5.51	5.11	4.92	11.60	1 179
1965-07-19	10	3 461	26.53	0.007 7	-12.74	3.31	0.23	-4.72	-13.92	-4 186
1967-07-01	9	2 679	23.61	0.008 8	-7.78	-0.05	1.15	-1.54	-8.22	-1 712
1967-07-19	12	3 537	24.61	0.007 0	-10.12	0.83	-0.27	-2.32	-11.88	-4 364
1968-10-02	6	3 838	23.48	0.006 1	-8.54	-1.86	-1.86	4.07	-8.19	-1 629
1973-10-24	7	2 423	25.33	0.010 5	1.16	-8.94	1.50	0.34	-5.94	-870
1975-08-05	11	3 862	28.07	0.007 3	-5.12	-8.04	1.99	-3.62	-14.79	-5 432
1976-08-09	10	2 886	29.66	0.010 3	-1.24	2.25	-0.68	-6.86	-6.53	-1 628
1979-09-03	9	2 355	26.31	0.011 2	-2.51	-1.37	4.31	-3.66	-3.23	-591
1979-09-12	11	2 751	26.38	0.009 6	-2.07	-7.08	0.23	-9.94	-18.86	-4 931
1983-08-10	9	3 857	20.31	0.005 3	1.00	-2.43	-2.37	-5.57	-9.37	-2 810
1983-08-24	10	3 748	24.01	0.006 4	0.71	-0.62	-4.35	-3.52	-7.78	-2 519
1983-09-23	10	3 375	28.82	0.008 5	1.03	0.69	-5.97	-0.38	-4.63	-1 350
1984-07-21	10	3 418	26.72	0.007 8	-3.32	7.79	-3.86	-0.51	0.10	29.5
1984-08-20	9	2 794	28.10	0.010 1	5.72	-0.37	-0.70	0.70	5.35	1 142
1984-09-07	10	3 405	29.24	0.008 6	-4.21	0.54	-3.74	-0.78	-8.19	-2 412
1985-10-02	12	3 795	20.57	0.005 4	0.41	-5.62	-2.77	-3.08	-11.06	-2 404
1985-10-14	10	3 492	22.62	0.006 5	5.20	-8.85	4.28	3.35	3.98	1 207
1989-08-22	11	2 935	23.59	0.008 0	-10.54	10.04	-0.29	-1.68	-2.47	-689
1989-09-02	10	3 025	21.80	0.007 2	-4.32	2.75	-2.26	0.34	-3.49	-915

图 9-1 中点据不够密集,这是因为河道淤积除水沙搭配因素外,也还有洪峰与沙峰不相对称的影响,如洪峰早于沙峰,或沙峰早于洪峰。此外,每场次洪水与泥沙的来源区不同,对冲淤也产生影响。例如,粗泥沙来源区的洪水进入下游以后,多为“多来多淤”;细泥沙来源区的洪水进入下游以后,多为“多来多排”。

上述基本特性尚属于一般概念。在水库运用调度时,最好与上游水文站建立预报制度,掌握进库水沙特性,进行灵活操作,以期达到出库水沙过程搭配较为合理的目的。

❶ 黄河调水调沙试验,黄河水利委员会,2004 年 11 月。

表 9-2　汛初三门峡下泄洪水与下游淤积[1]

日期（年-月-日）	三门峡			全下游冲淤量（亿 m^3）
	$\overline{Q}$（m^3/s）	$\overline{S}$（kg/m^3）	$\overline{S}/\overline{Q}$（$kg \cdot s/m^6$）	
1975-07-10～14	1 740	86.8	0.049 9	0.426
1975-07-15～22	1 760	58.5	0.033 2	0.363
1976-06-30～07-15	1 487	46.5	0.031 3	0.715
1976-07-16～27	1 874	31.9	0.017 0	0.093
1978-07-11～19	1 481	20.70	0.014 0	1.360
1978-07-20～27	1 863	189.0	0.101 4	1.068
1979-06-30～07-20	741	60.2	0.081 2	0.507
1980-06-30～07-13	1 089	85.7	0.078 7	0.517
1980-07-14～08-03	1 360	165.3	0.121 5	1.495
1981-07-03～14	2 286	81.2	0.035 5	0.705
1982-07-11～28	2 760	28.2	0.010 2	0.275
1983-06-23～07-04	1 355	22.6	0.016 7	0.18
1983-07-05～14	1 296	35.9	0.027 7	0.789
1984-06-30～07-06	525	11.7	0.022 3	0.025
1984-07-02～06	1 379	56.4	0.040 9	0.172
1985-06-21～07-01	1 531	49.1	0.032 1	0.295
1986-07-02～08	1 934	76.1	0.039 3	0.418
1986-07-09～25	2 494	43.4	0.017 4	0.570
1987-07-01～30	742	20.9	0.028 2	0.138
1988-07-01～15	1 425	102.4	0.071 9	1.033
1988-07-16～19	1 707	110.0	0.064 4	0.399
1990-06-30～07-06	1 265	74.5	0.058 9	0.076
1990-07-07～14	1 918	94.6	0.049 3	0.153
1993-07-21～31	1 758	90.7	0.051 6	0.736

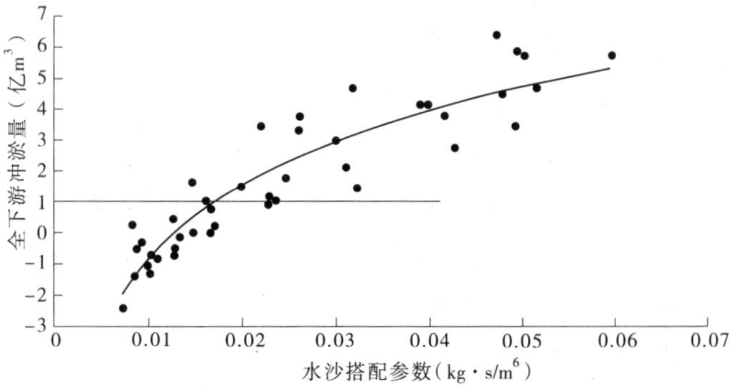

图 9-1　黄河全下游河段冲淤量与水沙搭配参数的关系[1]

[1] 黄河水利科学研究院，维持黄河下游排沙输沙基本功能的关键技术研究，2006 年 3 月。

从表9-1、表9-2及图9-1可以看出，水沙搭配参数为$\overline{S}/\overline{Q}\approx0.01$ kg·s/m^6，河道处于冲淤平衡状态，然而黄河的实际情况是，$\overline{S}/\overline{Q}>0.01$ kg·s/m^{6}的场次洪水要比$\overline{S}/\overline{Q}<0.01$ kg·s/m^{6}的场次洪水多。如果为了保持下游河道不淤，用水库控制下泄水沙搭配为0.01 kg·s/m^6，那就会牺牲库容保持下游河道不淤，这在短时间内是有效的，但库容是有限的，一旦不能起到防洪作用，下游河道的恶化局面将随之而来。因此，对泥沙的安排也应考虑多方案、多途径处理，这样可能更为合理。

第二节　减少过机泥沙

三门峡水库在全汛期过程中，扣除洪水期，剩余的时段可以暂时叫做"平水期"。平水期的水沙特征是：进库流量较为平稳，流量变幅相对较小，含沙量较低，泥沙组成接近汛期平均值。将水库运用水位适当调高（控制回水末端不得超过距坝址42 km的北村断面），则受壅水的影响，粗泥沙落淤在回水末端以下附近的壅水区，大部分中泥沙（$d=0.025\sim0.05$ mm）被水流输送到坝区及其上游附近的库区，而较细的泥沙（$d<0.025$ mm）则输送到坝前，大多都能够排出库外。如果进行发电，可以增加发电水头又避免大量粗泥沙（$d>0.05$ mm）进入水轮机，造成机组磨损。图9-2是三门峡水库汛期发电过程的试验资料。从图9-2中可以清楚地看出，在稍稍抬高水位的壅水情况下，粗泥沙过机量只占进库粗泥沙的11%～25.4%，其中1996年最大（25.4%）。

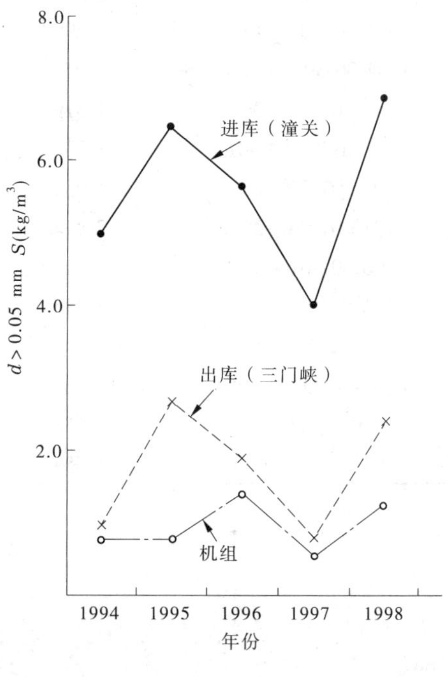

图9-2　进出库含沙量及机组粗泥沙含量过程线

三门峡水库的汛期4个月中，7、8两月为主汛期，洪水多产生于河口镇至潼关区间的多沙来源区，具有洪峰尖瘦、含沙浓度高的特性。若来自河口镇至吴堡和北洛河两个地区的洪水，除上述特性外又具有泥沙颗粒较粗的特点。因此，每年7、8两月应以洪水敞泄排沙、平水控制运用在305 m高程以下为主，避免或减少粗泥沙通过水轮机下泄，以减轻对水轮机的磨损。

9、10两个月的水量占汛期水量的29%～76%。31年中有14年超过50%，只有8年低于40%，如表9-3所示。尤其是9月中旬以后，进库水流含沙量较低，平水控制运用以后，库区淤积量很小，对库区冲淤平衡影响不大，然而兴利（向下游洪水及发电）效益增加，充分发挥了三门峡水利枢纽的综合效益。

表 9-3　三门峡水库历年(1974～2004)9、10 月水沙量

年份	水量(亿 m^3)			沙量(亿 t)			含沙量(kg/m^3)		
	9 月	10 月	汛期	9 月	10 月	汛期	9 月	10 月	汛期
1974	28.20	43.08	121.8	0.767 5	0.940 3	5.515	27.2	21.8	45.3
1975	78.86	104.65	302.2	2.972 5	2.376 8	10.300	37.7	22.7	34.1
1976	113.32	53.59	319.2	2.494 3	0.720 5	8.452	22.0	13.4	26.5
1977	33.46	19.44	167.0	0.889 0	0.193 1	20.649	26.6	9.9	123.6
1978	92.93	53.83	223.1	3.548 0	0.788 1	12.374	38.2	14.6	55.5
1979	63.51	47.48	217.1	1.254 8	0.687 2	9.591	19.8	14.5	44.2
1980	34.15	41.08	134.0	0.680 1	0.650 1	4.662	19.9	15.8	34.8
1981	116.97	94.18	338.8	2.859 6	1.354 3	10.556	24.4	14.4	31.2
1982	45.14	53.06	183.7	0.861 8	0.808 0	4.331	19.1	15.2	23.6
1983	64.96	91.62	313.6	1.619 1	1.430 9	5.862	24.9	15.6	18.7
1984	63.56	43.96	281.9	1.605 7	0.412 9	7.000	25.3	9.4	24.8
1985	85.91	74.76	233.1	2.842 0	1.183 1	6.875	33.1	15.8	29.5
1986	27.17	16.33	134.3	0.204 9	0.080 7	2.112	7.5	4.9	15.7
1987	20.32	10.65	75.4	0.278 7	0.058 9	2.077	13.7	5.5	27.5
1988	35.77	26.46	186.6	0.606 7	0.311 0	12.468	17.0	11.8	66.8
1989	80.78	34.43	205.0	1.579 7	0.378 9	6.593	19.6	11.0	32.2
1990	37.42	24.08	139.6	1.629 1	0.503 3	5.501	43.5	20.9	39.4
1991	17.59	12.11	61.1	0.438 3	0.130 4	1.992	24.9	10.8	32.6
1992	35.99	22.62	131.0	1.476 1	0.270 0	8.054	41.0	11.9	61.5
1993	34.23	22.38	139.6	0.504 8	0.253 7	4.084	14.7	11.3	29.3
1994	32.15	15.81	133.4	1.909 5	0.198 0	10.304	59.4	12.5	77.2
1995	40.61	14.91	113.8	2.400	0.191 0	6.791	59.1	12.8	59.7
1996	33.77	15.40	127.8	0.661	0.153 0	9.624	19.6	9.9	75.3
1997	13.40	7.85	55.7	0.179 0	0.059 5	4.112	13.4	7.6	73.8
1998	14.44	10.31	86.4	0.185 4	0.092 4	4.264	12.8	9.0	49.4
1999	21.60	20.89	97.0	0.252 3	0.271 4	3.726	11.7	13.0	38.4
2000	16.12	26.62	73.1	0.308 4	0.479 4	1.969	19.1	18.0	26.9
2001	23.29	18.82	61.1	0.506 7	0.262 3	2.714	21.8	13.9	44.4
2002	15.30	13.39	58.3	0.284 7	0.154 3	2.660	18.6	11.5	45.6
2003	58.73	60.28	156.5	1.452 9	1.428 9	5.326	24.7	23.7	34.0
2004	23.61	16.67	75.0	0.239 1	0.110 8	2.331	10.1	6.6	31.1

第三节　控制对下游不利的水沙过程

黄河下游河道大体上可分为四大段：桃花峪至高村为游荡性河段，弯曲系数约为1.10；高村至陶城铺是由游荡型河道过渡到弯曲型河道的过渡性河段，弯曲系数约为1.28；陶城铺至利津为弯曲性河段，弯曲系数约为1.2；利津以下为河口段。

各河段的河槽形态和纵剖面不尽相同，其输沙能力相差较大。1957年之前，黄河流域尚属规划与开发初期，受人类活动的影响很小，基本上属于自然景观状态。我们采用了1954～1956年黄河下游几个主要水文年，采用单宽输沙率 q_s 与单宽水流功率 $\gamma' qJ$ 点绘了相关关系(见图9-3～图9-8)。γ' 为浑水容重，q 为单宽流量，J 为水面比降，其关系式为

$$q_s = k(\gamma' qJ)^n \tag{9-1}$$

式中：k 为系数；n 为指数。

各站的单宽流量 q、单宽输沙率 q_s、水面比降 J 以及系数 k、指数 n 见表9-4。

表9-4　黄河下游各水文站水沙及 k 值、n 值

项目		秦厂	高村	孙口	艾山	泺口	利津
q (m³/(s·m))	最大	8.30	12.5	16.6	19.1	23.0	13.1
	最小	0.60	0.45	1.55	1.20	1.65	1.02
q_s (t/(s·m))	最大	1.05	1.098	1.06	1.28	1.71	1.46
	最小	0.004	0.004	0.009	0.006	0.004 5	0.005 3
J (‱)	最大	5.70	8.0	4.2	2.2	7.4	2.1
	最小	0.66	0.60	0.33	0.54	0.50	0.47
k		0.005 2	0.005 3	0.011 5	0.008	0.004 3	0.004 1
n		1.78	1.36	1.12	1.60	1.18	1.70

从图9-3～图9-8，以及表9-4中可以看出，游荡性河段的河床宽浅、单宽流量小，而弯曲性河段的河床相对窄深、单宽流量大。然而，前者的水面比降大，意味着能坡大；后者的水面较小，即其能坡也小。系数 k 值自秦厂至利津基本上处于同一数量级，只有孙口站突出较大。其指数 n 值，自秦厂以下到孙口是下降的，这意味着输沙能力下降，河道发生淤积；孙口以下至利津，整体来看又有上升，说明输沙能力有所上升，淤积量减少。这里引用了张原锋等的资料[1]，见表9-5。

从表9-5中可以看出，1952～1999年期间，花园口以下全河段总共淤积51.09亿 m³(已扣除小浪底至花园口河段冲淤量)，其中花园口至高村的游荡性河段淤积量为26.61亿 m³，占总淤积量的52.1%；高村至孙口的过渡段淤积量为13.54亿 m³，占总淤积量的26.5%；如果将过渡段下延到艾山，其总淤积量为16.27亿 m³，占总淤量的31.8%；艾山

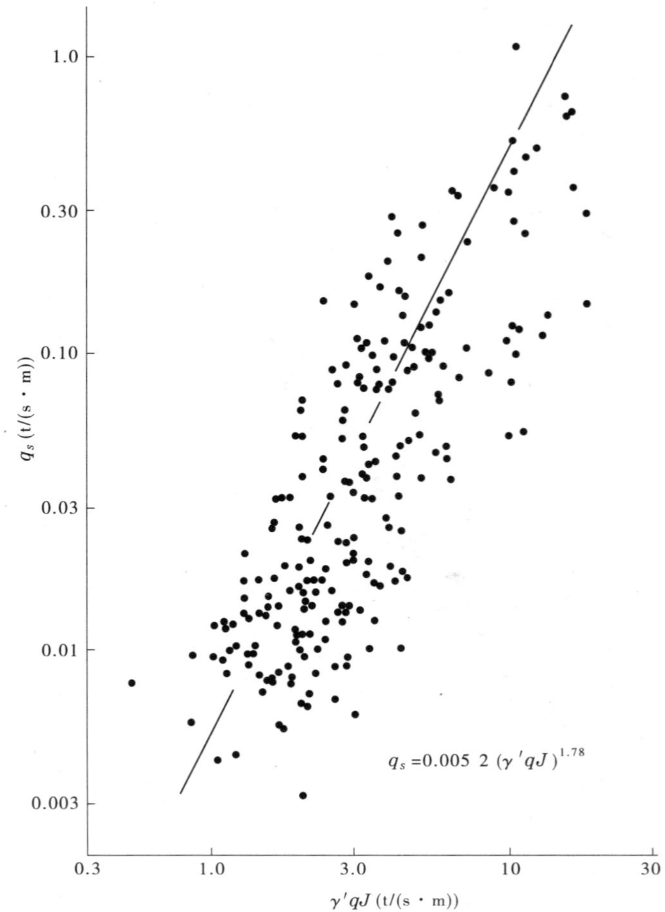

图 9-3　秦厂水文站 $q_s \sim \gamma'qJ$ 关系图

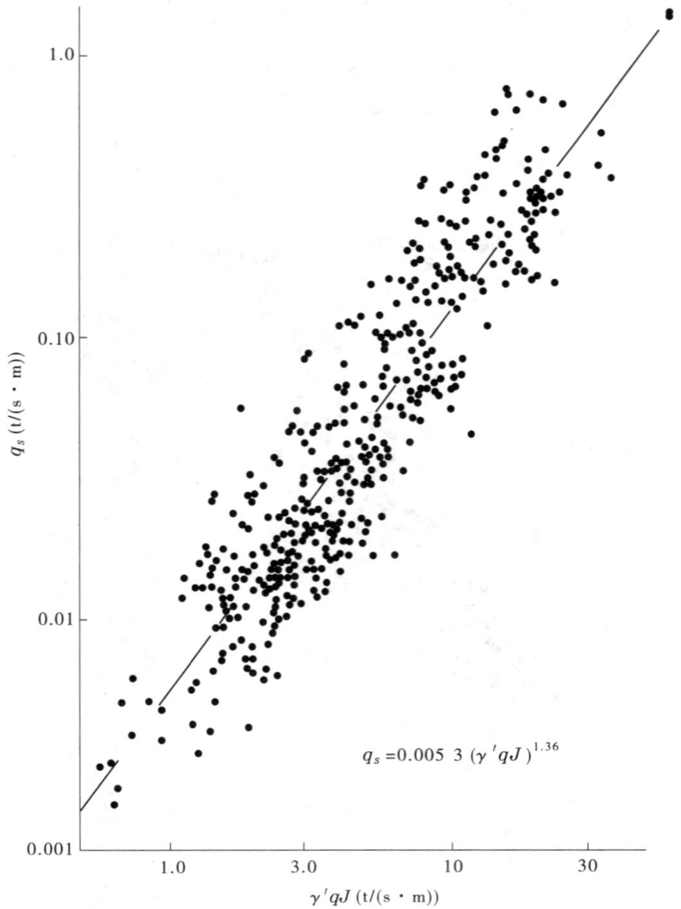

图 9-4　高村水文站 $q_s \sim \gamma'qJ$ 关系图

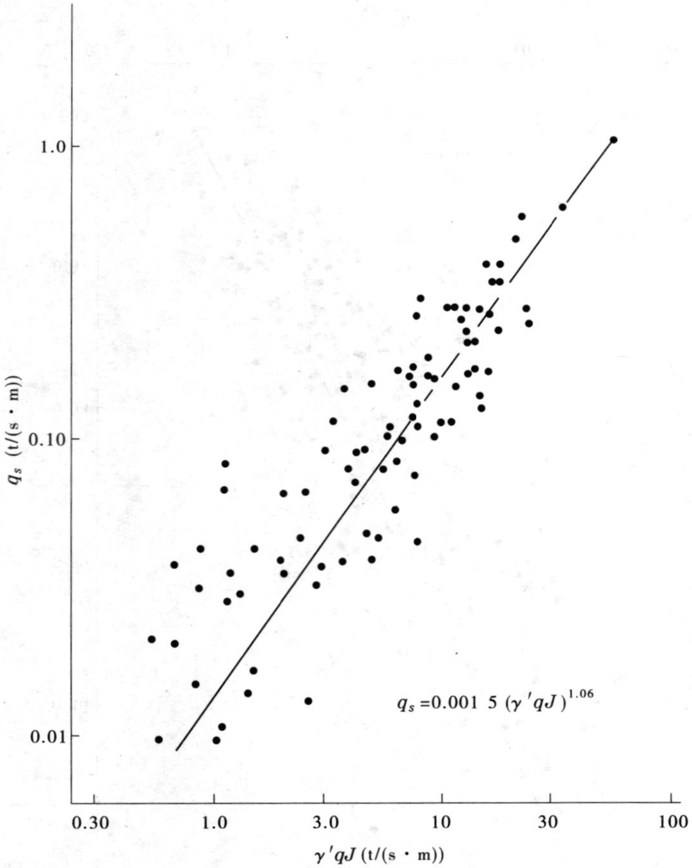

图 9-5　孙口水文站 $q_s \sim \gamma' qJ$ 关系图

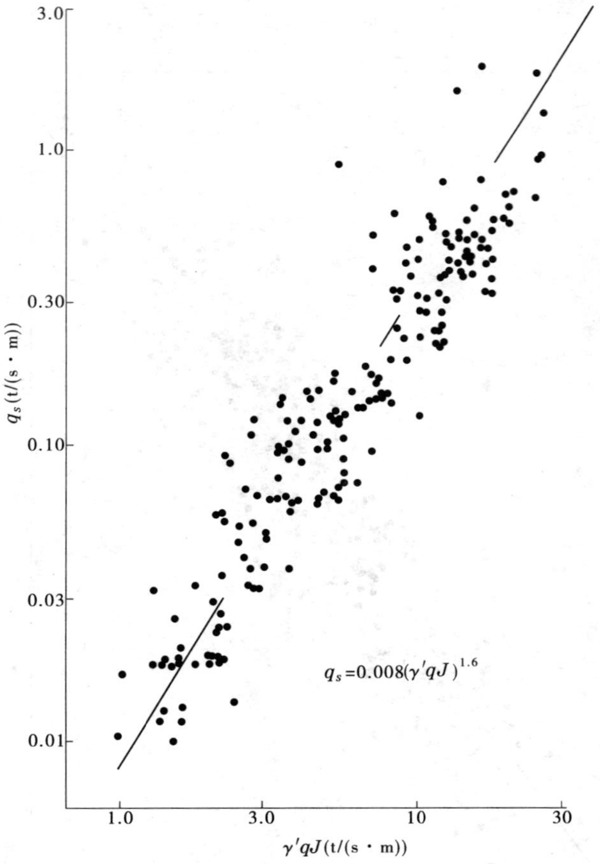

图 9-6　艾山水文站 $q_s \sim \gamma' qJ$ 关系图

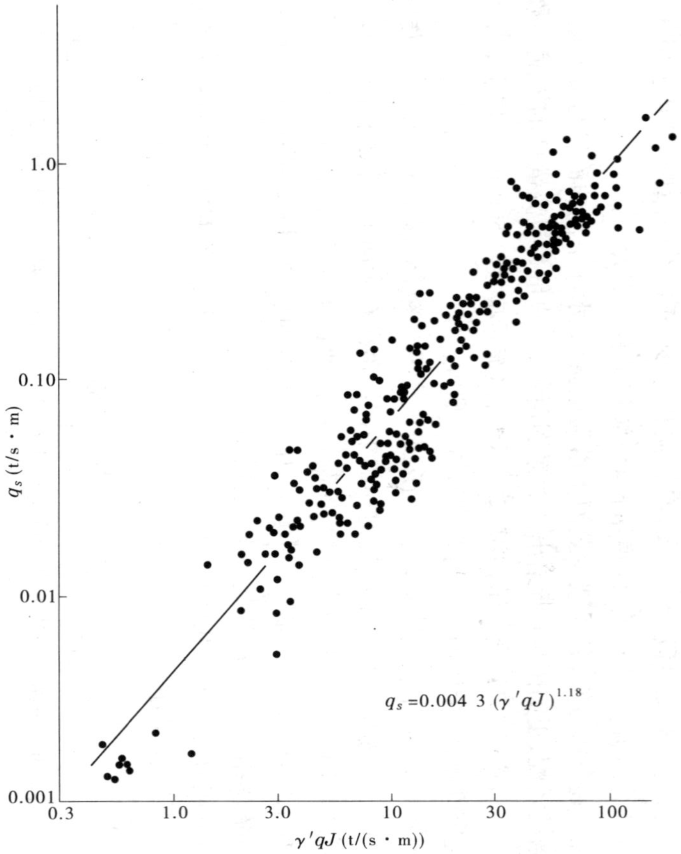

图 9-7　泺口水文站 $q_s \sim \gamma' qJ$ 关系图

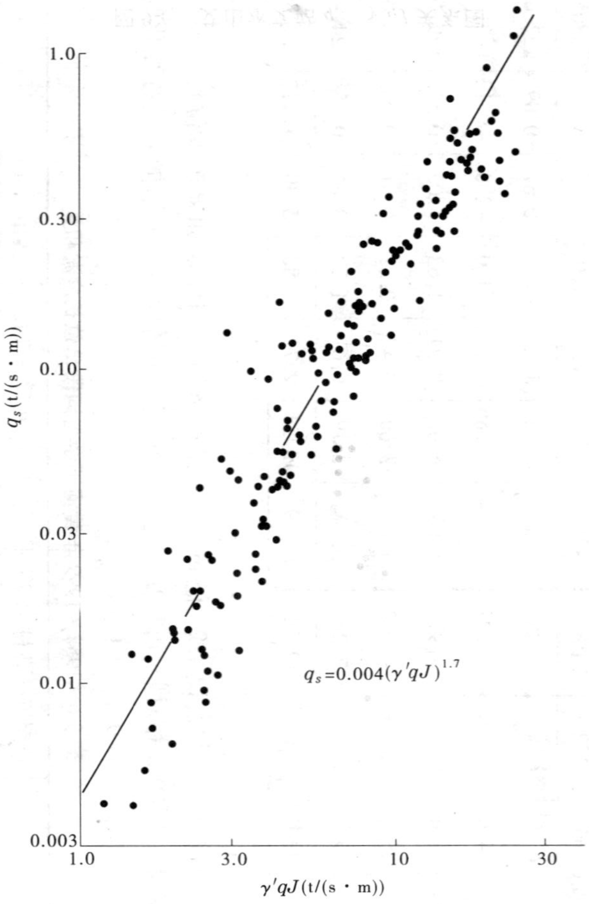

图 9-8　利津水文站 $q_s \sim \gamma' qJ$ 关系图

表 9-5　黄河下游河道断面法冲淤量综合成果统计[1]　（单位：亿 m^3）

河段		小浪底—花园口	花园口—夹河滩	夹河滩—高村	高村—孙口	孙口—艾山	艾山—泺口	泺口—利津	利津—渔洼	小浪底—渔洼
河段长度(km)		132	104	73	121	62	100	172	41	805
时段	1952～1960 年	6.36	3.08	6.48	4.96	1.17	-0.16	0.67	0.09	22.65
	1961～1964 年	-6.46	-5.27	-3.54	-1.86	-0.52	-1.09	-2.88	-0.12	-21.74
	1965～1973 年	5.28	7.97	5.68	4.05	0.94	1.62	3.06	0.54	29.14
	1974～1985 年	-3.17	-0.52	1.63	3.60	0.47	0.21	0.61	0.05	2.88
	1986～1999 年	4.29	7.26	3.84	2.79	0.67	1.22	3.84	0.55	24.46
	1952～1999 年	6.30	12.52	14.09	13.54	2.73	1.80	5.30	1.11	57.39

以下至渔洼河段共淤积 8.21 亿 m^3，占总淤积量的 16.1%。如果按单位长度来计算河道冲淤量，与表 9-6 相对照，可以更清楚地看出黄河下游河道的输沙能力沿程变化与河道冲淤量的规律，见表 9-6。

表 9-6　1952～1999 年黄河下游各河段单位长度淤积量

河段	花园口—高村	高村—孙口	孙口—艾山	艾山—泺口	泺口—利津
淤积量(亿 m^3/km)	0.150	0.112	0.044	0.018	0.031

从表 9-6 中可以看出，花园口至高村的游荡性河段淤积最为严重；高村至孙口的过渡性河段次之；艾山至泺口段为弯曲型河道，淤积最少；泺口至利津段，虽然也属于弯曲段，然而受河口的影响（如改道前、河道增长等）淤积量有所增大。

通过上述分析可知，若要减少黄河下游河道淤积，水库下泄的流量与含沙量的过程应当有适当的搭配，正如图 9-1 所给出的关系图所示，含沙量 S 与流量 Q 的搭配参数 S/Q 在 0.017 kg·s/m^6 以下时，全下游河道基本不淤，但流量应在 2 500 m^3/s 以上，当然这个指标也只是定性指标，今后仍然还需要进行深入研究。

众所周知，当河床发生冲刷以后，河床组成会发生粗化，这是影响输沙能力下降的因素之一；反之，若水库排泄下来的超饱和的细泥沙落淤在床面上，则河床组成细化，又会增加输沙能力，为了减少下游河道淤积，控制水库下泄沙量，必然会引起水库发生淤积。因此，对黄河的泥沙处理应采取“全流域上、中、下游全面启动，干、支流综合治理，多途径安排泥沙出路，跟随客观情况调整方案”的措施。

黄河流域每年产生十几亿 t 或几十亿 t 的泥沙，单靠或者主要靠某一种途径处理都只能是短期有效、长期有害。

参考文献

[1] 张原锋，等. 黄河下游断面法冲淤量分析与评价[M]. 郑州：黄河水利出版社，2005.

第十章　调水调沙对下游河道的效益

在河道上筑坝形成水库后，对水库下游的河道会产生影响，其影响程度又与水库库容、控制洪水频率有关。一般来讲，对中小型水库只要在洪水过程保住大坝安全，保证下游群众生活、生产安全就达到了主要目标。当然它还可以为下游带来防洪、灌溉等效益。

修建大型水库之后，因为库容在1亿m^3以上，水库调蓄能力很强，具有多目标的综合效益。以往在规划大型水利水电工程时，基本上除要考虑工程所在地区效益（如发电、供水、灌溉、养殖和航运等）外，还要确保下游防洪。

黄河三门峡水库已建成48年，通过几十年的运用实践，除在规划阶段确定的开发目标外，还有减少下游河道淤积、防止下游河道断流、维持下游河道两岸生态、保护河口或滨海地区湿地等任务。

第一节　减少下游河道淤积

水库运用大体上可分为三大类型或三种方式，现介绍如下。

一、蓄水运用

蓄水运用，如龙羊峡、刘家峡水库，在产生异重流之后有机会排沙，除此之外均为清水下泄进入下游河道，在这种条件下，下游河道发生冲刷，下游全河段的上段冲刷得多，中段次之，下段冲刷得甚少或有微淤的现象。表10-1是三门峡水库蓄水运用下泄清水时期，黄河下游各河段冲淤情况。从表10-1中可以看出，1960年9月三门峡水库关闸蓄水，至1962年6月，小浪底至利津河段共冲刷11.015亿m^3，其中高村以上游荡型河道单位里程冲刷量最大，高村以下河段单位里程冲刷量基本上是前者的1/10左右。如果按观测时间来分析，1960年9月～1961年2月，小浪底至花园口河段是清水下泄起始冲刷河段（小浪底以上河段比降陡，约为11‱，水流穿行于峡谷之中，冲刷幅度很小），冲刷量最大；花园口至夹河滩河段，水流挟沙力尚未饱和，单位里程冲刷量不及上段的1/2；夹河滩至艾山河段反而发生淤积，这是由两方面的原因造成的，其一是清水经过长距离的冲刷，水流含沙量已经达到饱和，其二是夹河滩至艾山河段的纵比降下降至1.7‱～1.1‱，它意味着能坡剧减，水流输沙能力下降，因而发生淤积，但淤积量很小，单位里程淤积量只有10万m^3/km左右；艾山以下出现微淤积状态。1961年2月～1961年6月为非汛期，三门峡水库的进出库的流量基本相等，冲刷历时长，小浪底至花园口河段首当其冲，其次是花园口至夹河滩河段，再次是夹河滩至高村河段。由于上述三处河段发生强烈冲刷，至高村断面，水流挟沙已经接近饱和，从而在进入高村至孙口河段时发生淤积，其单位里程淤积量很小，仅20万m^3/km。孙口以下河段进入较为窄深河道，又发生轻微冲刷。1961年6月～1962年2月，在前期发生冲刷的基础上，本时段的单位里程冲刷量为几十万m^3。其中有两个河段较为特殊，其一是孙口至艾山河段，淤积23万 m^3/km；其二是夹河滩至高村河段，单位里程冲淤量达到100万 m^3/km，1962年2月～1962年6月，各河段单位里程冲淤量均为几十万 m^3/km，其中孙口至艾山冲刷量最小。

表10-1　三门峡水库清水下泄期间下游河段冲淤量[1]

河段			小浪底—花园口	花园口—夹河滩	夹河滩—高村	高村—孙口	孙口—艾山	艾山—泺口	泺口—利津	小浪底—利津
河段长度(km)			132	104	73	121	62	100	172	764
时段（年-月）	1960-09～1961-02	总量	-0.883	-0.285	0.162	0.146	0.048	-0.039	0.098	-0.753
		单程量	-0.006 7	-0.002 7	0.002 2	0.001 2	0.000 77	-0.000 39	0.000 57	—
	1961-02～1961-06	总量	-1.956	-1.778	-1.355	0.245	-0.308	-0.335	-0.064	-5.551
		单程量	-0.014 8	-0.017 1	-0.018 6	0.002 0	-0.005 0	-0.003 35	-0.000 37	—
	1961-06～1962-02	总量	-0.667	-0.209	-0.766	-0.252	0.145	0.091	-0.462	-2.12
		单程量	-0.005 05	-0.002	-0.010 5	-0.002 08	0.002 34	0.000 9	-0.002 7	—
	1962-02～1962-06	总量	-0.333	-0.638	-0.275	-0.324	-0.091	-0.383	-0.547	-2.591
		单程量	-0.002 5	-0.006 13	-0.003 77	-0.002 68	-0.001 47	-0.003 83	-0.003 18	
	1960-09～1962-06	总量	-3.839	-2.910	-2.234	-0.185	-0.206	-0.666	-0.975	-11.015
		单程量	-0.029 1	-0.028 0	-0.030 6	-0.001 53	-0.003 32	-0.006 66	-0.005 7	—

注：①总量指河段冲淤总量，亿 m^3；②单程量指河段单位里程冲淤量，亿 m^3/km；③1961-06中的“06”表示汛后，1961-02中的“02”表示汛前。

从表10-1中可以得到这样的认识：水库下泄清水，从冲淤总量来看似乎有利，达到约11亿 m^3，然而进一步分析，上段（小浪底至高村）游荡型河道的单位里程冲淤量大，高村以下至利津的单位里程冲淤量小，尤其是高村至孙口河段的单位里程冲淤量最小，只有15万 m^3/km 多一点，相当于上段单位里程冲淤量的1/20。由于沿程冲刷不均匀的特点，将会造成高村至孙口河段过洪能力下降，平滩流量减小，给河道治理工程带来负面影响。

二、滞洪排沙运用

水库在滞洪排沙运用期间，如果遇到丰水丰沙年份，就会出现库水位壅高时段较长、出库流量大而含沙量小的过程，泥沙在库区淤积最多；当进库洪水退落之后，库水位大幅度下降，库区发生强烈冲刷，则出现出库流量小、含沙量大的过程，即所谓的小水带大沙。在这种年份，下游河道将发生严重淤积。表10-2是三门峡库区两个典型年份的滞洪排沙对下游河道的影响。

从表10-2中可以看出，三门峡水库大量泥沙下泄之后，首当其冲的是夹河滩以上河段，其单位里程淤积量均在万 m^3/km 到百万 m^3/km。经这一段河道对水沙的调节之后，夹河滩以下各河段的单位里程的淤积量在几十万 m^3/km，而孙口至艾山河段单位里程的淤积量最小，甚至下降到 1.3 万 m^3/km，与水库下泄清水冲刷效益正好相反。

表 10-2　三门峡水库滞洪排沙期下游各河段冲淤量

河段			小浪底—花园口	花园口—夹河滩	夹河滩—高村	高村—孙口	孙口—艾山	艾山—泺口	泺口—利津	小浪底—利津
河段长度(km)			132	104	73	121	62	100	172	764
时段(年-月)	1964-06 ~ 1965-06	总量	1.173	1.628	0.544	0.315	0.008	0.441	1.241	5.35
		单程量	0.008 9	0.015 7	0.007 45	0.002 6	0.000 13	0.004 4	0.007 22	—
	1968-06 ~ 1969-06	总量	1.752	1.572	0.195	0.17	0.112	0.362	0.735	4.898
		单程量	0.013 3	0.015 1	0.002 67	0.001 4	0.001 8	0.003 62	0.004 27	—

注：总量指河段的冲淤总量，亿 m^3；单程量指河段单位里程冲淤量，亿 m^3/km。下同。

三、水库调水调沙运用

经过三门峡水库对上游输送下来的径流量和输沙量进行调节之后，对减少黄河下游河道淤积起到了显著的作用，见表 10-3。表中所列出的冲淤量是指 1973 年汛后到 1999 年汛后，采用大断面测量求得的各河段冲淤量、单位里程冲淤量。26 年全下游(小浪底至利津河段)总淤积量约为 25.74 亿 m^3，年均淤积量为 0.99 亿 m^3。然而，三门峡水库建库前(1952 ~ 1960 年)下游河道年均淤积量为 2.51 亿 m^3，两者相差约 1.5 亿 m^3，当然不能将 1.5 亿 m^3 的减淤量全部归功于三门峡水库，1970 年以后黄河上中游修建的大中型水库起到了一定的拦沙作用，其次掀起几次大搞水土保持高潮，又有“世界银行”、“亚洲银行”项目，对减少入黄泥沙起到一定作用。26 年按年均减沙约 1.2 亿 t 估算，减少入黄泥沙约 0.9 亿 m^3，三门峡水库在调水调沙期库区也拦截约 9 亿 m^3(小北干流 3.6 亿 m^3，渭、洛河 2.4 亿 m^3，潼关以下 3.0 亿 m^3)泥沙，年均拦截泥沙约 0.346 亿 m^3。水保与水库拦沙相加为 1.27 亿 m^3。由此可粗估调水调沙下游河道年均减淤约 0.25 亿 m^3。

表 10-3　三门峡水库调水调沙期下游河道冲淤量

河段		小浪底—花园口	花园口—夹河滩	夹河滩—高村	高村—孙口	孙口—艾山	艾山—泺口	泺口—利津	小浪底—利津
河段长度(km)		132	104	73	121	62	100	172	764
1973 年汛后 ~ 1999 年汛后	总量(亿 m^3)	1.119	6.737	5.467	6.387	1.146	1.424	3.457	25.737
	单程量(亿 m^3/km)	0.008 5	0.064 8	0.074 9	0.052 8	0.018 5	0.014 2	0.020 1	—

上述为多年平均值。由于上游各年来水来沙的总量和过程都在改变，其变化又非常复杂，三门峡水库调水调沙出库又有不同的水沙搭配，对下游河道的冲淤影响也各有不同，表 10-4 列出了高含沙洪水年份、枯水枯沙年份以及丰水丰沙年份对下游河道的作用。

从表 10-4 中可以看出，高含沙洪水对下游河道最为不利，年淤积量高达约 5.8 亿 m^3，是调水调沙年均淤积量的 5.8 倍。枯水枯沙年份下游河道的淤积量与平均值接近。而丰水丰沙年份则对下游河道非常有利，全河段略有冲刷。

表 10-4　调水调沙典型水沙年份各河段冲淤量[1]

河段			小浪底—花园口	花园口—夹河滩	夹河滩—高村	高村—孙口	孙口—艾山	艾山—泺口	泺口—利津	小浪底—利津
河段长度(km)			132	104	73	121	62	100	172	764
时段(年-月)	1977-02 ~ 1978-02*	总量(亿 m^3)	-0.053	3.006	1.667	0.545	0.084	0.192	0.333	5.774
		单程量(亿 m^3/km)	0.000 4	0.028 9	0.022 8	0.004 5	0.001 35	0.001 92	0.001 94	—
	1987-02 ~ 1988-12**	总量(亿 m^3)	0.263	0.165	0.078	0.026	0.077	0.092	0.05	0.751
		单程量(亿 m^3/km)	0.001 99	0.001 59	0.001 07	0.000 21	0.001 2	0.000 92	0.000 29	—
	1981-02 ~ 1982-02***	总量(亿 m^3)	-0.422	0.076	-0.363	0.668	0.009	0.042	-0.107	-0.097
		单程量(亿 m^3/km)	-0.003 2	0.000 73	-0.005	0.005 5	0.000 14	0.000 42	-0.000 62	—

注:带 * 的年份为出现高含沙洪水年份(水文年:W 为 289.4 亿 m^3;W_s 为 21.85 亿 t);带 * * 的年份为枯水枯沙年份(水文年:W 为 197.5 亿 m^3;W_s 为 3.206 亿 t);带 * * * 的年份为丰水丰沙年份(水文年:W 为 520.5 亿 m^3;W_s 为 12.04 亿 t)。

从多年平均值来看,水库的调水调沙对其下游河道有减淤作用,然而遇到高含沙洪水,尤其是较大的高含沙洪水时,下游河道会出现严重淤积,应当引起高度重视。

上述简略讨论了水库调水调沙对下游河道减淤有利。应当讲这只是用定量的方法来定性,不论是论证的方法和估算的数据仍显得粗糙,今后仍然需要作进一步的深入研究。

第二节　河道断流危害与防治

在河道上筑坝建成水库以后,人们总是尽可能地利用水资源为地区兴利除害而忽略了维持河流的健康生命。三门峡水库修建后,黄河下游出现多年的断流现象(见表10-5)。在 28 年中有 21 年断流,共 85 次,全日断流 939 天。特别是从 1991 ~ 1999 年连续 9 年出现断流,共 793 天,年均断流历时 88.1 天,其断流历时最长的是 1997 年,达 202 天;如果将间歇断流天数统计在内则为 901 天,平均每年约达 100 天。

根据李国英的《维持黄河健康生命》一书中的介绍[2],国内外断流的河流还很多,如国内新疆的孔雀河、塔里木河,内蒙古的黑河,甘肃省的石羊河等,几乎都是由于无节制地利用水资源为地区兴利而忽略了下游地区的利益,造成下游地区干旱,进而使土地沙漠化,植被全部枯死,群众无法生活而被迫外迁。

辽河流域则由于兴建了很多水库引水灌溉,造成下游的断流。2000 ~ 2004 年的 5 年间共断流 693 天,年均断流 138.6 天,其中 2002 年断流历时最长,达 187 天。

河道断流造成的危害是非常严重的,以黄河下游为例,山东滨州地区由于黄河断流引起大面积农田几乎绝产,胜利油田大幅度减产甚至停产。东营市和滨州市人民生活用水形成水荒,农村人畜用水到了无水可引的境地。

表 10-5　黄河下游利津站断流统计[2]

年份	断流时间(月-日)		断流次数	断流天数(d)		
	最早	最晚		全日	间歇性	总计
1972	04-23	06-29	3	15	4	19
1974	05-14	07-11	2	18	2	20
1975	05-31	06-27	2	11	2	13
1976	05-18	05-25	1	6	2	8
1979	05-27	07-09	2	19	2	21
1980	05-14	08-24	3	4	4	8
1981	05-17	06-29	5	26	10	36
1982	06-08	06-17	1	8	2	10
1983	06-26	06-30	1	3	2	5
1987	10-01	10-17	2	14	3	17
1988	06-27	07-01	2	3	2	5
1989	04-04	07-14	3	19	5	24
1991	05-15	06-01	2	13	3	16
1992	03-16	08-01	5	73	10	83
1993	02-13	10-12	5	49	11	60
1994	04-03	10-16	4	66	8	74
1995	03-04	07-23	3	117	5	122
1996	02-14	12-18	6	124	12	136
1997	02-07	12-31	13	202	24	226
1998	01-01	12-08	16	113	29	142
1999	02-06	08-11	4	36	6	42

黄河下游断流还引起了生态环境的恶化。黄河三角洲地区湿地面积萎缩约 1/2。鱼、鸟、犬数目均大幅度减少。

黄河下游断流,上游输送下来的泥沙因为没有输沙用水量,全部泥沙淤积在断流河段以上的河道中,尤其是淤积在主河槽中,引起河床平均高程上升,平滩流量下降,促使洪水位上升,防洪、防凌受到极大的威胁。

根据已有资料得知,20 世纪 90 年代,黄河下游河道,河槽淤积比例占全断面的 90% 左右。3 000 m^3/s 流量的水位抬高 1.5 m 左右。例如,1996 年 8 月洪水,花园口水文站 7 600 m^3/s 流量的洪水水位高出 1958 年 22 300 m^3/s 流量的水位 0.91 m,创造历史最高纪录。

黄河下游之所以断流是因为人类违反自然界的客观规律,无限制地利用水资源,甚至浪费水资源。黄河入海水量在 20 世纪 50 年代是上游来水量的 70% 左右,20 世纪 80 年代为 50% 左右,到了 90 年代只占来水量的 30% 。

按照国际上公认的水资源利用率为 40% 以下,要用 60% 的水资源来维持河流的生态环境。而黄河下游只有 30% 的水量,这就难以保证河流生态不恶化。

20 世纪末,鉴于自然界对人类作出了惩罚,人们初步认识到,随意超限利用水资源将致使河流灭亡,造成沙漠化,如新疆的孔雀河、塔里木河的下游断流,使广大地区沙漠化,很多科学家惊呼,黄河下游不能任此发展下去。

小浪底水库建成后利用水库运用为保证黄河下游不断流提供了条件,更重要的是国务院于 1998 年 12 月颁布并实施了《黄河可供水量年度分配及干流水量调度方案》和《黄河水量调度管理办法》。黄河水利委员会还正式被授权统一调度黄河水量。小浪底水库自 2000 年起实施调水调沙以来,黄河下游不再出现断流,增加生态用水约 35 亿 m^3。

据初步统计,2000 ~ 2004 年花园口水文站的年均水量约为 210 亿 m^3,利津水文站的年均水量约为 100 亿 m^3,然而可以入海的水量不足 50% ,水资源利用率仍超过 40% ,这些是很值得重视的。

参考文献

[1] 张原锋,等. 黄河下游断面法冲淤量分析与评价[M]. 郑州:黄河水利出版社,2005.

[2] 李国英. 维持黄河健康生命[M]. 郑州:黄河水利出版社,2005.

第十一章　水库调水调沙的负面影响

三门峡水库自 1974 年实施调水调沙(蓄清排浑)运用之后,潼关以下库区达到冲淤平衡,保持了 30 亿 m^3 的防洪库容和潼关高程下降 1.8 m 的显著效益。这项处理水库泥沙的突出成就和经验在国内得到广泛推广,并且受到国外的高度重视与称赞。然而,这种运用方式对下游河道可能带来的负面影响却没有得到充分研究。

综观三门峡水库 30 多年的实践,经过总结与研究,认为水库调水调沙对下游河道还是存在负面影响的。也就是说,任何一件事物均存在两面性,利与弊是共生的,只是利多弊少或者是利少弊多而已。

第一节　三门峡调水调沙对下游冲淤的影响

三门峡水库调水调沙的基本框架是非汛期(11 月~翌年 6 月)蓄水拦沙,汛期(7~10 月)降低库水位,借助于进库洪水的富余输沙能力和溯源冲刷能力将前期淤积在库区的泥沙冲起,与洪水挟带的泥沙一起排出库外,送往下游,保持库区冲淤平衡,潼关高程基本稳定。

当非汛期蓄水水位高、历时长,或遇到不利的水沙年份时,潼关高程仍然上升。

一、汛初降低库水位对下游的冲淤作用

三门峡水库自 1974 年起,排沙期多始于 6 月下旬,至 7 月 1 日库水位多下降到 305 m 以下。这样的运用经常出现"小洪水带大沙"进入下游河道,由于水沙搭配的失衡造成下游河道严重淤积。

黄河中游地区在汛初经常发生小面积降水,甚至有局部暴雨,形成汛初第一场含沙量大的小洪水。因为库水位低(305 m 以下),在库区发生强烈的溯源冲刷的同时又有小洪水进库,增强了库区的冲刷能力,出库的水沙搭配参数(S/Q)普遍偏大,进入黄河下游河道的上段,立即发生淤积,如表 11-1 所示。从表中可看出,汛初 26 场小洪水,全下游总淤积量约 16 亿 t,年均淤积量为 0.615 亿 t。从部位上看,三门峡至花园口段淤积最为严重,总淤积量约 13.3 亿 t,约占全下游总淤积量的 83%,年均淤积量为 0.512 亿 t。其次是花园口至高村,总淤积量为 2.72 亿 t,约占全下游总淤积量的 17%,年均淤积量约为 0.1 亿 t。高村以下属于微冲微淤,高村至艾山年均冲刷约 0.01 亿 t,艾山至利津年均淤积约 0.011 亿 t。

造成上述淤积的原因还有:三门峡水库下泄清水,由于下泄流量较小,平均流量小于 1 000 m^3/s,因此只在黄河下游上段发生冲刷,其他河段处于微淤状态;清水冲刷后河槽床面发生粗化,进而降低了水流输沙能力。当汛初下泄小洪水时,就会发生较强的回淤,而回淤又是上段淤积严重,中、下段微淤,甚至发生冲刷,因此全下游河段又是淤积的。

表 11-1　三门峡水库汛初小洪水排沙情况[1]

编号	时段（年-月-日）	潼关		三门峡				潼关—三门峡		下游河道冲淤量(亿 t)				
		日均最大流量（m^3/s）	沙量（亿 t）	平均流量（m^3/s）	沙量（亿 t）	平均含沙量（kg/m^3）	水沙搭配参数（$kg \cdot s/m^6$）	排沙比（%）	冲淤量（亿 t）	三门峡—花园口	花园口—高村	高村—艾山	艾山—利津	三门峡—利津
1	1975-07-10～14	2 470	0.171	1 740	0.651	86.8	0.049 9	381	−0.48	0.440	0.019	−0.032	−0.001	0.426
2	1975-07-15～22	1 950	0.099	1 760	0.626	58.5	0.033 2	632	−0.527	0.443	−0.008	−0.034 4	−0.037 4	0.363
3	1976-06-30～07-15	1 840	0.208	1 487	0.956	46.5	0.031 3	460	−0.748	0.728	0.106	−0.040 0	0.020 6	0.815
4	1976-07-16～27	2 040	0.275	1 874	0.620	31.9	0.017	225	−0.345	0.274	0.001	−0.112 0	−0.070	0.093
5	1978-07-11～19	2 050	1.84	1 481	2.38	207	0.140	129	−0.540	0.853	0.375	0.120 0	0.012 0	1.36
6	1978-07-20～27	2 730	2.04	1 863	2.41	189	0.101	118	−0.370	0.515	0.349	0.208	−0.004	1.068
7	1979-06-30～07-20	1 250	0.387	741	0.81	60.2	0.081 2	209	−0.423	0.414	0.128	−0.013	−0.022	0.507
8	1980-06-30～07-13	2 560	0.741	1 089	1.129	85.7	0.078 7	152	−0.388	0.492	0.133	−0.140 0	0.052	0.537
9	1980-07-14～08-03	2 390	1.178	1 360	2.021	165.3	0.122	172	−0.843	1.216	0.155	0.060	0.064	1.495
10	1981-07-03～14	4 250	1.231	2 286	2.086	81.2	0.035 5	169	−0.855	0.738	0.200	−0.287	0.054	0.705
11	1982-07-11～28	1 640	0.241	2 760	0.540	28.3	0.010 3	224	−0.299	0.307	−0.015	−0.004	−0.013	0.275
12	1983-06-23～07-04	1 660	0.196	1 355	0.318	22.6	0.016 7	162	−0.122	0.134	0.022	−0.038	0.062	0.18
13	1983-07-05～04	1 840	0.129	1 296	0.482	35.9	0.027 7	374	−0.353	0.765	0.003	−0.006	0.027	0.789
14	1984-07-23～01	1 830	0.281	1 531	0.585	49.1	0.032 1	208	−0.304	0.341	0.036	−0.051	−0.031	0.295
15	1984-07-02～06	3 320	0.186	1 379	0.604	56.4	0.040 9	325	−0.418	0.332	0.048	−0.165	−0.043	0.172
16	1984-06-30～07-06	594	0.009	525	0.037	11.7	0.022 3	411	−0.028	0.001	0.011	0.007	0.006	0.025
17	1986-07-02～08	3 140	0.416	1 934	0.890	76.1	0.039 3	214	−0.474	0.291	0.005	0.011	0.111	0.418
18	1986-07-09～25	3 690	0.937	2 494	1.588	43.4	0.017 4	169	−0.651	0.390	0.096	0.030 0	0.054	0.570
19	1988-07-01～15	2 760	1.152	1 425	1.892	102.4	0.071 9	164	−0.740	0.688	0.303	−0.023	0.065	1.033
20	1998-07-16～19	2 860	0.543	1 707	0.646	110	0.064 4	119	−0.103	0.255	0.143	−0.011	0.012	0.399
21	1990-06-30～07-06	1 990	0.185	1 265	0.57	74.5	0.058 9	308	−0.385	0.302	−0.271	0.040	0.005	0.076
22	1990-07-07～14	4 080	0.754	1 918	1.254	94.6	0.049 3	166	−0.500	0.467	−0.797	0.234	−0.057	−0.153
23	1993-07-21～31	2 800	0.549	1 758	1.516	90.7	0.051 6	276	−0.967	0.625	0.233	−0.101	−0.021	0.736
24	1996-07-16～21	2 280	1.51	1 399	2.41	332	0.237 3	160	−0.900	1.210	0.59	0.060	0.060	1.92
25	1996-07-22～26	1 550	0.34	1 116	0.62	129	0.115 6	182	−0.280	0.03	0.16	0.060	0.070	0.12
26	1996-07-28～08-01	2 040	2.16	1 535	2.33	351	0.228 7	108	−0.170	1.05	0.69	−0.08	−0.09	1.57

二、平滩流量下降

受水库壅水作用的影响，进库的洪水发生削减，如表 11-2 所示。削峰比在 3% ~ 69%，多数在 30% 以上。

表 11-2 三门峡水库历年最大洪峰流量削减情况[1]

时间 （年-月-日）	洪峰流量（m^3/s）		削减比$\left(\frac{Q_1-Q_2}{Q_1}\right)$（%）
	潼关（Q_1）	三门峡（Q_2）	
1950-07-20	6 540	6 160	5.8
1951-08-16	10 000	10 500	增加 5
1952-08-18	6 400	5 950	7.0
1953-08-26	12 000	12 100	增加 0.8
1954-09-03	13 400	13 900	增加 3.7
1955-09-17	6 900	6 960	增加 0.9
1959-08-21	11 900	10 200	14.3
1960-08-04	6 080	3 080	49.3
1961-08-01	7 290	2 470	66.1
1963-08-30	6 120	2 030	66.8
1964-08-14	12 400	4 910	60.4
1965-07-22	5 400	3 650	32.4
1966-07-30	7 830	4 840	38.2
1967-08-11	9 530	5 740	39.8
1968-09-14	6 750	5 490	18.7
1969-07-28	5 680	3 750	34.0
1970-08-03	8 420	4 780	43.2
1971-07-26	10 200	5 380	47.3
1972-07-21	8 600	5 000	41.9
1973-09-01	5 080	4 570	10.0
1974-08-01	7 040	4 180	40.6
1975-10-04	5 910	4 090	30.8
1976-08-31	9 220	7 890	14.4
1977-08-06	15 400	8 900	42.2
1978-08-09	6 510	5 610	13.8
1979-08-12	11 100	7 350	33.8
1981-09-09	6 540	6 330	3.2
1983-08-02	6 200	5 800	6.5
1984-08-05	6 430	5 820	9.5
1986-06-08	4 630	3 340	27.9
1987-08-27	5 450	4 520	17.1
1988-08-07	8 260	5 680	31.2
1989-07-23	7 280	5 860	19.5
1990-07-08	4 430	3 790	14.4
1992-08-15	4 040	3 510	13.1

小浪底水库建成后，三门峡与小浪底两库削峰率进一步增加，因而进入下游河道的流量过程更加坦化，中小流量历时加长，大于 3 000 m^3/s 流量的天数显著减少。以 2004 年为例，全年日平均流量大于 3 000 m^3/s 的天数（见表 11-3）：花园口站为 1 天，艾山站为 2 天，其他各站为 0。流量在 1 000 m^3/s 以下的天数：花园口站为 283 天，夹河滩站为 291 天，高村站为 291 天，孙口站为 284 天，艾山站为 265 天，泺口站为 273 天，利津站为 274 天。以艾山站为例，流量小于 1 000 m^3/s 的天数占全年天数的 72.4%。就汛期而言，流量小于 1 000 m^3/s 的天数：花园口站为 105 天，夹河滩站为 98 天，高村站为 102 天，孙口站为 99 天，艾山站为 93 天，泺口站为 76 天，利津站为 76 天。以利津站为例，汛期日平均流量小于 1 000 m^3/s 的天数占全汛期的 61.8%，如表 11-4 所示。

表 11-3　2004 年黄河下游各流量级天数和水沙量统计[2]

流量级(m^3/s)		0～500	500～1 000	1 000～1 500	1 500～2 000	2 000～2 500	2 500～3 000	3 000～3 500
小浪底	天数(d)	123	175	25	7	25	11	0
	水量(亿 m^3)	36.92	106.27	24.73	9.08	49.58	25.01	0
	沙量(亿 t)	0.004	0.007	0.122	0.362	0.936	0.055	0
花园口	天数(d)	77	206	38	6	21	17	1
	水量(亿 m^3)	25.53	132.83	37.91	7.90	43.81	39.67	2.83
	沙量(亿 t)	0.038	0.239	0.129	0.340	0.758	0.185	0.546
夹河滩	天数(d)	76	215	29	8	22	16	0
	水量(亿 m^3)	23.81	136.63	29.27	12.37	43.80	37.36	0
	沙量(亿 t)	0.060	0.488	0.157	0.331	0.782	0.791	0
高村	天数(d)	83	208	30	7	19	19	0
	水量(亿 m^3)	25.93	130.18	31.83	11.37	37.66	42.79	0
	沙量(亿 t)	0.076	0.539	0.207	0.402	0.847	0.714	0
孙口	天数(d)	100	184	38	6	22	16	0
	水量(亿 m^3)	32.90	110.55	38.75	9.13	43.49	39.18	0
	沙量(亿 t)	0.107	0.441	0.319	0.355	1.050	0.771	0
艾山	天数(d)	103	162	48	10	20	21	2
	水量(亿 m^3)	33.13	95.94	51.69	13.92	39.76	49.17	5.22
	沙量(亿 t)	0.103	0.469	0.341	0.091	0.919	1.043	0.525
泺口	天数(d)	139	134	40	15	19	19	0
	水量	41.23	81.01	41.78	21.33	34.53	46.53	0
	沙量(亿 t)	0.130	0.414	0.295	0.209	0.735	1.439	0
利津	天数(d)	150	124	41	14	18	19	0
	水量(亿 m^3)	32.63	71.18	43.23	22.39	34.77	44.14	0
	沙量(亿 t)	0.074	0.372	0.379	0.255	0.691	1.701	0

表 11-4　2004 年汛期黄河下游各流量级天数和水沙量统计

流量级(m^3/s)		0 ~ 500	500 ~ 1 000	1 000 ~ 1 500	1 500 ~ 2 000	2 000 ~ 2 500	2 500 ~ 3 000	3 000 ~ 3 500
小浪底	天数(d)	55	55	8	3	1	1	0
	水量(亿 m^3)	15.35	34.05	7.67	4.57	1.78	2.47	0
	沙量(亿 t)	0.199	0.645	0.114	0.820	0.723	0.137	0
花园口	天数(d)	78	27	3	1	5	9	0
	水量(亿 m^3)	18.68	15.71	3.37	1.67	9.17	20.59	0
	沙量(亿 t)	0.004	0.007	0.122	0.362	0.936	0.055	0
夹河滩	天数(d)	60	38	9	1	5	9	1
	水量(亿 m^3)	18.69	24.20	8.65	1.60	9.92	21.23	2.83
	沙量(亿 t)	0.029	0.044	0.052	0.314	0.611	0.122	0.546
高村	天数(d)	60	42	3	3	5	10	0
	水量(亿 m^3)	17.57	27.57	2.74	4.54	10.11	23.61	0
	沙量(亿 t)	0.042	0.084	0.009	0.264	0.526	0.708	0
孙口	天数(d)	59	40	8	1	6	9	0
	水量(亿 m^3)	17.11	27.11	7.95	1.68	11.66	20.53	0
	沙量(亿 t)	0.050	0.113	0.041	0.305	0.604	0.523	0
艾山	天数(d)	57	36	13	2	5	10	0
	水量(亿 m^3)	16.93	22.86	13.34	3.26	9.07	23.23	0
	沙量(亿 t)	0.066	0.079	0.109	0.286	0.645	0.584	0
泺口	天数(d)	32	44	22	8	5	10	2
	水量(亿 m^3)	7.40	27.25	24.24	11.19	10.01	23.81	5.22
	沙量(亿 t)	0.012	0.104	0.102	0.061	0.468	0.701	0.525
利津	天数(d)	33	43	22	8	4	13	0
	水量(亿 m^3)	8.28	26.78	24.49	11.14	7.70	30.65	0
	沙量(亿 t)	0.012	0.145	0.145	0.065	0.371	1.226	0

从上述情况可知，河流通过长时期在小流量的作用下，只能维持相应较小的过水面积。相应小流量水位以上的两岸，长时期处在干枯状态，久而久之会产生崩塌、滑塌，崩塌与滑塌的体积冲向主槽，这部分的土质在小流量的条件难以冲走，进而使主河槽平均高程抬升，如图 11-1 所示。

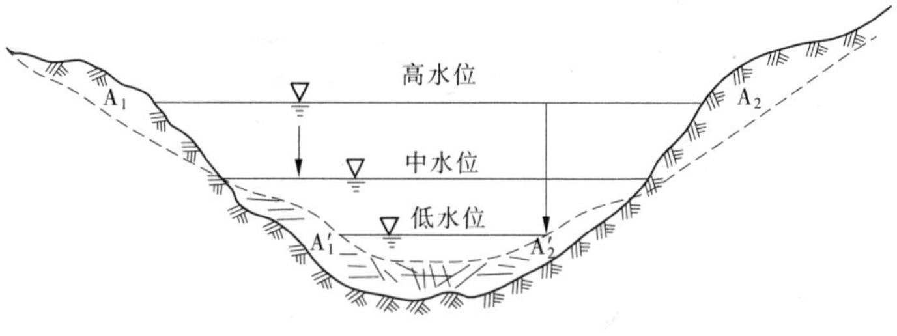

A_1滑塌体积变成A_1'堆积体；A_2滑塌体积变成A_2'堆积体

图 11-1　平滩流量减小，断面形态变形示意图

从河流地貌的原理来解释:平原河流是由水流经过长时期的塑造而形成的,河流边界又对水流进行控制与约束,河流的过水面积与形态又是两者长期的互相作用而形成的。当小于某一流量级的过程占据很长的历时之后,河床形态也随之发生变化,进而平滩流量下降。以花园口水文站为例,三门峡水库修建前,多年平均的平滩流量约为6 300 m^3/s。1960~1969年,黄河流域水资源利用率较低,又遇到较丰的水文系列,花园口水文站的平滩流量约为6 600 m^3/s,与三门峡建库前期接近;1970~1979年,流域内水利水电工程和水土保持工程修建众多,加上三门峡水库调节,多年平均平滩流量下降到约5 000 m^3/s;1980~1989年,又遇到较丰的水文系列,多年平均平滩流量上升到6 200 m^3/s;1990年以后,流域内的水资源利用率大幅度增加;1991~2001年,多年平均径流量约为255亿m^3,造成下游平滩流量下降到约3 000 m^3/s。可以认为黄河下游河道平滩流量减少了50%以上,这是由于流域水资源无控制利用所造成的后果(见表11-5)。这些又与水库调水调沙有一定的关系。

表11-5 花园口断面历年平滩流量

年份	平滩流量(m^3/s)	年份	平滩流量(m^3/s)
1949	6 490	1976	5 510
1950	7 200	1977	6 200
1951	7 000	1978	5 640
1952	6 600	1979	5 900
1953	6 000	1980	5 800
1954	5 800	1981	5 320
1955	6 170	1982	6 000
1956	6 520	1983	6 800
1957	6 000	1984	6 700
1958	5 620	1985	6 900
1959	5 700	1986	6 600
1960	5 800	1987	6 000
1961	6 000	1988	5 500
1962	7 000	1989	6 000
1963	7 200	1990	4 750
1964	8 200	1991	4 000
1965	6 800	1992	4 300
1966	6 500	1993	3 800
1967	7 000	1994	3 700
1968	6 500	1995	3 350
1969	5 500	1996	3 420
1970	4 900	1997	3 900
1971	4 300	1998	3 800
1972	4 110	1999	3 700
1973	3 560	2000	3 600
1974	4 120	2001	3 000
1975	4 500		

三、水库下游河道萎缩

从河流地貌的原理来分析河道萎缩,河道萎缩最主要的原因是河流的径流量大幅度减少。因为在上游修建若干座水库,一方面水库调节了洪峰流量,有的水库削峰率高达50%以上。在削峰的同时也调节了年内径流量的分配,构成出库流量趋于均匀化。在多沙河流上的水库,不仅改变了流量过程,同时对含沙量过程也进行了调整,在很多情况下促使水沙过程不协调。有时是清水下泄,下游河道发生冲刷;有时水库下泄的挟沙水流呈超饱和状态,进入下游河道会发生严重淤积。主河槽淤积,过水断面积减少,平均河床高程上升,防洪能力下降,这些现象都可以被视为河道萎缩。

官厅水库建成后,由于输水洞泄流能力小,水电站下泄清水几乎全部被北京市引用,造成永定河芦沟桥以下河道经常断流。当官厅山峡发生暴雨洪水时,下游河道极易摆动,河岸大量刷滩,滩槽高差减小,进而全断面坦化,主河槽所剩无几。1954 年为永定河的丰水年份,受官厅水库的滞洪作用,水库下游三家店水文站日平均流量超过 200 m^3/s 的天数达 53 天之多,因此主河槽摆动频繁,滩地大量坍塌,险工不断出险。由滩地坍塌滑向主河槽,河床淤积过水面积减少,河床形态变宽浅,是河道向萎缩方向发展的初始阶段。

1957 年,官厅水库蓄水运用,官厅山峡没有发生洪水,永定河下游几乎是断流状态,因为河道干枯,河道形态进一步向萎缩方向发展。河槽宽度 B 逐年增加,平均水深 H 和平均流速 v 逐年减少[3],即

1956 年,$B=40Q^{0.46}$,$H=0.11Q^{0.32}$,$v=1.06H^{0.69}$;

1957 年,$B=51Q^{0.46}$,$H=0.10Q^{0.32}$,$v=0.98H^{0.69}$;

1958 年,$B=65Q^{0.46}$,$H=0.093Q^{0.32}$,$v=0.88H^{0.69}$。

辽河流域在 1949 年以前只修建了二龙山和闹德海两座水库,1962 年起相继修建了红山水库(老哈河)、孟家段水库及莫力庙水库、他拉干水库(新开河)、吐尔吉山水库和舍力虎水库(教来河)等工程(见表 11-6)。

表 11-6 辽河上中游水库工程指标[4]

水库名称	所在河流	控制面积(km^2)	安全标准(年)	总库容(亿 m^3)	防洪库容(亿 m^3)	兴利库容(亿 m^3)	建成年份
红山水库	老哈河	24 486	10 000	25.60	17.36	8.24	1962
打虎石水库	老哈河支流黑里河	540	PMP	1.196	0.576	0.620	1980
孟家段水库	西辽河	旁侧		1.078	0.553	0.980	1960
莫力庙水库	西辽河	旁侧		1.564	0.888	0.652	1959
他拉干水库	新开河			1.35	0.786	0.920	1960
吐尔吉山水库	教来河	6 851		1.20	0.587	0.754	1961
舍力虎水库	教来河	旁侧		1.20	0.469		1972
二龙山水库	东辽河	3 676	1 000	17.62	9.78	7.04	1943
清河水库	清河	2 376	10 000	9.71	5.05	5.74	1959
南城子水库	清河支流叶赫河	625	1 000	2.06	1.05	1.14	1959
柴河水库	柴河	1 355	PMP	6.45	3.76	3.37	1974
榛子岭水库	汛河	369	PMP	2.08	0.93	1.23	1975
闹德海水库	柳河	4 051	100	1.99	1.99	0.50	1942

辽河下游河道坡度平缓,比降为2‱~1‱。流域的径流量与输沙量受水库的调节作用,使下游河道形态发生变化,各河段向宽浅方向发展(见表11-7)。

表 11-7　辽河下游河段河相特征值[4]

河段	年份	平滩流量(m^3/s)	$\sqrt{B}/H$	阿尔图宁系数
柳河口—卡力马	1962	614	4.82~16.6	1.63~3.22
	1979	206	7.54~37.4	2.50~4.50
卡力马—朱家房	1962	475	4.36~7.99	1.31~2.67
	1979	282	4.65~9.89	1.77~3.78
朱家房—六间房	1962	736	2.45~5.87	0.88~1.69
	1979	310	4.50~10.1	1.41~2.85
六间房—盘山闸	1962	720	1.89~6.99	0.61~1.42
	1979	410	1.82~7.68	1.02~2.39

从表11-7中可以看出,平滩流量下降,而河相关系的系数增加,这就意味着河道已经发生萎缩。

黄河三门峡水库修建后,由于水库调节作用,黄河下游径流量显著减少,出现了河道萎缩现象(见表11-8、表11-9)。

表 11-8　黄河下游控制站水、沙变化

项目	时段	1919~1985年	1985~1989年	1989~1999年
径流量(亿m^3)	全年	462	278	259
	非汛期	184	150	146
	汛期	278	128	113
输沙量(亿t)	全年	15.6	7.64	7.61
	非汛期	2.1	0.41	0.46
	汛期	13.5	7.23	7.15
含沙量(kg/m^3)	全年	33.8	27.5	29.4
	非汛期	11.4	2.7	3.1
	汛期	48.6	56.5	63.3

注:控制站是指三门峡+黑石关+武陟。

表 11-9　黄河下游各流量级历时及含沙量❶

站名	时段	流量级(m^3/s)			各级流量含沙量(kg/m^3)		
		<1 000 m^3/s	1 000~3 000 m^3/s	>3 000 m^3/s	<1 000 m^3/s	1 000~3 000 m^3/s	>3 000 m^3/s
花园口	1950~1986年	16.5	68.8	37.7	23.5	32.0	42.7
	1987~2002年	71.1	46.4	5.5	13.9	43.3	80.1
利津	1950~1986年	23.9	61.9	37.2	13.5	30.4	39.3
	1987~2002年	84.1	37.1	1.9	13.8	42.5	63.8

❶　侯素珍,宁蒙河段水沙变化及河床演变分析,黄科技ZX-2006-37-56,2006年5月。

第二节　黄河上游水库调水调沙的负面影响

在上一节主要讨论了三门峡水库实施调水调沙运用之后，对黄河下游河道引起的负面影响。黄河上游在干流上已建成了具有较大库容的龙羊峡、刘家峡、青铜峡等 11 座大型水库，其总库容达到 331 亿 m^3，淤积量约 26.0 亿 m^3。其中，龙羊峡、刘家峡两水库的库容很大，为多年调节和不完整的年调节水库，原则上是蓄水拦沙。进入刘家峡水库的洮河若出现洪水时，刘家峡水库发生异重流，则排出较细的泥沙，除此之外，出库皆为清水。青铜峡水利枢纽的库容相对较小，多年进库平均输沙量为 1.71 亿 t，因此在水库运用方案上，选择了调水调沙，而且是在沙峰进库时段，降低库水位，促使库区产生强烈冲刷排沙出库。

龙羊峡、刘家峡两库对下游河道的影响，主要反映在将洪峰调平上。龙羊峡水库削峰率在 20% ~85%（见表 11-10）。

表 11-10　龙羊峡水库削峰率统计[1]

时间（年-月-日）	削峰率（%）	时间（年-月-日）	削峰率（%）
1987-06-25	71.3	1993-07-20	64.2
1987-07-22	56.8	1993-08-19	62.2
1987-08-12	31.8	1994-06-23	70.2
1988-06-12	62.7	1994-07-07	56.8
1988-07-12	20.6	1995-08-16	71.7
1988-09-18	36.8	1995-09-22	37.1
1988-10-10	56.6	1996-08-03	46.5
1989-06-13	81.4	1996-08-04	44.7
1989-07-13	72.9	1997-07-08	71.3
1990-08-05	38.3	1998-07-16	79.4
1990-09-16	47.8	1998-09-01	79.7
1991-07-31	32.0	1999-07-19	75.1
1991-08-14	43.8	1999-08-10	84.6
1992-07-07	73.5	1999-10-18	59.2
1992-09-23	84.8	2000-07-08	44.5
1993-06-26	52.6	2001-10-03	79.5
1993-06-20	49.3	2002-07-17	58.5

注：削峰率 $=\frac{Q_i-Q_o}{Q_i}\times 100\%$（其中，$Q_i$ 为进库流量；Q_o 为出库流量）。

[1] 侯素珍，宁蒙河段水沙变化及河床演变分析，黄科技 ZX－2006－37－56，2006 年 5 月。

径流量在年内分配上，建库前汛期水量占全年水量的57%，建库后下降到41%。

青铜峡水库建成初期为蓄水拦沙运用，经过4年后，库区淤积严重，高达5.27亿 m^3，占总库容的90%，于1971年汛后改为调水调沙运用。之后，又总结出利用洪水沙峰降低库水位，冲刷库区淤积泥沙排出库外的经验。

一、水库调水、用水与平滩流量

1986年汛后，龙羊峡水库开始蓄水，并且与刘家峡水库联合调度，宁蒙河段洪峰流量下降，小流量历时加长。这里给出下河沿、头道拐两水文站的实测值对比分析，见表11-11、表11-12。

表11-11　黄河宁蒙河段水、沙变化❶

项目	径流量(亿 m^3)			输沙量(亿t)			含沙量(kg/m^3)		
时段	1950～1968年	1969～1986年	1987～2002年	1950～1968年	1969～1986年	1987～2002年	1950～1968年	1969～1986年	1987～2002年
下河沿	339.9	324.0	247.6	2.116	1.089	0.809	6.23	3.36	3.27
石嘴山	319.0	296.2	230.1	2.066	0.993	0.866	6.48	3.35	3.76
头道拐	263.0	237.6	155.7	1.732	1.094	0.414	6.59	4.60	2.66

表11-12　黄河上游下段汛期各流量级天数❶　（单位：d）

站名	时段	<500 m^3/s	500～1 000 m^3/s	1 000～1 500 m^3/s	1 500～2 000 m^3/s	>2 000 m^3/s
下河沿	1951～1968年	0.6	13.6	29.0	25.8	54.0
	1969～1986年	2.3	29.4	43.1	17.6	30.6
	1987～2002年	0.9	83.9	30.8	4.1	3.4
头道拐	1951～1968年	5.7	28.0	26.9	29.1	33.3
	1969～1986年	26.7	36.2	23.6	14.4	22.1
	1987～2002年	68.1	37.8	12.8	1.5	2.8

从表11-12中可以看出，刘家峡、龙羊峡水库修建前后，下河沿与头道拐两站的各级流量天数发生很大改变。下河沿在1968年以前流量小于1 000 m^3/s 的天数为14.2天，占汛期天数的11.5%；大于2 000 m^3/s 的天数为54天，占汛期天数的43.9%。1987年以后，流量小于1 000 m^3/s 的天数为84.8天，占汛期天数的68.9%；流量大于2 000 m^3/s 的天数为3.4天，占汛期天数的2.8%。从上述可以看出，汛期较大流量的天数下降41.1%，而较小流量的天数增加了57.4%。宁蒙河段末端的头道拐水文站的变化也是如此，如表11-12所示。

---

❶ 侯素珍，宁蒙河段水沙变化及河床演变分析，黄科技ZX－2006－37－56，2006年5月。

水流是塑造河床的动力,河床边界的物质组成是约束水流的条件,两者相互作用才构成河床形态。河道横断面有滩地与主槽之分,滩地起滞洪拦泥作用,也可以向下游输送部分洪水和泥沙;主河槽是向下游输送洪水和泥沙的主要通道,因而确定平滩流量是研究输水输沙功能的重要因素。

由于上游众水库对径流进行了很大的调节(见表 11-10),因此内蒙古河段的平滩流量与汛期径流量有一定的相关关系(见图 11-2)。从图 11-2 中可以看出,1986 年以后,平滩流量由 3 000 m^3/s 下降到 1 000 m^3/s。应特别强调的是,水资源超额利用也是重要因素之一。宁蒙河段引水量在 20 世纪 50 年代约为 73 亿 m^3,90 年代上升到 124 亿 m^3,增加了 51 亿 m^3。这种快速的增长应当尽可能地改变,如节水灌溉要及早推广。

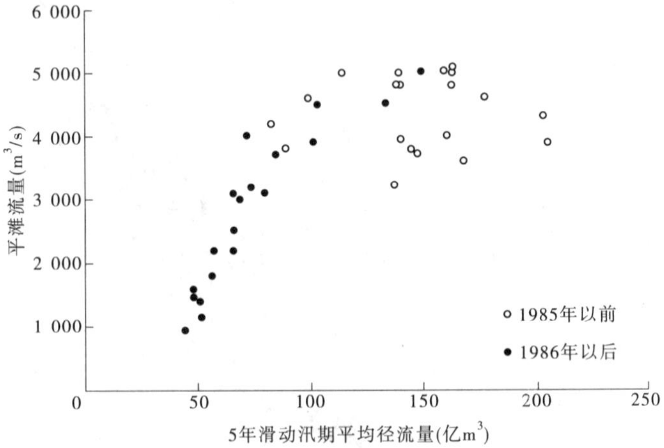

图 11-2 三湖河口平滩流量与汛期平均径流量的关系

内蒙古河段平滩流量的变化过程如图 11-3 所示。图中巴彦高勒的平滩流量改变最大,其最大平滩流量为 6 000 m^3/s,最小平滩流量约为 1 200 m^3/s,两者相差近 5 倍。

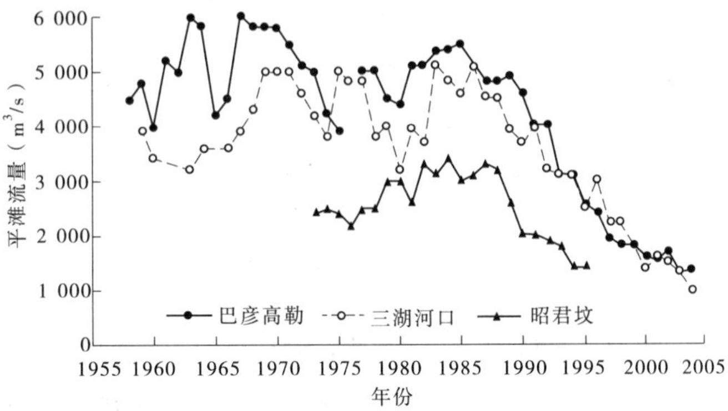

图 11-3 内蒙古河段历年平滩流量过程

二、河床淤积与河床高程上升

宁蒙河段河床淤积与河床高程上升是由两个方面原因造成的:

一是水库长期下泄清水,宁夏河段发生冲刷,床面粗泥沙被冲起带往下游。宁蒙河段的纵比降为:青铜峡至石嘴山河段2.01‱,石嘴山至巴彦高勒河段1.96‱,巴彦高勒至三湖河口河段1.38‱,三湖河口至昭君坟河段1.17‱,昭君坟至头道拐河段约1.1‱。宁夏河段青铜峡至石嘴山河道受清水长期冲刷,由于粗泥沙掺混进去,河道纵比降变缓,石嘴山断面输沙能力下降(见图11-4)。较粗的泥沙进入内蒙古河段,会使部分泥沙沉积下降,致使河床高程上升。

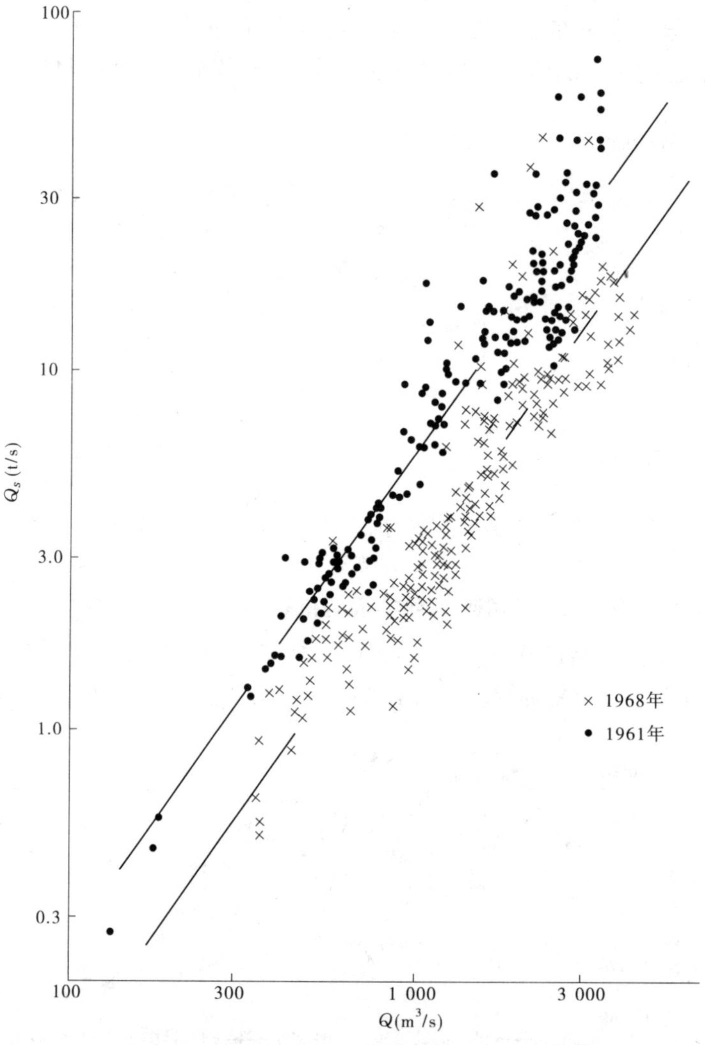

图11-4 青铜峡水库建库前后石嘴山 $Q_s \sim Q$ 关系图

二是青铜峡水库自1976年以后采取沙峰期降低库水位的方式冲刷排沙,如1980年9月25日~10月4日,库水位下降6.5 m,进库沙量为453万t,同期出库沙量高达2 280万t,排沙比达503%。这种出库水沙搭配极不均衡,水沙过程十分不协调,是构成宁蒙河段严重淤积的重要成因。三盛公低水头水利枢纽为了保持4 000万m^3的调节库容,非灌溉期敞泄排沙,汛期洪水停灌排沙,当泥沙淤积严重危及库容时,牺牲灌溉敞泄排沙恢复库容。这种运用方式同样会造成水沙搭配失衡，进而造成下游河道发生严重淤积的后果。

上述两座工程的运用方式只考虑了保持枢纽自身的长期可用库容，没有注意对下游河道带来的负面影响。当然，在天然条件下，黄河上游水多沙少地区，如青铜峡站多年（1919～1998年）平均径流量为307亿 m^3，同期输沙量为1.71亿t，年均含沙量5.57 kg/m^3；头道拐站多年（1919～1998年）平均径流量为241亿 m^3，同期输沙量为1.28亿t，平均含沙量为5.31 kg/m^3。在这样的水沙条件下，宁蒙河段长时期维持在冲淤基本平衡状态。然而，在修建水库之后，水沙条件随之改变，变化又引起下游河床冲淤特性发生变化。

青铜峡、刘家峡水库正式运用以后，尤其是龙羊峡水库投入运用以后，内蒙古河段有明显的淤积上升，可以用同流量级（1 000 m^3/s）水位的升降值表征河床高程的升降（见表11-13）。

表11-13 水库运用前后不同时期同流量级（1 000 m^3/s）水位升降值（汛前） （单位：m）

站名	1960～1966年	1966～1971年	1971～1980年	1980～1986年	1968～1986年	1986～2004年
下河沿	—	-0.11	+0.12	0	-0.01	+0.16
石嘴山	-0.14	-0.04	+0.03	-0.03	-0.05	+0.05
三湖河口	-0.08	-0.46	-0.14	-0.08	-0.10	+1.70
昭君坟	-0.28	-0.34	+0.37	-0.14	+0.06	+0.99*
头道拐	-0.01	-0.09	-0.70	+0.204	-0.30	+0.24

注：带*者为1986～1995年变化值。

参考文献

[1] 潘贤娣，等．三门峡水库修建后黄河下游演变[M]．郑州：黄河水利出版社，2006.

[2] 黄河水利科学研究院．2004年黄河河情咨询报告[M]．郑州：黄河水利出版社，2006.

[3] 尹学良．河床演变河道整治论文集[C]．北京：中国建材工业出版社，1996.

[4] 王吉狄，等．修建水库群后辽河下游河床演变的初步探讨[J]．泥沙研究，1982(4)：76-85.

第四篇　水库调水调沙的实践

水库调水调沙运用的模式在国内已经得到广泛的应用了，然而仍然在不断地改进、完善和创新。我国水库调水调沙在总体评估方面是具有国际领先水平的，然而具体到某一座枢纽工程来操作或实践，却仍然要根据水库所在的流域特性（径流量、输沙量、泥沙组成等）在时空分布、开发目标、社会需求等诸多因素，对水库的运用方案和泥沙冲淤做出及时的总结与研究，按实际情况进行调整。绝对不能一成不变地执行某一种固定不变的运用方案。

以黄河三门峡水利枢纽为例，自1973年汛后实施调水调沙运用以来，已经历了35年，做了多次总结研究，随之调整运用方案：①1973年汛后开始至1976年汛前，潼关河床高程及其以下库区基本上维持稳定与冲淤平衡。然而进库的水沙条件不断地变化，非汛期高水位蓄水历时较长，潼关高程（1978年）和库区累积淤积量增高加大，为此不得不压缩非汛期高水位蓄水天数，在潼关河段（潼关至坫埼）进行河床拖淤措施。②1981～1985年进库水沙条件有利，汛期径流量大，相对输沙量偏枯，潼关高程下降，消除了库区累积淤积量，运用方案随之做了微小调整。③1986年汛后，黄河上游龙羊峡水库下闸蓄水，其下游断流超过100天，再加上黄河中游降水量偏枯，潼关高程随之上升，引起渭河下游河床淤积，行洪能力下降。水库运用高水位蓄水的天数再一次缩短，但是进库水沙条件以及水沙搭配（S/Q）不协调，潼关以下库区出现累积性淤积，潼关河床高程上升1.6 m。④为了改善和缓解潼关高程上升，减少渭河下游防洪的压力，自1996年起在潼关河段实施清淤工程。⑤通过总结与研究，为了控制非汛期淤积部位，自2002非汛期（2002年11月～2003年6月）起，三门峡水库在非汛期进行了最高蓄水位控制在318 m以下[1]的试验研究。此外，三门峡水利枢纽管理局经水利部有关部门批准，自2004年起，在汛期进行发电试验。潼关河段清淤、非汛期“318”运用和汛期发电试验三种原型试验已连续进行了5～8年之久，取得了丰富的成果，增加和充实了水库调水调沙内涵。

应当肯定上述三方面的原型试验取得的成果是非常宝贵的，也是很难得的。古今中外，只有三门峡水库进行过上述三方面的原型试验。为此，本书将在第十五章至第十七章，分别介绍试验成果，以供有关部门参考。水库调水调沙的运用方式在我国已经广为应用，已被大型水利工程如长江三峡工程、黄河小浪底工程在规划设计阶段所采纳。

在已建成的水利水电工程中，也有各种方式的调水调沙的成功经验。在本篇里将一一介绍各种调水调沙的实践，提供给有关部门和管理工作者以资参照。

---

[1] 侯素珍，王平，2003年三门峡水库库区冲淤演变及潼关高程变化，2003黄河河情咨询报告，郑州：黄河水利出版社，2005年10月。

第十二章　各种类型调水调沙的实践

水库调水调沙大体可以分为四种类型：①多年调水调沙，如恒山水库蓄水运用若干年后，水库淤积已接近总库容，开闸泄洪将库内淤积物基本上冲起排沙出库，实际上是年年调水、多年调沙，即从泥沙方面来看是多年，因此概括为多年调水调沙；②年调水调沙是非汛期蓄水拦沙、汛期降低库水位，借助于溯源冲刷、沿程冲刷和进库洪水的富余输沙能力，将前期淤积在库内的泥沙冲起后排沙出库，采用这种运用方式处理进入水库的泥沙基本上可以达到年内冲淤平衡，保持长期可以使用的库容，然而由于各年的进库水沙情况不同，若遇到枯水平沙或丰沙年，库区还会出现累积性淤积，只有遇到丰水平沙年才可以将前期淤积物冲刷出库，这种运用也有一点儿多年调沙的性质，但其数量所占比重很小，所以仍可视为年调水调沙；③洪水、沙峰调水调沙，运用这种方式调节水沙主要应用在日调节水库或水电站，由于日调节所需要的蓄水量相对较小，一般在3 000 万 ~5 000 万 m^3 即可满足生产要求，因此相机利用洪水期降低库水位冲刷坝区附近的淤积物可以恢复所要求的调节库容；④适时调水调沙，这一类型的方式多适用于以灌溉为主的低水头水利枢纽，农田引水灌溉不像水电站要求及时供水，它可以晚几天灌溉，对生产影响不是很严重，因此一旦发现调节库容受到泥沙淤积的严重威胁，它可以停灌开闸排沙，或者利用上游进库的洪水来冲刷库区淤积泥沙，因此冲刷库区淤积物，使之排出库外的时机与方式适时确定，所以命名为适时调水调沙。

第一节　多年调水调沙的实践

我国实施多年调水调沙的水库，目前只有山西省雁北地区的恒山水库。恒山水库处在永定河流域桑乾河上游浑河的支流唐峪河峡谷地段，是一座峡谷型水库。水库以防洪为主，结合下游农田用水，水库的特征值参见表 12-1。

表 12-1　恒山水库特征值

流域面积(km^2)	163	河槽宽度(m)	30 ~60
总库容(万 m^3)	1 330	坝高(m)	69
回水长度(m)	1 200	泄洪洞泄量(m^3/s)	1 260
原河床比降(‰)	29	底孔泄量(m^3/s)	17
河道长度(km)	23	灌溉面积(万亩)	17
河谷宽度(m)	300		

注：泄洪洞高出河床 14.5 m，底孔高出河床 2.6 m。

水库控制的流域内,多年平均侵蚀模数约为 6 400 t/(km・a),输沙模数约为 4 600 t/(km^2・a),多年平均径流量为 1 216 万 m^3,其中汛期占全年径流量的 49%;多年平均输沙量为 75.4 万 t,其中汛期占全年输沙量的 97%。汛期多年平均含沙量为 123 kg/m^3。输沙量又集中在几场洪水,最大一场洪水的输沙量可达 63 万 t(1973 年),年内洪水径流量只占全年径流量的 2.3% ~16%,但输沙量与全年的百分比可达 50% ~80%。

一、水库运用概况[1]

恒山水库于 1966 年拦洪,至 1984 年已运行 19 年,其中 1966 ~ 1967 年采用汛初放空、汛期蓄水,两年内来沙量约为 243 万 m^3,排沙量为 154 万 m^3,库区淤积约 89 万 m^3,占总库容的 6.7%,年均淤积量为 44.5 万 m^3,淤积异常严重,如此下去水库运用不足 30 年,即将淤废。经过认真总结与分析,在运用的第二阶段(1968 ~ 1973 年)改为滞洪排沙运用。经过 6 年的实践,库区仍然淤积 230 万 m^3,占总库容的 17%,年均淤积量约为 38 万 m^3,淤积率虽然有所减少,但是初步估算水库寿命不足 40 年。

在多沙河流上修建水库,如何处理泥沙是保持水库库容能够长时期使用的最为关键的问题,绝对不能只考虑调节流量而忽略了调节输沙量。为此,在第三阶段改为水沙多年调节,集中空库冲沙,以调节泥沙为主,在短时期内将库内水量泄空的同时冲刷库内前期淤积物从而排沙出库,而其余时期以蓄水为主,结合高含沙异重流排沙,基本上达到了冲淤平衡。这一阶段库区净冲刷 110 万 m^3,库区累积淤积量为 210 万 m^3,占总库容的 16% 左右。这种运用方式,不需要年年泄空排沙,只有当水库淤积严重时,寻找时机泄空排沙,还可以保持长时期的可用库容。

二、排沙形式与效益

短时期的水库泄空排沙出库的主要目的是恢复已经淤积的大部分库容,为防洪、灌溉用水等方面服务。这种运用的关键是多年调水调沙能否达到库区冲淤平衡。

恒山水库采用如下几种排沙形式达到库区冲淤平衡。

(一)水库泄空冲刷

1974 年进库输沙量属平沙年,进库输沙量为 30.4 万 t,出库输沙量为 102 万 t,排沙比达到 336%,泄空历时 53 天,库区冲刷 71.6 万 m^3,亦即恢复库容 71.6 万 m^3。

如果只计算空库冲刷排沙,其效益更大。这里引用了郭志刚等的材料给出表12-2。从表中可以看出,1974 年全年进库输沙量为 30.4 万 t,排沙量为 118.7 万 t,排沙比为 390.5%;水库泄空期间,进库输沙量为 13.2 万 t,排沙量为 118.7 万 t,排沙比高达 899.2%。其中,第一时段(7 月 29 日 ~8 月 10 日)仅 13 天,排沙量为 109.5 万 t,占全年排沙量的 92.2%,耗水率为 1.98 m^3/t,恢复库容 79.6 万 m^3。这个效益是异常显著的。

(二)泄空后淤滩滑塌排沙

在恒山水库末端右岸有一座火电站,每年向库区排放煤灰约 10 万 t,相当于多年平均

[1] 郭志刚等,恒山水库的水沙调度经验,1983 年。

进库输沙量的1/6。煤灰的特性是:松散体、颗粒互不黏结、透水性好。火电厂的生产过程基本上是均匀稳定的,所以每天排放的煤灰量也是相等的,煤灰随着水流进入库区构成淤积体的主要部分,形成一层透水层淤积物。流域发生洪水,大量悬移质泥沙进入库区,覆盖在煤灰层之上,构成相对的不透水层。如此反复便形成了淤积物纵横剖面透水层与不透水层交错成层。

表 12-2 恒山水库空库排沙效益[1]

年份	泄空时段(月-日)	排水量(万 m^3)	排沙量(万 t)	耗水率(m^3/t)	占总排沙量的百分比(%)	全年		泄空时期	
						进库输沙量(万 t)	排沙比(%)	进库输沙量(万 t)	排沙比(%)
1974	07-29 ~ 08-10	216.3	109.5	1.98	92.2				
	08-11 ~ 09-04	63.5	9.2	6.90	7.8				
	07-29 ~ 09-04	279.8	118.7	2.36	100	30.4	390.5	13.2	899.2
1979	08-09 ~ 31	325.5	128.52	2.53	83.5				
	09-01 ~ 30	230.8	25.4	9.09	16.5				
	08-09 ~ 09-30	556.3	153.92	3.61	100	43.2	356.3	20.0	769.6

每当水库泄空之后,库区冲刷形态是:坝前为冲刷漏斗段,中段及上段为高滩深槽。处在平滩流量下的河槽,两侧岸壁受水的压力基本稳定,当河槽流量很小,主河槽水位低下,河槽两侧出露在水位之上,岸壁没有水压力,滩地含水向主槽渗流,岸壁、嫩滩开始不稳定,出现弧形裂纹。又由于透水层在渗流过程中发生位移,引起滩地大面积滑动,溜向主河槽排沙出库。作者在20世纪80年代中期曾经参加该水库的空库排沙试验,目睹过滑动的现象,最大滑动的长度为70 ~40 m,宽度为5 ~8 m,其速度约为0.5 m/s。图12-1描述的是恒山水库在1982年的一次泄空冲刷排沙过程。从图中可看出,出库流量均在1.0 m^3/s以下,出库含沙量均在500 kg/m^3以上,之所以排沙量如此之高,与水库地形特征的关系是极为密切的。如表12-1中所给出的特征值,原河床比降29‰,库尾至坝址落差达30 m以上,地形陡峻提供了优越的能量($\gamma' WJ$)条件,即浑水容重 γ'(t/m^3)、能坡 J(%)和水量 W(万 m^3)。此外,主河槽平均宽度只有30 ~50 m,单宽流量大。水库长度为1 200 m,被冲起的泥沙和滑动溜向主槽的“泥流”容易达到坝前并排出库外,不仅排沙容易,同时也可以很快地恢复可用库容。

(三)异重流排沙

恒山水库在汛期蓄水运用时期,每遇洪水进库均会产生异重流,由于回水末端距坝址仅1.0 km,河槽狭窄,河道较为顺直,异重流沿库底向坝前运动的叠加阻力小,因而排沙比较高,一般在50%以上,最大可达100%,如表12-3所示。

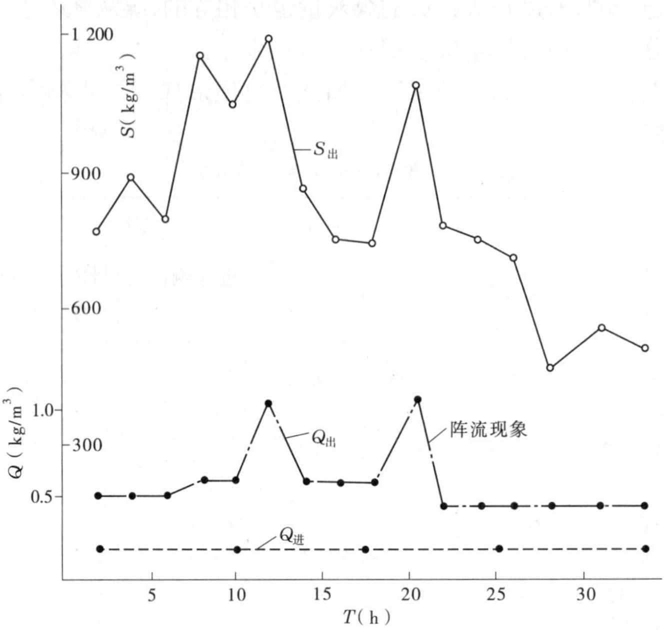

图 12-1　恒山水库 1982 年泄空排沙过程[2]

表 12-3　恒山水库异重流排沙统计[1]

洪水日期 (年-月-日)	进库		出库		排沙历时/洪水历时(%)	排沙比 (%)
	最大含沙量 (kg/m^3)	洪水历时 (h)	最大含沙量 (kg/m^3)	排沙历时 (h)		
1973-06-25	469	12.5	1 220	206	16.5	48
1975-07-07	649	20.5	1 240	59	2.9	85
1976-07-23	407	12.0	851	20	1.7	75
1980-08-15	462	112.6	1 010	164.5	1.5	52
1981-07-24	835	3.4	1 015	21.9	6.4	100

(四)洪水与基流排沙

在空库排沙期若遇到洪水进库,其排沙效果更好,排沙比可达 640%,出库平均含沙量高达 670 kg/m^3。洪水过后,水库的基流排沙作用主要反映在:继续冲深主槽,降低河槽平均高程增加库容,为大水时拓宽河槽创造条件。洪水与基流的冲刷排沙是相互补充的,可以提高排沙效益。表 12-4 是恒山水库几年来泄空冲刷排沙的统计表,从表中可以看出,最大排沙比可以达到 1 938%,约为进库输沙量的 20 倍,最大恢复库容达到 103 万 m^3。

表 12-4　恒山水库泄空排沙统计[2]

空库日期（年-月-日）	空库天数（d）	空库前淤积量（万 m^3）	进库输沙量（万 t）	出库输沙量（万 t）	出库最大流量（m^3/s）	出库最大含沙量（kg/m^3）	排沙比（%）	耗水率（m^3/t）	恢复库容（万 m^3）
1974-07-29～09-04	38	327.0	13.2	118.7	154.0	944	899	2.36	79.6
1976-08-08～21	12	265.0	17.7	35.2	9.1	1 220	199	—	13.5
1979-08-09～09-30	52	361.3	20.0	154.0	54.4	1 370	770	3.61	103
1982-05-28～06-16	20	289.1	2.2	42.64	33.0	1 320	1 938	1.99	31.1
1982-07-25～08-31	38	—	11.8	70.8	69.3	1 200	600	8.35	59.5

注：①1976 年为自然状态用空库；②1974 年空库应为 53 天，但只计算 38 天。

恒山水库多年调水调沙的基本条件可归纳为：①原始河床比降为 29‰；②水库长仅为 1 200 m；③主槽宽度较窄，为 30～60 m；④有由火电厂排放的煤灰构成的透水层与泥沙淤积物互为成层交错沉积；⑤径流量年内分配，汛期与非汛期几乎相等；⑥输沙量在年内分配，非汛期只占 3.0%。在上述 6 种条件共同作用下，做到了多沙河流上修建水库可以采用多年调水调沙的运用方式。

恒山水库建库之前，唐峪河洪水挟带的高含沙洪水出峡谷后淤积成地上河，严重威胁浑源县城镇的安全，如 1939 年洪水，河决大堤，死亡 4 000 人，因此水库的首要任务是防洪。水库建成后，利用水库的调蓄能力为下游灌区用洪、用沙、引洪淤灌创造了有利条件。由于大量泥沙引入农田灌溉，下游河道来沙量急剧下降至几乎为零，减少了河道淤积和洪水威胁。就恒山水库来讲，水库调水调沙对下游河道是有正面影响的。

第二节　年内调水调沙

陕西省黑松林水库早在 20 世纪 60 年代就开始了蓄清排沙运用。所谓蓄清是指非汛期蓄水，非汛期径流量占全年的 57.3%，输沙量占全年的 6.6%；排沙是指在汛期全部开闸敞泄，将全年沙量排出库外。

三门峡水库通过多方面、多单位协作共同研究，尤其是在 1970 年进行了全面总结工作，提出了水库富余输沙能力、长期可用库容、潼关高程演变、水库冲淤计算方法、水库运用对黄河下游的影响、黄河小北干流演变、渭河下游淤积等总结报告，并在此基础上提出了三门峡水利枢纽工程第二期改建完成后的水库运用方案——蓄清排浑。

1973 年汛后开始，三门峡水库按蓄清排浑方式运用，经过不断的总结与研究，于 1977

年由张启舜、龙毓骞提出了调水调沙运用方案。所谓调水是指非汛期有水可蓄，为黄河下游春季和夏初提供水源用以灌溉、城市用水（非汛期径流量占全年的44%，输沙量占全年的16%），将泥沙拦截在库内，同时进行发电。所谓调沙是指在汛期降低库水位：一是为了腾出库容迎接洪水为下游防洪服务；二是借助洪水的富余输沙能力以及库区发生的溯源冲刷将非汛期淤积下来的泥沙冲起来排出库外。

三门峡水库所处的地理位置和承担的任务是极不协调的。修建三门峡水库的首要任务是为黄河下游防御洪水，要拦蓄洪水就要保证库容，而拦蓄洪水又会引起泥沙淤积侵占防洪库容，要增加库容其淹没范围又要扩大，对水库上游不利。水库上游有渭河支流汇入，影响渭河下游河道的冲淤变化，以潼关断面平均河床高程作为晴雨表：潼关高程上升就意味着渭河下游河道发生淤积，过洪能力下降，又威胁渭河下游防洪安全。

受上述两方面的牵制，三门峡水库的调水调沙运用也在不断地改进、调整和完善中，其主要方面有：非汛期运用的实践，汛期运用的实践，潼关河段清淤工程等。鉴于内容较为丰富，所以上述内容将在第十五章至第十七章作专题论述。

第三节　日调节水库的调水调沙

日调节调水调沙的水利水电工程，为了灌溉用水和发电，所需要的库容一般为3 000万～5 000万 m^3。当兴利库容受到泥沙淤积被侵占，就要采取强迫排沙措施来恢复库容调沙。

一、龚嘴水电站

龚嘴水电站位于四川省大渡河，于1971年蓄水，同年12月第一台机组发电。水库运用有两方面的要求：一是在泥沙淤积后仍然要保持0.9亿 m^3 可用于调节的库容；二是淤积以后引起的回水上升，在遭遇百年一遇洪水时，不影响成昆铁路安全运行。

水库的原始库容为3.45亿 m^3（水位528 m），运行15年之后，水库总淤积量为2.22亿 m^3，设计可用库容尚有0.94亿 m^3。但是，近期流域来沙量有增加的趋势，汛期主河槽已失去沉沙作用，严重威胁调节库容，为此对汛期的库水位合理控制，利用洪水排沙来减少水库淤积和控制淤积部位。

龚嘴水电站汛期进库径流量占全年径流量的60%，输沙量占全年输沙量（2 000万t）的98%。汛期平均流量约为2 400 m^3/s，而且进库输沙量又集中在洪水期。

水库降低水位以后，库区发生溯源冲刷。如1976年8月12～22日，库水位由521.03 m下降到517.03 m，下降幅度为4.0 m，进库平均流量为1 850 m^3/s。在距坝23 km处的共和断面，同流量级水位下降2.2 m，表明由于库水位下降引起强烈冲刷。

通过上述分析，为了保持库容需要采用如下3种措施：①在进库流量大于4 000 m^3/s时，库水位控制在521 m以下；②在大流量排沙时期，用排沙底孔配合排沙效益更大；③在大流量进库后，库水位下降幅度要大，有利于库区冲刷排沙。

根据上述原则，1986年、1987年两年实际操作的结果：按流量控制库水位，在进库流量大于3 000 m^3/s时，排沙比均大于100%，如表12-5所示。

表 12-5　1987 年各流量级、水位、排沙表❶

流量级(m^3/s)	1 000 ~ 2 000	2 000 ~ 3 000	3 000 ~ 4 000	>4 000
出现天数(d)	15	65	31	6
进库沙量(万 t)	163.9	1 780	1 561	691.5
出库沙量(万 t)	67.2	1 231	1 666	1 219
排沙比(%)	41.0	69.2	106.7	176.3
平均库水位(m)	523.97	522.83	521.93	520.81

表 12-6 是龚嘴水库 1986 年汛期实际操作过程表。自 6 月 1 日起，到 9 月 30 日止，最大冲刷量发生在 7 月 20 ~ 27 日。平均库水位为 520.89 m，平均进库流量为 4 150 m^3/s，净冲刷 665 万 t。

由此可以知道，在龚嘴这样的水库是靠"大流量低水位"冲刷来恢复库容的。

表 12-6　1986 年龚嘴水库运用实际情况❷

日期(月-日)	坝前水位(m)	进库流量(m^3/s)	进库输沙量(万 t)	出库输沙量(万 t)	排沙比(%)	底孔开启历时(h)	冲淤量 ΔW(万 t)	$\sum \Delta W_s$
06-01 ~ 25	523.99	1 490	372	166	44.6	4.0	+206	206
06-26 ~ 07-04	522.03	3 060	537	657	122.3	18.8	-120	86
07-05 ~ 10	521.57	3 270	288	419	145.5	5.8	-131	-45
07-11 ~ 19	522.13	3 160	378	236	62.4	5.6	+142	97
07-20 ~ 27	520.89	4 150	705	1 370	194.3	93.8	-665	-568
07-28 ~ 08-02	522.75	2 500	140	87	62.1		+53	-515
08-03 ~ 12	522.38	2 700	442	344	77.8		+98	-417
08-13 ~ 19	523.42	2 370	140	43	30.7		+97	-320
08-20 ~ 25	522.86	2 580	148	113	76.4		+35	-285
08-26 ~ 29	821.72	2 870	236	238	100.8	9.9	-2	-287
08-30 ~ 09-04	521.76	2 910	232	147	63.4	10	+85	-202
09-05 ~ 09	521.82	3 250	202	108	53.5	6.9	+94	-108
09-10 ~ 16	522.57	2 720	131	80	61.1	4.1	+51	-57
09-17 ~ 21	522.51	2 980	119	87	73.1	6.3	+32	-25
09-22 ~ 26	524.01	2 780	104	51	49.0	3.6	+53	28
09-27	522.62	2 900	18	110	611.1	10.2	-92	-64
09-18 ~ 30	523.93	2 930	54	22	40.7		+32	-32

❶　安宗金，龚嘴水库按流量级控制运用与排沙效益，龚嘴水电总厂，1989 年 2 月。

❷　杨源高，龚嘴水库排沙能力及冲淤计算初步探讨，龚嘴水电总厂，1988 年 11 月。

二、青铜峡水利枢纽[3]

青铜峡水利枢纽工程位于宁夏回族自治区青铜峡县境内的黄河上游青铜峡峡谷出口处，为一座大型灌溉兼顾发电工程，主体工程由河床式电站、溢流坝、重力坝、泄洪闸和土坝组成。在秦汉渠、唐徕渠各布设一台机组，为渠首电站，渠首电站与河床式电站连成一个整体，如图 12-2 所示。

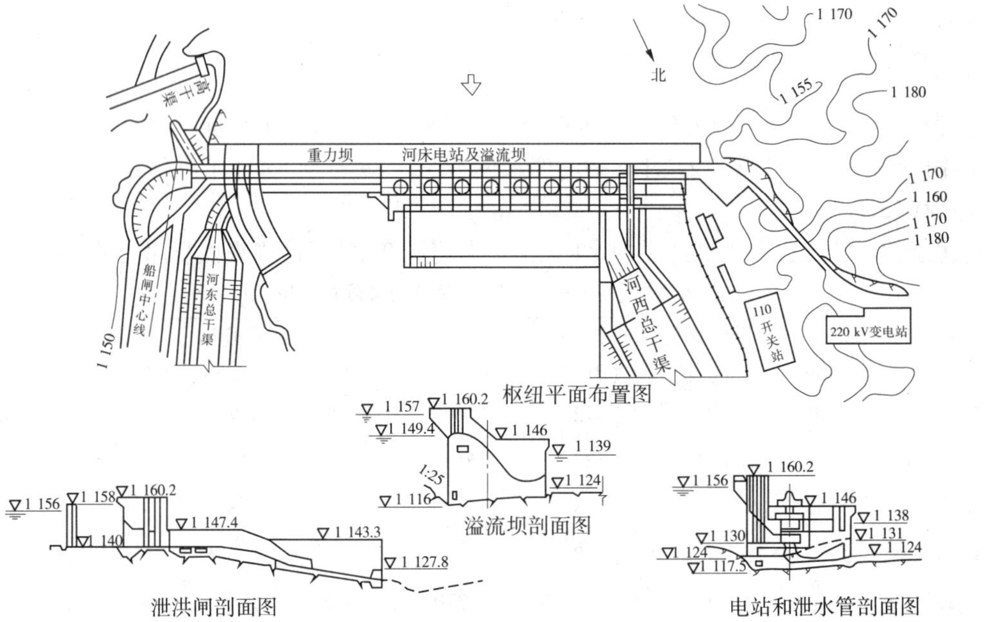

图 12-2　青铜峡水利枢纽平面布置

青铜峡水利枢纽在设计时就确定为日周调节的运行方案，虽然原始库容为 6.06 亿 m^3，但调节库容仅定为 0.3 亿 m^3。

青铜峡水利枢纽自坝址至上游 8 km 的范围为峡谷段，谷宽在 300 ~ 400 m 范围内，两侧岸壁陡峻，泥沙在这一库段内运行，由于库水位上升较高，泥沙容易落淤，库水位下降幅度较大时容易被冲刷。全段几乎全是河槽库容，是调节泥沙的极好库容。

水库于 1967 年开始蓄水，按蓄水拦沙方式运用，至 1971 年汛后，由于泥沙淤积严重而损失的库容占总库容的 87%，尚存库容为 0.8 亿 m^3。由此下去，青铜峡水利枢纽面临“报废”的危机。通过研究，自 1972 年起改为蓄清排浑运用方式。

经过多年的实践和青铜峡水利枢纽所承担的灌溉、发电任务，为保证 0.3 亿 m^3 的可以长期使用的库容，采取了如下 5 种灵活的运用方式。

（一）汛期库水位下降到防淤限制水位

为了防淤，制订了汛期下限水位为 1 154 m，汛期水位下降幅度越大，引起坝上游的溯源冲刷越强烈、排沙效益越大，例如在 1972 年 7 月 5 ~ 15 日，库水位下降 0.95 m，时段内进库输沙量为 554 万 t，出库输沙量为 811 万 t，排沙比达 146.4%，净冲刷量为 257 万 t。又如 1980 年 9 月 25 日 ~ 10 月 4 日，库水位下降 6.5 m，同期进库输沙量为 453 万 t，出库输沙量为 2 280 万 t，排沙比高达 503%，时段内的净冲刷量达到 1 827 万 t，占 9 月出库沙量的 86%。如表 12-7 及图 12-3、图 12-4 所示。

表 12-7　青铜峡水库汛期降低水位运用排沙效果统计

时段（年-月-日）	坝前水位（m）			平均进库流量（m^3/s）	平均含沙量（kg/m^3）		输沙量（万 t）		库区冲（-）淤（+）量（万 t）	排沙比（%）	泄水建筑物开启情况
	平均	最高	最低		进库	出库	进库	出库			
1972-07-05～15	1 153.78	1 154.31	1 153.36	1 590	3.67	5.37	554	811	-257	146	泄水管 4 孔，溢流坝 1 孔
1972-07-23～08-05	1 154.63	1 155.83	1 154.02	2 670	1.67	4.55	538	1 380	-842	257	泄水闸 2 孔，溢流坝 2 孔
1980-09-25～10-04	1 153.63	1 155.40	1 148.90	1 780	2.95	14.8	453	2 280	-1 827	503	泄水管 6 孔，溢流坝 3 孔

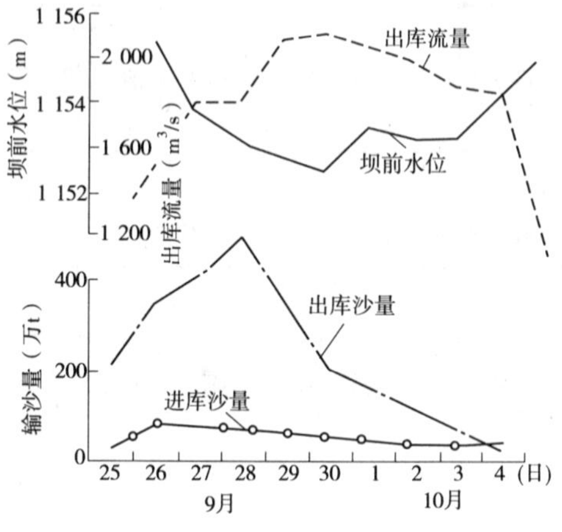

图 12-3　1980 年 9 月 25 日～10 月 4 日降低水位运用排沙过程

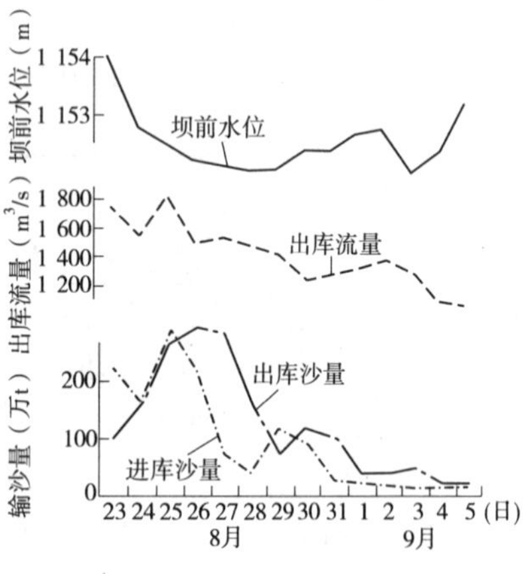

图 12-4　1972 年 8 月 23 日～9 月 5 日沙峰期排沙过程

（二）汛期洪水沙峰排沙

根据多年实测资料统计，进库洪水输沙量占全年输沙量的 80%，是造成水库淤积的最主要部分，在大含沙量进库时期降低库水位使之排沙出库是减少水库淤积的重要举措。同时，由于降低库水位又引起库区坝前段发生冲刷，故而排沙比超过 100%，如表 12-8 及图 12-4 所示。

（三）汛期库水位反复升降排沙

青铜峡水库在运用过程中，众多闸门启闭频繁，从中发现水位反复升降的过程可以多排沙。这是因为在水位上升的过程中，浸泡了原有的淤积泥沙，可以使之松动、软化，含水量增加。水位突然降落，松动和软化的淤积体容易滑动。同时产生自坝址由下而上发展的溯源冲刷和上段沿程冲刷，由此增加了输沙能力，排沙效益随之增加。例如，1972 年 7 月 15 日～8 月 11 日，因为机组尾水需要潜水作业，每天 8～17 时，河床泄水建筑物要全部关闭，库水位上升，一般均上升到 1 155 m 左右。潜水作业后，加大泄流，库水位降到最低，为次日潜水作业期腾出库容。如此反复运用，库内净冲刷泥沙为 1 320 万 t，排沙比达到 206%。此外，尚有若干次库水位反复升降的效益，如表 12-9 所示。

表 12-8　青铜峡水库汛期沙峰期间排沙效果统计

时段（年-月-日）	坝前平均水位（m）	平均进库流量（m^3/s）	平均含沙量（kg/m^3）		最大进库含沙量（kg/m^3）		输沙量（万 t）		库区冲（－）淤（＋）量（万 t）	排沙比（%）	泄水建筑物开启情况
			进库	出库	黄河	清水河	进库	出库			
1972-08-23～09-05	1 152.50	1 310	8.27	10.4	27.9	729	1 310	1 730	－420	132	泄水管 3 孔，泄洪闸 1 孔
1975-07-29～08-05	1 154.48	2 570	3.88	4.69	14.7	910	690	788	－98	114	泄水管 7 孔，泄洪闸 3 孔，溢流坝 1 孔
1981-07-13～23	1 155.15	2 220	15.9	17.0	92.9	775	3 360	3 500	－140	104	泄水管 4 孔，泄洪闸 2 孔，溢流坝 5 孔

表 12-9　青铜峡水库每日连续、反复升降库水位与较固定水位排沙效果对照

时段（年-月-日）	库水位变化情况	最大日水位变幅（m）	平均库水位（m）	平均流量（m^3/s）		含沙量（kg/m^3）		输沙量（万 t）		冲（－）淤（＋）量（万 t）	排沙比（%）
				进库	出库	进库	出库	进库	出库		
1972-08-31～09-01	每日连续、反复升降库水位	2.0	1 152.50	1 220	1 214	5.74	6.80	121.0	143.0	－22.0	118
1973-07-18～19	每日较固定水位	0.40	1 152.52	1 015	1 005	9.41	6.15	166.0	107.0	＋59.0	64.4
1974-07-31～08-01	每日较固定水位	0.45	1 153.63	1 193	1 334	42.7	23.2	882.0	534.0	＋348	60.5
1973-08-31～09-09	每日连续、反复升降库水位	1.15	1 153.80	2 020	1 937	20.0	20.6	3 490.0	3 600.0	－110	103.1
1973-09-10～16	每日较固定水位	0.55	1 153.75	1 100	1 100	11.2	8.36	745.0	555.0	＋190	74.5

(四)低含沙大流量排沙效益

1968 年 10 月,上游刘家峡水库开始蓄水,拦截了大夏河、洮河等支流汇入黄河的输沙量。兰州以下只有祖厉河、清水河的泥沙进入黄河。因此,自 1968 年以后,进入青铜峡水库的均属于低含沙不饱和的输沙水流,对冲刷已经淤积在水库中的泥沙和恢复库容的作用非常显著,可以增加 1 000 万 m^3 的库容。

1971 ~1981 年的 5 年间,刘家峡水库进行连续下泄大流量过程。青铜峡水库抓住机会进行排沙,取得了非常好的排沙效果,见表 12-10。

表 12-10　青铜峡水库低含沙大流量排沙效果

时段(年-月-日)	平均进库流量(m^3/s)	平均含沙量(kg/m^3)		输沙量(万 t)		冲刷量(万 t)	排沙比(%)
		进库	出库	进库	出库		
1971-10-01 ~31	2 560	2.59	3.90	1 770	2 610	840	147
1973-10-15 ~27	1 970	2.83	7.35	625	1 670	1 045	267
1974-09-23 ~29	1 774	4.95	10.38	530	1 120	590	211
1978-09-08 ~17	3 630	9.37	18.1	2 940	5 570	2 630	189
1981-09-04 ~24	4 490	3.89	7.93	3 170	6 390	3 220	202

(五)非汛期降低库水位排沙

汛期(6 ~9 月)过后,淤积在库内的泥沙还没有密实,干容重较小。而非汛期的水流含沙量又很低,其中 10 月进库输沙量最大,多年平均为 850 万 t,然而进库流量也大,相应平均含沙量为 2.25 kg/m^3;2 月进库输沙量最少,多年平均为 19 万 t,相应平均含沙量为 0.2 kg/m^3。非汛期水温低,相应的输沙能力增加。如此低含沙的水流在低温条件下,对冲刷库区的新淤积物是非常有利的。在不影响发电和灌区引水的前提下,进行降低库水位、冲刷淤积泥沙来恢复库容,也是一种有效措施。各年非汛期降低水位进行冲刷的成果见表 12-11。从表中可知,1970 年 11 月 10 ~17 日,库水位下降幅度为 6.93 m,平均进库流量为 702 m^3/s,相应平均进库含沙量为 0.231 kg/m^3,水沙搭配参数为 0.000 33 $kg \cdot s/m^6$,库水位骤降历时(敞泄冲刷历时)为 124 h,冲刷量达 435.8 万 t。又如 1973 年 10 月 15 ~18 日,平均进库流量为 2 200 m^3/s,相应的平均进库含沙量为 5.34 kg/m^3,水沙搭配参数为 0.002 43 $kg \cdot s/m^6$,库水位骤降历时为 56 h,其冲刷量为 565 万 t。从表中还可以看出冲刷量与进库流量有关。

非汛期骤降水位冲刷库区泥沙应注意以下几方面的问题:①骤降幅度越大,冲刷效果越好;②冲刷效益与冲刷历时有密切关系,两者成正比;③冲刷效益与平均进库流量也成正比关系;④灌溉引水口(高程为 1 133.5 m)闸门与水电站进水口(高程为 1 124 m)闸门的开启情况与库区冲刷量也有密切关系。因此,在采取非汛期排沙运用时,应当对影响排沙效益的各种因素综合分析、全面考量,才可能找到最大效益的方案。

表 12-11　青铜峡水库非汛期骤降库水位冲刷效果对照

项目	1968 04-02 ~ 09	1970 11-10 ~ 17	1971 12-19 ~ 23	1972 05-20 ~ 24	1973 10-15 ~ 18	1974 10-08 ~ 09
统计时段天数(d)	8	8	5	5	4	2
最高库水位(m)	1 153.60	1 155.08	1 155.60	1 154.50	1 155.62	1 155.80
发生时间(日 T 时:分)	02 T 00:00	10 T 12:00	19 T 16:00	20 T 22:00	15 T 00:00	08 T 00:00
最低库水位(m)	1 142.80	1 148.15	1 150.15	1 151.79	1 152.05	1 152.76
发生时间(日 T 时:分)	06 T 18:00	15 T 20:00	21 T 20:00	21 T 23:00	17 T 08:00	09 T 01:00
库水位骤降幅度(m)	10.8	6.93	5.45	2.71	3.57	3.04
库水位骤降历时(h)	114	124	52	25	56	22
平均进库流量(m^3/s)	554	702	462	1 055	2 200	1 565
平均出库流量(m^3/s)	774	721	484	1 082	2 380	1 980
平均进库含沙量(kg/m^3)	0.986	0.231	0.130	0.655	5.34	1.32
平均出库含沙量(kg/m^3)	4.14	9.10	0.970	3.50	11.80	4.60
进库总输沙量(万 t)	37.7	11.2	2.60	29.9	405	35.6
出库总输沙量(万 t)	221	447	20.3	163.2	970	157.7
净冲刷量(万 t)	183.3	435.8	17.7	133.3	565	122.1
冲刷前库区淤积量(亿 m^3)	2.20	5.00	5.27	5.27	5.29	5.32
泄水建筑物与机组运行情况	①泄洪闸 2 孔全开; ②泄水管 1 ~ 3 孔全开; ③停机	①灌溉孔全开; ②泄水管 2 孔全开; ③2 台机组运行	①泄水建筑物全关; ②4 台机组运行	①灌溉孔全开; ②泄水管全开 3 ~ 4 孔; ③4 台机组运行	①泄洪闸 2 孔部分开启; ②泄水管 7 ~ 11 孔全开; ③4 台机组运行	①泄洪闸 3 孔部分开启; ②泄水管 3 孔全开; ③溢流坝孔开 4 m; ④4 台机组运行

第四节　适时调水调沙

修建在平原河道上的水利枢纽，库区的富余输沙能力极少，其河槽库容与自然情况下的槽蓄量几乎相等。建库之后，将河槽库容作为调沙库容，滩库容与河槽库容作为调水库容。当泥沙淤积严重威胁河槽库容时，必须立即采取开闸敞泄排沙恢复库容。因此，何时泥沙淤积威胁了库容，何时开闸排沙是不确定的，所以把这种类型水利枢纽的调水调沙称为适时调水调沙。内蒙古自治区的三盛公水利枢纽就是一座适时调水调沙运用的水利枢纽。

三盛公水利枢纽修建在黄河上游的下段，枢纽上下游均属于冲积性平原河流，原河床坡度约 1.7‰，坝高 10 m，为以灌溉为主的低水头枢纽。于 1959 年开始兴建，1961 年建成，其工程平面布置如图 12-5 所示。水库总库容为 0.8 亿 m^3，有效调节库容为 0.3 亿 m^3。以渡口堂水文站测验资料代表建库前进库水沙特征值，其多年（1919～1960 年）平均流量为 884 m^3/s，多年平均含沙量为 6.42 kg/m^3。黄河上游刘家峡、青铜峡水库，先后于 1967 年、1969 年建成，蓄水拦沙，多年（1969～1996 年）平均流量为 831 m^3/s，多年平均含沙量为 3.4 kg/m^3，流量减少 6.0%，输沙量减少 50%，多年（1969～1996 年）平均输沙量为 0.875 亿 t，与总库容 0.8 亿 m^3 的比值为 1.19（干容重按 1.3 t/m^3 计），若遇丰沙年，几场洪水就可以将库容淤废。所以在制订水库运用方案时，必须认真考虑如何排沙减淤问题。

三盛公水利枢纽运用初期（1961～1971 年），依据库区大断面测量成果可知，11 年库区累积淤积量为 4 390.13 万 m^3，占总库容的 54.9%。其中 1965 年和 1966 年淤积量最大，分别约为 1 377.54 万 m^3 和 1 254.72 万 m^3，两年共淤积 2 632.26 万 m^3，占总淤积量的 60%（见表 12-12），至 1966 年汛后，总淤积量已达到约 6 000 万 m^3，占总库容的 75%。对灌溉引水的调节作用锐减，严重威胁地区农业生产与发展。

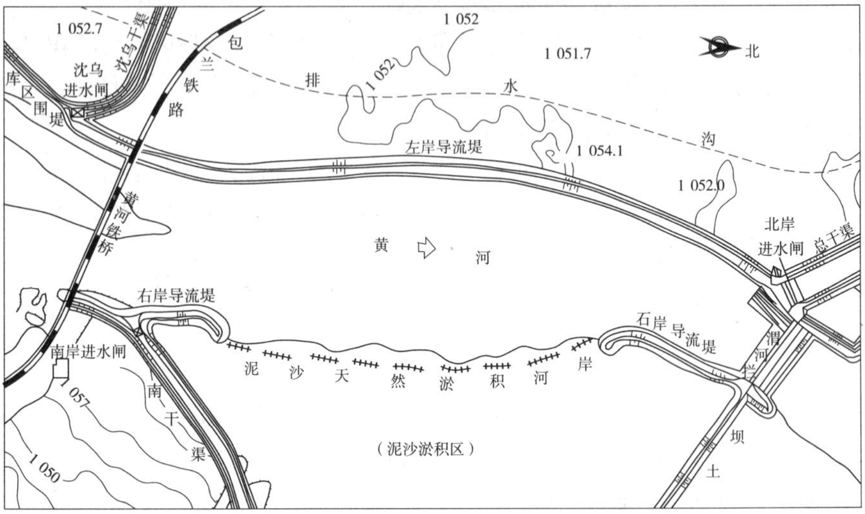

图 12-5　三盛公水利枢纽平面布置图　（单位：m）

表 12-12　三盛公水库 1961～1971 年泥沙冲淤情况　（单位：万 m^3）

年份	常年回水深水段		常年回水浅水段		回水变化段		全水库			
	主槽	滩地	主槽	滩地	主槽	滩地	主槽	滩地	合计	累计
1961	+651.78	+850.0	+421.20	+360.28			+1 072.98	+1 210.28	+2 283.26	+2 283.26
1962	-291.51	+108.43	+810.98	+185.82			+519.47	+294.25	+813.72	+3 096.98
1963	-405.08	+388.92	-324.71	+274.88			-729.79	+663.80	-65.99	+3 030.99
1964	-544.35	+184.04	+334.23	+365.55			-210.12	+549.59	+339.47	+3 370.46
1965	+353.63	+220.49	+620.96	+161.59	+28.39	-7.52	+1 002.98	+374.56	+1 377.54	+4 748.00
1966	+218.97	+139.01	+30.55	+461.16	+190.99	+214.04	+440.51	+814.21	+1 254.72	+6 002.72
1967	-439.89	+191.56	-1 148.93	+75.43	-1 274.91	+113.85	-2 863.73	+380.84	-2 482.89	+3 519.83
1968	-440.07	-107.13	-399.26	-42.02	-190.96	-203.62	-1 030.29	-352.77	-1 383.06	+2 136.77
1969	-119.71	+60.74	+31.06	+26.63	+964.44	+174.00	+875.79	+261.37	+1 137.16	+3 273.93
1970	-190.20	+10.20	+42.72	+120.82	+122.92	+212.07	-24.56	+343.09	+318.53	+3 592.46
1971	+746.44	+12.41	+49.86	+61.01	-46.61	-25.44	+749.69	+47.98	+797.67	+4 390.13
合计	-459.99	+2 058.67	+468.66	+2 051.15	-205.74	+477.38	-197.07	+4 587.20	+4 390.13	
	+1 598.68		+2 519.81		271.64		+4 390.13			

三盛公水利枢纽建成后，水库淤积呈平行上升，回水长度约为 50 km，淤积比降为 1.3‰～1.4‰，淤积范围距坝址 46～47 km，淤积分布是近坝区 15 km 严重，距坝区 27 km 以上淤积以粗泥沙为主，数量较少。

水库运用按季节划分为 3 个时期：每年 5 月上旬～10 月上旬为壅水灌溉期；10 月中旬～12 月中旬以及翌年 3 月下旬～4 月底为敞泄排沙期。灌溉期间闸上水位一般控制在 1 053.5～1 053.9 m；其他时期闸上水位均在 1 053 m 以下。

为保持长期可用库容，经过多年的试验与总结，采取以下 3 种措施：

（1）控制闸上水位。在灌溉用水期，尽可能降低闸上水位、减少库区淤积，同时由于库水位相对较低，淤积部位靠近坝区，为降低水位、敞泄冲刷创造有利条件。

（2）缩短灌区用水历时而减少库区淤积。

（3）根据库区淤积和库容损失情况，在年内必要的情况下，进行若干次洪水敞泄排沙，冲刷最优流量为 3 000～4 000 m^3/s，冲刷长度可达 20～25 km，冲刷历时一般为 7～10 d，基本上不影响灌溉用水。

通过上述措施排沙基本上保证了调节库容在 4 000 万～5 000 万 m^3。

参考文献

［1］郭志刚，等. 恒山水库管理运用中的高含沙水流［J］. 山西水利科技，1986（2）：27-28.

［2］郭志刚，等. 恒山水库空库排沙初步总结［J］. 人民黄河，1980（4）：14-19.

［3］陆大章. 青铜峡水库的排沙措施与效果［J］. 人民黄河，1987（4）：18-21.

第十三章　三门峡水库非汛期运用

三门峡水库于1973年11月开始按蓄清排浑方式进行调度运行。所谓蓄清是指非汛期流域来水中含沙量小,相对于汛期来水中的含沙量而言是清水;所谓排浑是指汛期含沙量大,同时借助于洪水的富余输沙能力,又加上汛期库水位下降至很低,在非汛期泥沙淤积体上产生溯源冲刷,将洪水挟带进库的输沙量、富余输沙能力以及溯源冲刷冲起来的泥沙一并排出库外,谓之排浑。

1977年,张启舜、龙毓骞提出三门峡水库的运用方式为调水调沙控制运用之后,人们习惯称之为调水调沙。

三门峡水库于1973年11月开始蓄水,即在汛期终了而非汛期开始正式运用,至下一年汛末为一年,叫做运用年,有别于日历年(1~12月)和水文年(7月~翌年6月)。本书中凡是提到运用年均为上述定义。

三门峡水库库区可分为三个部分:黄河小北干流库区,渭、洛河库区,潼关以下库区(见图13-1)。讨论和研究的三门峡水库运用方案的有关问题为:可用库容、富余输沙能力、溯源冲刷、调水调沙、冲淤形态等均指潼关以下库区。此外,如进库的径流量、输沙量等数值,除注明××站之外都是潼关水文站数据。

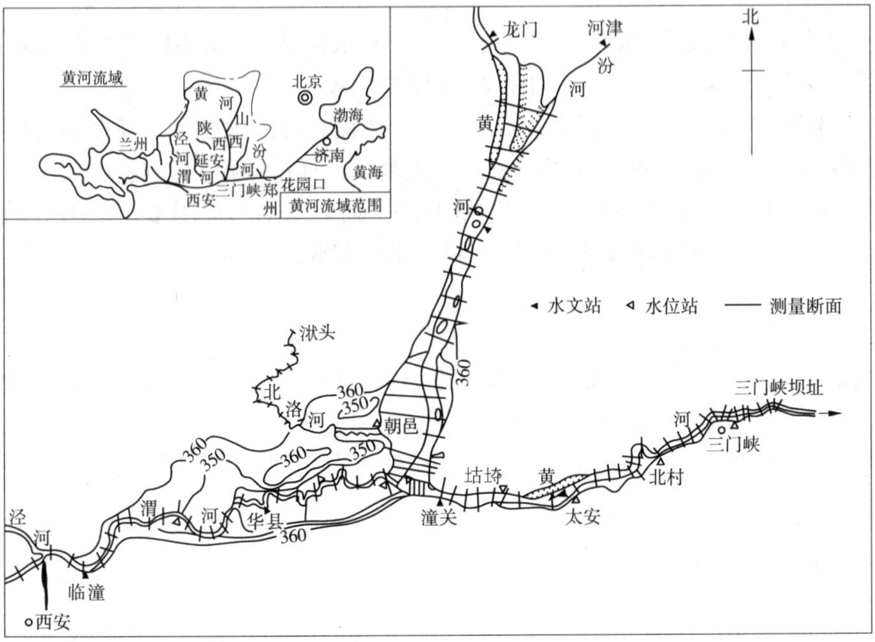

图13-1　三门峡水库库区平面图

第一节　三门峡水库改建后承担的任务

1969 年四省（晋、陕、鲁、豫）呈报国务院的报告中提出：改建的原则是在确保西安、确保下游的前提下，合理防洪，排沙放淤，低水头径流发电，枢纽运用原则，当上游发生特大洪水时，敞开闸门泄洪。当下游花园口可能发生 22 000 m^3/s 洪水时，根据上、下游来水情况，关闭部分或全部闸门，增建的泄水孔原则上应提前关闭，以减轻下游负担。冬季应继续承担下游的防凌任务。发电的运用原则是：汛期的发电控制水位为 305 m 高程，必要时降到 300 m，非汛期发电水位为 310 m 高程[1]。此外，对运用方式在实践中不断总结经验，加以完善。

三门峡水利枢纽工程第二期改建后的任务可概括为以下六个方面。

一、为黄河下游防御上大洪水预留库容

上大洪水有"1843 年型"和"1933 年型"洪水，这两种类型的特点是洪水含沙量、输沙量大。如果蓄水位偏高，势必造成渭河、北洛河下游，黄河小北干流以及潼关以下库区严重淤积。为了黄河下游防洪安全又不能完全敞泄，三门峡水库要滞蓄部分洪量。为此，三门峡水库必须保留一部分库容（335 m 高程以下需保留约 59 亿 m^3，330 m 高程以下需保留约 31 亿 m^3）。鉴于防洪的需要，要求水库调度运行能够达到库区冲淤平衡。

二、非汛期淤积部位尽可能靠近坝区

根据已有的研究成果❶得知，坝前水位（史家滩水位站）与潼关以下每两站水位差的相关关系，可以找水库蓄水位影响范围，如图 13-2 所示。

从图 13-2 中可以看到，水库蓄水位在 322 m 高程时可以影响到坫垮断面（距坝约 94 km）；水库蓄水位在 315 m 高程时可以影响到大禹渡断面（距坝约 70 km）；水库蓄水位在 307 m 高程时可以影响到北村断面（距坝 45 km）。而非汛期的运用水位又决定了进库泥沙的淤积部位，淤积部位越靠近坝区，越有利于汛期溯源冲刷排沙出库。

三、保持可用库容

为满足下游防洪和防凌需要，三门峡水库必须保持长期可以使用的库容（简称"可用库容"）。因此，非汛期淤积在库内的泥沙，在汛期运用调度手段降低库水位，使之排出库外，是调沙的目的，也是必然的结果。其最终目标是维持可用库容在运用年内冲淤基本平衡。

四、控制出库水沙过程

三门峡水库在汛期到来之前，将非汛期蓄在水库内的水量全部下泄，腾空库容迎接洪

❶ 潼关高程控制及三门峡水库运用方式研究项目组，潼关高程控制及三门峡水库运用研究（初步成果），2004 年 5 月。

水，如果在6月末、7月初没有洪水进库，若将库水位下降到最低，在坝区及其上游会发生溯源冲刷，造成小流量挟带大含沙量出库。黄河下游河道经过非汛期近8个月的清水冲刷，河床粗化，输沙能力下降。在这种前提下，小流量挟带大含沙量的水流进入下游河道（尤其是花园口上、下河段）势必发生严重淤积，使过水面积减小、同流量水位上升，对防洪非常不利。因此，汛初若无洪水进库，坝前水位不宜太低，应当维持不发生冲刷或者只是微冲状态，下泄的挟沙水流可以在下游构成少量的回淤，促使河床相对细化，进而恢复输沙能力。在洪水进库时段敞泄排沙，对下游河道有利。已有研究成果表明，下泄流量 2 200 ~2 800 m^3/s 对下游河道还有减淤作用[2]。

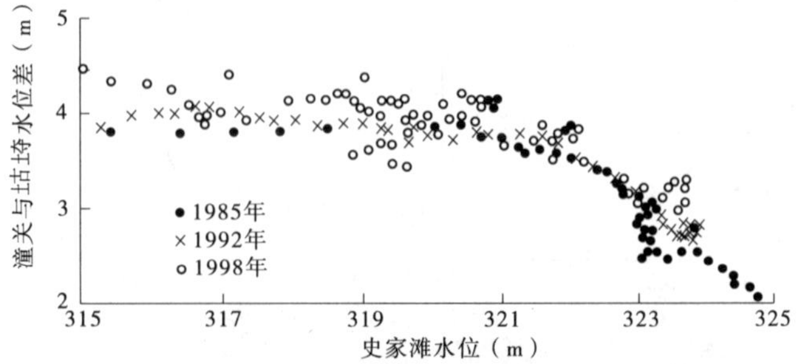

（a）潼关与坫垮水位差和史家滩水位关系

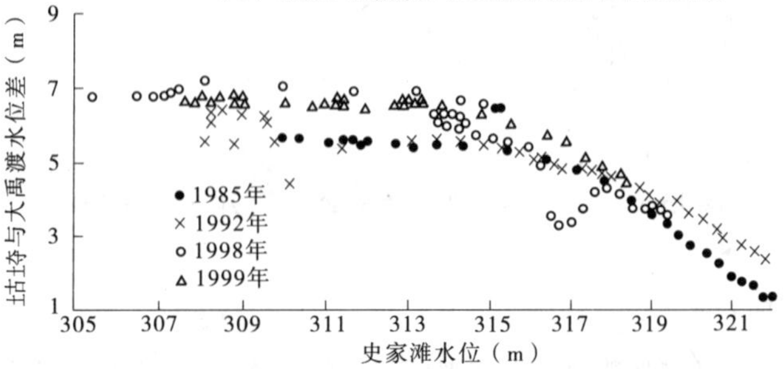

（b）坫垮与大禹渡水位差和史家滩水位关系

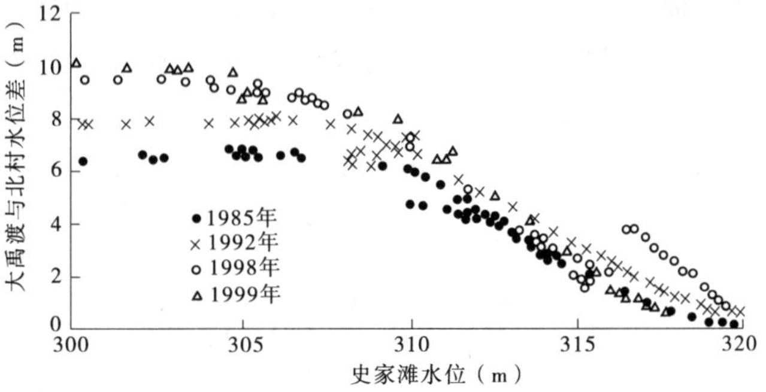

（c）大禹渡与北村水位差和史家滩水位关系

图 13-2　水位差和史家滩水位关系图

五、维持潼关河床高程基本稳定

潼关断面位于黄河、北洛河和渭河汇流区末端（见图 13-1），是渭河下游的准侵蚀基准面。潼关河床高程(以潼关断面(六)的相应 1 000 m^3/s 流量级水位表征)的升降直接影响渭河下游下段河床的冲淤变化,在非汛期蓄水拦沙期,除非防凌的特殊情况,库水位应当不超过 321 m,如超 321 m 高程,不宜历时太长,否则拦截在库区的泥沙淤积部位偏上,距潼关断面愈近,影响潼关河床高程上升愈大。已有研究表明,潼关河段(潼关至坫垮,河长约 20 km)冲淤量的多少与潼关高程的升降值有直接关系(见图 13-3)❶。图中,坫垮断面为黄淤 36,潼关断面(六)为黄淤 41。所以,非汛期库水位应控制在 321 m 以下甚至更低一些,泥沙淤积体就不会上延至潼关河段了。在这种前提下,如果潼关河床高程上升,应当是由于天然状态下河床自动调整的结果。

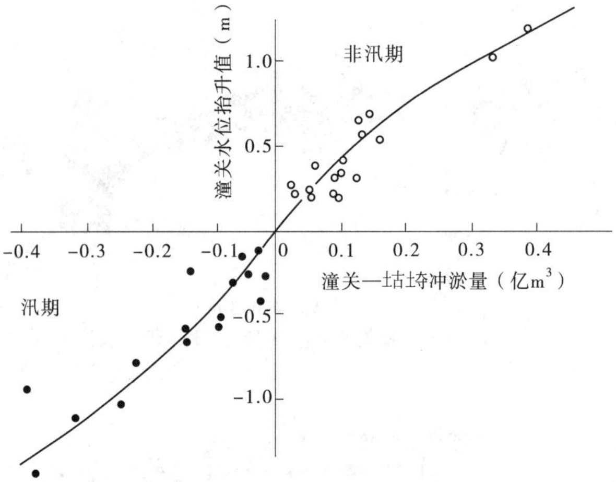

图 13-3　潼关水位抬升与潼关至坫垮河段冲淤量关系

六、充分利用水资源

水库调水调沙运用在蓄清排浑的原则下,以保护水库不淤或微淤为目的,汛期尽可能敞泄排沙。然而,片面地强调以排为主,不仅对下游河道不利,同时也浪费了可贵的水资源。为了充分利用水资源,使之发挥最大效益,除为黄河下游两岸农业、工业和城镇供水外,也应当利用水头进行径流量发电。这就需要在不影响保持可用库容、潼关高程和排沙对下游河道减少负面影响的前提下,适当抬高库水位,增加发电效益,调节径流增加下游供水量。

第二节　水沙变化特征

三门峡水库修建以前,以陕县水文站为准,多年(1919 ~ 1960 年)平均径流量为 423.5 亿 m^3,其中汛期径流量为 257.4 亿 m^3,占全年径流量的 60.8%;非汛期径流量为 166.1 亿 m^3,占全年径流量的 39.2%。多年(1919 ~ 1960 年)平均输沙量为 15.9 亿 t,其

❶　黄河水利科学研究院,影响潼关高程的因素及合理潼关高程的确定研究,2004 年 4 月。

中汛期输沙量为13.34亿t，占全年输沙量的83.9%；非汛期输沙量为2.56亿t，占全年输沙量的16.1%。多年（1919～1960年）平均含沙量为37.5 kg/m^3，汛期平均含沙量为51.8 kg/m^3，非汛期平均含沙量为15.4 kg/m^3。

进入20世纪70年代以后，黄河流域受气候变化和人类活动的影响，径流量和输沙量均发生很大的改变，甚至是恶化。对此，在制订水库调水调沙运用时，也应根据进库径流量、输沙量及其在年内的分配进行调整，以适应新情况。

一、人类活动对径流量和输沙量的影响

黄河上游河段于20世纪先后建成了三盛公、青铜峡两座以灌溉为主的大型水利枢纽，建成了刘家峡（库容为54亿 m^3）、龙羊峡（库容为247亿 m^3）、李家峡（库容为17.5亿 m^3）、万家寨（库容为8.96亿 m^3）等水库，对天然径流量做了很大的调节。黄河上游是黄河径流量的主要来源区，兰州径流量占花园口径流量的71.6%，河口镇径流量占花园口径流量的54.6%；兰州输沙量占花园口输沙量的7.06%，河口镇输沙量占花园口输沙量的10.2%。黄河的输沙量主要来自于黄河中游地区，河口镇至花园口区间多年平均产沙量为11.22亿t，占花园口输沙量的89.8%。由此可知，黄河上游河段修建了很多大中型水利水电工程，对径流量进行了很大的调节之后，对黄河中下游径流量在全年内的分配影响很大，对输沙量的调节也是如此。从水沙搭配关系来分析，由于径流过分调节，而黄河中游段的产沙量受调节作用影响比较小，造成黄河中下游水沙搭配十分不和谐，这就对水库调水调沙提出了更高的要求，通过调节使之相互适应才能达到出库的水沙过程符合下游河道水流输沙规律的要求。黄河径流量、输沙量多年平均值见表13-1。

表13-1　黄河上、中、下游径流量、输沙量统计

站名	径流量（亿 m^3）			输沙量（亿t）		
	汛期	非汛期	全年	汛期	非汛期	全年
贵德	120	86.4	206.4	0.132	0.052	0.184
兰州	178.1	137.8	315.9	0.727	0.156	0.883
河口镇	140.5	100.3	240.8	1.03	0.25	1.28
三门峡	229.3	167.8	397.1	11.5	2.00	13.5
花园口	259.7	181.4	441.1	10.5	2.00	12.5
利津	214.2	130.9	345.1	7.49	1.29	8.78

注：①河口镇以上河段为黄河上游段；②河口镇至桃花峪（花园口上游18 km）河段为中游段；③桃花峪以下河段为下游段；④统计年份为1919～1998年。

黄河流域农业用水量占全流域径流量的比例很大（见表13-2）。河口镇以上地区灌溉耗水量：1920～1949年为44.4亿 m^3，1950～1989年增加到97.2亿 m^3。三门峡以上地区灌溉耗水量：1920～1949年为45.4亿 m^3，1950～1989年增加到132.9亿 m^3。花园口至利津河段灌溉耗水量：1950～1959年为11.8亿 m^3，1980～1989年增加到94.1亿 m^3。农业灌溉引水中的含沙量与大河相比较要少得多，由于引水口高程比河床平均高程要低，又由泥沙在垂线上分布上小而下大、上细而下粗的规律所决定，进入渠道的泥沙组成要

细，而河道中的水流挟带的泥沙组成要粗化，这就进一步影响黄河下游水沙搭配向不利的方向发展，输沙能力降低，促使河道发生淤积。

表 13-2　黄河流域控制断面以上及区间各年代平均年灌溉耗水量[3]（单位：亿 m^3）

河段	1920～1929 年	1930～1939 年	1940～1949 年	1950～1959 年	1960～1969 年	1970～1979 年	1980～1989 年	1919～1989 年	1920～1949 年	1950～1989 年
	(1)	(2)	(3)	(4)	(5)	(6)	(7)	(8)	(9)	(10)
兰州以上	2.5	3.1	3.6	9.0	14.0	15.5	17.6	9.2	3.1	14.0
兰州—河口镇	35.9	42.9	45.2	68.8	84.4	82.3	37.2	64.8	41.3	83.2
河口镇以上	38.4	46.0	48.8	77.8	98.4	97.8	115	74.0	44.4	97.2
河口镇—龙门	0	0	0	1.3	1.7	3.1	4.9	1.6	0	2.7
龙门以上	38.4	46.0	48.8	79.1	100	101	120	75.6	44.4	99.9
华县以上	0	0.6	1.9	8.9	16.2	23.3	17.9	9.6	0.8	16.5
洑头以上	0	0	0	0.4	1.4	2.9	2.6	1.0	0	1.9
河津以上	0	0	0.2	8.5	9.5	13.0	14.4	6.4	0.1	11.3
龙门、华县、河津、洑头四站以上	38.4	46.6	50.9	96.9	127	140	155	92.6	45.3	129.5
三门峡以上	38.4	46.6	51.1	97.5	129	146	159	94.5	45.4	132.9
三门峡—花园口	2.0	2.2	2.3	15.5	21.6	19.7	21.6	12.0	2.1	19.6
花园口以上	40.4	48.8	53.4	113	151	165	180	106	47.5	152.5
花园口—利津				11.8	24.3	67.8	94.1			49.5
利津以上				124.8	175.3	233.8	274.1			202

二、水土保持与支流治理的作用[4]

根据已有研究可知，截至 2004 年，黄河流域共修建治沟骨干坝 1 800 多座，淤地坝 11.2 万座，基本农田 614 万 hm^2，各类小型水利水保工程 400 万座，水土保持治理的累计面积约为 20 万 km^2。

黄河泥沙主要产自河口镇至龙门区间各支流及泾河、北洛河和渭河，通过水利水保措施，1970～1996 年减洪与减沙成果如表 13-3 所示。从表中可以看出，洪水水量的减少量（简称减洪）逐年代增加，河口镇至龙门区间及渭河、泾河、洛河，20 世纪 90 年代与 70 年代相比减少径流量近 2.0 亿 m^3，在上述地区，洪水与泥沙基本上是暴雨造成的，因此减沙量也是 20 世纪 90 年代比 70 年代多减少 0.612 亿 t。

表 13-3　黄河中游水土保持措施年均减洪减沙作用计算成果[4]

时段	减洪(亿 m^3)					减沙(亿 t)				
	河龙区间	泾河	北洛河	渭河	合计	河龙区间	泾河	北洛河	渭河	合计
1970 ~ 1979 年	3.352	0.298	0.310	0.579	4.539	1.458	0.224	0.143	0.168	1.993
1980 ~ 1989 年	3.521	0.592	0.227	1.364	5.704	1.398	0.463	0.136	0.230	2.227
1990 ~ 1996 年	3.993	0.573	0.418	1.425	6.409	1.688	0.437	0.206	0.274	2.605

注:河龙区间指河口镇至龙门区间,下同。

三、降水量、径流量及输沙量变化

黄河中游地区,自 1950 年起,到 1996 年止,各年代降水量与径流量、输沙量的变化如表 13-4 ~ 表 13-7 所示。

表 13-4　黄河中游河龙区间各年代水沙特征值[5]

时段	降水量(mm)		径流量(亿 m^3)					输沙量(亿 t)					年均含沙量(kg/m^3)
	全年	汛期	全年	汛期	占全年的百分比(%)	非汛期	占全年的百分比(%)	全年	汛期	占全年的百分比(%)	非汛期	占全年的百分比(%)	
1950 ~ 1959 年	453.1	345.7	77.1	42.3	54.9	34.8	45.1	10.356	9.072	87.6	1.284	12.4	134.3
1960 ~ 1969 年	494.1	383.2	69.4	38.8	55.9	30.6	44.1	9.525	8.439	88.6	1.086	11.4	137.2
1970 ~ 1979 年	449.3	342.8	53.9	28.3	52.5	25.6	47.5	7.543	6.457	85.6	1.086	14.4	139.9
1980 ~ 1989 年	431.5	371.4	37.1	17.6	47.4	19.5	52.6	3.708	3.126	84.3	0.582	15.7	99.9
1990 ~ 1996 年	439.6	340.9	58.1	28.4	48.9	29.7	51.1	5.173	4.371	84.5	0.802	15.5	89.0

注:20 世纪 90 年代年径流量为 1990 ~ 1995 年实测平均值,年输沙量为 1990 ~ 1994 年实测平均值,其数据来自黄河水利委员会水文局的《黄河水沙变化及其对河道冲淤、洪水演进的影响》(黄河水利委员会治黄基金项目),1997 年 8 月。

表 13-5　渭河流域降水、径流、输沙量特征值统计[4]

项目	均值	1969 年以前	1970 ~ 1979 年	1980 ~ 1989 年	1990 ~ 1996 年	多年平均
降水量(mm)	全年	640.1	613.7	623.7	537.0	613.4
	汛期	505.7	475.9	514.6	436.1	489.5
径流量(亿 m^3)	全年	77.25	46.31	65.11	32.39	59.93
	汛期	55.92	34.69	53.33	23.54	45.11
	洪水期	39.09	24.82	37.38	15.58	31.55
基流量(亿 m^3)		38.16	21.49	27.73	16.81	28.38

续表 13-5

项目	均值	1969 年以前	1970～1979 年	1980～1989 年	1990～1996 年	多年平均
洪量模数(m^3/(km^2·a))		61 771	39 221	59 069	24 620	49 851
输沙量(亿 t)	全年	1.850	1.370	1.050	0.590	1.339
	汛期	1.750	1.330	1.020	0.530	1.284
	洪水期	1.640	1.260	0.960	0.520	1.211
洪水输沙模数(t/(km^2·a))		2 592	1 991	1 517	822	1 914

表 13-6 泾河流域各年代降水、径流、泥沙变化情况[4]

时段	降水量(mm)		径流量(万 m^3)		输沙量(万 t)		W_N/P_N	W_H/P_X	W_s/P_N	W_{Hs}/P_X
	P_N	P_X	W_N	W_H	W_s	W_{Hs}	(万 m^3/mm)		(万 t/mm)	
1952～1959 年	500.3	399.4	165 650	75 040	28 730	27 690	331.1	187.9	57.4	69.3
1960～1969 年	617.4	395.9	216 770	93 750	27 490	26 480	351.1	236.8	44.5	66.9
1970～1979 年	528.8	392.2	174 370	78 810	25 960	24 700	329.7	200.9	49.1	63.0
1980～1989 年	502.3	399.6	171 210	67 770	18 650	18 090	340.8	169.6	37.1	45.3
1990～1996 年	497.7	359.4	164 330	87 160	27 480	26 945	330.2	242.5	55.2	75.0
1952～1969 年	565.3	397.5	194 050	85 430	28 040	27 020	343.3	214.9	49.6	68.0
1970～1996 年	510.9	386.4	170 590	76 890	23 640	22 830	333.9	199.0	46.3	59.1

注:表中 P_N、P_X 分别代表年降水量和洪水期降雨量;W_N、W_H 分别代表年径流量和洪水量;W_s、W_{Hs} 分别代年输沙量和洪水输沙量。

表 13-7 北洛河降水量、径流量输沙量

时段	降水量(mm)		径流量(万 m^3)		输沙量(万 t)	
	汛期	全年	洪水期	全年	洪水期	全年
1954～1969 年	402.4	555.4	33.8	89.3	9.64	9.97
1970～1979 年	395.6	499.4	27.4	83.5	7.92	9.73
1980～1989 年	407.0	511.0	34.1	92.2	4.97	5.42
1990～1996 年	341.1	445.8	31.3	76.5	7.99	8.75

从上述各表中可以了解到,1990 年以前,黄河干支流降雨量变化不大,只有北洛河 1990～1996 年期间偏少。然而,河龙区间和渭河流域的径流量和输沙量减少很多,北洛河及泾河减少不多。

第三节 三门峡水库调水调沙期间水沙变化

三门峡水库自 1974 年以后,进库水沙变化大体上可以分为 4 个阶段,如表 13-8 所示，从表中可以看出，进库水沙变化较为突出，尤其是 1996 ~ 2001 年（见表 13-8）。从表 13-8中可看出，受黄河中上游大型水利水电工程的调蓄作用和水利水保工程的大规模开展与兴建，自 1986 年以后，径流量在年内的分配发生很大改变，汛期径流量由全年的 60% 左右下降到 45% 左右。1974 ~ 1985 年，年输沙量为 10.48 亿 t，随后逐时段下降；2002 ~ 2005 年年输沙量只有 4.428 亿 t，相比之下减少了 50% 以上。径流量与输沙量的变化又给水库年度调度运用带来新问题，针对新情况又必须调整水库运用方案才能适应新情况，保持水库冲淤平衡。

表 13-8　三门峡水库各时期年均水沙量特征值

时段	径流量（亿 m^3）			输沙量（亿 t）		
	非汛期	汛期	全年	非汛期	汛期	全年
1974 ~ 1985 年	164.6	236.2	400.8	1.609	8.871	10.48
1986 ~ 1995 年	155.2	132.1	287.3	2.004	5.996	8.00
1996 ~ 2001 年	111.7	83.5	195.2	1.538	4.402	5.94
2002 ~ 2005 年	113.3	100.6	213.9	1.095	3.333	4.428

洪水期的径流量与输沙量占据汛期径流量和输沙量的百分比较大，不仅如此，洪水又是输出泥沙的主要动力，也是冲刷水库前期淤积泥沙的重要的动力。表 13-9 是各时段的洪水特征值表。其中，最大流量是各时段的平均值，从表 13-9 中可知，最大流量平均值是逐时段下降的，输沙量也是如此。它将影响洪水期对库区淤积物的冲刷效益。这个问题将在第十四章作进一步讨论。

表 13-9　三门峡水库汛期水位流量特征值[6]

年份	汛期平均水位（m）	汛期总水量（亿 m^3）	汛期洪水水量（亿 m^3）	洪水天数（d）	洪水期平均坝前水位（m）	汛期最大洪水流量（m^3/s）	Q_{max}（m^3/s）	
							龙门站	华县站
1974	303.56	122	55	37	304.04	7 040	9 000	590
1975	304.77	302	216	118	305.58	5 910	2 010	4 010
1976	306.73	319	204	72	307.99	9 220	4 930	4 900
1977	305.54	167	74	29	306.54	15 400	12 700	1 450
1978	305.88	223	190	88	305.80	7 300	3 970	667
1979	304.59	217	134	74	304.72	11 100	13 000	442
1980	301.87	134	88	57	300.09	3 180	3 190	199
1981	304.84	338	300	98	305.09	6 540	2 560	5 360
1982	303.41	184	76	65	303.66	4 760	5 050	1 620
1983	304.66	314	276	97	304.66	6 200	4 900	3 170
1984	304.15	282	244	94	304.44	6 430	4 220	2 870

续表 13-9

年份	汛期平均水位(m)	汛期总水量(亿 m^3)	汛期洪水水量(亿 m^3)	洪水天数(d)	洪水期平均坝前水位(m)	汛期最大洪水流量(m)	Q_{max}(m^3/s)	
							龙门站	华县站
1985	304.07	233	200	87	303.80	5 540	4 160	2 660
1986	302.45	134	57	28	302.23	4 620	2 220	2 980
1987	303.13	75	23	20	303.98	5 450	6 840	777
1988	302.30	187	107	47	302.28	8 260	10 200	1 150
1989	304.21	205	59	69	304.27	7 280	8 310	694
1990	301.61	140	52	29	299.51	4 430	1 360	3 250
1991	302.03	61	19	25	301.16	3 310	4 590	900
1992	302.67	131	89	53	302.08	4 040	7 720	3 950
1993	303.13	140	82	48	301.27	4 440	—	—
1994	306.63	133	54	29	303.18	7 360	10 600	2 000
1995	303.74	114	48	50	301.96	4 180	7 880	192
1996	303.37	128	50	48	301.71	7 500	11 100	1 330
1997	303.48	56	10	10	301.94	4 700	5 550	1 100
1998	303.56	86	39	24	303.23	6 300	7 100	755
1999	306.09	97	25	24	301.93	2 950	2 610	1 350
2000	305.40	73	22	20	305.04	2 290	990	1 850
2001	304.45	61	23	21	303.47	2 780	3 400	925
2002	304.52	70	36	35	303.95	2 180	1 560	1 200
2003	304.06	156	115	55	300.38	4 430	1 540	2 740
2004	304.78	75	7.5	6	296.30	1 960	1 380	819
2005	303.36	113.3	65.6	50	<300.0	4 500	1 600	4 450
2006	304.43	97.6	45.3	44	<300.3	2 630	3 710	1 010

第四节　非汛期水库运用与淤积、潼关高程

三门峡水库非汛期运用依据水库运用特点及径流量和输沙量的变化，可粗略划分为5个阶段。

一、第一阶段

1974～1980年，水库调水调沙运用为初始阶段，在摸索过程中进行运用。非汛期的防凌、桃汛以及春灌蓄水各时段的水位较高，除1975、1976两年没有防凌蓄水外，库水位

超 320 m 高程天数在 100 天以上，最多达到 132 天（1979 年）。引起潼关高程由 1973 年汛后的 326.64 m 上升到 1980 年汛后的 327.38 m（见表 13-10、表 13-11）。除库水位偏高外，流域来水来沙的变化也不可忽视。如 1977 年出现一场高含沙洪水，对主槽有冲深作用，然而高含沙水流在冲刷河槽的同时又有漫滩淤积和贴边（在河槽两侧淤积）淤积。使过流面积减少，因此尽管遇到较大的高含沙洪水，潼关高程仍然是上升的，由汛前的 327.37 m上升到汛后的 327.79 m。

表 13-10　汛前、汛后潼关高程演变

年份	潼关高程(m)		年份	潼关高程(m)	
	汛前	汛后		汛前	汛后
1973		326.64	1990	327.75	326.60
1974	327.19	326.70	1991	328.02	327.90
1975	327.23	326.04	1992	328.40	327.30
1976	326.71	326.12	1993	327.78	327.78
1977	327.37	327.79	1994	327.95	327.69
1978	327.30	327.09	1995	328.12	328.28
1979	327.76	327.62	1996	328.42	328.07
1980	327.82	327.38	1997	328.40	328.05
1981	327.95	326.94	1998	327.40	328.28
1982	327.44	327.06	1999	328.43	328.12
1983	327.39	326.57	2000	328.48	328.33
1984	327.18	326.75	2001	328.56	328.23
1985	326.96	326.64	2002	328.72	328.78
1986	327.08	327.18	2003	328.65	327.94
1987	327.30	327.16	2004	328.24	327.98
1988	327.37	327.08	2005	328.15	327.75
1989	327.62	327.36			

二、第二阶段

1981～1985 年，这一时期非汛期库水位有所控制，高于 320 m 高程的天数均在 101 天以下（见表 13-11），最高水位均在 323 m 以下，只有 1985 年为 324.90 m、1984 年为 324.57 m，其余年份均控制在323 m 以下。从进库流量、含沙量以及水沙搭配参数（S/Q）来看，均有利于泥沙输送。潼关河段（黄淤 36—黄淤 41）累积淤积量为 0.261 亿 m^3，与第一时段相比，减少了 0.889 6 亿 m^3，按平均计算，年均淤积量为 0.052 2 亿 m^3，而第一时段为 0.164 4 亿 m^3（见表 13-12）。潼关河段冲淤量与潼关高程升降值有密切关系（见图 13-3），当然这与上一年汛期的冲淤变化有关，将在第十四章进行讨论。

表 13-11　三门峡水库非汛期运用水位特征[6]

年份	防凌运用					桃汛期	春灌运用			
	凌前蓄水平均水位(m)	防凌期最高水位(m)	>320 m 平均水位(m)	>320 m 天数(d)	>315 m 天数(m)	起调水位(m)	春灌期最高水位(m)	>320 m 平均水位(m)	>320 m 天数(d)	>315 m 天数(d)
1973	—	325.70	323.00	49	57		326.03	324.63	72	86
1974	—	324.80	322.71	59	69	320.65	323.42	322.11	62	71
1975	317.16	312.98	—	—	—	319.14	323.99	323.21	60	68
1976	315.44	315.03	—	—	—	320.39	324.50	322.40	59	84
1977	315.50	325.95	324.15	57	91	323.42	325.32	324.33	61	76
1978	318.14	321.53	321.92	48	89	322.21	324.25	322.81	55	66
1979	317.82	322.98	322.38	69	105	322.32	324.55	323.82	62	68
1980	315.23	321.35	320.69	27	68	319.53	323.94	322.78	73	80
1981	314.27	322.56	321.18	47	70	319.50	323.57	322.76	47	53
1982	314.77	322.91	322.05	44	69	319.94	323.94	322.99	57	86
1983	—	320.41	320.25	12	58	320.30	323.73	322.97	68	72
1984	312.79	324.57	322.76	47	71	318.88	323.34	322.39	47	61
1985	314.95	324.90	322.98	49	77	316.80	319.90	—	0	73
1986	313.48	322.62	321.32	25	87	317.92	319.96	—	0	51
1987	314.52	316.49	—	—	66	321.94	323.73	322.50	55	76
1988	313.59	320.14	320.82	28	60	321.27	324.03	322.82	49	78
1989	314.56	319.19	—	—	76	320.31	324.06	323.15	58	66
1990	314.55	321.25	320.84	29	71	316.30	323.93	322.82	52	67
1991	313.74	318.93	—	—	75	316.40	323.83	322.53	44	52
1992	315.79	323.87	322.23	59	98	321.58	323.89	322.71	30	48
1993	314.92	318.25	—	—	78	317.15	321.27	320.88	28	54
1994	314.68	319.54	—	—	83	315.38	322.64	321.41	41	48
1995	316.73	316.28	—	—	48	317.31	321.79	321.26	17	39
1996	314.34	321.43	320.84	23	85	315.90	321.70	321.24	39	66
1997	311.86	321.79	320.79	32	71	317.15	321.50	320.87	29	47
1998	313.92	322.13	320.57	30	80		323.73	321.20	42	82
1999	316.88	319.82	—	—	83		320.74	320.50	20	70
2000	318.18	319.59	—	—	66		321.91	321.24	31	45
2001	316.29	321.22	320.15	7	103	316.84	320.55	320.35	18	58
2002	315.57	318.68	—		114		320.25	320.14	16	78
2003			0	0		316.84	317.92	0	16	68
2004							317.97	0	0	7
2005	315.46	317.63				314.97	316.86	0	0	

表 13-12　潼关以下 1973～2005 年非汛期淤积分布　（单位：亿 m^3）

时间（年-月-日）		坝址—黄淤 12	黄淤 12—黄淤 22	黄淤 22—黄淤 30	黄淤 30—黄淤 36	黄淤 36—黄淤 41	合计
起	止						
1973-11-23	1974-06-24	0.030 3	0.125 4	0.314 4	0.738 9	0.170 9	1.379 9
1974-11-01	1975-06-21	0.124 9	0.532 6	0.578 6	0.455 1	0.140 5	1.831 7
1975-10-21	1976-06-02	0.162 3	0.281 8	0.400 7	0.524 1	0.041 9	1.410 8
1976-10-05	1977-05-18	0.100 3	0.146 6	0.131 0	0.374 1	0.389 1	1.141 1
1977-10-02	1978-05-19	0.141 1	0.257 7	0.335 2	0.420 2	0.149 4	1.303 6
1978-10-18	1979-06-02	0.130 1	0.293 9	0.228 7	0.827 6	0.133 8	1.614 1
1979-10-07	1980-06-25	0.066 4	0.201 5	0.339 5	0.850 3	0.125 0	1.582 7
1974～1980 合计		0.755 4	1.839 5	2.328 1	4.190 3	1.150 6	10.263 9
1974～1980 平均		0.107 9	0.262 8	0.332 6	0.598 6	0.164 4	1.466 3
1980-10-02	1981-06-18	0.095 3	0.295 3	0.269 9	0.329 2	0.020 0	1.009 7
1981-10-29	1982-06-19	0.112 0	0.177 6	0.354 6	0.434 2	0.126 1	1.204 5
1982-10-12	1983-06-19	0.112 7	0.367 8	0.398 5	0.531 7	0.089 6	1.500 3
1983-10-21	1984-05-30	0.225 9	0.266 3	0.149 6	0.353 1	0.095 3	1.090 2
1984-10-01	1985-06-12	-0.033 8	0.036 9	0.581 5	0.284 0	-0.070 0	0.798 6
1981～1985 合计		0.512 1	1.143 9	1.754 1	1.932 2	0.261 0	5.603 3
1981～1985 平均		0.102 4	0.228 8	0.350 8	0.386 4	0.052 2	1.120 7
1985-10-30	1986-06-11	0.017 9	0.137 4	0.377 5	0.289 5	-0.017 5	0.804 8
1986-10-04	1987-06-22	-0.042 1	0.133 7	0.290 5	0.301 0	0.063 4	0.746 5
1987-10-01	1988-06-19	0.066 3	0.195 7	0.375 9	0.287 2	0.059 6	0.984 7
1988-09-21	1989-06-26	-0.038 0	0.278 2	0.419 8	0.357 1	0.063 0	1.080 1
1989-10-12	1990-06-07	0.016 9	0.384 2	0.732 1	0.489 6	0.092 9	1.715 7
1986～1990 合计		0.021 0	1.129 2	2.195 8	1.724 4	0.261 4	5.331 8
1986～1990 平均		0.004 2	0.225 8	0.439 2	0.344 9	0.052 3	1.066 4
1990-10-02	1991-06-01	0.144 6	0.649 5	0.537 8	0.120 7	0.074 3	1.526 9
1991-09-30	1992-06-03	-0.125 9	0.154 3	0.384 7	0.417 3	0.130 5	0.960 9
1992-09-14	1993-05-26	0.262 0	0.742 1	0.747 8	0.278 2	0.014 5	2.044 6
1993-10-04	1994-06-02	0.029 7	0.282 4	0.618 5	0.321 0	0.044 9	1.296 5
1994-10-02	1995-06-07	0.132 6	0.558 7	0.726 3	0.271 8	-0.009 3	1.680 1
1991～1995 合计		0.443 0	2.387 0	3.015 1	1.409 0	0.254 9	7.509 0
1991～1995 平均		0.088 6	0.477 4	0.603 0	0.281 8	0.051 0	1.501 8

续表 13-12

时间(年-月-日)		坝址—黄淤 12	黄淤 12—黄淤 22	黄淤 22—黄淤 30	黄淤 30—黄淤 36	黄淤 36—黄淤 41	合计
起	止						
1995-10-22	1996-05-21	0.062 7	0.327 7	0.595 9	0.377	0.026 5	1.389 8
1996-09-18	1997-07-06	0.158 1	0.270 8	0.481 2	0.414 6	0.058 2	1.382 9
1997-10-08	1998-05-22	0.079	0.256 7	0.584 4	0.272 7	0.020 3	1.213 1
1998-10-05	1999-05-25	0.046 5	0.333 5	0.907 6	0.408 3	0.036 2	1.732 1
1999-10-11	2000-06-09	−0.021 1	0.265 2	0.466 1	0.370 5	0.023	1.103 7
2000-10-06	2001-06-08	−0.314 6	−0.053 0	0.371 3	0.182 2	−0.048 6	0.137 3
1996~2001 合计		0.010 6	1.400 9	3.406 5	2.025 3	0.115 6	6.958 9
1996~2001 平均		0.001 8	0.233 5	0.567 8	0.337 5	0.019 3	1.159 8
1974~2001 合计		1.742 1	7.900 5	12.699 6	11.281 2	2.043 5	35.666 9
1974~2001 平均		0.062 2	0.282 2	0.453 6	0.402 9	0.073 0	1.273 8
2001-10~2002-06		0.049	0.292	0.418 0	0.134	−0.038	0.855
2002-10~2003-06		0.033 8	0.287 4	0.431 4	0.074 4	−0.001 7	0.825 3
2003-10~2004-06		0.022	0.294 0	0.452 0	0.113	−0.03	0.851
2004-10~2005-06		0.191	0.268 0	0.359 0	0.082	−0.035	0.865 0
2001~2005 合计		0.295 8	1.141 4	1.660 4	0.403 4	−0.104 7	3.396 3
2001~2005 平均		0.073 95	0.285 35	0.415 1	0.100 85	−0.026 2	0.849 1

三、第三阶段

1986~1995 年,龙羊峡水库于 1986 年汛后关闸蓄水,龙羊峡大坝以下断流 134 天,龙羊峡的库容为 247 亿 m^3,其进库站的贵德断面多年平均径流量为 206 亿 m^3。龙羊峡与其下游的刘家峡水库联合调度运用,对黄河中游以下的径流量在年内分配造成了极大的影响,也是造成潼关高程上升的主要因素之一。从水库运用方面来看,非汛期水位超过 320 m 的天数 10 年平均为 52 天,最少为 17 天(1995 年)。时段内潼关河段年均淤积量为 0.103 3 亿 m^3,与第二阶段相当,然而潼关高程由 1985 年汛后的 326.64 m 上升到 1995 年汛后的 328.28 m,净上升值为 1.64 m。在本时段内,进库径流量与 1981~1985 年相比较,非汛期减少 17.4 亿 m^3,而输沙量年均增加了 0.458 亿 t(见表 13-13),这也是影响潼关高程上升的原因之一。

表 13-13　三门峡水库潼关断面历年径流量、输沙量

年份	径流量(亿 m^3)			输沙量(亿 t)		
	汛期	非汛期	运用年	汛期	非汛期	运用年
1974	121.8	153.5	275.3	5.515	2.023	7.538
1975	302.2	158.2	460.4	10.300	2.085	12.385
1976	319.2	219.5	538.7	8.452	2.146	10.598
1977	167.0	167.2	334.2	20.649	1.399	22.048
1978	223.1	122.3	345.4	12.374	1.204	13.578
1979	217.1	149.8	366.9	9.591	1.378	10.969
1980	134.0	142.5	276.5	4.662	1.357	6.019
1981	338.8	114.3	453.1	10.556	1.192	11.748
1982	183.7	181.7	365.4	4.331	1.480	5.811
1983	313.6	181.5	495.1	5.862	1.751	7.613
1984	281.9	210.3	492.2	7.000	1.998	8.998
1985	233.1	174.9	408.0	6.875	1.306	8.181
1986	134.3	171.3	305.6	2.112	2.072	4.184
1987	75.4	117.7	193.1	2.077	1.145	3.222
1988	186.6	122.1	308.7	12.468	1.129	13.597
1989	205.0	171.7	376.7	6.593	1.942	8.535
1990	139.6	211.4	351.0	5.501	2.106	7.607
1991	61.1	187.3	248.4	1.992	4.158	6.150
1992	131.0	120.5	251.5	8.054	1.869	9.923
1993	139.6	155.0	294.6	4.084	1.933	6.017
1994	133.4	153.2	286.6	10.304	1.814	12.118
1995	113.8	140.8	254.6	6.791	1.868	8.659
1996	127.8	127.4	255.2	9.624	2.013	11.637
1997	55.7	104.8	160.5	4.112	1.221	5.333
1998	86.4	105.8	192.2	4.264	2.171	6.435
1999	97.0	120.6	217.6	3.726	1.628	5.354
2000	73.1	114.7	187.8	1.969	1.539	3.508
2001	61.1	96.9	158.0	2.714	0.657	3.371
2002	58.3	122.4	180.7	2.660	1.862	4.522
2003	156.5	81.2	237.7	5.326	0.688	6.014
2004	75.0	133.5	208.5	2.331	0.834	3.165
2005	113.3	115.5	228.8	2.500	0.830	3.33

四、第四阶段

1996～2001 年，由于潼关高程在第三阶段上升 1.64 m，对渭河下游下段（渭南至河口）的防洪造成严重的威胁，为此，在潼关河段进行“清淤工程”。此外，对非汛期库水位做了进一步的控制，320 m 高程以上天数年平均约 45 天，最长天数为 72 天（1998 年），

1998～2001 年防凌期库水位均在 320 m 高程以下。然而，这一时期的进库径流量进一步减少，非汛期平均径流量为 111.7 亿 m^3，输沙量为 1.538 亿 t，与多年平均值 1.735 亿 t 相比只减少了 0.197 亿 t。特别是汛期径流量急剧减少，洪水场次减少，洪峰流量不大，多在 3 000 m^3/s 以下，洪水的富余输沙能力下降，致使潼关以下库区出现累积淤积量，即便是实施清淤工程，潼关高程仍维持在 328～328.33 m。

五、第五阶段

2002～2005 年，潼关河床高程自1995 年汛后至 2001 年汛后一直维持在 328.05～328.33 m，颇受各界关注，水利部根据各方面反映的意见，设专题"潼关高程控制及三门峡水库运用方式研究"，同时组成领导小组，由黄河水利委员会、中国水利科学研究院、清华大学、陕西省有关单位参加，共同研究。

经黄河水利委员会多次与四省（晋、陕、鲁、豫）会商，经上级批准，在 2002～2003 年非汛期开展了非汛期库水位控制在 318 m 以下的原型试验。

有关控制在 318 m 以下原型试验，将在第十六章做专题论述。

从 1986 年开始在非汛期调整运用方案，控制坝前水位超过 320 m 高程的天数，使潼关以下库区淤积重心向坝前移动，淤积重心由黄淤 30 断面至黄淤 36 断面向下移动到黄淤 22 断面至黄淤 30 断面，见表 13-14。其效益在于汛期发生洪水、降低坝前水位，对库区冲刷、排沙有利。

表 13-14　三门峡非汛期潼关沙量、各库段淤积量[7]　（单位：亿 t）

时段	坝址—黄淤 12	黄淤 12—黄淤 22	黄淤 22—黄淤 30	黄淤 30—黄淤 36	黄淤 36—黄淤 41	坝址—黄淤 41	潼关沙量
1974～1980 年	0.107 9	0.262 8	0.332 6	0.598 6	0.164 4	1.466 3	1.656
1981～1985 年	0.102 4	0.228 8	0.350 8	0.386 4	0.052 2	1.120 6	1.545
1986～1990 年	0.004 2	0.225 8	0.439 2	0.344 9	0.052 3	1.066 4	1.678 8
1991～1995 年	0.088 6	0.477 4	0.603 0	0.281 8	0.051 0	1.501 8	2.328 4
1996～2002 年	0.008 5	0.241 8	0.546 4	0.308 5	0.008 2	1.113 4	1.584 4

从表 13-14 中还可以看出，由于库区淤积重心向坝前移动，潼关河段（黄淤 36—黄淤 41）的淤积量也随之下降。然而随着黄河上中游地区降水量偏枯，沿黄工农业用水量增加，大型水库（龙羊峡、刘家峡等水库）多年调节，致使进入三门峡库区的径流量显著减少（见表 13-13），因此潼关高程仍然在 328 m 以上，如图 13-4 所示。

通过总结与分析，认为非汛期蓄水位仍然偏高，特别是在 11、12 两月，桃汛进库沙量比较大，为 0.154 亿～0.23 亿 t，如表 13-15 所示。在上述的时间内要降低坝前水位使进库沙量淤积在黄淤 30 断面或黄淤 22 断面以下库区，便于借助洪水富余输沙能力将淤积下来的泥沙冲刷出库。

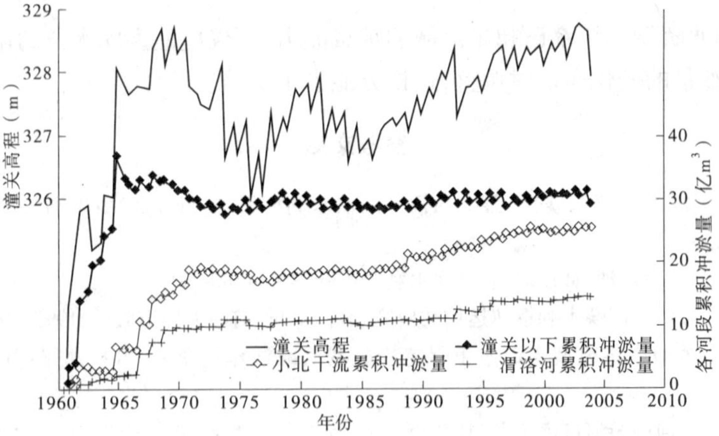

图 13-4　三门峡库区各库所累积冲淤量、潼关高程过程线

表 13-15　三门峡水库各时段桃汛水沙量

时段	水量(亿 m^3)	沙量(亿 t)	最大含沙量(kg/m^3)
1974～1986 年	13.3	0.154	23.5
1987～1998 年	13.2	0.230	28.4
1999～2005 年	13.9	0.186	22.8

第五阶段潼关河床高程下降 1.03 m，淤积部位下移，潼关以下库区发生冲刷，4 年累积冲刷 1.161 69 亿 m^3。

第五节　运用方案调整与思考

三门峡水库的调水调沙运用方案，在 33 年中进行 5 个阶段也是 5 次调整，迫使调整的主要原因是潼关河床高程上升。1981～1985 年阶段，进库水沙条件优越（见表 13-13），潼关河床高程稳定，1986 年以后，径流量在年内的分配发生根本改变，除少数年份外，年径流量均小于 300 亿 m^3（见表 13-13），汛期场次洪水减少，洪峰流量不大，非汛期库水位进一步受到控制，1996 年又实施潼关河段清淤、大禹渡裁湾等工程措施，然而潼关河床高程却由 327.18 m(1986 年汛后，见表 13-10）上升到 328.23 m(2001 年汛后），2003～2006 年非汛期按 318 m 控制运用，4 年间，下降幅度 2003 年与 2002 年汛后相比下降 0.84 m（见表 13-10），2005 年与 2004 年相比下降 0.23 m，而这两年正是进库水沙条件相对较好，又是在前期河床高程淤积较高的基础上发生的。2003 年下降幅度大，2005 年下降幅度小。

河床自动调整的主要动力是水流功能，或水流功率（$\gamma' qJ$：γ' 为浑水容重，q 为单宽流量，J 为坡降）。如果没有较强的水流功率存在，即使全年敞泄，甚至将大坝毁掉也无济于事。当然，在正常的来水来沙条件下，为了兼顾上下游、左右岸的效应，对运用方案的调整也是必要的。

当今黄河水资源利用率已超出流域的承载能力，不仅应注意库水位的调整，更应当随着径流量、输沙量的变化而及时调整，这样方能事半功倍。

参考文献

[1] 黄河三门峡水利枢纽志编纂委员会. 黄河三门峡水利枢纽志[M]. 北京：中国大百科全书出版社，1993：135-136.

[2] 焦恩泽. 黄河水库泥沙[M]. 郑州：黄河水利出版社，2004：380-391.

[3] 杨庆安，等. 黄河三门峡水利枢纽运用与研究[M]. 郑州：河南人民出版社，1995：299.

[4] 冉大川，等. 黄河中游典型支流水土保持措施减洪减沙作用研究[M]. 郑州：黄河水利出版社，2006.

[5] 冉大川，等. 黄河中游河口镇至龙门区间水土保持与水沙变化[M]. 郑州：黄河水利出版社，2000.

[6] 龙毓骞. 三门峡水库冲淤演变、潼关高程及水库运用[C]//龙毓骞论文集. 郑州：黄河水利出版社，2006：351.

[7] 侯素珍，等. 2003 年三门峡水库库区河道冲淤演变及潼关高程变化[R]//黄河河情咨询报告. 郑州：黄河水利出版社，2005.

第十四章　三门峡水库汛期调度运用

黄河三门峡水库汛期的调度运用任务，首先是防洪，其次是排沙，也就是将非汛期蓄水兴利淤积在库区的泥沙冲刷排出库外，以保持库区的冲淤平衡，保持水库有一定的可用库容，使水库不断发挥综合利用效益。

第一节　黄河水沙不均匀性特征

1960 年三门峡水库蓄水运用之前，黄河上中游地区没有建成大中型水库，年径流的分配没有改变，年内的径流量、输沙量如表 14-1 所示。

表 14-1　黄河水沙年内分配(陕县水文站，1919 ~ 1960 年)

项目	时　段		
	汛期	非汛期	全年
年均径流量(亿 m^3)	257.4	166.1	423.5
占全年的百分比(水量，%)	60.8	39.2	100
年均输沙量(亿 t)	13.34	2.56	15.9
占全年的百分比(沙量，%)	83.9	16.1	100

从表 14-1 中可以看出，黄河水沙的不均匀性，年内来水来沙主要集中在汛期，汛期径流量、输沙量分别约占全年径流量和输沙量的 61% 和 84%，非汛期和汛期平均含沙量分别为 15.4 kg/m^3 和 51.8 kg/m^3，反映出非汛期来水的含沙量较小，而汛期含沙量大的特征。这为水库非汛期蓄水兴利、汛期泄流排沙提供了条件。

汛期来水来沙主要是集中在洪峰时段，从 1970 ~ 1979 年汛期的 67 次洪峰水沙资料统计来看，洪峰时段的径流量和输沙量分别占全汛期径流量和输沙量的 52% 和 76%，输沙量非常集中。如 1977 年 8 月 6 ~ 10 日，潼关站 15 400 m^3/s 流量的洪峰，最大含沙量为 911 kg/m^3，相应输沙量为 7.54 亿 t，占全汛期输沙量 21.01 亿 t 的 36%；再如 1979 年 7 月 28 日 ~ 8 月 2 日，潼关站 2 570 m^3/s 流量的洪峰，其径流量主要来自黄河，而输沙量主要来自渭河和北洛河，渭河华县站和北洛河 洑头站洪峰最大含沙量分别为 590 kg/m^3 和 872 kg/m^3，潼关站洪峰最大含沙量为 399 kg/m^3，输沙量为 2.41 亿 t，这次洪水的输沙量占 1979 年汛期输沙量的 25.4%。这种水、沙不协调的特性，为水库调水调沙运用提供了重要依据和必备条件。

根据 1974 ~ 1988 年资料，按流量大于 3 000 m^3/s 的洪水统计，洪水时段历时约占全汛期的 1/2，来水量约占汛期的 68%，来沙量约占汛期的 81%。在洪水时段和非洪水时段，潼关以下库区的冲刷量分别为 19.71 亿 t 和 5.12 亿 t。上述情况表明，洪水期其具有较大的输沙能力，利用洪水期较大流量排沙能在较短时间内达到较好的冲刷效果。

从上述水沙特性来看，合理运用这些自然特性也是多沙河流水库调度运用的重要考量。

第二节　汛期水库运用及运用方式

一、水库运用概况及冲淤特性

（一）汛期水库运用概况[1]

三门峡水库自蓄清排浑运用以来，水库运用情况如表 14-2 所示。

表 14-2　三门峡水库汛期水库运用特征值

时段	史家滩水位(m)		史家滩各级水位天数(d)			
	7～10 月平均值	最高值	<300 m	300～305 m	305～310 m	>310 m
1974～1979 年	305.17	318.33	2.5	59.8	54.7	6
1980～1985 年	303.83	314.28	9.3	71.3	39.2	3.2
1986～1993 年	302.69	314.25	19.0	77.8	23.2	3
1994～2001 年	304.85	318.08	12.2	48.2	49.5	13.1

在 1974～1979 年和 1980～1985 年的 12 年中，前 6 年的进库水沙条件有枯水年份和丰水年份，但由于非汛期水库运用水位偏高，有的年份水库回水影响潼关，库区淤积重心部位偏上。汛期水库运用方式单一，无论洪水期和平水期，库水位变动均不大，库水位一般控制在 305 m 上下。而在后 6 年的运用中，经过总结前时段水库非汛期和汛期的运用经验教训，非汛期运用水位有所调整，运用水位下降。潼关以下库区淤积重心部位向坝前推移，汛期库水位虽然一般控制在 305 m 上下，但在洪水期降低库水位排沙，再加上有利的水沙条件，水库不但在泥沙数量上冲淤平衡，而且在冲淤部位上也达到冲淤平衡。同时，潼关高程（1 000 m^3/s 流量的水位）也恢复到蓄清排浑前 1973 年汛后的 326.64 m。

1986～1993 年和 1994～2001 年的 16 年运用中，非汛期运用水位不断地进行调整，最高库水位降至 320.78 m（1998 年），特别是 1993 年以来基本很少超过 322 m，由于最高库水位的降低，使得非汛期淤积重心库段下移到黄淤 22—黄淤 31 库段。汛期库水位低于 300 m 高程运用的时间不断增加，库水位大于 310 m 高程运用的时间不断减少。这里需要说明的是，由于配合小浪底水库建设和初期蓄水，三门峡水库在汛末运用水位偏高，所以在 1994～2001 年时段内水库各级水位的时间有所增加。由于进库水沙条件不利，洪峰场次不断减少，特别是大于 3 000 m^3/s 的洪峰更少。1997 年以来，出现少见的连续枯水系列，水沙条件不断恶化，对水库汛期排沙影响很大，使水库库区达不到数量和部位的冲淤平衡。

由此可以看出，水库的水沙调节不但与库水位有关，同时还受到进库水沙条件的制约。

（二）水库冲淤特性

三门峡水库自1973年11月调水调沙运用以来，至2001年10月潼关以下库区共淤积泥沙约2.95亿m^3，汛期冲刷约32.57亿m^3，非汛期淤积35.52亿m^3（见表14-3）。从表14-3中还可以看出，黄淤22—黄淤31库段淤积最多，占全库段的40.38%，而在此库段以上和以下的各库段都是向上或向下逐渐减少的。表14-3和表14-4也反映出水库非汛期运用水位的调整下降及汛期水沙条件变化对各时段的冲淤量和淤积重心所在库段位置也不相同。而且也可看出，淤积多的库段汛期冲刷也多。

表14-3　1973年10月～2001年10月潼关以下冲淤量

项目	黄淤1—黄淤12	黄淤12—黄淤22	黄淤22—黄淤31	黄淤31—黄淤36	黄淤36—黄淤41	合计
时段冲淤量（亿m^3）	0.5796	0.7973	0.7753	0.4318	0.3694	2.9534
非汛期冲淤量（亿m^3）	1.8016	7.8807	14.3453	9.4731	2.0205	35.5212
汛期冲淤量（亿m^3）	-1.2220	-7.0834	-13.5700	-9.0413	-1.6511	-32.5678
非汛期淤积各段占全库段的百分比（%）	5.07	22.19	40.38	26.67	5.69	100
汛期冲淤占非汛期淤积的百分比（%）	67.8	89.9	94.6	95.44	81.72	91.69

表14-4　三门峡水库非汛期和汛期库段冲淤分布

时段（年-月）	项目	黄淤1—黄淤12	黄淤12—黄淤22	黄淤22—黄淤31	黄淤31—黄淤36	黄淤36—黄淤41	合计
1973-10～1979-10	非汛期冲淤量占全库段的百分比（%）	8.8	19.0	28.2	32.3	11.7	100
	汛期冲淤占非汛期的百分比（%）	34.1	52.7	90.2	115.8	76.4	84.8
1979-10～1985-10	非汛期冲淤量占全库段的百分比（%）	8.0	18.7	35.6	32.3	5.4	100
	汛期冲淤占非汛期的百分比（%）	146.9	112.7	107.6	92.6	198.9	111.9
1985-10～1992-10	非汛期冲淤量占全库段的百分比（%）	0.5	24.7	46.4	22.5	5.9	100
	汛期冲淤占非汛期的百分比（%）	-113.5	108.1	91.6	70.4	30.6	86.2
1992-10～2001-10	非汛期冲淤量占全库段的百分比（%）	3.63	24.9	48.05	22.04	1.38	100
	汛期冲淤占非汛期的百分比（%）	37.1	88.0	92.5	93.4	-15.7	88.0
1973-10～2001-10	非汛期冲淤量占全库段的百分比（%）	5.07	22.18	40.36	26.69	5.7	100
	汛期冲淤占非汛期的百分比（%）	67.8	89.9	94.6	95.4	81.7	91.7

从潼关至三门峡库区河槽纵剖面图（见图14-1）可以看出，水库冲淤在纵向变化上，大体上可分为两个比降库段，以黄淤28—黄淤30断面为界点，下段是在壅水排沙条件下形成的淤积平衡段，其比降为1.6‱～1.8‱，平均为1.7‱；上段到潼关是非汛期由于蓄水形成的淤积体，本河段经过汛期冲刷过程恢复到冲刷平衡比降，即为冲刷平衡比降，其

数值为 2.2‰～2.4‰，平均为 2.3‰。在坝前段形成一个冲刷漏斗，其漏斗库容大小各年又不相同，仅将部分年份的有关统计数据列于表 14-5。需要说明的是，表中所列数据不是不变的，而是随水库运用、汛期排沙情况的变化而改变的。这种坝前冲刷漏斗，在多沙河流上的水库运用中可起到一定的调沙作用，而且在汛期电站发电时，也可以起到沉沙池的作用，使泥沙在坝前分选，减少进入电站的泥沙及其对机组的磨损。

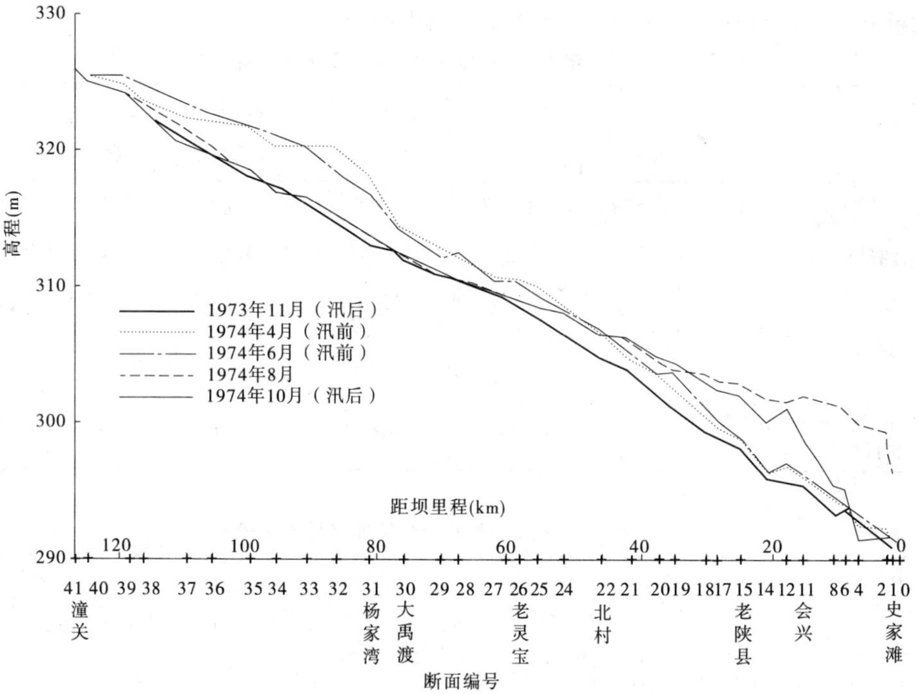

图 14-1　1974 年潼关以下库区河槽平均高程纵剖面

表 14-5　三门峡水库坝前漏斗情况统计

年份	$J_{上}$(‰)	$J_{下}$(‰)	漏斗情况		
			距坝里程(km)	顶点高程(m)	相应库容(亿 m^3)
1974	2.4	2.0	29	305.5	0.47
1975	2.2	2.0	32	306	0.57
1976	2.3	1.6	29	307	0.48
1977	2.3	1.7	29	306.8	0.37
1978	2.3	1.7	34	307.6	0.52
1979	2.4	1.8	29	307	0.48

二、水库汛期运用方式[1]

三门峡水库的运用实践表明，水库在规划设计时，需要合理地对泥沙进行调节，既要满足水库库区泥沙年内冲淤平衡，同时还要尽可能做到水库上下游统筹兼顾。三门峡水库汛期排沙运用应考虑库区及黄河下游输沙特性，既能使水库非汛期淤积的泥沙在汛期排出库外，又要在水库排沙时充分利用黄河下游输沙规律，尽可能使水库排沙减轻下游河道的淤积和减小对防洪带来的不利影响。

黄河下游具有“多来多淤多排”、“大水排大沙”、“大水淤滩刷槽”等规律，而库区的排沙特性，如前所述，则是洪水期排沙效果比汛期平水期排沙效果要好。因此，对下游来讲水库在汛期排沙时应避免小水带大沙，增加黄河下游河道主槽淤积。黄河下游具有3 000 m^3/s以上流量可使全河主槽发生冲刷的规律，而水库也出现过大于3 000 m^3/s的中等洪水冲刷效果较好的规律。从表14-6中可以大概看出洪峰水量，特别是3 000 m^3/s以上流量洪峰水量的大小与水库冲淤量有一定关系。如前所述，1974～1979年运用期，由于非汛期运用水位高，而且高水位持续时间长，库区的淤积重心库段偏上，再加上在此期间汛期水库运用水位方式单一，不管洪水期和平水期一般都控制在305 m左右，洪水期没有降低水位排沙，所以这一时期虽然个别丰水年达到冲淤平衡，但在水量较小的年份还是达不到冲淤平衡，故时段内总的来看还是淤积的。在1980年以后，汛期及非汛期水库运用总结了前期运用的经验与教训，对非汛期运用库水位做了向下调整，而且在桃汛时期采用降低库水位的方式，发挥桃峰冲刷作用，使库区淤积部位向坝前推移，为汛期排沙创造了条件。同时，汛期水库运用也在洪水期降低了水位排沙，再加上有利的水沙条件，1980～1985年期间水库保持了冲淤平衡，而且前期淤在库内的部分泥沙也被冲出库外。1986年以后，由于水沙条件不利，大于3 000 m^3/s流量的洪水径流量分别只有5.3亿m^3、11.07亿m^3，尽管水库运用库水位一再降低，水库也达不到冲淤平衡。

表14-6　三门峡水库蓄清排浑运用洪水量与冲淤量

时段	汛期平均		洪峰平均			黄淤1—黄淤41冲淤量(亿 m^3)
	径流量(亿 m^3)	输沙量(亿t)	径流量(亿 m^3)	>3 000 m^3/s流量的洪水径流量(亿 m^3)	>3 000 m^3/s流量的洪水径流量占洪峰径流量的百分比(%)	
1974～1979年	225.07	11.19	135.70	93.87	69.17	1.296
1980～1985年	247.52	6.56	173.80	118.88	68.40	-0.85
1986～1993年	134.08	5.36	54.49	11.07	20.31	1.077
1994～2001年	93.46	5.36	37.63	5.30	14.08	1.432

从水库汛期运用排沙方式来看，对黄河下游来说，希望将非汛期淤在库内的泥沙以较好的方式、在较有利的时机排到下游。如1973年非汛期淤在库内的1.26亿t的泥沙需要在汛期排出，入汛后在7月一个月内较小流量($Q<2\ 000$ m^3/s)情况下排沙0.8亿t，大部分淤积在三门峡至花园口河段，加上8月的小水大沙和水库进一步冲刷排沙，相继淤积在三门峡至花园口河段和花园口至夹河滩河段，以致花园口与夹河滩两站断面的同流量水位先后急剧抬高，8月底5 000 m^3/s的洪水位超过1958年22 300 m^3/s水位0.2～0.4 m，使生产堤溃决，对防洪造成极为不利的影响，所以汛期的排沙方式及时机选择是很重

要的。

总结前几年的运用经验与教训,1980 年以后,汛期采用“平水控制运用,洪水敞泄排沙”的运用方式,即在平水时期控制水位 305 m,必要时下降到 300 m,在汛初运用水位稍高一些(305 m 左右),以避免出现小水带大沙排向下游,当进库流量大于 3 000 m^3/s 时,将泄水建筑物的闸门全部开启敞泄,尽量降低洪水期的库水位以充分发挥洪水的排沙作用。采用这样的运用方式,20 多年来每年库区冲淤量的变化为 ±2 亿 m^3,潼关高程的升降幅度为 ±1 m,基本上保持了库区冲淤平衡,330 m 以下的水库库容保持在 30.5 亿 ~ 31.0 亿 m^3,有效可用库容得到保持,基本上控制了水库的淤积上延,也有利于黄河下游河道的输沙。

第三节　汛期水库排沙特性分析

一、洪水排沙

如前所述,根据黄河水沙的不均匀特性,来水来沙主要集中在汛期,而汛期的来水来沙量又集中在洪水期,由 1974 ~ 2001 年的 116 次洪峰资料(见表 14-7)分析可知,一般年份汛期洪峰历时为 40 ~ 50 天,平均泄洪量约为 112 亿 m^3,约占汛期总水量的 60%,洪水期的平均输沙量约为 5.9 亿 t,占汛期总沙量的 70% ~ 80%。库区非汛期淤积泥沙的 70% ~ 80%,也是在各次洪峰当中冲刷出库的,其中半数以上年份洪峰的冲淤量与全汛期的冲淤量大致相等(见表 14-7)。平水期各库段由于进库水沙条件变化和河床形态的调整,河床时冲时淤,虽然总的发展趋势是冲刷的,但其冲刷数量甚少。

表 14-7　1974 ~ 2001 年洪峰与 7 ~ 10 月的水量、沙量、冲淤量

年份	洪峰						7 ~ 10 月		
	次数(次)	历时(d)	最大洪峰流量(m^3/s)	水量(亿 m^3)	沙量(亿 t)	冲淤量(亿 t)	水量(亿 m^3)	沙量(亿 t)	冲淤量(亿 t)
1974	6	40	7 040	57.9	4.19	-0.75	122	5.52	-0.97
1975	4	88	5 910	247	8.93	-0.91	302	10.2	-2.84
1976	5	35	9 220	138	5.58	-0.42	319	8.45	-2.39
1977	6	32	15 400	69	17.8	-0.55	167	20.7	+0.13
1978	6	59	7 300	133	9.47	-1.77	223	12.4	-1.90
1979	4	70	11 100	176	6.36	-0.51	217	9.58	-1.80
1980	5	42	3 180	60.8	2.96	-1.90	134	4.66	-2.20
1981	6	94	6 540	295	9.67	-3.11	339	10.6	-3.27

续表 14-7

年份	洪峰						7～10 月		
	次数(次)	历时(d)	最大洪峰流量(m^3/s)	水量(亿 m^3)	沙量(亿 t)	冲淤量(亿 t)	水量(亿 m^3)	沙量(亿 t)	冲淤量(亿 t)
1982	3	36	4 760	70.5	2.71	-0.70	183	4.33	-1.13
1983	6	77	6 200	229	4.67	-2.40	314	5.86	-2.99
1984	6	75	6 430	210	6.01	-2.32	232	6.99	-2.36
1985	5	73	5 540	178	5.72	-1.44	233	6.88	-1.55
1986	4	34	4 620	65.2	2.46	-0.53	134	2.06	-1.67
1987	2	16	5 450	17.3	1.23	-0.31	75.4	2.08	-0.58
1988	4	45	8 260	101	10.7	-2.80	187	12.5	-2.81
1989	3	27	7 280	56.8	3.87	-0.62	205	6.59	-0.92
1990	5	28	4 430	40.8	2.29	-0.87	140	5.50	-1.16
1991	2	14	3 310	13.2	1.06	-0.40	61.3	1.99	-0.50
1992	5	44	4 040	73.5	6.97	-2.82	131	8.05	-2.81
1993	4	29	4 440	46.3	2.46	-1.42	140	4.09	-1.53
1994	5	36	7 360	64.4	8.83	-2.11	134	10.5	-1.57
1995	4	23	4 180	36.7	5.9	-1.01	116	7.03	-0.86
1996	5	28	7 500	47.1	7.95	-1.580	127	9.87	-0.94
1997	1	9	4 700	10.2	2.99	-0.300	55.5	4.40	+0.28
1998	3	25	6 300	38.8	3.47	-1.02	85.9	4.37	-0.91
1999	2	19	2 950	25.6	3.13	-0.920	95.2	4.09	-0.60
2000	3	22	2 290	19.8	0.86	-1.260	73.1	2.08	-3.17
2001	2	14	2 780	15.1	1.78	-0.310	61.2	2.91	

分析 1994～1999 年进行汛期发电试验期间采用的“洪水排沙、平水发电”的运用方式，汛期、泄洪排沙期和洪水期排沙资料（见表 14-8），即在洪水期降低库水位（或敞泄）排沙，平水期发电。汛期排沙主要发生在泄洪排沙期，平水发电期间还有少部分泥沙淤积在坝前段，因此泄洪排沙期冲刷的泥沙还大于全汛期排沙的 20% 以上（除 1999 年泄洪排沙

期前有一次小于2 500 m^3/s 流量的洪水未计入泄洪排沙期，致使该年泄洪排沙期的排沙量小于汛期的排沙量外）。由表14-8可以看出，泄洪排沙期排沙量又集中在洪峰期，每次洪水的冲刷又集中在洪峰前后的3、4天，即使之后继续延长冲刷历时，或者下降库水位，所冲刷的数量也是很小的，因此只要充分利用洪水排沙，就能在较短的时间内收到较好的效益。

表14-8　三门峡水库洪水排沙情况

年份	汛期冲淤量（亿t）	泄洪排沙期		洪峰期						
		天数（d）	冲淤量（亿t）	次数	天数（d）	平均水位（m）	洪水水量（亿 m^3）	平均洪峰流量（m^3/s）	冲淤量（亿t）	占泄洪排沙期的百分比（%）
1994	-1.57	26	—	5	36	304.8	64.0	4 510	-2.11	—
1995	-0.86	35	-1.19	4	23	300.17	36.7	3 730	-1.01	84.9
1996	-0.94	34	-1.69	5	28	298.75	47.1	3 710	-1.58	93.5
1997	+0.28	23	-0.36	1	9	300.63	10.2	4 700	-0.30	83.3
1998	-0.91	50	-1.21	3	25	301.11	38.8	3 900	-1.02	84.3
1999	-0.60	26	-0.45	2	19	302.0	25.6	2 390	-0.92	204.4

根据历年汛期各次洪峰排沙的综合分析，影响库区冲刷的主要因素有前期非汛期的淤积数量、分布部位、排沙时平均库水位及来水来沙条件等。在非汛期淤积部位和洪水排沙期水库运用条件大致相同的情况下，洪水冲刷量主要与水量有关。自1993年非汛期降低水位运用以来，淤积物主要分布在太安（黄淤31断面）以下，淤积重心位于北村（黄淤22断面）附近，洪水期平均库水位在300 m左右。在此条件下，库区冲刷量与洪水总量之间呈线性变化（见图14-2）。由图14-2可知，当洪水总量为70亿~100亿 m^3 时，库区冲刷2亿~3亿t；当洪水总量为35亿~70亿 m^3 时，冲刷1亿~2亿t。根据这一关系及一般年份非汛期进库输沙量1.5亿~2.0亿t，对比分析表明，在目前运用条件下，考虑枯水年份汛期洪水冲刷及平水期略有回淤的变化特点，实现年内冲淤平衡的洪水总量需50亿~70亿 m^3。从图14-2中还可以看出，由于以前非汛期淤积部位偏上，加之各年淤积分布河段和洪水排沙水位差别较大，洪水量与冲刷量之间的关系散乱。但少数非汛期部位偏下，汛期洪水排沙水位较低的年份亦符合1993年以来的洪水排沙规律。需要说明的是，若汛期发生高含沙洪水，冲刷所需的洪水量还可降低。

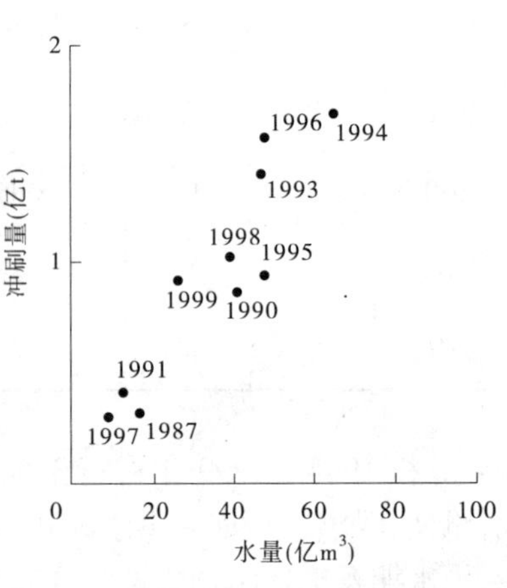

图14-2　洪峰水量与库区冲刷量关系

根据水文泥沙资料分析的结果，在高含沙洪水发生时，潼关高程及其以下库区发生强烈冲刷（见表14-9）。自1973年以来，渭河来水为主的高含沙洪水，潼关河床及其以下河段基本上都发生沿程冲刷，其冲刷深度

表 14-9　潼关河床强烈冲刷洪峰特征值与 1 000 m^3/s 流量级水位变化

站名		洪峰特征值	1970 年 8 月	1973 年 9 月	1977 年 7 月	1992 年 8 月	1996 年 7 月	1997 年 8 月	1999 年 7 月
水沙条件	龙门	最大流量(m^3/s)	13 800 (2 日)	6 210 (1 日)	14 500 (6 日)	7 720 (9 日)	1 180 (27 日)	5 550 (1 日)	1 370 (13 日)
		最大含沙量(kg/m^3)	826	334	690	381	221	351	137
		三日最大洪量(亿 m^3)	8.05	5.66	9.19	5.69	2.09	4.73	1.81
	华县	最大流量(m^3/s)	1 590 (3 日)	5 010 (1 日)	4 470 (7 日)	3 950 (14 日)	3 450 (29 日)	1 100 (1 日)	1 360 (15 日)
		最大含沙量(kg/m^3)	702	527	795	528	565	749	636
		三日最大洪量(亿 m^3)	2.54	7.16	5.82	6.29	3.84	1.48	2.19
	潼关	最大流量(m^3/s)	8 420 (3 日)	5 080 (1 日)	1 360 (7 日)	4 040 (15 日)	2 290 (31 日)	4 700 (2 日)	2 220 (16 日)
		最大含沙量(kg/m^3)	631	527	616	297	495	504	442
		三日最大洪量(亿 m^3)	8.74	10.46	11.9	9.27	4.42	6.48	3.68
同流量水位(m)	潼关(六)	ΔH	-2.04	-1.68	-2.61	-1.45	-1.91	-1.80	-1.01
		汛末	327.67	236.64	326.79	327.30	328.07	328.02	328.12
	坫埼	ΔH	-1.0	-0.72	-2.53	-1.33	-1.09	-1.05	-0.77
	上源头	ΔH	-0.27	0.27	0.55	0.40	-0.07	0.12	0.07

注:"77·7"、"92·8"洪水潼关洪量由渭河汇入潼关后资料统计。

及沿程冲刷的距离长短与洪水量及洪峰流量有关。而对于以龙门黄河干流来水为主的高含沙洪水来说，潼关河床及其以下河段发生冲刷的机遇较渭河来水要小。

从上述洪水期库区冲刷及排沙情况来看：①黄河来水来沙主要集中在汛期，而汛期来水来沙主要集中在汛期的几场洪水；②由于在洪峰涨落水期，洪水波形成的附加比降，涨水期大于落水期，加强了河槽的冲刷；③在洪水期，由于洪峰水流及泥沙的作用，河床趋于平整，糙率减小，相对增加了汛期的挟沙能力；④三门峡水库库区存在富余输沙能力和溯源冲刷输沙能力。

在汛期水库降低水位排沙时，往往不能在洪峰到达坝前之前及时打开泄流建筑物的闸门，造成水库滞洪，从而影响了排沙效果。如对比 1974 年的两次洪峰（见图 14-3）表明，1974 年 7 月 29 日～8 月 4 日的洪水，洪峰时闸门启闭的不合理，一些泄水建筑物闸门没有在洪峰到坝前时打开，使水库滞洪，进库洪峰流量为 6 840 m^3/s，而出库的洪峰流量为4 120 m^3/s。由于闸门的开启不及时，与洪峰的上涨速度不相适应，发生水库滞洪现象。而在同年的 8 月 5～14 日的一场洪水，洪峰到达前泄流建筑物闸门开启较多，比较合理，从图中可以看出，进出库洪峰流量分别为 3 580 m^3/s 和 3 240 m^3/s，洪峰基本是穿堂而过没有变形。所以，在洪峰期合理及时开启闸门，闸门开启的大小、速度与洪峰的涨率是否相适应是影响水沙调节和洪水排沙的重要因素。像这种类似的情况在 1977 年和 1981 年都发生过。

三门峡水库经过两次改建后，泄流建筑物有 300 m、290 m、280 m 不同高程的 27 个洞孔（包括 2000 年打开的 11#、12#底孔），其泄量大大增加（见表 14-10），库水位 315 m 高程时泄流量为 9 710 m^3/s，基本上满足“四省会议”的规定，提高了中小洪水时的泄流能力。而且在 20 世纪 90 年代末期，三门峡水利枢纽管理局对闸门的启闭设备进行了改造，达到启闭灵活。根据进库洪水预报，可及时打开闸门泄流，对今后的水库调水调沙更加有利。

二、汛期不同流量级输沙强度

表 14-11 为三门峡水库蓄清排浑控制运用以来，汛期大于 2 500 m^3/s 流量的天数和水量。图 14-4 及表 14-12 为水库各运用时段不同流量级汛期水量、沙量及冲淤强度。从表 14-11 及表 14-12 中可以看出：

（1）当流量小于 1 500 m^3/s 时，库区冲刷量和冲刷强度均很小，库区的排沙作用也很小。

（2）当流量大于 4 500 m^3/s 时，水库可能出现不同程度壅水滞洪现象，冲刷强度和冲刷量反而减少，甚至发生壅水淤积，但峰后产生强烈冲刷。

（3）冲刷强度大的流量范围一般发生在 2 500～4 000 m^3/s。

（4）1986 年以来，流量大于 2 500 m^3/s 的天数减少很多，由 1974～1985 年平均每年 42 天，而到 1986～1993 年减少到 13.1 天，1994～1999 年又减少为 3 天，2000～2002 年期间基本没有出现大于 2 500 m^3/s 的洪峰流量。因此，除充分利用大流量排沙外，应当在枯水时期适当降低水库的排沙流量级进行排沙。

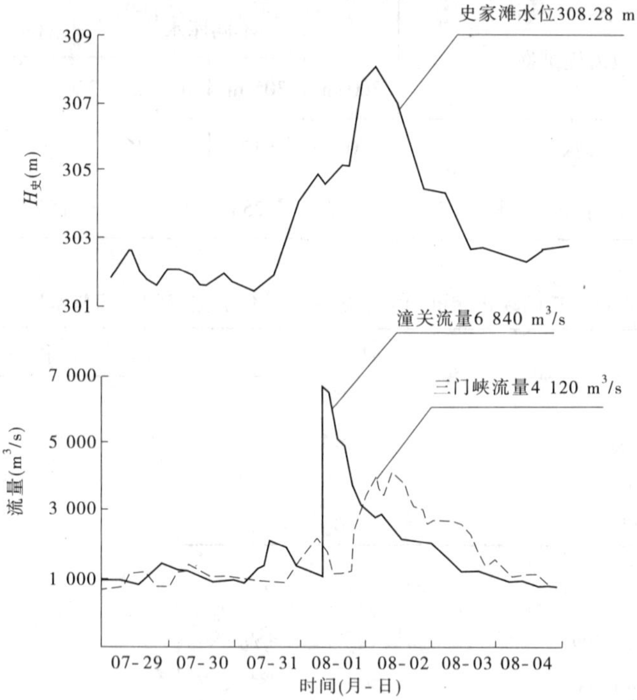

(a)1974年7月29日~8月4日洪水

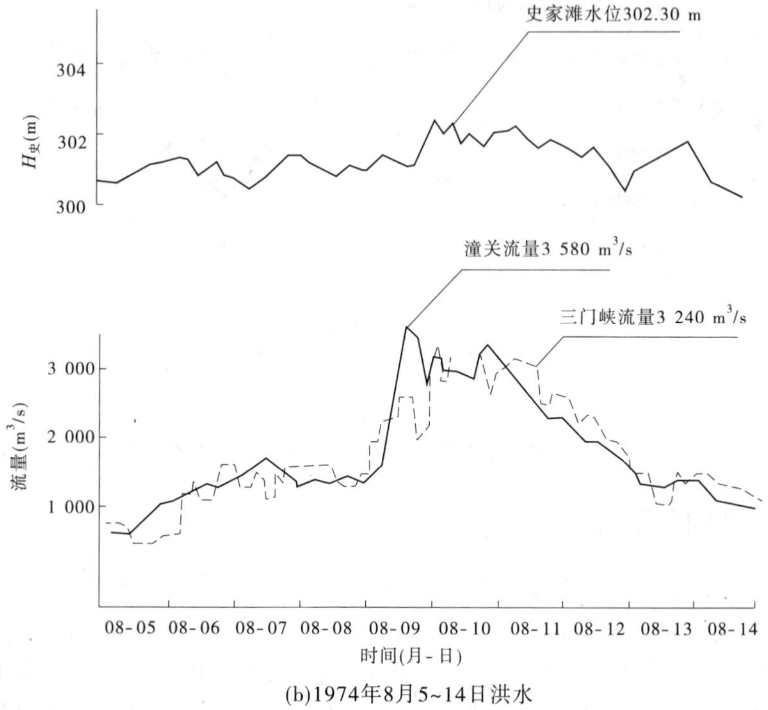

(b)1974年8月5~14日洪水

图 14-3　三门峡水库 1974 年两次洪水排沙运用比较

表 14-10　三门峡水库改建前后泄量比较

阶段	泄流建筑物	不同库水位的总泄量(m^3/s)					
		300 m	305 m	315 m	320 m	325 m	330 m
改建前	12 深孔	0	612	3 084	4 044	4 800	5 460
改建后	12 深孔 +12 底孔 +2 洞 +1 管	3 633	5 255	9 710	11 153	12 420	13 483

表 14-11　三门峡水库汛期大于 2 500 m^3/s 流量级的时间与水量

时段	时间(d)	水量(亿 m^3)
1974 ~ 1985 年	42	131
1986 ~ 1993 年	13.1	35.7
1994 ~ 1999 年	3	9.1
2000 ~ 2002 年	0	0

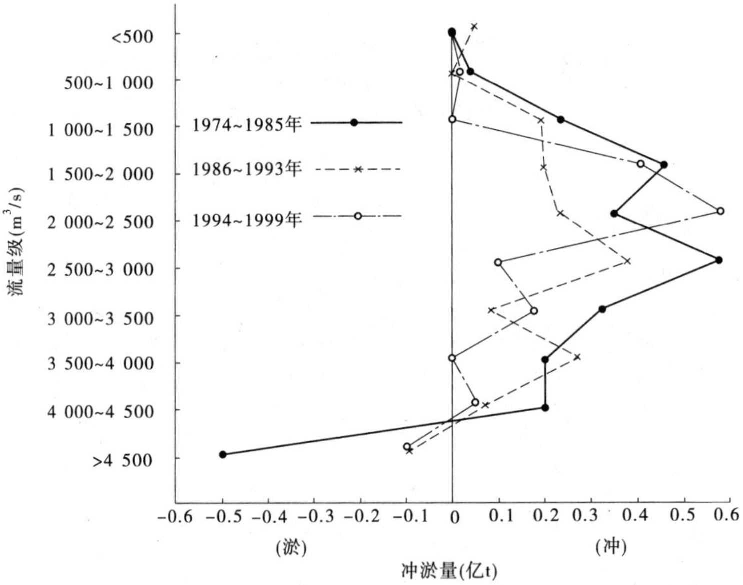

图 14-4　三门峡水库汛期不同时段不同流量级库区冲淤特性图

三、溯源冲刷与沿程冲刷

(一)溯源冲刷的过程和范围

如前所述,三门峡水库在汛期降低水位进行排沙运用。在汛初库水位降低后,坝前水位与非汛期的淤积三角洲的高程产生较大的水位落差,于是形成自淤积三角洲顶点向上游发展的溯源冲刷,把非汛期淤积在库内的泥沙排出库外,溯源冲刷的范围和数量对恢复可用库容十分重要。

表 14-12　三门峡水库汛期不同时段不同流量级特征值

时段	流量级 (m^3/s)	天数 (d)	水量 (亿 m^3)	出库沙量 (亿 t)	进库沙量 (亿 t)	冲淤量 (亿 t)	冲淤强度 (亿 t/d)
1974 ~ 1985 年	<500	23	0.7	0.010	0.009	-0.001	-0.000 4
	500 ~ 1 000	16.7	10.9	0.303	0.248	-0.055	-0.003 3
	1 000 ~ 1 500	22.8	24.5	0.896	0.650	-0.246	-0.010 8
	1 500 ~ 2 000	20.9	31.4	1.446	0.980	-0.466	-0.223
	2 000 ~ 2 500	18.4	35.5	1.708	1.352	-0.356	-0.019 3
	2 500 ~ 3 000	11.4	26.8	1.747	1.164	-0.583	-0.051 1
	3 000 ~ 3 500	9.5	26.5	1.174	0.848	-0.326	-0.034 3
	3 500 ~ 4 000	8.8	28.3	1.098	0.896	-0.202	-0.023 0
	4 000 ~ 4 500	6.4	23.4	0.945	0.739	-0.206	-0.032 2
	>4 500	5.9	28.1	1.5	2.0	0.50	0.084 7
1986 ~ 1993 年	<500	17.5	5.1	0.119	0.051	-0.068	-0.003 9
	500 ~ 1 000	41.0	25.9	0.458	0.453	-0.005	-0.000 1
	1 000 ~ 1 500	27.9	29.2	0.987	0.784	-0.203	-0.007 3
	1 500 ~ 2 000	15.9	23.5	1.125	0.918	-0.207	-0.013 0
	2 000 ~ 2 500	7.6	14.8	0.957	0.720	-0.237	-0.031 2
	2 500 ~ 3 000	7.0	16.7	1.362	0.976	-0.386	-0.055 1
	3 000 ~ 3 500	3.5	9.7	0.535	0.435	-0.100	-0.028 6
	3 500 ~ 4 000	1.0	3.2	0.546	0.269	-0.277	-0.277 0
	4 000 ~ 4 500	0.8	2.7	0.416	0.341	-0.075	-0.093 7
	>4 500	0.8	3.4	0.3	0.4	0.10	0.125
1994 ~ 1999 年	<500	31.8	8.5	0.101	0.110	0.009	0.000 3
	500 ~ 1 000	41.8	25.0	0.613	0.586	-0.027	-0.000 6
	1 000 ~ 1 500	27.3	28.6	1.297	1.304	0.007	0.000 3
	1 500 ~ 2 000	13.3	20.0	1.919	1.506	-0.413	-0.031 0
	2 000 ~ 2 500	5.7	10.8	1.697	1.114	-0.583	-0.102 3
	2 500 ~ 3 000	0.8	2.0	0.477	0.376	-0.101	-0.126 3
	3 000 ~ 3 500	1.3	3.7	0.939	0.751	-0.188	-0.141 0
	3 500 ~ 4 000	0.2	0.5	0.206	0.199	-0.007	-0.035 0
	4 000 ~ 4 500	0.2	0.6	0.067	0.126	0.059	0.295 0
	>4 500	0.5	2.3	0.3	0.4	0.10	0.200

从三门峡水库蓄清排浑控制运用以来，潼关以下库区沿程同流量水位变化（见表 14-13）来看，一般在每年非汛期末和汛期初，水库开始泄水，水位降落，库区基本上都会发生溯源冲刷，其影响范围一般都可达到太安（大禹渡，距大坝 72.3 km），如若遇到较大洪水（2 500 m^3/s 以上），可能发展到坫埼（或二次溯源冲刷），距大坝 94 km，使溯源冲刷与沿程冲刷相互衔接。

表 14-13 潼关以下库区同流量水位升（+）降（-）沿程变化 （单位：m）

时段（年-月-日）	潼关	坫埼	太安（大禹渡）	时段（年-月-日）	潼关	坫埼	太安（大禹渡）
1974-07-08 ~ 11	-0.10	-0.30	-0.93	1983-06-24 ~ 07-05	-0.11	-0.19	-0.34
1975-07-01 ~ 16	-0.11	-0.42	-0.56	1984-06-08 ~ 23	+0.13	-0.11	-0.31
1977-07-01 ~ 18	-2.20	-2.46	-0.85	1984-06-23 ~ 10-26	-0.44	-0.52	-0.63
1977-07-18 ~ 24	-0.07	-0.54	-0.90	1985-06-11 ~ 21	-0.02	+0.18	-0.37
1978-07-07 ~ 11	-0.03	-0.76	-0.53	1985-06-21 ~ 07-21	-0.15	-0.24	-0.43
1978-07-11 ~ 08-04	-0.46	-0.86	-1.10	1986-06-23 ~ 27	-0.03	-0.12	-0.28
1979-07-05 ~ 10	-0.14	-0.24	-0.64	1986-06-27 ~ 08-02	-0.11	-0.09	-0.18
1979-07-10 ~ 27	-0.11	-0.42	-0.34	1987-07-01 ~ 19	-0.22	-0.37	-0.38
1979-07-27 ~ 10-31	+0.01	-0.83	-0.85	1987-07-19 ~ 09-07	+0.19	+0.04	-0.38
1980-07-01 ~ 08	-0.06	+0.05	-1.14	1988-07-05 ~ 14	-0.26	-0.08	-0.60
1980-07-08 ~ 26	-0.08	-0.59	-0.14	1988-07-15 ~ 18	-0.22	-0.33	-0.26
1980-07-26 ~ 08-19	+0.03	-0.40	-0.31	1989-06-15 ~ 07-11	+0.01	+0.35	-0.99
1981-06-21 ~ 07-06	+0.31	+0.15	-0.15	1989-07-11 ~ 17	-0.12	-0.17	-0.53
1981-07-07 ~ 15	-0.26	-0.33	-0.80	1989-07-17 ~ 08-08	+0.23	-0.37	-0.07
1982-06-21 ~ 07-10	-0.17	-0.55	-0.75	1990-06-27 ~ 07-05	-0.01	-0.07	-0.46
1982-07-10 ~ 08-23	-0.14	-0.53	-1.13	1990-07-05 ~ 21	-0.02	-0.23	-1.04
1983-06-09 ~ 24	0	-0.27	-1.62	1990-07-02 ~ 09-20	-0.21	-0.09	-0.26

根据大断面测验，汛前（或汛初）和汛末（或汛后）两次大断面冲淤面积的沿程变化或河底平均高程的沿程变化，大致能够确定出溯源冲刷的范围。溯源冲刷范围除与非汛期的淤积分布有一定的关系外，主要与汛期水量和坝前控制水位有关，图 14-5 和图 14-6 分别为 1996 年和 1997 年河底平均高程纵剖面与冲淤面积沿程分布图。1996 年汛期水量为 120 亿 m^3，汛期发生 5 场洪水，其中洪峰流量大于 2 500 m^3/s 的洪水有 3 场，从图上判断，溯源冲刷末端可达黄淤 37 断面附近，超过坫埼（黄淤 36 断面）。而 1997 年汛期水量只有 55 亿 m^3，为有水文记载以来最枯的一年，洪水也只有一次，因此汛末冲刷末端只在黄淤 34 断面附近，洪水排沙期后（8 月 27 日），溯源冲刷范围还在大禹渡（黄淤 30 断面）以下，且非汛期淤积的泥沙还有 0.53 亿 m^3 没有冲刷出库。必须指出的是，非汛期泥沙淤积距坝较远，汛期溯源冲刷范围距坝址也较远，但不能由此认为溯源冲刷的强度和作用就大。

水库在溯源冲刷过程中，一般是从大坝向上游发展的，靠近坝前冲刷深度大、冲刷速度快，随着向上游的发展，溯源冲刷深度逐渐减小，冲刷速度减缓，以致溯源冲刷逐渐消失，三门峡水库各年的溯源冲刷特点基本一致。其冲刷结果如图 14-7 所示。

三门峡水库汛初，在库水位下降低于非汛期淤积的三角洲顶点高程之后水位落差集中，局部形成很陡的水面比降，水深减小、流速增大，此处河床首先发生冲刷，冲刷范围逐

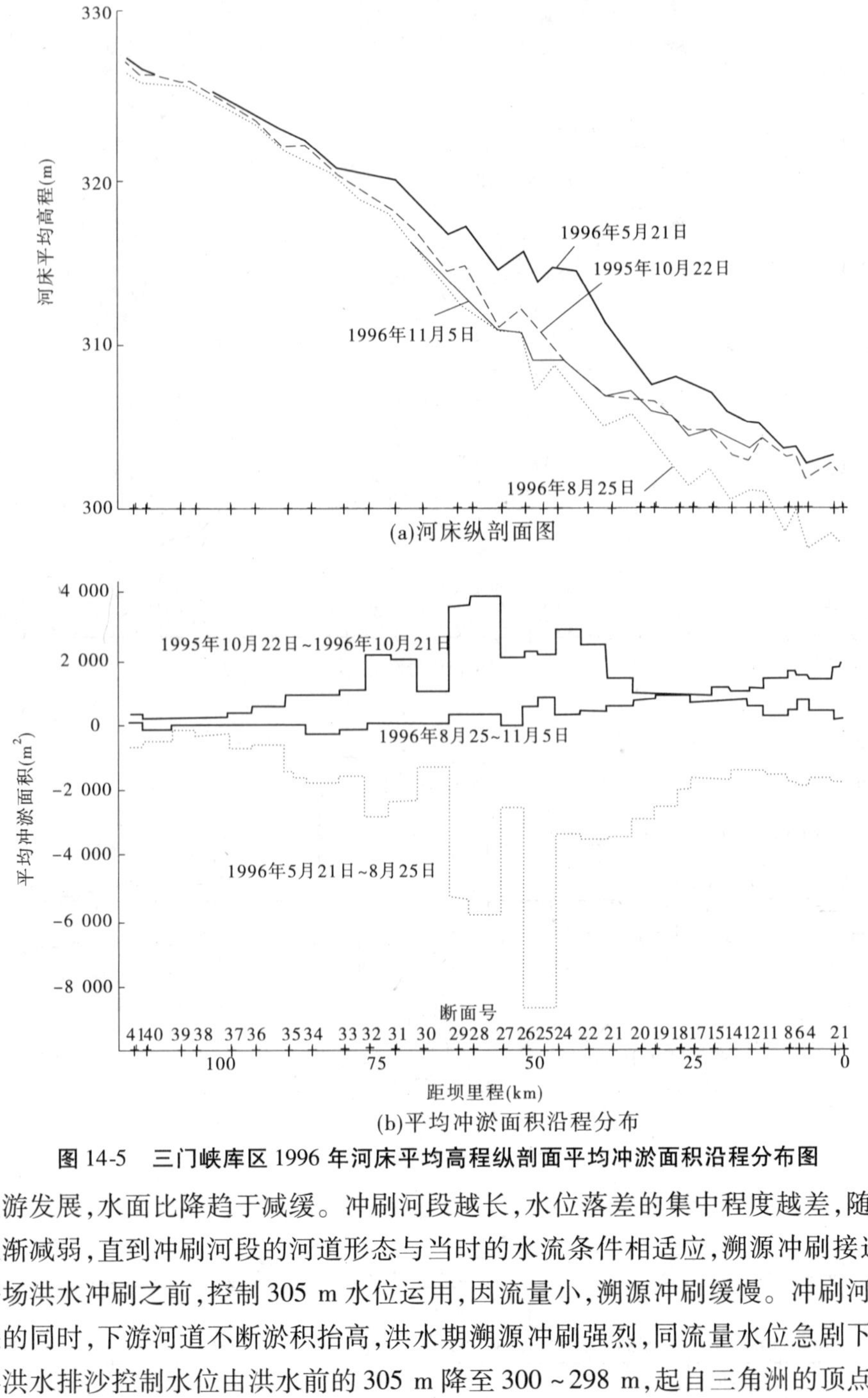

图 14-5　三门峡库区 1996 年河床平均高程纵剖面平均冲淤面积沿程分布图

渐向上游发展,水面比降趋于减缓。冲刷河段越长,水位落差的集中程度越差,随之冲刷强度逐渐减弱,直到冲刷河段的河道形态与当时的水流条件相适应,溯源冲刷接近终止。汛初每场洪水冲刷之前,控制 305 m 水位运用,因流量小,溯源冲刷缓慢。冲刷河段向上游发展的同时,下游河道不断淤积抬高,洪水期溯源冲刷强烈,同流量水位急剧下降。最近几年洪水排沙控制水位由洪水前的 305 m 降至 300 ~298 m,起自三角洲的顶点位置和库水位下降后,加大了溯源冲刷的数量与范围。在汛期发电试验期间、洪水期泄洪排沙之后,加测的大断面观测资料表明,在控制 305 m 水位发电期间,回水影响接近北村(黄淤 22断面),壅水段泥沙分选落淤,而北村以上河道比降调整过程中河床冲刷继续发展,但由于流量日趋减小,冲刷强度逐渐减弱。

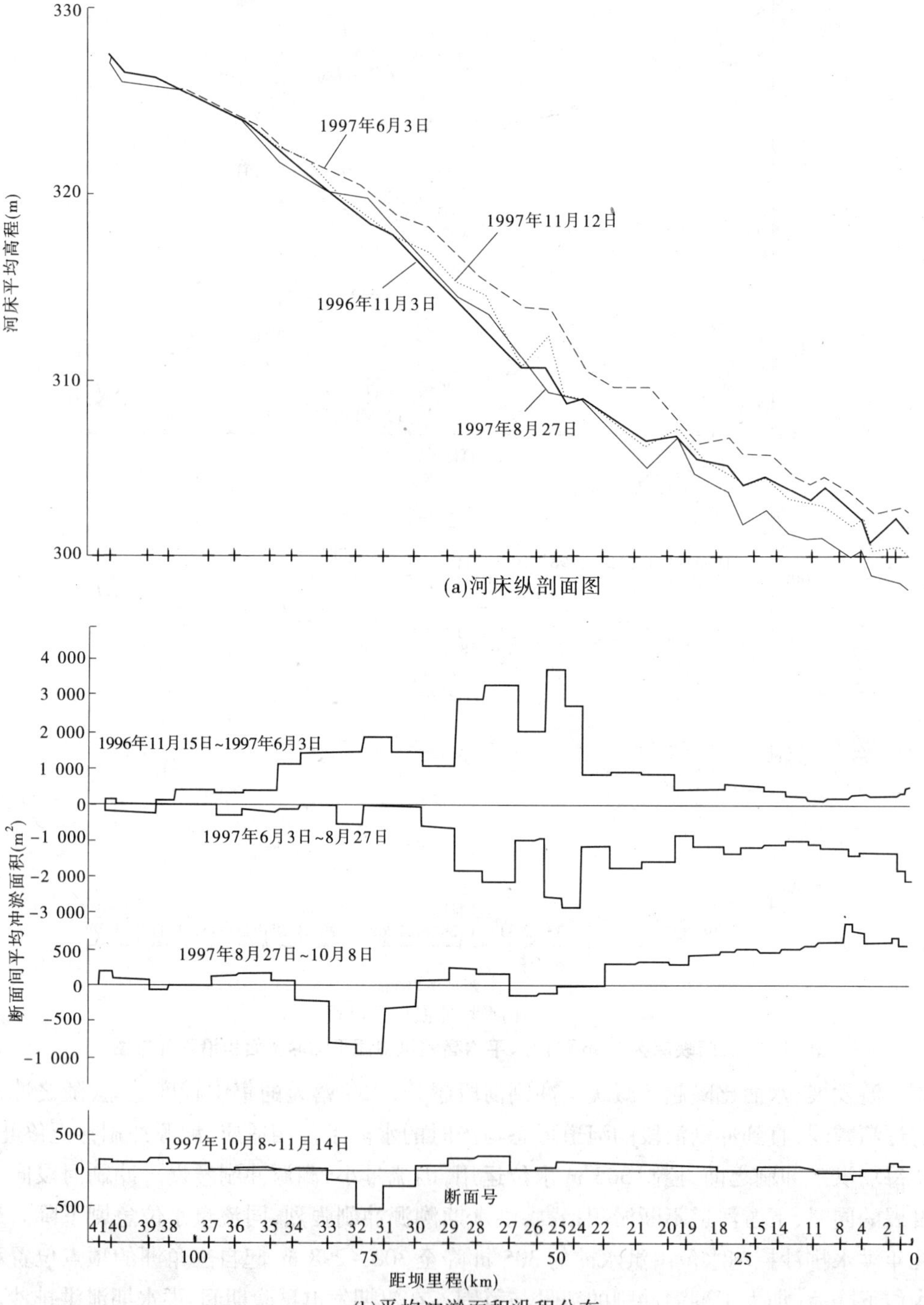

(a)河床纵剖面图

(b)平均冲淤面积沿程分布

图 14-6　三门峡库区 1997 年河床平均高程纵剖面平均冲淤面积沿程分布图

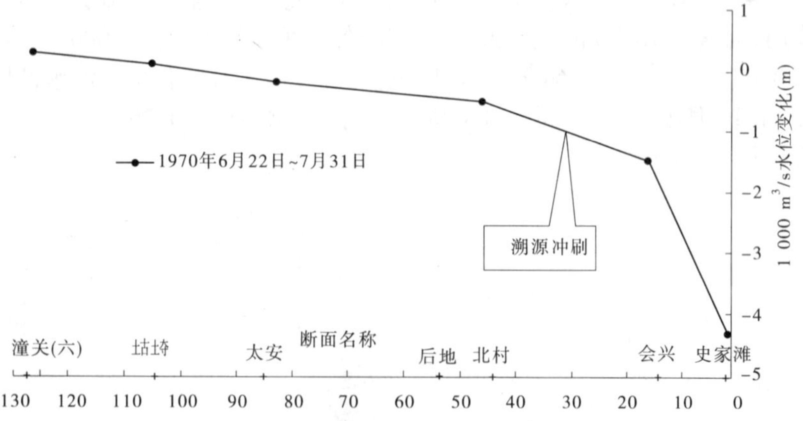

(a)溯源冲刷

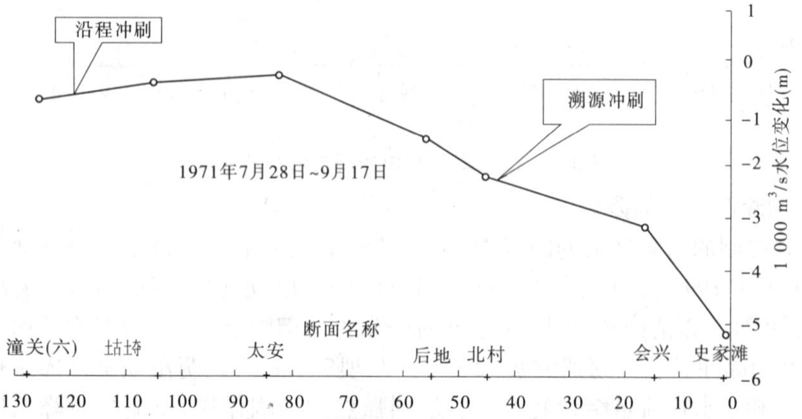

(b)溯源冲刷与沿程冲刷相衔接

图 14-7　三门峡库区溯源冲刷与沿程冲刷示意图

(二)沿程冲刷

汛初库区洪水冲刷表现为溯源冲刷以及溯源冲刷与沿程冲刷的相互衔接(见图 14-7),在坝前库段以溯源冲刷为主,潼关至坫埼段则主要受水沙条件影响,属沿程冲刷的性质。这一特点以潼关河床发生强烈冲刷的历次洪水尤为突出,此类洪水冲刷可自潼关至坝前贯通全程。太安(黄淤 30 断面)以下河床由于沿程冲刷与溯源冲刷相互衔接,冲刷强度沿程增大。例如,1992 年 8 月 9 ~ 18 日的一场以渭河来水为主的洪水,渭河华县站洪峰流量为 3 950 m^3/s,洪峰最大含沙量为 528 kg/m^3;潼关洪峰流量为 4 020 m^3/s,洪峰最大含沙量为 379 kg/m^3;洪水经过潼关至大坝库段后,出库三门峡站的流量为 4 610 m^3/s,最大含沙量为 479 kg/m^3。洪水到时,泄水建筑物的 2 条隧洞、10 个深孔和 10 个底孔全部敞开,坝前水位降低到 298.15 m,洪水期平均库水位为 300.46 m,在该洪峰的作用下,潼关至大坝发生强烈冲刷,出现沿程冲刷与溯源冲刷相互衔接现象(见图 14-8),这两种冲刷的交汇处在坫埼与大禹渡之间,潼关、大禹渡、坫埼、北村及史家滩同流量水位分别下降1.45 m、1.13 m、1.65 m、2.51 m及2.91 m。1989年7月、8月洪水期，主要受溯源冲刷作用，河槽冲刷深度沿程增大，潼关、坫埼、大禹渡和北村站1 000 m^3/s流量的水位分别下降0.07 m、0.54 m、0.64 m和1.12 m。此后，经8月底和9月洪水冲刷后，河床又普遍下降，至10月中旬，各站同流量水位又分别下降0.45 m、0.26 m、0.45 m和0.26 m，大致相近（见图14-8）。

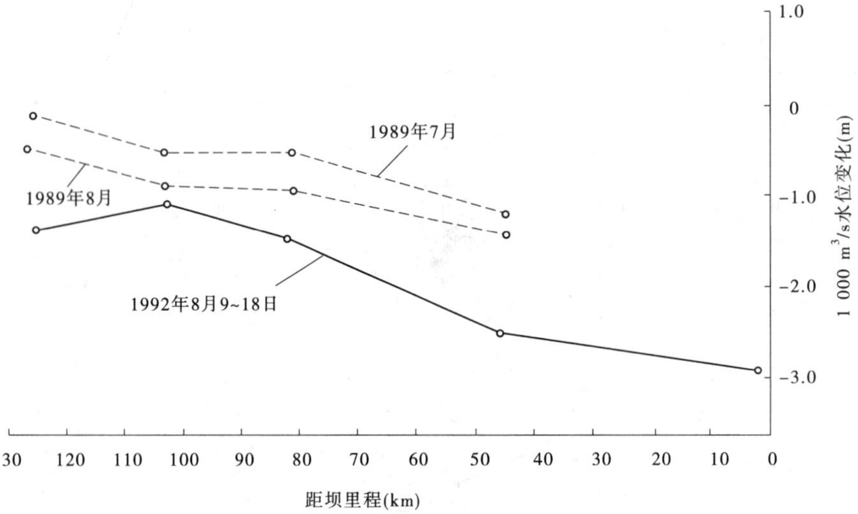

图14-8 三门峡库区溯源冲刷与沿程冲刷图

（三）影响溯源冲刷的因素

影响溯源冲刷的诸多复杂的因素中，汛期径流量和洪水径流量是两个重要因素。除上述的1996年和1997年外，再如1991年汛期的平均库水位为302.06 m，最高水位为305.86 m，是1974年蓄清排浑运用以来最低的年份之一，但因汛期径流量只有约61亿m^3（见表14-7），结果溯源冲刷只上溯到黄淤32断面（距坝77 km），说明汛期平均库水位降低必须与汛期水量和洪水径流量结合起来才能达到强烈的冲刷作用，小流量时降低库水位的冲刷作用不大，这就是"洪水敞泄，平水控制"的理论依据。

汛期上游来水流量小而坝前水位保持较低时，由坝址向上游发展的溯源冲刷形成明显的上凸型纵剖面，凸起段下游纵的比降虽然较大，但因流量小，冲刷能力不大，冲刷河段短、冲刷量小、向上游延伸速度缓慢。汛期小流量时，库水位降得低一些对全库区冲刷量的影响主要是近坝段冲刷量大，愈向上游冲刷量愈小。1980年汛期的情况也是一个很好的例证，该年6月25日~9月1日进行敞泄排沙，8月坝前平均水位只有295.76 m，最低库水位为289.51 m，因在此期间来水流量小（平均为1 160 m^3/s），因而只在距坝约33 km范围内发生强烈冲刷，以上河段的冲淤量就很少了（见图14-9）。

实测资料分析表明，河槽内的淤积量主要依靠溯源冲刷，而水库末端（约距坝90 km以上）的冲刷（或限制淤积上延的控制）则主要依靠在有利水沙条件下的沿程冲刷。为了分析水库在溯源冲刷期间的输沙关系，作者收集了1989年以来水库降低水位排沙的资料，用泄水时段的平均流量、坝前段平均比降及出库输沙率，点绘水库溯源冲刷时的输沙能力与平均流量和比降的关系（见图14-10），从图14-10中可以看出，溯源冲刷时的输沙能力与流量和比降成正比，即随着流量增加，输沙能力以1.8次方指数增加。

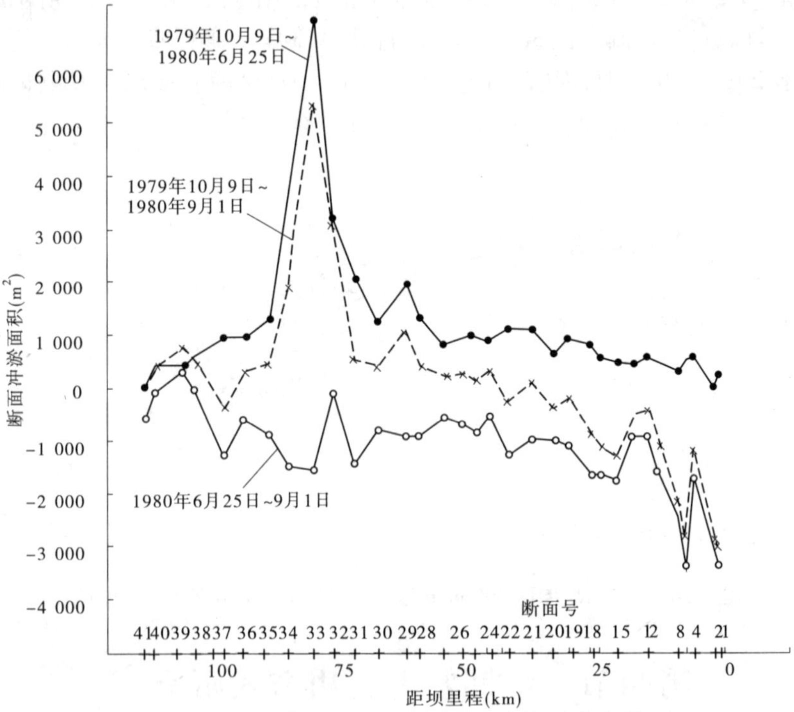

图 14-9　三门峡库区 1980 年冲淤面积沿程分布图

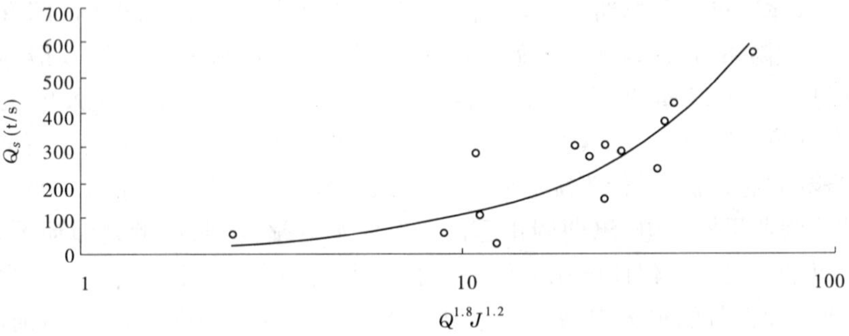

图 14-10　三门峡水库溯源冲刷时的输沙关系

四、坝前冲刷漏斗库容与水位关系

如前所述，在汛期降低水位排沙时，坝前形成一个冲刷漏斗。水库排沙运用实践表明，坝前冲刷漏斗由洪水溯源冲刷所致，漏斗库容随着溯源冲刷的不断发展而逐渐增大。漏斗库容的大小不但与排沙水位有关，而且在一定程度上取决于冲刷历时的长短。自三门峡水利枢纽泄流建筑物改建工程全部投入运用后，1970 ~ 1973 年汛期平均库水位低于 300 m，溯源冲刷不断向上游延伸。1971 年汛期在 7 ~ 9 月平均库水位为 297.76 m 的运用条件下，10 月 3 日测得 305 m 高程以下库容为 0.45 亿 m^3；又经 1972 年、1973 年汛期泄洪排沙运用，于 1973 年 9 月底在平均排沙库水位 296.37 m 的条件下，测得 305 m 高程的库容为 1.03 亿 m^3。控制运用以来，非汛期末近坝段堆积大量非汛期淤积的泥沙，305 m 高程以下库容仅为 0.1 亿 m^3 左右，分布在黄淤 8 断面或黄淤 12 断面以下，经汛期洪水排沙运用之后，305 m 高程以下库容与平均排沙水位之间存在如图 14-11 所示的关系。从图 14-11 中可以看出，控制水位 303～304 m 排沙时，305 m 高程库容为 0.3 亿 m^3 左右；排沙水位降至 298～300 m 时，库容可增至 0.5 亿 m^3。这个库容在汛期发电运用时有很好影响。

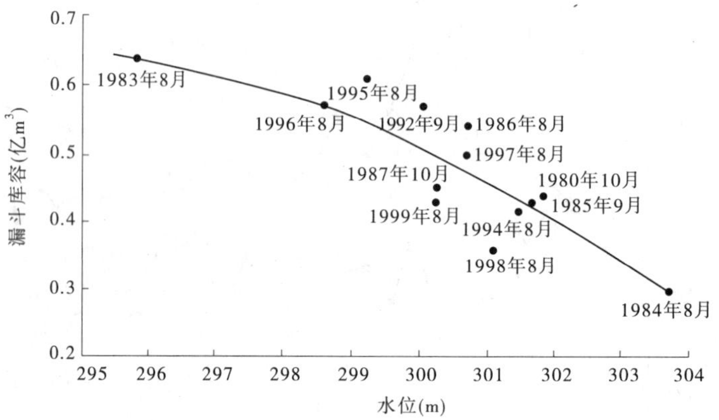

图 14-11　三门峡库区 305 m 高程以下库容与平均排沙水位间的关系

第四节　汛期发电运用方式研究[2-4]

三门峡水库经过水利枢纽工程泄流排沙设施的改建和增建后，根据"四省会议"确定的水库按"合理防洪，排沙放淤，径流发电"的运用原则，对水电站进行改造，原发电机组拆除，机组进口下卧 13 m，安装 5 台单机容量为 5 万 kW 的国产水轮机发电机组，于 1973 年 12 月 26 日第一台机组投产运行，至 1979 年期间全年发电运行，但由于泥沙多、水头低及机组本身的问题，机组运行工况恶劣。经上级领导部门批准，水库从 1980 年汛期停止发电，电站改为非汛期发电，汛期调相运行。作为水电站，汛期水量充沛却不能发电是很不正常的，汛期不发电不仅使电站在汛期失去了保证出力，而且每年损失不少电能，这也是水资源利用和设备的最大浪费。经水利部水管[1994]519 号文批复，黄河水利委员会组织三门峡水利枢纽管理局等有关单位开展了黄河三门峡水库汛期发电运用试验研究工作。试验研究工作从 1994 年开始到 1999 年结束，历时 6 年，提出了"三门峡水利枢纽汛期发电试验研究报告"，并通过了验收，现将试验研究成果简要介绍如下。

一、汛期发电水库运用的基本条件分析

如前所述，在上游未修建大型水库之前，三门峡水库汛期进库水量占全年水量的 60% 左右，非汛期为 40% 左右；上游兴建大型水库并投入运用后，由于调节作用，汛期进库水量年内分配变化较大，三门峡水库汛期进库水量仅占全年水量的 42.2% 左右，非汛期水量占全年水量的 57.8% 左右，而沙量的变化在年沙量减少的过程中，年内分配变化不大，一般汛期进库沙量占全年沙量的 84% 左右，非汛期为 16% 左右。而汛期各月的沙量变化很大，特别是 9 月、10 月的沙量减少较多，来沙量集中在 7 月、8 月。10 月来沙量不到 0.3 亿 t，基本上和非汛期一样，这为处理汛期发电和排沙关系提供了较好的条件。

实测资料及水库运用经验表明，当汛期进库流量大于 3 000 m^3/s 的水量大于 50 亿 m^3 时，潼关高程冲刷下降，而在上游大型水库投入运用后，进库流量大于 3 000 m^3/s 的水量小于 50 亿 m^3，进库流量大于 2 500 m^3/s 的平均含沙量达 94.4 kg/m^3，远大于水轮机组所允许的 30 kg/m^3 的含沙量；而进库流量小于 2 500 m^3/s 的平均含沙量为 24.6 kg/m^3，基本满足水轮机组过水的要求。这样就可以利用洪水时含沙量高而集中排沙，在汛期平水期含沙较低时进行发电。

水库泄空排沙产生强烈的溯源冲刷，是水库排沙的有效措施之一。而在洪水期特别是使高含沙洪水适当降低水位排沙，不仅可以使洪水挟带的大量泥沙通过水库，并且还可以把库区前期淤积的泥沙冲出库外。这样，从水库排沙来说，应充分利用洪水时降低库水位进行排沙，汛期平水期来水含沙量小且流量小，排沙作用不大，可以抬高库水位(305 m)进行发电。

二、“洪水排沙、平水发电”运用指标的确定

为在发电期间控制由于汛期发电运用引起的库区淤积上延，经对 1980 ~ 1988 年汛期不发电和 1989 ~ 1993 年为研究水轮机抗磨损材料而进行的浑水发电进行了分析，确定汛期出库流量为 1 000 m^3/s 时，北村水位降到 309 m 后，作为进行汛期发电的控制指标，该水位比 1980 ~ 1988 年汛期不发电时同流量水位低 1.22 m，比 1989 ~ 1993 年低0.41 m。这表明，汛期发电是在改善库区淤积分布的基础上增加发电效益，并且使汛期发电引起库区的淤积限于坝前，即使淤积上延，也可以通过水库调节迅速消除。

三、水库排沙流量及控制水位

根据黄河下游河道输沙减淤和水库排沙及发电要求等因素，确定水库排沙流量为大于 2 500 m^3/s，一般含沙量(出库)小于 30 kg/m^3，可以满足发电的要求。

水库排沙时的坝前控制水位，首先满足排沙流量 2 500 m^3/s 畅泄的要求，根据 10 个底孔时的泄流曲线查出相应流量 2 500 m^3/s 时的水位为 297.6 m，控制水位采用 298 m，由此计算史家滩至北村的比降为 2.5‰，远大于北村以上的比降，可以满足库区排沙比降的要求；其次，要尽量扩大发电时抬高库水位坝前的调沙库容，减少过机含沙量，改善水轮机运行工况。

四、汛期发电水库运用方式

综上所述，三门峡水库汛期发电的运行方式为：当进库流量大于 2 500 m^3/s 洪水时，库水位降低到 298 m 排沙运用，在北村水位下降到 309 m 高程时(相应 1 000 m^3/s 流量)，洪水过后，出库含沙量又小于 30 kg/m^3 时，可以抬高水位到 305 m 进行发电。在发电过程中，如进库流量大于 2 500 m^3/s 或北村水位超过 310 m，为避免淤积上延，应降低库水位到 298 m 进行排沙运用，待北村水位降到 309 m 高程后再进行发电。根据上述水沙条件，一般进入 10 月以后，可以逐步抬高库水位至非汛期控制 310 m 发电运用。

五、“洪水排沙、平水发电”对库区冲淤调整的作用

据实测资料统计，1993 年 10 月 4 日 ~1999 年 11 月 16 日汛期发电试验期间，库区共

淤积泥沙 0.353 亿 m^3，年均淤积 0.058 8 亿 m^3（见表 14-14）。如果考虑到 1999 年 10 月为配合小浪底水库初期蓄水运用，三门峡水库进行预蓄水，最高库水位高达 318.22 m，有 25 天库水位大于 310 m，致使黄淤 31 断面以下增加淤积约 0.25 亿 m^3，若除此影响，6 年试验库区（潼关以下库区）基本上维持冲淤平衡。

从表 14-14 中可以看出，从各运用时段冲淤的水位来看，汛期平水期控制 305 m 水位运用，因流量小，各库段的冲淤量很小，主要表现在三角洲顶点附近的局部冲刷和坝前壅水段淤积；泄洪排沙期间，北村以下库段发生强烈的溯源冲刷，北村至坫埼段以溯源冲刷为主，兼有沿程冲刷，但冲刷强度较弱。8 月中旬前后，泄洪排沙时，北村以下库段冲淤量大于非汛期淤积量 0.2 亿 ~0.3 亿 m^3，多冲的这部分泥沙正是上年 10 月控制水位发电期间的壅水淤积物，北村至坫埼（黄淤 22—黄淤 36 断面）库段冲淤量约占非汛期淤积量的 80%。而坫埼至潼关（黄淤 36—黄淤 41 断面）河床的冲刷主要受水沙条件的影响，属于沿程冲刷性质。

表 14-14　1994 ~ 1999 年潼关—三门峡段库区分段冲淤量　（单位：亿 m^3）

运用时段（年-月-日）	黄淤 12 以下	黄淤 12—黄淤 22	黄淤 22—黄淤 31		黄淤 31—黄淤 36	黄淤 36—黄淤 41	全库段
			黄淤 22—黄淤 26	黄淤 26—黄淤 31			
1993-10-04 ~ 1994-06-03（非汛期）	0.038	0.274	0.230	0.470	0.235	0.047	1.294
1994-06-03 ~ 08-26（泄洪排沙）	−0.185	−0.331	−0.212				
1940-08-26 ~ 10-02（发电期）	0.083	0.022	−0.041				
1994-06-03 ~ 10-02（汛期）	−0.102	−0.307	−0.782		−0.303	0.006	−1.488
1994-10-02 ~ 1995-06-07（非汛期）	0.143	0.559	0.895		0.170	−0.010	1.757
1995-06-07 ~ 08-19（泄洪排沙）	−0.347	−0.602	−0.625				
1995-08-19 ~ 10-22（发电期）	0.295	0.160	−0.215				
1995-06-07 ~ 10-22（汛期）	−0.052	−0.442	−0.840		−0.147	0.100	−1.381
1995-10-22 ~ 1996-05-21（非汛期）	0.049	0.336	0.858		0.272	0.027	1.542
1996-05-21 ~ 08-25（泄洪排沙）	−0.293	−0.172	−1.53		−0.410	−0.088	−2.493
1996-08-25 ~ 11-05（发电期）	0.240	0.223	0.083		−0.019	0.001	0.528

续表 14-14

运用时段 (年-月-日)	黄淤 12 以下	黄淤 12— 黄淤 22	黄淤 22—黄淤 31		黄淤 31— 黄淤 36	黄淤 36— 黄淤 41	全库段
			黄淤 22— 黄淤 26	黄淤 26— 黄淤 31			
1996-05-21 ~ 11-05(汛期)	-0.053	-0.489	-1.45		-0.429	-0.087	-2.508
1996-11-05 ~ 1997-06-03 (非汛期)	0.046	0.160	0.719		0.290	0.037	1.252
1996-06-03 ~ 08-27 (泄洪排沙)	-0.184	-0.358	-0.445		0.014	0.069	-0.904
1996-08-27 ~ 11-04(发电期)	0.124	0.131	0.022		-0.114	0.027	0.190
1996-06-03 ~ 11-04(汛期)	-0.070	-0.227	-0.423		-0.100	0.096	-0.724
1997-11-14 ~ 1998-06-28 (非汛期)	0.040	0.210	1.03		0.470	0.010	1.76
1998-06-28 ~ 08-27 (泄洪排沙)	-0.130	-0.320	-0.960		-0.430	-0.050	-1.89
1998-08-27 ~ 11-18(发电期)	0.130	0.180	0.040		-0.05	-0.019	0.281
1998-06-28 ~ 11-08(汛期)	0	-0.140	-0.920		-0.480	-0.070	-1.61
1998-11-18 ~ 1999-05-25 (非汛期)	0.031	0.291	0.992		0.308	0.058	1.68
1999-05-25 ~ 08-24 (泄洪排沙)	-0.184	-0.408	-0.806		-0.229	-0.009	-1.636
1999-08-24 ~ 11-16(发电期)	0.192	0.233	0.135		-0.086	-0.059	0.415
1999-05-25 ~ 11-16(汛期)	0.008	-0.175	-0.671		-0.315	-0.068	-1.221
1993-10-04 ~ 1999-11-16	0.078	0.050	0.108		-0.029	0.146	0.353

从三门峡库区各时段汛末各断面同流量平均水位对比(见表 14-15)可以看出。在 1994 ~ 1999 年汛期发电试验期间,虽然汛期来水量小,但是由于采用了“洪水排沙、平水发电”的运用方式,北村水位(308.56 m)比 1980 ~ 1998 年汛期不发电时的水位低 1.66 m;比 1989 ~ 1993 年浑水发电时的水位低 0.85 m;比试验开始计划的控制水位 309 m 还低 0.44 m。在发电试验过程中,没有发现由于淤积上延而使北村水位升高的现象,而且也没有出现运用方式规定的“当北村水位达到 310 m 时,停止发电、强迫排沙”的现象。但大禹渡以上各断面的水位均有不同程度的升高,并且升高值沿程增加,表明在此时段潼关高程的升高不是由于水库运用引起的。综上所述,汛期发电试验采用“洪水排沙、平水发电”的水库运用方式,由此引起的库区淤积限于北村以下,并对北村河床的下降取得明显效果。

表 14-15　三门峡库区各断面同流量平均水位

时段	潼关水量（亿 m^3）	同流量水位(m)				
		潼关	坫埼	大禹渡	北村	史家滩
1980～1988 年	209.0	326.97	322.90	316.81	310.22	304.67
1989～1993 年	135.3	327.61	323.55	317.24	309.41	304.59
1994～1999 年	101.7	328.05	323.87	317.40	308.56	305.69

六、"洪水排沙、平水发电"对汛期发电的效益

(一)减少过机泥沙,减轻水轮机磨损破坏

从汛期发电试验成果来看,经过洪水排沙运用后,在库水位 305 m 高程下约有 0.5 亿 m^3的库容可供汛期平水发电时调节泥沙之用,同时视来水情况尽量开启底孔和隧洞等进口高程低的泄流建筑物分流、分沙,这对减少过机含沙量、减轻水轮机的磨损作用显著。表 14-16 列出了 1990～1998 年三门峡水库经过水库调沙和泄流建筑物分沙,使出库与过机含沙量减少的情况,从表中可以看出减沙效益(率)一般为 30%～60%。对于令机组磨损严重的粗泥沙($D\geq0.05$ mm),水库调沙的削减作用更为明显,平均粒径和中值粒径均有大幅度的下降。这表明,减少磨损作用对延长水轮机叶片的寿命、减少汛期发电成本是很重要的,亦是提高汛期发电效益的重要措施。

表 14-16　1990～1998 年三门峡水库减少过机含沙量统计

序号	项目	1990 年	1991 年	1992 年	1993 年	1994 年	1995 年	1996 年	1997 年	1998 年
①	平均进库含沙量（kg/m^3）	41.9	24.8	20.2	14.1	32.3	41.0	21.9	14.8	29.5
②	平均出库含沙量（kg/m^3）	36.4	19.7	11.1	11.2	19.0	31.4	12.6	5.39	18.4
③	平均过机含沙量（kg/m^3）	28.8	17.1	9.29	9.97	15.6	21.3	9.92	3.66	12.9
④	水库调水减沙率（%）	13.1	20.6	45.0	20.6	41.2	23.4	42.5	63.6	37.6
⑤	泄流建筑物分水减沙率（%）	20.9	13.2	16.3	11.0	17.9	32.2	21.3	32.1	29.9
⑥	综合减沙率(%)	31.3	31.0	54.0	29.3	51.7	48.0	54.7	75.3	56.3

注:④=(①-②)/①;⑤=(②-③)/②;⑥=(①-③)/①。

(二)增加发电时间,提高时间和水量利用率

由于“洪水排沙、平水发电”运用方式充分利用洪水排沙,合理地处理了排沙与发电的关系,坝前调沙库容使过机泥沙减少,既满足了排沙要求,又为发电创造了较好的运行条件,同时还争取了发电时间、提高了时间利用率。这主要表现在:从 1994 年开始,首先改变了以前第一场洪水前不发电的运行方式,而是充分利用进入汛期第一场洪水排沙之前的平水少沙时段进行发电,发电运行小时数 5 年平均为 352 h/a,5 年累计增加发电量 0. 8 亿 kWh;其次是以北村水位 309 m(相应 1 000 m^3/s 流量)作为排沙后恢复发电的指标,并结合洪水预报将排沙后恢复发电时间由 1994 年以前的 8 月底提前到 8 月 20 日或更早的时间,5 年平均发电运行小时提高了 68 h/a,5 年累计增加发电量 0. 733 亿 kWh。由于机组磨损减少、使用时间增加,减少了检修时间,使较多的机组投入运行,加上发电时间增加,使发电水量利用率和发电量也大幅度提高(见表 14-17)。从表 14-17 中可以看出,1994 年以后水量利用率和发电量(1997、1998 年因水量太少,加上电网等原因,发电量减少)均有明显增加,说明采用“洪水排沙、平水发电”运用方式后,三门峡水电站的汛期发电效益有了较大提高。

表 14-17　三门峡水库汛期发电水量利用率

项目	1990 年	1991 年	1992 年	1993 年	1994 年	1995 年	1996 年	1997 年	1998 年
汛期总水量(亿 m^3)	140	61. 1	130	140	134	116	127	55. 5	86. 0
洪水期水量(亿 m^3)	28. 3	13. 2	62. 6	42. 1	54. 9	47. 6	34. 7	10. 2	30. 6
平水期水量(亿 m^3)	111. 7	47. 9	67. 4	97. 9	79. 1	68. 4	92. 3	45. 3	55. 4
发电用水量(亿 m^3)	13. 4	10. 5	21. 5	18. 0	33. 9	31. 3	49. 7	24. 3	17. 6
水量利用率(%)	12. 0	21. 9	31. 9	18. 4	42. 9	45. 8	53. 8	53. 6	31. 8
发电量(亿 kWh)	0. 69	0. 58	1. 15	1. 12	1. 96	1. 83	2. 12	1. 27	0. 95

通过上述,汛期调度运用可以归纳为如下四个方面:

(1)三门峡水库是多沙河流上兴建的第一座重要控制性工程,其不但在地理位置上具有特殊性,而且水库调度运用之复杂、管理要求之严格、技术改造难度之大在目前国内水库调度运用和管理工作上可以说是没有先例的。但这为研究多沙河流水库管理和水库调度运用提供一个很好的试验基地。

三门峡水库运用经验指出,在上游来沙没有得到有效控制前,水库非汛期蓄水运用库区淤积的泥沙要求在一定的时间降低水库运用水位将其冲刷出库。汛期水库采取“平水控制、洪水敞泄”的运用方式,利用了黄河水沙分配不均匀性及汛期的排沙能力,其关键在于几场洪水的自然规律,在洪水期降低库水位敞泄排沙,实现了水库冲淤平衡,发挥了水库的综合利用效益。

(2)根据洪水期输沙能力大的规律,分析水库各运用时段流量级汛期水量、沙量及冲淤强度资料,其表明,当流量小于 1 500 m^3/s 时,库区冲淤量与冲淤强度均较小;流量大于 4 500 m^3/s 时,水库可能出现不同程度的滞洪现象,冲淤量和冲淤强度反而减少,甚至发生壅水淤积,但峰后产生强烈冲刷;大的冲淤强度一般发生在 2 500 ~ 4 000 m^3/s 的流量

级，表明对水库泥沙冲淤平衡较为有利。

(3)溯源冲刷与沿程冲刷是三门峡水库汛期排沙的主要方式。分析汛期洪水冲刷的全过程可以看出，汛初水库库区冲刷表现为溯源冲刷以及溯源冲刷与沿程冲刷相互衔接。坫垮至坝前库段以溯源冲刷为主，兼有沿程冲刷，而潼关至坫垮段则主要受水沙条件影响，属沿程冲刷性质。三门峡水库资料表明，溯源冲刷的范围和数量对冲刷非汛期淤积在库内的泥沙、恢复有效库容十分重要。其溯源冲刷的范围一般可达到太安（大禹渡，距坝72.3 km），如若遇到有利的水沙条件，可能发展到坫垮，以致发展为溯源冲刷与沿程冲刷相互衔接。

影响溯源冲刷的因素很多，而汛期径流量和洪水径流量是两个重要因素。分析水库在溯源冲刷期间的输沙关系可得，溯源冲刷的输沙能力与流量和比降成正比，即随着流量的增加，输沙能力以1.8次方指数增加。这表明，在枯水条件下，特别是在汛期洪水发生次数明显减少或洪水量很小的情况下，对库区泥沙冲淤平衡带来不利影响。

(4)汛期发电运用方式，黄河水利委员会三门峡水利枢纽汛期发电试验研究组提出的成果，汛期发电水库采用“洪水排沙、平水发电”的运用方式，经过1994～1999年的试验研究取得很好的成果。在三门峡水库汛期调度运用的发电实践中，证明这种运用方式是可行的。在实际运用中，库区冲淤基本平衡，控制了淤积上延，没有出现由于汛期发电运用而引起潼关高程上升的问题；取得了发电效益、增加了发电时间和提高了水量利用率；利用坝前漏斗库容调沙，减少粗泥沙过机数量，从而减轻水轮机磨损破坏，增加了水轮机运行时间，延长了水轮机叶片寿命，较好地解决了汛期发电与水库排沙的矛盾。

参考文献

[1] 杨庆安，龙毓骞，缪凤举．黄河三门峡水利构纽运用与研究[M]．郑州：河南人民出版社，1995.

[2] 缪凤举，丁六逸，钱意颖．“洪水排沙、平水发电”——三门峡水库汛期发电运用方式的研究[J]．泥沙研究，2001(2)：17-20.

[3] 焦恩泽．黄河水库泥沙[M]．郑州：黄河水利出版社，2004.

[4] 黄河水利科学研究院．三门峡水库运用对潼关高程的影响[M]// 中国水利学会．黄河三门峡工程泥沙问题．北京：中国水利电力出版社，2006：234-261.

第十五章　三门峡水库潼关河段清淤工程

第一节　概　述

潼关位于黄河三门峡大坝上游113.5 km处，黄河与渭河在其上游附近交汇。潼关上游附近的河道宽度为5~10 km，黄河与渭河交汇后，至潼关断面缩窄成800 m左右，形成天然卡口。特殊的地理位置，使潼关对汇流区及其以上河段起着局部侵蚀基准面的作用。潼关断面的河床高程淤积抬升，势必造成河道淤积上延，导致其以上河段淤积增加，从而增大了渭河下游和黄河小北干流河段的防洪压力。因此，潼关高程（指潼关断面（六）1 000 m^3/s流量对应水位）作为长期困扰黄河小北干流、渭河下游防洪和三门峡水库运用的焦点与难点问题，也是近期黄河治理的重点，受到各方面的重视和广泛关注。

自1973年底三门峡水库采用蓄清排浑控制运用以来，潼关高程的演变规律是汛期冲刷下降、非汛期淤积抬升。汛期冲刷幅度主要取决于洪水流量的大小，非汛期淤积幅度主要受水沙条件和水库蓄水的影响。1974~1985年期间潼关高程年际间虽然有升有降，但基本保持了相对稳定；1986年以后，由于水沙条件恶化，汛期来水量及洪水流量大幅度减小，尽管在此期间三门峡水库降低了非汛期的最高蓄水位，但库区年内仍未实现冲淤平衡，潼关高程持续抬升。

大量研究成果表明[1,2]，影响潼关高程的因素非常复杂，来水来沙条件是决定潼关高程升降的关键因素。由于受气候、上中游水库调蓄、水保工程拦蓄、工农业用水量增加等多种因素的影响，进入潼关河段（潼关至坫埼），径流量大幅度减少，而平均含沙量增大，大流量洪峰发生几率降低。这种不利的水沙条件在今后相当长的时期内很难改变，靠天然水流冲刷和河道调整，不能满足潼关河段的冲淤平衡。要减少潼关河段累积性淤积，控制或降低潼关高程，仅靠改变三门峡水库运用方式难以控制潼关高程抬升，必须采取多种措施综合治理。

潼关清淤作为综合治理措施之一，清淤工程在改善河道边界条件、增加河道输沙能力、调整淤积分布和减少潼关河段淤积、控制潼关高程等方面取得了较好的效果。

第二节　潼关清淤基本情况

潼关河段射流清淤工程从1996年开始，到2003年已开展了8年，8年来清淤规模不断扩大，内容不断增加，管理不断完善，研究也在不断深入[3]。射流清淤的基本原理是利用射流船上喷嘴喷出的高速水流将河底泥沙冲起，借助大河水流增加输沙能力，从而达到减少潼关河段淤积、抑制潼关高程抬升的目的。

1996年开始清淤试验时，主要清淤设备只有2条自制的简易射流船，到1999年共设计制造了 4 条不同型号的专业射流船,2001 年又续造了 5 艘两种不同船型的专业射流船,分别于 2001 年汛期、2002 年桃汛期投入使用,2002 年、2003 年射流船均为 9 条。1996~1998年每年投入扰流船 3 艘,1999 年为 1 艘。随着专业射流船的投入使用,2000年起取消了扰流船。

1996~1999 年,每年只在汛期清淤,从 2000 年开始,增加桃汛清淤,适宜清淤作业的大河水沙条件为流量 250~3 500 m^3/s,含沙量小于 150 kg/m^3。清淤河段基本选在主要影响潼关高程升降的潼关至坫垮的河段内❶[4-8],实际操作过程中,根据河势变化随时调整重点作业河段(见表 15-1)。清淤船操作指标:喷嘴提升高度(即离河床高度)为 0.3~0.7 m;喷嘴与床面夹角为 60°~90°;作业航速为 $0^\#$船 0.2~1.5 km/h,其余的 8 条船 0.5~3.0 km/h;清淤作业以逆流顺冲和顺流顺冲为主,船队作业时,前后船距一般保持 200~300 m。

表 15-1 历年潼关河段清淤基本情况一览表❷[9-14]

年份	清淤时间(月-日)	清淤河段	射流船(艘)	扰流船(艘)	总功率(kW)	投入人力(人)
1996	05-20~09-20	黄淤 41—黄淤 38	2	3	1 076	64
1997	05-20~09-20	黄淤 41—黄淤 37	2	3	1 279	64
1998	06-01~10-15	黄淤 40—黄淤 37	2	3	1 305	64
1999	08-01~09-30	黄淤 39—黄淤 37+3	4	1	2 940	64
2000	桃汛:03-23~04-15 汛期:06-23~10-15	黄淤 41—黄淤 37+5 黄淤 39+4—黄淤 37+4	4	0	2 720	60
2001	桃汛:03-15~04-15 汛期:07-28~10-20	黄淤 39+4—黄淤 37+4 黄淤 39+4—黄淤 36+1	6	0	4 010	80
2002	桃汛:03-10~04-20 汛期:06-24~10-15	黄淤 39+4—黄淤 37+1 黄淤 39+7—黄淤 36+2	9	0	6 560	102
2003	桃汛:03-15~04-15 汛期:09-04~10-10	黄淤 41—黄淤 39 黄淤 41—黄淤 39+2	9	0	6 560	102

每年清淤开始之前,在进行河势查勘的基础上,根据河势变化及多年的水沙资料分析,进行清淤实施方案设计。在清淤组织施工管理过程中,由最初的 1996~1998 年的试验项目管理阶段,逐步发展到 1999~2003 年的按照基本建设三项制度进行项目管理阶段,项目管理逐步走向正规❸。在加测资料和水沙资料观测的基础上,每年清淤结束之

❶ 1998 年黄河潼关河段清淤效果初步分析,黄河水利委员会三门峡库区水文水资源局,1998 年。

❷ 2000 年潼关清淤情况及效果分析,黄河水利委员会三门峡库区水文水资源局,2001 年。

❸ 2000 年潼关河段清淤工程外业施工报告,黄河水利委员会三门峡库区水文水资源局,2000 年。

后，均对当年的清淤效果进行分析，最后对当年的清淤工程进行组织验收。

第三节　水沙特性及水库运用

一、水沙特性

1986 年以来，受气候变化、上游水库调蓄、水保工程拦蓄、工农业用水量增加等多种因素的影响，进入潼关站的水沙条件发生了趋势性的变化，年径流量大幅度减少，年内径流量分配也发生了变化。

（一）年际水沙变化

清淤期间（1996～2003 年）年水沙量变化见表 15-2，最大年径流量为 1996 年的 255.43 亿 m^3，最小年径流量为 2001 年的 158.02 亿 m^3，最大年输沙量为 1996 年的 11.63 亿 t，最少年沙量为 2001 年的 3.37 亿 t；汛期来水量超过 100 亿 m^3 的只有 2003 年和 1996 年，其他年份均小于 100 亿 m^3，最枯的为 1997 年，仅为 55.56 亿 m^3，是潼关建站以来的最枯年份，其次为 2002 年和 2001 年，仅为 58.11 亿 m^3 和 61.13 亿 m^3；汛期来沙量最多的是 1996 年，为 9.62 亿 t，最少的是 2000 年，仅为 1.97 亿 t。

三门峡水库蓄清排浑运用以来，不同时段潼关水文站的水沙变化各不相同（见表 15-3）。1974～1985 年，年均径流量 400.9 亿 m^3，较多年（1974～2003 年）平均多 30%，年均输沙量 10.6 亿 t，较多年（1974～2003 年）平均多 26%，来水来沙偏多；1986～2003 年年均径流量 247.8 亿 m^3，较多年径流平均减水 20%，年均输沙量 7 亿 t，较多年（1974～2003 年）平均减沙 17%，来水来沙偏少。

表 15-2　清淤年份潼关水文站年内水沙量分配　（单位：径流量，亿 m^3；输沙量，亿 t）

月份	项目	1996 年	1997 年	1998 年	1999 年	2000 年	2001 年	2002 年	2003 年
11 月	径流量	15.41	17.06	5.01	7.86	12.54	13.88	16.44	11.15
	输沙量	0.28	0.24	0.04	0.11	0.09	0.11	0.15	0.11
12 月	径流量	15.37	8.81	9.95	15.62	16.19	13.02	11.35	10.69
	输沙量	0.29	0.10	0.18	0.29	0.22	0.09	0.10	0.12
1 月	径流量	9.55	12.59	10.70	12.70	7.23	11.57	9.61	7.04
	输沙量	0.13	0.15	0.18	0.20	0.06	0.07	0.08	0.03
2 月	径流量	12.44	13.32	12.22	14.54	16.66	13.83	15.51	10.13
	输沙量	0.18	0.15	0.17	0.23	0.15	0.10	0.16	0.10
3 月	径流量	18.27	26.29	24.08	28.96	23.86	19.89	17.54	16.23
	输沙量	0.23	0.38	0.50	0.47	0.35	0.19	0.16	0.16
4 月	径流量	31.40	17.34	13.67	21.30	25.15	13.78	16.20	12.83
	输沙量	0.47	0.14	0.09	0.18	0.25	0.07	0.10	0.11

续表 15-2

月份	项目	1996 年	1997 年	1998 年	1999 年	2000 年	2001 年	2002 年	2003 年
5 月	径流量	9.52	6.69	17.53	10.83	4.81	5.57	14.75	6.71
	输沙量	0.05	0.05	0.90	0.09	0.01	0.01	0.09	0.03
6 月	径流量	15.49	2.64	12.63	8.77	8.32	5.35	21.09	6.31
	输沙量	0.38	0.01	0.11	0.05	0.41	0.02	1.02	0.03
7 月	径流量	24.38	6.82	32.31	32.58	14.26	3.30	16.37	9.60
	输沙量	3.90	0.62	2.47	2.95	0.58	0.20	1.20	0.33
8 月	径流量	54.43	27.49	29.09	21.91	16.09	15.72	13.11	27.84
	输沙量	4.91	3.26	1.51	0.26	0.60	1.74	1.00	2.11
9 月	径流量	33.77	13.41	14.43	21.60	16.12	23.29	15.24	58.73
	输沙量	0.66	0.18	0.19	0.25	0.31	0.51	0.28	1.45
10 月	径流量	15.40	7.84	10.30	20.89	26.62	18.82	13.39	60.28
	输沙量	0.15	0.06	0.09	0.27	0.48	0.26	0.15	1.43
非汛期	径流量	127.45	104.74	105.79	120.58	114.76	96.89	122.49	81.09
	输沙量	2.01	1.22	2.17	1.62	1.54	0.66	1.86	0.69
汛期	径流量	127.98	55.56	86.13	96.98	73.09	61.13	58.11	156.45
	沙量	9.62	4.12	4.26	3.73	1.97	2.71	2.63	5.32
年	径流量	255.43	160.30	191.92	217.56	187.85	158.02	180.60	237.54
	沙量	11.63	5.34	6.43	5.35	3.51	3.37	4.49	6.01

表 15-3　潼关站不同时段水沙变化特征

时段	径流量(亿 m^3)			输沙量(亿 t)			含沙量(kg/m^3)		
	非汛期	汛期	运用年	非汛期	汛期	运用年	非汛期	汛期	运用年
1974～1985 年	164.7	236.2	400.9	1.6	8.9	10.6	10.3	37.7	26.4
1986～2003 年	134.7	113.1	247.8	1.8	5.2	7.0	13.4	46.0	28.2
1986～1995 年	155.1	131.9	287.0	1.9	5.9	7.8	12.2	44.7	27.2
1996～2003 年	109.2	89.4	198.6	1.6	4.3	5.9	14.6	48.1	29.7
1974～2003 年	146.7	162.3	309.0	1.7	6.7	8.4	11.6	41.3	27.2
1974～1985 年与 1974～2003 年相差百分比(%)	12	46	30	-6	33	26			

续表 15-3

时段	径流量(亿 m^3)			输沙量(亿 t)			含沙量(kg/m^3)		
	非汛期	汛期	运用年	非汛期	汛期	运用年	非汛期	汛期	运用年
1986~2003 年与 1974~2003 年相差百分比(%)	-8	-30	-20	6	-22	-17			
1986~1995 年与 1974~2003 年相差百分比(%)	6	-19	-7	12	-12	-7			
1996~2003 年与 1974~2003 年相差百分比(%)	-26	-45	-36	-6	-36	-30			

图 15-1 的水量变化过程说明,1974 年以来汛期和年水量具有持续减少的趋势,非汛期水量相对减少较小。1986 年以后,除个别年份外,汛期水量均小于非汛期。特别是实施清淤的 1996~2003 年,除 2003 年外,汛期水量减少幅度更大,如 1997 年汛期水量仅有 55.56 亿 m^3,由于汛期来水量的大幅度减少,同时也导致汛期来沙量减少(见图 15-2)。由图 15-2 可以看出,1996 年以后年沙量的减少主要是因汛期沙量减少引起的。

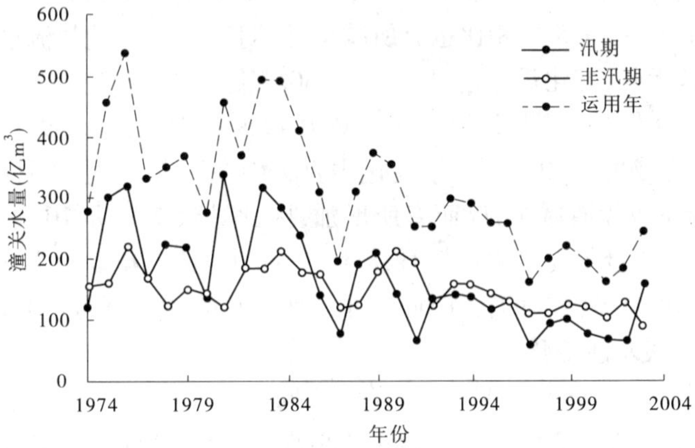

图 15-1　1974 年以来潼关水量变化过程

由于水沙量的不同步变化,使得含沙量增加。全年平均含沙量 1974~1985 年为 26.4 kg/m^3,1986~1995 年为 27.2 kg/m^3,1996~2003 年为 29.7 kg/m^3;汛期平均含沙量分别为 37.7 kg/m^3、44.7 kg/m^3 和 48.1 kg/m^3;非汛期含沙量分别为 10.3 kg/m^3、12.2 kg/m^3、14.6 kg/m^3,均有增加。

(二)年内水沙分配

潼关站 1986 年以后不仅来水来沙量比 1974~1985 年大幅度减少,而且由于上游龙羊峡水库调蓄作用,导致水沙量在年内的分配也发生较大变化。从表 15-4 中可以看出,清淤时段(1996~2003 年)非汛期、汛期来水量与枯水时段 1986~1995 年相比分别减少

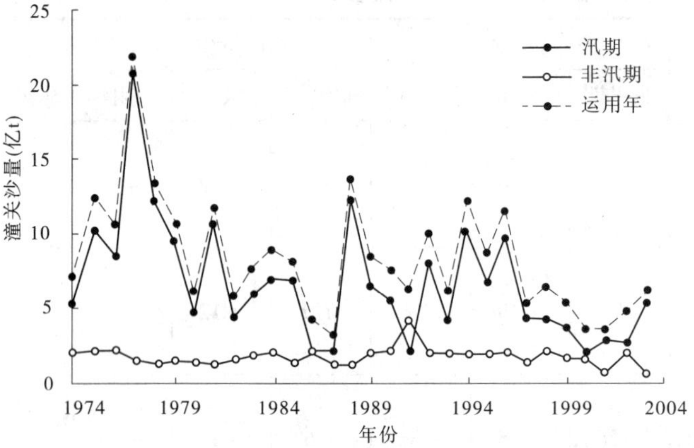

图 15-2　1974 年以来潼关站沙量变化过程

29.6%和32.2%；输沙量虽然也有减少，但是减少幅度均小于径流量的减少幅度，从而导致含沙量增加。

各月的变化幅度存在较大差异（见表15-4）。与丰水系列1974～1985年相比，1996～2003年汛期各月水量均有大幅度减少，变化最大的是9月，由68.4亿m^3减为24.5亿m^3，减少64.2%；其次是10月，由60.1亿m^3减为21.7亿m^3，减少63.9%，非汛期径流量减少主要发生在11月，由28.2亿m^3减为12.4亿m^3，减少56%。汛期各月沙量减少也主要是9月、10月，分别减沙74.3%和62.3%，非汛期5月的沙量略有增加。

与枯水系列1986～1995年相比也有所减少，汛期7月、8月的径流量减少到与3月、4月桃汛径流量相差无几，变化最大的是7月，由30.7亿m^3减为17.5亿m^3，减少43.0%；其次是8月，由45.0亿m^3减为25.7亿m^3，减少42.9%，10月增水8.5%，非汛期各月水量也均有减少，平均减少32.2%。沙量变化主要集中在汛期，8月、9月减沙较多，7月减沙较少，10月沙量不仅没有减少，反而有所增加，因此导致7月和10月含沙量增加相对较多。总体来看，来沙量主要集中在7月、8月，9月、10月已与非汛期来沙量相近，其来水来沙特点已经不再具备汛期的特征，而与非汛期各月的特征更为相近。

（三）不同流量级水沙变化

表15-5为清淤时段1996～2003年潼关站不同流量级水沙特征。由表15-5中可以看出，清淤时段日均流量大于2 500 m^3/s流量级出现天数除2003年有28天外，其他年份均很少，特别是1999～2002年出现天数为0。而日均流量小于1 500 m^3/s的流量级出现天数、水沙量大幅度增加。这对潼关河段的冲刷以及潼关高程的下降非常不利。

与历史时期相比，1974～1985年潼关站日均流量大于2 500 m^3/s的出现天数占汛期天数的1/3，相应水量占汛期水量的1/2以上；小于1 500 m^3/s流量相应的水、沙量仅占汛期的约15%和10%，相应天数约占汛期的1/3。1986年以后，流量在2 500 m^3/s以上的天数大大缩短，小于1 500 m^3/s流量的天数大幅度增加。而1996～2003年与枯水时段1986～1995年相比，大于2 500 m^3/s的天数占汛期的比例减少了5.6%，水量和沙量则分别减少了10.37%和19.62%；1 500～2 500 m^3/s流量级的天数占汛期的比例减少了9.6%，水量减少了7.02%，沙量则增加了4.65%；1 000～1 500 m^3/s流量级的天数占汛

表 15-4　1996～2003 年潼关站水沙量与不同水沙系列对比

项目	时段	11 月	12 月	1 月	2 月	3 月	4 月	5 月	6 月	7 月	8 月	9 月	10 月	11 月～翌年 6 月	7～10 月	运用年
径流量（亿 m^3）	1974～1985 年	28.2	17.3	16.1	19.3	26.1	25.5	18.3	13.9	44.4	63.3	68.4	60.1	164.7	236.2	400.9
	1986～1995 年	18.7	16.5	16.4	18	28.6	25.9	13.9	17.1	30.7	45.0	36.2	20	155.1	131.9	287.0
	1996～2003 年	12.4	12.6	10.1	13.6	21.8	19	9.6	10.1	17.5	25.7	24.5	21.7	109.2	89.4	198.6
输沙量（亿 t）	1974～1985 年	0.3	0.2	0.2	0.2	0.2	0.2	0.2	0.2	2.5	3.5	1.9	1	1.7	8.9	10.6
	1986～1995 年	0.2	0.2	0.2	0.2	0.3	0.2	0.1	0.6	1.8	2.8	1.1	0.2	1.9	5.9	7.8
	1996～2003 年	0.1	0.2	0.1	0.2	0.3	0.2	0.2	0.3	1.5	1.9	0.5	0.4	1.6	4.3	5.9

期的比例减少了10.5%，径流量减少了4.15%，输沙量则增加了0.71%；500～1 000 m^3/s 流量级的天数占汛期的比例增加了5%，水量和沙量则分别增加了12.91%和9.84%；而小于500 m^3/s 流量级的天数占汛期比例增加20.9%，水量和沙量则分别增加了8.62%和4.42%，参见表15-5、表15-6。可见，1996年以后的水沙与枯水时段1986～1995年相比，更加不利。

表15-5　1996～2003年潼关站不同流量级出现天数及水沙特征值

项目	流量级(m^3/s)	1996年	1997年	1998年	1999年	2000年	2001年	2002年	2003年
天数(d)	$Q≤500$	16	74	50	17	36	50	67	34
	$500<Q≤1\ 000$	39	34	45	63	68	59	50	16
	$1\ 000<Q≤1\ 500$	28	11	12	34	15	11	4	22
	$1\ 500<Q≤2\ 000$	26	2	8	5	2	2	1	13
	$2\ 000<Q≤2\ 500$	10	1	6	4	2	1	1	10
	$Q>2\ 500$	4	1	2	0	0	0	0	28
径流量(亿m^3)	$Q≤500$	4.12	17.20	15.39	5.45	8.58	7.59	20.49	9.58
	$500<Q≤1\ 000$	22.80	19.82	27.50	40.62	43.04	37.09	30.30	9.79
	$1\ 000<Q≤1\ 500$	52.66	10.51	12.87	34.92	14.96	11.48	3.91	25.04
	$1\ 500<Q≤2\ 000$	37.74	3.08	12.63	7.72	2.88	2.83	1.64	19.60
	$2\ 000<Q≤2\ 500$	20.31	1.86	11.35	8.26	3.63	2.13	1.78	19.32
	$Q>2\ 500$	13.14	3.09	6.40	—	—	—	—	73.14
输沙量(亿t)	$Q≤500$	0.06	0.26	0.15	0.04	0.21	0.24	0.58	0.31
	$500<Q≤1\ 000$	0.50	0.74	0.62	0.60	1.10	0.86	1.27	0.44
	$1\ 000<Q≤1\ 500$	2.22	0.70	0.59	1.11	0.43	0.63	0.25	0.52
	$1\ 500<Q≤2\ 000$	2.57	0.80	0.81	0.95	0.09	0.24	0.27	0.32
	$2\ 000<Q≤2\ 500$	2.09	0.42	1.01	1.04	0.13	0.73	0.26	0.76
	$Q>2\ 500$	2.69	1.19	1.08	—	—	—	—	2.97

表15-6　潼关站汛期不同时段各流量级水沙特征统计

流量级(m^3/s)		$Q≤500$	$500<Q≤1\ 000$	$1\ 000<Q≤1\ 500$	$1\ 500<Q≤2\ 000$	$2\ 000<Q≤2\ 500$	$Q>2\ 500$
各流量级天数占汛期(%)	1974～1985年	1.8	13.6	18.5	17.0	15.0	34.1
	1986～1995年	14.0	32.8	24.4	13.5	5.9	9.3
	1996～2003年	34.9	37.8	13.9	6.1	3.7	3.7
各流量级水量占汛期水量(%)	1974～1985年	0.31	4.63	10.36	13.30	15.04	56.36
	1986～1995年	3.68	19.07	24.03	18.60	10.57	24.06
	1996～2003年	12.30	31.98	19.88	12.62	9.53	13.69
各流量级沙量占汛期沙量(%)	1974～1985年	0.10	2.80	7.34	11.08	15.28	63.39
	1986～1995年	0.93	7.88	16.51	19.15	12.66	42.87
	1996～2003年	5.35	17.72	17.22	17.46	19.00	23.25

(四)洪水特点

不同时段场次洪水特征值对比见表15-7。由表15-7可知，1974～1985年，潼关站多年平均洪峰流量7 339 m^3/s，大于10 000 m^3/s 流量的洪峰共出现4 次，3 000 m^3/s 以上洪峰平均每年发生 4～6 次，年平均洪水历时约为 75.9 天，洪量 186.9 亿 m^3，相应输沙量 7.84 亿 t。1986～1995 年，进库洪水场次明显减少，每年汛期平均发生 3～4 次，平均历时 40.7 天，相应洪量 73.8 亿 m^3，比前一时段减少了 113.1 亿 m^3，相应输沙量 4.69 亿 t，比前一时段减少 3.15 亿 t，洪水期平均含沙量为 63.5 kg/m^3，每立方米较前一时段增加 21.6 kg。1996 年以后，洪峰流量进一步减小，洪水发生次数更少，年均洪水历时只有24.4 天，洪量变化最为显著，年均只有 43.3 亿 m^3，沙量 3.68 亿 t，洪水期平均含沙量为 85.0 kg/m^3，是 1974～1985 年的 2 倍多。

1996～2003 年与前两个时段相比，年均洪水历时明显缩短，最大洪峰流量降低，年均洪量大幅度减少。虽然洪水期间的来沙量也有所减少，但减少幅度明显小于洪水量的减少幅度，从而导致洪水期间含沙量明显增加。这些均不利于潼关河段的冲刷和潼关高程的降低。

表 15-7　潼关站不同时段年均洪水特征值统计

时段	天数（d）	最大流量平均值（m^3/s）	洪量（亿 m^3）	输沙量（亿 t）	平均含沙量（kg/m^3）
1974～1985 年	75.9	7 339	186.9	7.84	41.9
1986～1995 年	40.7	5 455	73.8	4.69	63.5
1996～2003 年	24.4	4 206	43.3	3.68	85.0

二、水库运用

图 15-3 为不同时段三门峡水库非汛期坝前水位平均过程线图。从图中可以看出，1996～2003 年非汛期运用日均最高水位平均值为 320.13 m，分别比 1974～1985 年和

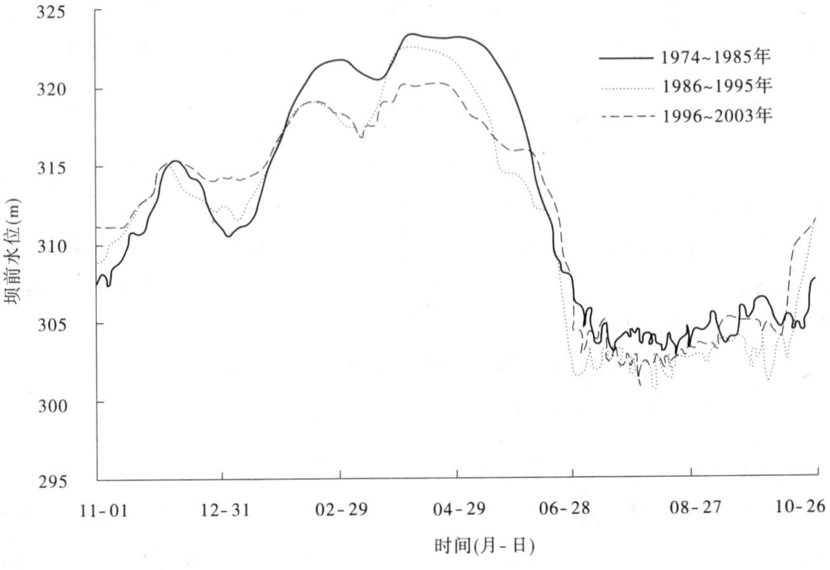

图 15-3　不同时段三门峡水库非汛期坝前平均水位过程线

1986～1995 年最高水位平均值低了 3.1 m 和 2.4 m。非汛期日均平均库水位为 316.02 m，比 1974～1985 年低 0.75 m，比 1985～1996 年高 0.35 m。

从各级水位运用天数看，1996～2003 年非汛期坝前水位大于 324 m 的天数为 0（见表 15-8），大于 322 m 的仅为 2.8 天，比 1974～1985 年和 1986～1996 年分别少了 62.5 天和 25.4 天；在 320～322 m 之间的天数为 34.9 天，比 1974～1985 年和 1986～1995 年分别增加了 5.7 天和 8.0 天；在 315～320 m 之间的天数增加到 120.6 天，分别比 1974～1985 和 1986～1995 年增加了 66.1 天和 41.2 天；1996～2003 年小于 315 m 的天数比前两个时段分别减少了 9.3 天和 23.7 天。由图 15-3 可以看出，1996～2003 年非汛期水库高水位运用的天数明显减少。

表 15-8　非汛期三门峡水库坝前水位各级天数统计　（单位：d）

时段	<310 m	310～315 m	315～320 m	320～322 m	322～324 m	>324 m
1974～1985 年	32.6	60.7	54.5	29.2	49.4	15.9
1986～1996 年	26.2	81.5	79.4	26.9	27.8	0.4
1996～2003 年	18.6	65.4	120.6	34.9	2.8	0

从非汛期各月平均运用水位来看，1996～2003 年与 1974～1985 年和 1986～1995 年相比，2～5 月运用水位均有所降低，其余各月平均水位均超过前两个时段，就非汛期运用全过程来看，水位低于 1974～1985 年的平均值，与 1986～1995 年平均值接近（见表 15-9）。

表 15-9　非汛期三门峡水库坝前水位月平均水位统计　（单位：m）

时段	11 月	12 月	1 月	2 月	3 月	4 月	5 月	6 月	非汛期
1974～1985 年	309.76	314.04	312.28	319.81	321.06	322.94	321.88	312.39	316.77
1986～1995 年	311.09	313.67	313.24	318.40	318.45	322.26	318.11	310.13	315.67
1996～2003 年	311.83	314.84	314.74	318.39	318.08	319.98	317.42	312.87	316.02

从汛期各月平均运用水位来看，1996～2003 年与 1974～1985 年和 1986～1995 年相比，由于该时段大流量场次洪水大幅度减少，所以汛期洪水期降水排沙的机会减少，汛期各月平均水位有所升高。1996～2003 年整个汛期的平均水位，低于 1974～1985 年平均值，高于 1986～1995 年平均值（见表 15-10）。

表 15-10　汛期三门峡水库坝前水位月平均水位统计　（单位：m）

时段	7 月	8 月	9 月	10 月	汛期
1974～1985 年	304.34	303.56	304.59	305.53	304.51
1986～1995 年	302.44	302.02	303.32	304.97	303.19
1996～2003 年	303.28	302.63	304.37	307.22	304.38

第四节　清淤效果分析

潼关清淤的作用主要表现在以下几个方面：一是冲起泥沙的数量，它是射流清淤作用的直接表现；二是冲起泥沙的输移距离，它一方面取决于冲起泥沙的数量，同时主要取决于冲起泥沙的颗粒组成及当时的河流动力条件；三是河势调整的程度，通过改变河道断面形态，调整局部河段比降，可以使水流更为规顺，从而提高河道的水流输沙能力；四是清淤对控制或降低潼关高程的作用，这是评价潼关河段清淤效果的基本指标。

一、冲起泥沙数量估算

潼关清淤利用安装在清淤船上的高压水枪冲击河床，通过现场原型试验[15]，根据三种方法计算了清淤船单位小时冲起泥沙的数量（见表 15-11）。

表 15-11　各射流船每小时泥沙冲起量　　（单位：m^3/h）

试验类别	0#	1#	2#	3#
冲刷坑尺度试验	467	585	731	585
冲刷厚度试验	201	257	310	257
泥沙悬浮试验	100	373	429	360
平均	256	405	490	401

为了估算每年清淤期间冲起的泥沙数量，1996～1998 年的清淤设备射流 1#船和射流 2#船与射流 1#船设备性能相近；2000～2003 年陆续投入使用的 045#～049#船的额定功率、射流量、喷嘴数以及出口流速与 1#船的也基本接近，因此 045#～049#船的单位小时冲起量也采用 1#船的数据。根据每年各船累计作业时间和单位时间冲起量，可算出各船该年冲起泥沙的数量。由每年投入清淤船的数量，即可得到当年射流清淤冲起泥沙的总量，如表 15-12 所示。

二、不同水沙条件冲起泥沙输移效果

清淤射流和扰沙船冲起来及扰动起来的河床泥沙随水流输移的距离与粒径密切相关，颗粒较粗的泥沙大部分在较短的距离内就会落淤，也有少部分较细颗粒的泥沙在较短的河段内落淤；大部分细泥沙和比例很小的粗泥沙能够成为悬移质，进行长距离输移。

（一）冲起泥沙输移距离估算

冲起来的泥沙在水流中一方面随水流向前输移，另一方面因自身重力的作用而下沉。如以 ω 表示泥沙颗粒的沉速，按准静水沉降法公式，则在其沉落河床之前行进的最大距离为

$$L = kv\frac{h_c}{\omega} \tag{15-1}$$

式中：v 为河道水流流速，m/s；h_c 为河道水深，m；ω 为泥沙的静水沉速，泥沙颗粒在动水中的沉速与水流流态等因素有关，cm/s；k 为系数，根据室内试验取 0.7。

表 15-12　1996～2003 年潼关河段历年清淤作业时间及泥沙冲起量

项目		射流 1#	射流 2#	0#	1#	2#	3#	045#	046#	047#	048#	049#	合计
1996 年	作业时间(h)	832	824										1 656
	冲起量(万 m^3)	13	13										26
1997 年	作业时间(h)	1 024	1 024										2 048
	冲起量(万 m^3)	21	21										42
1998 年	作业时间(h)	1 096	1 096										2 192
	冲起量(万 m^3)	42	42										84
1999 年	作业时间(h)			414	438	424	458						1 734
	冲起量(万 m^3)			11	18	21	18						68
2000 年	作业时间(h)			1 145	929	1 109	1 130						4 313
	冲起量(万 m^3)			29. 3	37. 6	54. 3	45. 3						166. 5
2001 年	作业时间(h)			935	896	889	898	612	605				4 835
	冲起量(万 m^3)			23. 9	36. 3	43. 6	36. 0	24. 8	24. 5				189. 1
2002 年	作业时间(h)			1 083	1 070	1 094	1 102	1 086	1 091	1 028	1 101	1 096	9 751
	冲起量(万 m^3)			27. 7	43. 3	53. 6	44. 2	44. 0	44. 2	41. 6	44. 6	44. 4	387. 6
2003 年	作业时间(h)			467	437	526	465	528	468	473	471	462	4 297
	冲起量(万 m^3)			11. 9	17. 7	25. 7	18. 7	21. 2	18. 7	19. 0	18. 9	18. 5	170. 3
1996～2003 年合计	作业时间(h)	2 952	2 944	4 044	3 770	4 042	4 053	2 226	2 164	1 501	1 572	1 558	30 826
	冲起量(万 m^3)	76	76	103. 8	152. 9	198. 2	162. 2	90	87. 4	60. 6	63. 5	62. 9	1 133. 5

实际上，在大河中的泥沙不仅受水流紊动作用的影响，同时还受含沙量的影响。为了考虑水流含沙量对泥沙沉速的影响，根据张红武的研究成果，泥沙在浑水中的群体沉速 ω 值与泥沙在清水中的沉速关系为

$$\omega = \omega_{50}(1 - 1.25S_V)\left(1 - \frac{S_V}{2.25\sqrt{d_{50}}}\right)^{3.5} \tag{15-2}$$

式中：ω_{50} 为单颗粒泥沙在清水中的沉速；S_V 为体积比泥沙浓度；d_{50} 为 ω_{50} 的对应泥沙粒径，是不同位置落淤泥沙的中值粒径，mm。

通过对清淤河段 1996 ~ 2003 年床沙组成分析，清淤河段的床沙组成有逐步粗化的趋势，中值粒径基本上在 0.05 ~ 0.1 mm 之间变化，清淤河段的平均水深和平均流速随大河流量和河道断面形态变化而变化，点绘潼关水文站 1996 ~ 2003 年平均水深—流量关系曲线和平均流速—流量关系曲线，找出不同流量情况下潼关断面的平均水深和平均流速（见表 15-13）。水流含沙量按 50 kg/m^3 计算，分别计算出不同流量情况下不同粒径的泥沙输移距离（见表 15-13）。由此可以看出，在相同的水沙条件下，冲起的泥沙越粗，输移的距离越短；冲起的泥沙越细，输移的距离越长。特别是能够成为悬移质的那部分泥沙，在不饱和状态下，可以随水流长距离输送。在冲起的河床泥沙粒径相同的情况下，冲起的泥沙随大河流量的增大、水深和流速的增加，输移距离增大。根据清淤河段河床组成，对于粒径为 0.05 ~ 0.1 mm 的泥沙，当大河流量为 500 m^3/s 左右时，射流清淤冲起的泥沙输移距离一般为180 ~ 750 m；当大河流量为 1 000 m^3/s 左右时，清淤冲起的泥沙输移距离一般为 300 ~ 1 300 m；当大河流量为 1 500 m^3/s 左右时，清淤冲起的泥沙输移距离一般为 400 ~ 1 700 m；当大河流量为 2 000 m^3/s 左右时，清淤冲起的泥沙输移距离一般为 500 ~ 2 200 m。上述只是利用准静水沉降法简单地计算了冲起泥沙的输移距离，实际上大河水流是一个紊动的流体，加上射流冲刷及扰流船的扰动，增加了水流的紊动强度，冲起泥沙的输移距离实际上要大于计算值。

表 15-13　不同水沙条件下不同粒径的泥沙输移距离

Q = 500 m^3/s	D_{50}(mm)	0.01	0.025	0.05	0.06	0.07	0.08	0.09	0.1	0.25	0.5	1
h_c = 1.1 m	ω_{50}(cm/s)	0.004	0.03	0.13	0.19	0.27	0.35	0.45	0.55	2.80	6.55	11.31
v = 1.3 m/s	L(km)	22.323	3.063	0.751	0.517	0.376	0.285	0.224	0.182	0.036	0.015	0.009
Q = 1 000 m^3/s	D_{50}(mm)	0.01	0.025	0.05	0.06	0.07	0.08	0.09	0.1	0.25	0.5	1
h_c = 1.5 m	ω_{50}(cm/s)	0.004	0.03	0.13	0.19	0.27	0.35	0.45	0.55	2.80	6.55	11.31
v = 1.6 m/s	L(km)	37.464	5.141	1.261	0.868	0.631	0.479	0.376	0.305	0.060	0.026	0.015
Q = 1 500 m^3/s	D_{50}(mm)	0.01	0.025	0.05	0.06	0.07	0.08	0.09	0.1	0.25	0.5	1
h_c = 1.7 m	ω_{50}(cm/s)	0.004	0.03	0.13	0.19	0.27	0.35	0.45	0.55	2.80	6.55	11.31
v = 1.9 m/s	L(km)	50.421	6.919	1.697	1.168	0.850	0.645	0.506	0.410	0.081	0.035	0.020
Q = 2 000 m^3/s	D_{50}(mm)	0.01	0.025	0.05	0.06	0.07	0.08	0.09	0.1	0.25	0.5	1
h_c = 2.0 m	ω_{50}(cm/s)	0.004	0.03	0.13	0.19	0.27	0.35	0.45	0.55	2.80	6.55	11.31
v = 2.1 m/s	L(km)	65.563	8.997	2.206	1.518	1.105	0.838	0.658	0.534	0.105	0.045	0.026

上面的计算表明，泥沙的输移距离与河道水流流速及水深（即泥沙扩散高度）成正比，而与泥沙的沉速成反比。可以看出，射流及扰动冲起的大粒径泥沙很快就会沉落，而

小粒径泥沙则可以输移较远的距离，例如粒径大于0.5 mm的泥沙基本上就地沉落，而粒径小于0.025 mm的泥沙则可以输移很远。实际上，在不饱和输沙状态下，扰动起的泥沙中相应于悬移质粒径范围内的那部分泥沙都将随水流一起作悬浮输移，直至达到超饱和输沙的河段。通过射流清淤若能使河槽形态变得相对窄深，就可以增大河道水流流速和水深，从而可以增加冲起泥沙的输移距离。

（二）悬浮泥沙能够实现长距离输送的比例

相同的泥沙颗粒，在不同的水沙条件下输移距离各不相同。按表15-13计算分析，小于0.025 mm的泥沙在大河流量大于500 m^3/s时，能够输移3 km以上。根据清淤河段床沙组成分析，床沙平均粒径小于0.025 mm的泥沙所占比例为10%～20%。1996～2003年射流清淤期间合计约冲起泥沙1 133.5万m^3，可以粗略估算冲起的泥沙中能够远距离输移的泥沙数量为110万～230万m^3，从而可以直接减少清淤河段的淤积量。根据潼关高程升降值与潼关至坫垮河段冲淤量的相关关系，估算8年在清淤期间射流冲刷直接降低潼关高程0.11～0.22 m，此值只是射流清淤的直接效果，潼关清淤作用的间接效果也非常突出，即通过射流清淤理顺河势，改变河床形态，调整局部比降，增大水流流速，提高水流挟沙能力，从而最终达到控制和降低潼关高程的目的。

三、清淤对理顺河势的作用

受来水来沙条件和上游河势变化的影响，潼关至鸡子岭河段（黄淤41—黄淤37断面）具有主流游荡的特点，尤其是黄淤39—黄淤37断面，其河道宽浅、水流散乱、河势不稳、深泓线位置摆幅较大，促使河道输沙能力降低。

射流清淤对河势的调整主要靠疏浚浅滩和封堵支流汊道来实现。

（一）典型的作业方法与作业效果

1.1996年施工第一阶段集中水流、调整河势的作业方法与效果

1996年清淤施工的第一阶段从5月20日至6月13日，作业主要集中在黄淤40—黄淤38断面之间，按照当年布设的临时断面，清淤重点在黄淤40－5—黄淤38断面间，如图15-4所示。5月20日清淤开始时，该河段河道宽浅、水流散乱。泥沙在此段易淤难冲，清淤作业时选一股水流相对较大，易于行船的河道作为主攻河道。采取射流船自下而上，缓慢进退冲刷。经过一段时间的作业，到6月12日，该段河道由多股逐渐变为2股，到7月14日基本演变为单股河道。从而为汛期洪水的冲刷创造了有利的河道条件。

2.1997年第一阶段施工作业方法与效果

1997年清淤施工开始时，清淤船只能达到黄淤37＋5附近，水流自黄淤39＋3断面以下开始分股变乱，到黄淤37＋7断面附近，河汊多达6、7股，而且很难分出一股相对较大的主流（见图15-5），因此决定将第一阶段的清淤重点河段放在黄淤37＋4—黄淤38断面之间，目标是疏通中股流路，封堵南北两股相对较弱的水流。清淤作业仍然采用自下而上、逐步进展的作业方法，射流船在主河道作业时，以疏通为目的，逆流而上，顺流冲刷。在施工中，对水流较弱、宽度较小的串沟进行了封堵作业，方法是用射流船采取逆向水平贴底射流，一方面阻断上游水流，同时由于自然水流流向与射流方向相反，使冲起的床沙很快落淤，在淤堵河道中形成一道沙梁，从而达到封堵的目的。经过两个月的施工作业，

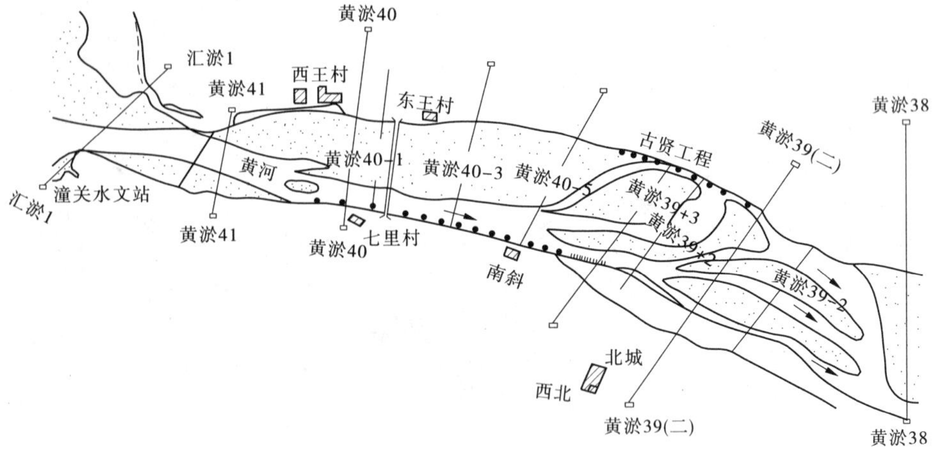

(a)1996年5月20日

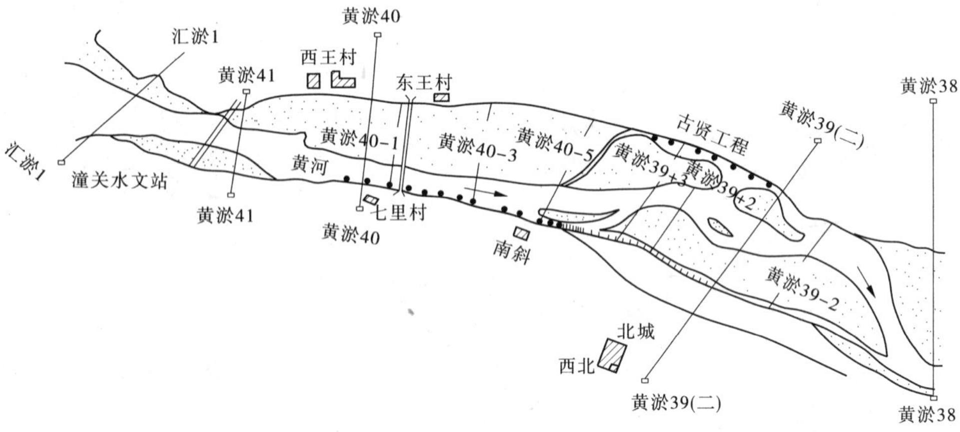

(b)1996年6月12日

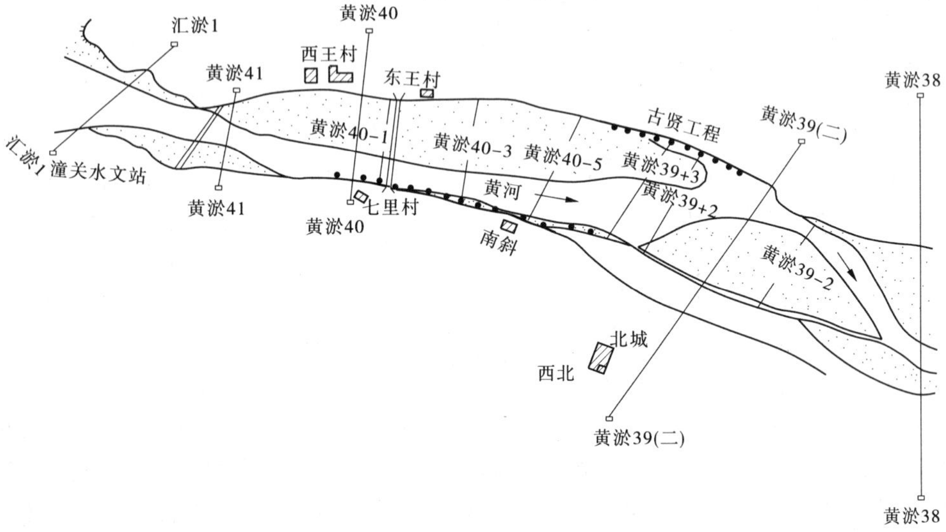

(c)1996年7月14日

图 15-4　1996 年清淤河段河势图[5]

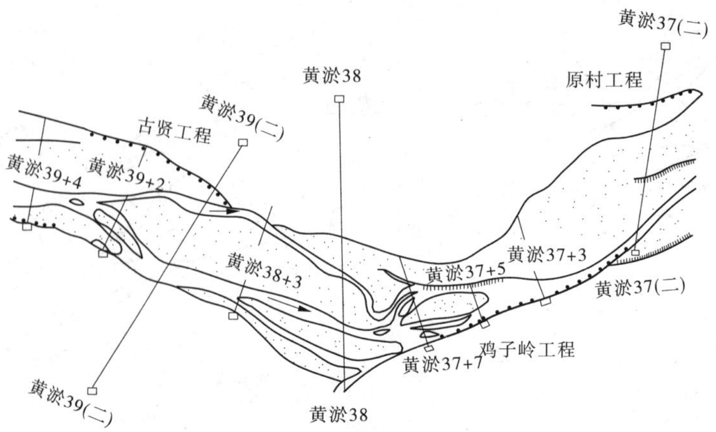

(a)1997年5月21日

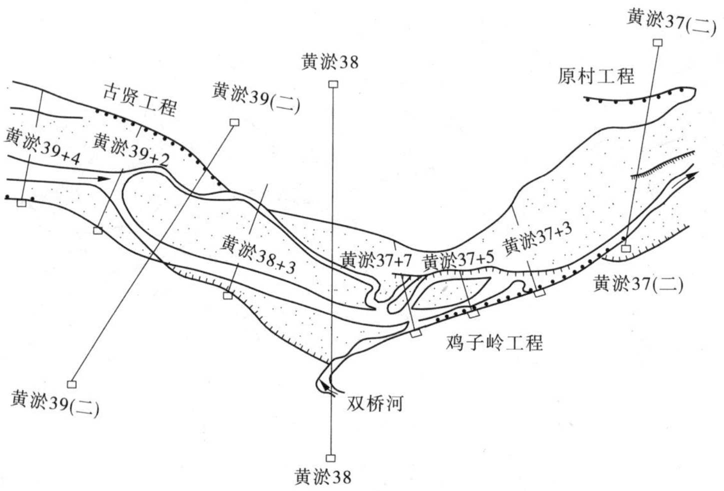

(b)1997年7月24日

图 15-5　1997 年清淤河段河势图[6]

使作业河段河势发生了明显好转，黄淤 37 +7 断面附近由开始时的 6、7 股水流，逐渐演变为两股较大的水流。7 月 28 日 ~8 月 1 日，充分利用洪水峰顶前的水流条件，诱导水流拉沙。各船始终在中股河道沿主流开展作业；到 8 月 1 日，自黄淤 39 +2 到黄淤37 +4断面之间的河心滩逐渐缩窄，主流北移。水流在黄淤 39—黄淤 37 +5 断面之间以心滩为界成大致平行的两股，最终在洪峰到来之时，随着心滩的消失而合为一股。

3.2001 年冲打边滩，调整河势的作业方法与效果

2001 年 8 月 25 日洪水过后，随着上游河势的调整变化，新修的导流工程对水流的控导作用减弱。主流顶冲点沿古贤工程向下移动，由原来的黄淤 39 断面以上逐渐下移到黄淤 38 +4 断面附近。受主流顶冲点下移的影响，黄淤 39—黄淤 38 断面左岸高滩不断坍塌后退，在黄淤 38 +4—黄淤 38 +3 断面左岸形成月牙状弯道，对主流流势影响较大。

为了调整该段河势、规顺主流流路，9 月 2 ~15 日组织船只对黄淤 38 +4—黄淤 38 +3

断面左岸边滩进行了冲打。根据9月2日和9月5日的测量结果,每天的作业可使该段长约200 m的边滩平均向后坍塌5~10 m,最大坍塌宽度可达25 m(见图15-6)。从而使黄淤39—黄淤38+2断面之间的主流流势得到明显调整。

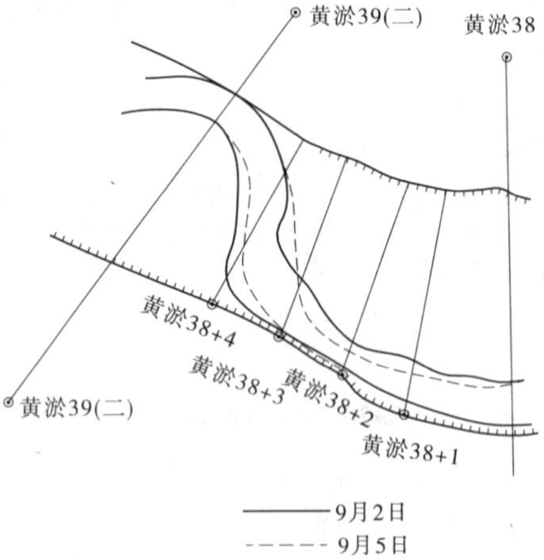

图15-6 冲滩前后河势变化示意图

4.2002年诱导裁弯的作业方法与作业效果

2002年汛期清淤过程中,在黄淤38+1—黄淤37+7断面间有一"Z"字形弯道(见图15-7),这一弯道对上游水流及河道冲淤影响较大。同时,在弯道段左岸存在一流路相对较短、宽度为30~50 m的串沟,流量大于500 m^3/s时串沟过流。为了改善此段河道河势,促使河道裁弯取直,8月17~19日,潼关流量为700~1 100 m^3/s,串沟过流增大(约60 m^3/s),水面宽为40~50 m,水深为1~1.2 m,当时曾试图通过直接在串沟内作业达到裁弯取直的目的,但由于串沟入口处流向与大河主流流向相反,进入串沟的流量完全是受入口下游滩尖顶托而形成的一小股倒流水,显然不具备裁弯取直的条件。对此采取沿弯道上游左岸进行顺流冲滩作业的方式,加速边滩坍塌后退,促使弯道进一步发展,经过一段时间的冲滩作业,使串沟上游左岸边滩平均向后坍塌约50 m,串沟入口处流向趋顺,如图15-7所示。

9月20日随着流量的增大,串沟过流增加,但由于串沟过窄,且两边是杂草丛生的老滩,单靠水流的自然力量不可能达到裁弯取直的目的。为此,从9月21日开始集中所有作业船沿黄淤38—黄淤37+8断面间的左岸串沟进行作业,开始几天以冲滩扩槽、理顺河势为主,作业船分上、中、下三段进行布置。其中,串沟内布置5艘功率较大的射流船进行冲滩扩槽,以扩大过水面积;下游布置2艘船沿串沟出口流向进行疏导,维护串沟出口流路畅通;上游2艘船沿弯道主流顶冲点继续进行冲打边滩作业,进一步理顺串沟入口河势。经过4天的作业,使串沟宽度增大到150 m左右。后期以疏深河槽、促进冲刷为主。经过两周的疏浚作业,弯道部分老河槽过水断面被逐渐淤积萎缩,到10月初完全断流,实现了此段河道的裁弯取直,从而达到了改善清淤河段河势的目的。裁弯前后河势变化情况如图15-7所示。裁弯后该段河道流路缩短约2 km,黄淤39+4—黄淤37+8断面间比降由1.8‱增大到2.4‱以上,潼关(六)—潼关(八)断面的水位落差由前期的0.4 m左

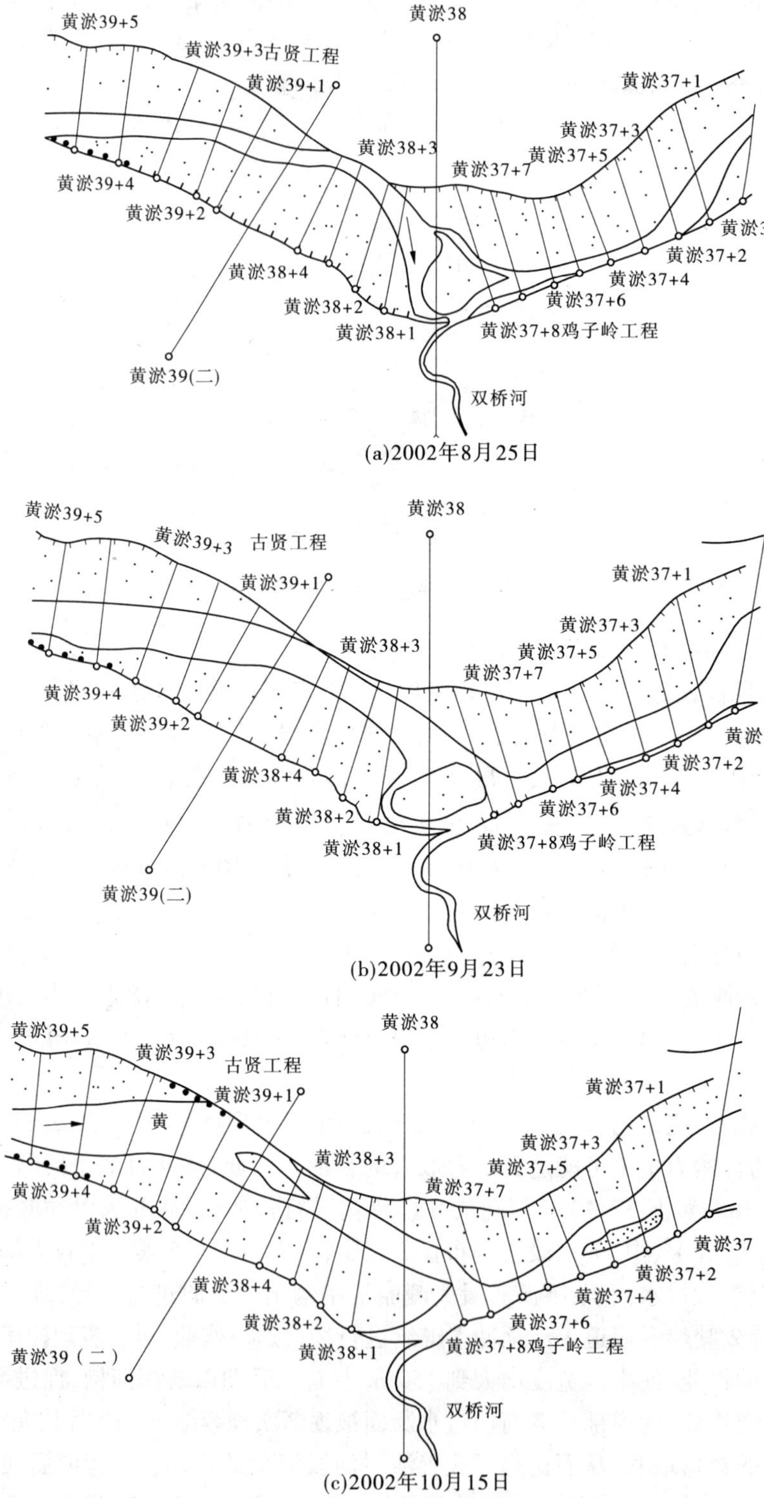

图 15-7　2002 年 9 月裁弯前后河势比较[13]

右增大到0.6 m左右。流速明显增大。

(二)清淤河段河势总体变化情况

1996年清淤河段在黄淤41—黄淤38断面间。从1996年清淤前后河势变化图(见图15-4)可以看出,清淤前古贤(黄淤39(二))断面上下河段水流分散,出现4股河;经过清淤作业,6月12日在古贤断间附近变为两股河,流路较顺;7月14日,该段基本为单股河,河心滩消失。

1998年清淤开始时,黄淤39断面上下河段水流散乱,经过清淤及洪水冲淤调整后,河势趋于规顺,水流相对集中,散乱部位逐渐下移。至汛末已下移到黄淤38断面附近。原来位于浅滩首部的黄淤39+2断面早在8月中旬就由水流分散的两股河演变成一股河(见图15-8)。

图15-9是2000年汛期清淤前后河势变化图。经过清淤,使古贤弯道弯曲半径逐渐增大,黄淤38断面处的心滩缩窄变小;主流居中,河势规顺。

从2002年清淤前后河势变化(见图15-10)可以看出,当年清淤之后,黄淤39+1断面以上的心滩消失,由清淤前的两股河变成了清淤后的单股河。通过汛期清淤裁弯,黄淤38断面上下的畸型弯道变得顺直,流路规顺。

在多年连续枯水情况下,经过几年不断清淤,虽然每年的清淤是不连续的,在不利的水沙条件下,不清淤时河道要回淤,河势向散乱方向发展,但是清淤河段的河势总体向有利于水流输沙的方向发展。到2003年清淤河段的河势已明显好转(见图15-11)。

总之,经过8年清淤作业,加之修建了部分河道整治工程,清淤河段的河势变得规顺(见图15-12、图15-13),中小流量时河势相对稳定,河道输沙条件得以改善。

四、清淤对调整冲淤分布和纵比降的作用

(一)清淤对冲淤分布的影响

黄河水利科学研究院对潼关高程与潼关以下各河段的累积淤积量进行了相关分析[16],发现潼关至坫埼河段(黄淤41—黄淤36河段)的累积冲淤量与潼关高程的升降有较为密切的相关关系。一般情况下,黄淤41—黄淤36河段淤积,潼关高程上升;黄淤41—黄淤36河段冲刷,潼关高程下降。在制订清淤方案时,我们就重点选择在潼关至坫埼河段进行清淤,经过多年清淤实践,从表15-14可以看出,与没有实施清淤的1986~1995年相比,虽然水沙条件更加恶化,但是1996~2002年潼关至坫埼河段的淤积量明显减少,单位长度淤积量由上时段的197 $m^3/(m \cdot a)$,减少到83 $m^3/(m \cdot a)$;占潼关以下河段的总淤积量百分数由上时段的26%,减少到该时段的12%;占时段潼关来沙量的比例也有所减小。清淤减少了潼关至坫埼河段的淤积量,从一定意义上可以说,清淤抑制了潼关高程的抬升。

2003年汛期是1986年以来较为有利的水沙年份,潼关站连续发生多次洪水,沿程冲刷充分发展,同时2003年汛期在东垆湾又实施了裁弯淤堵试验工程,缩短了水流流路,增大了局部比降,库区的溯源冲刷也得到了充分发展,二者相互衔接,使潼关以下库区发生了大量冲刷,汛期潼关高程下降了0.88 m,下降幅度是1986年以来最大的年份,这与前几年的清淤疏浚、理顺流路为洪水冲刷所创造的有利条件是分不开的。

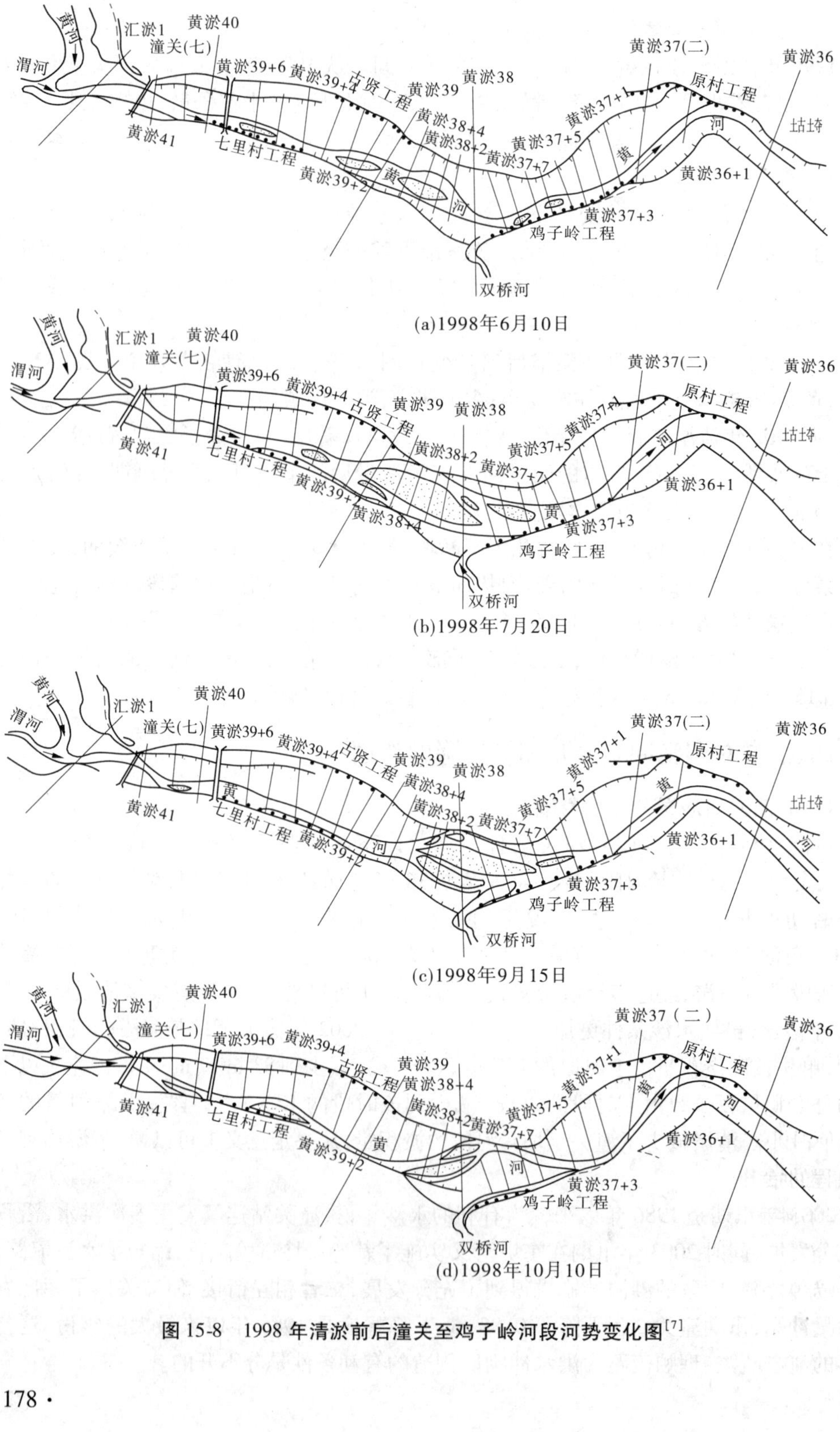

图 15-8　1998 年清淤前后潼关至鸡子岭河段河势变化图[7]

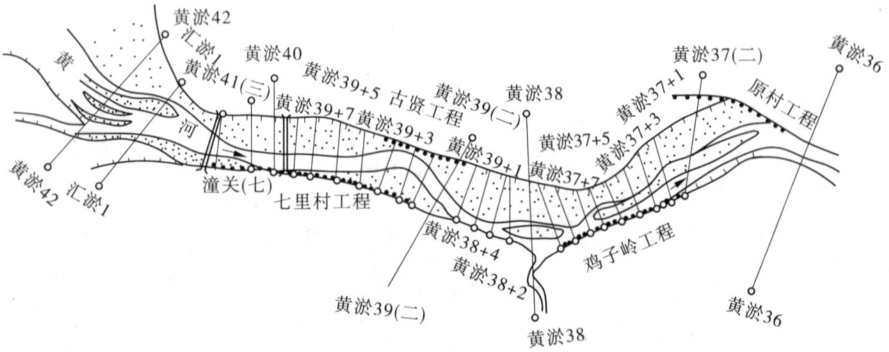

(a)2000年7月2日

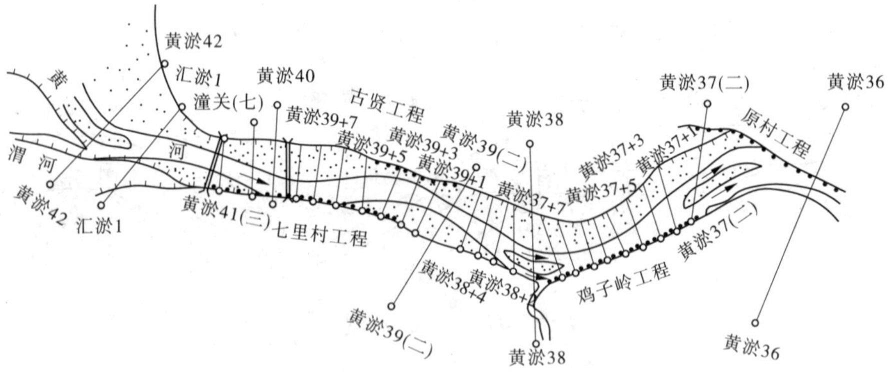

(b)2000年10月16日

图 15-9　2000 年清淤河段河势图[10]

图 15-14 是 1974 年以来汛期水量与汛期潼关至坫垮河段淤积量关系图。由图中可以看出,1996 年以前的点据比较散乱,但总的趋势是黄淤 36—黄淤 41 河段的冲淤量随汛期水量的增加而增加。1996 年以来,在黄淤 36—黄淤 41 河段实施射流清淤以后的点据基本位于点群左下方的外沿,且水量与冲淤量具有很好的线性关系,整体上表明清淤对增加该河段的冲刷是明显的。

从历年桃汛清淤期间冲淤分布也可以比较清楚地看出清淤效果(见表 15-15)。通过与没有清淤的 1993 年和 1995 年以及 2004 年和 2005 年相比(仅此几年桃汛有测淤资料),桃汛期间,在洪峰流量和 10 日水量大幅度减小,三门峡水库平均蓄水位相差不大的情况下,桃汛实施清淤的 2000～2003 年,黄淤 37—黄淤 41 河段均发生冲刷;而没有实施清淤的 1993 年、1995 年、2004 年和 2005 年均发生淤积。由表中还可以看出,每年桃汛重点清淤的黄淤 38—黄淤 40 河段,均是当年桃汛期冲刷量最多的河段。没有实施清淤的 2005 年桃汛期上段黄淤 39—黄淤 41 河段冲刷也较多,这主要是由于 2005 年桃汛洪水条件较好,有两次洪峰过程,洪峰流量分别为 1 760 m^3/s 和 1 680 m^3/s,两次洪水 10 日水量分别为 9.10 亿 m^3 和 11.17 亿 m^3,沙量分别为 0.09 亿 t 和 0.10 亿 t,合计水量为 20.27 亿 m^3,沙量为 0.19 亿 t,与洪峰流量相近的其他年份相比,水沙条件明显有利。由表 15-15 可以说明,射流清淤对增加桃汛期洪水冲刷以及减少平水期河道回淤是有明显效果的。

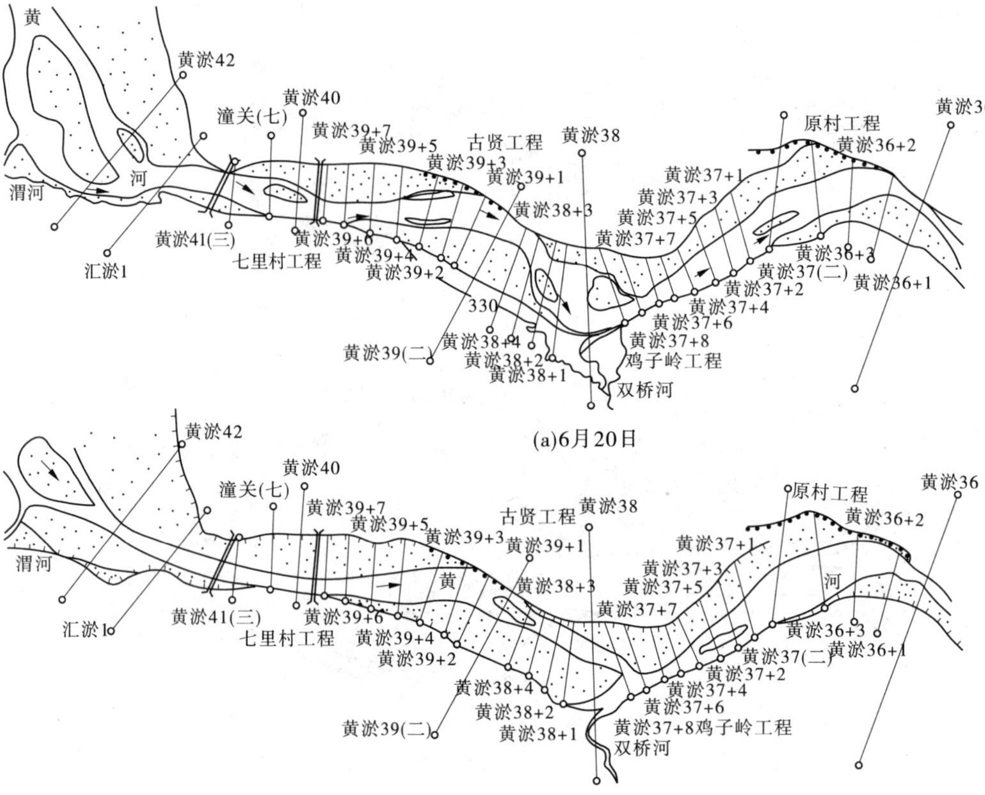

(a)6月20日

(b)10月15日

图 15-10　2002 年清淤前(6 月 20 日)后(10 月 15 日)河势变化对比图

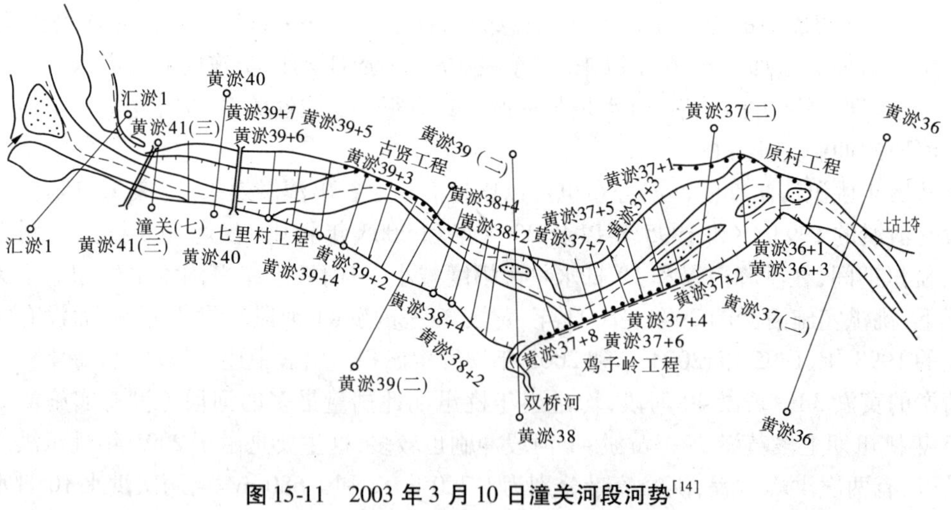

图 15-11　2003 年 3 月 10 日潼关河段河势[14]

当然,2001 年以来桃汛期来沙量减少可能也是黄淤 37—黄淤 41 河段淤积减少的另一个原因。

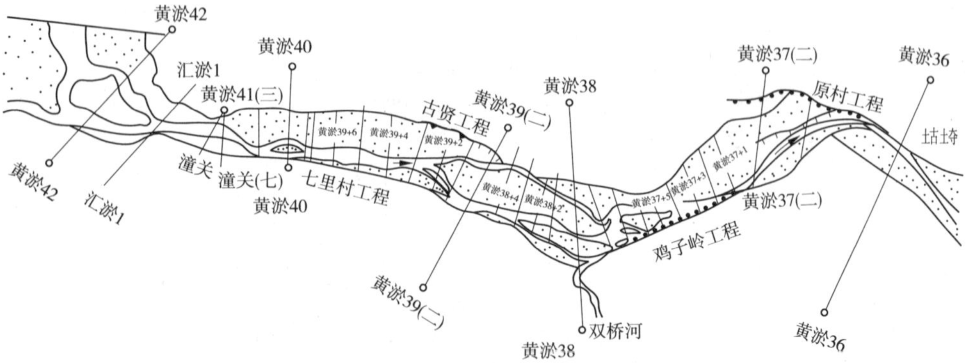

图 15-12　1997 年 5 月 21 日潼关河段河势图

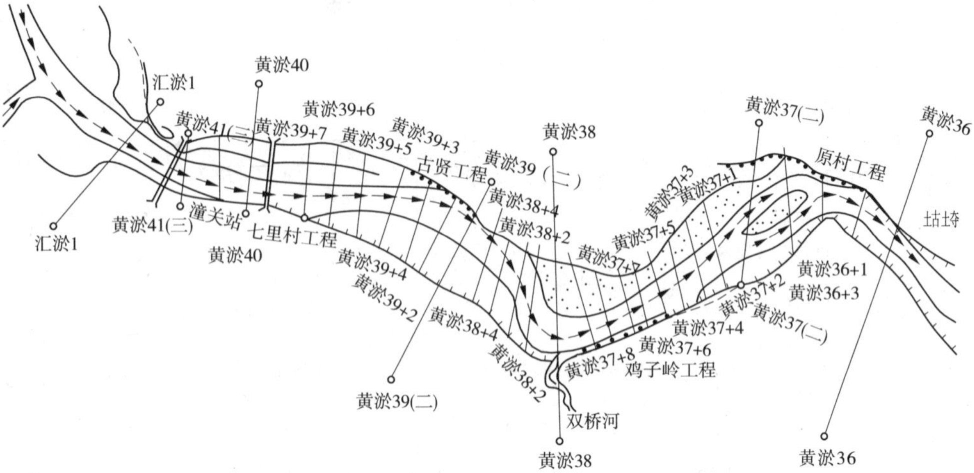

图 15-13　2003 年 10 月 16 日潼关河段河势图[14]

表 15-14　潼关至大坝各河段冲淤分布

时段	河段	时段淤积总量（亿 m³）	占整个河段淤积量比例（%）	占时段来沙量比例（%）	年均淤积量（亿 m³）	单位长度年均淤积量（m³/(m·a)）
1986～1995 年	坝址—黄淤 12	0.34	22	0.55	0.034	197
	黄淤 12—黄淤 22	0.11	7	0.17	0.011	41
	黄淤 22—黄淤 30	0.25	16	0.41	0.025	84
	黄淤 30—黄淤 36	0.45	29	0.73	0.045	152
	黄淤 36—黄淤 41	0.41	26	0.67	0.041	197
	合计	1.56	100	2.53	0.156	124
1996～2002 年	坝址—黄淤 12	0.04	4	0.13	0.006	36
	黄淤 12—黄淤 22	0.18	19	0.58	0.026	93
	黄淤 22—黄淤 30	0.39	40	1.26	0.056	186
	黄淤 30—黄淤 36	0.25	25	0.78	0.036	120
	黄淤 36—黄淤 41	0.12	12	0.38	0.017	83
	合计	0.98	100	3.13	0.141	112

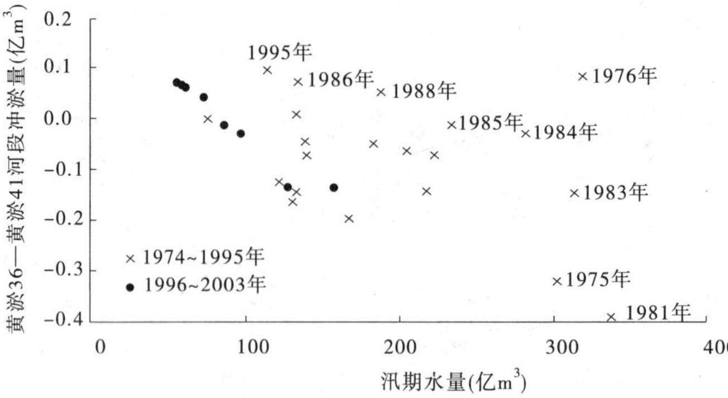

图 15-14　1974 年清淤河段汛期冲淤量与水量的关系图

表 15-15　不同年份桃汛期洪水特征及黄淤 37—黄淤 41 河段冲淤量对比

年份		1993	1995	2000*	2001*	2002*	2003*	2004	2005
桃汛洪水特征	最大流量(m^3/s)	2 690	2 420	2 000	1 580	1 300	1 200	1 900	1 760 1 680
	10 日水量(亿 m^3)	17.48	13.78	12.95	7.95	7.47	6.84	11.36	9.10 11.17
	10 日沙量(亿 t)	0.361	0.246	0.251	0.090	0.073	0.080	0.11	0.09 0.10
桃汛期运用水位(m)	桃汛开始时水位	315.16	312.80	312.14	318.15	316.80	314.87	312.83	314.07
	桃汛期平均水位(m)	318.68	318.28	316.93	319.28	318.69	316.98	315.20	315.7 316.8
冲淤量(万 m^3)	黄淤 37—黄淤 38	-30	7	79	-53	-61	34	-20	143
	黄淤 38—黄淤 39	11	41	-23	-55	-22	-6	80	16
	黄淤 39—黄淤 40	130	49	-55	-18	-48	-54	56	-64
	黄淤 40—黄淤 41	29	-4	-33	-13	-5	-12	4	-16
	合计	140	93	-32	-139	-136	-38	120	79

注:带 * 的年份代表清淤年份。

(二) 清淤对纵比降的调整作用

受河槽形态影响,潼关河段内的分段河床比降沿程是不一致的。由于宽浅河段的水面线及河床高程较上下相邻窄深河段隆起,致使沿程比降发生变化。1996 年潼关清淤之前,潼关至古贤河段的比降仅有 1.7‱左右,下段比降则为 2.2‱～2.3‱。1996 年在洪水前清淤期间,潼关至古贤河段河床普遍冲刷 0.1～0.3 m,古贤同流量水位下降 0.20 m,使潼关至古贤河段平均比降增至 2.3‱,从而使上、下河段水面比降趋于一致[5]。

1997 年重点作业河段为黄淤 37+4—黄淤 38 河段[6],1997 年 5 月 20 日～7 月 29 日清淤期间,潼关和坫埼两断面河床淤积,同流量水位分别升高 0.15 m、0.10 m,而处在清淤河段两端的潼关(八)和黄淤 37+7 断面河床则发生冲刷,同流量水位各下降 0.05 m。由此引起的比降变化导致潼关(六)至黄淤 37+7 断面的比降由 2.0‱增至 2.2‱;黄淤 37+7

断面至坫埼河段的比降则由 2.0‱减小为 1.11‱。

1998 年清淤作业期间潼关至坫埼各河段的比降发生一定变化[7]。7 月洪水之后调整为 2.2‱。在清淤及河床冲淤调整的作用下，潼关至鸡子岭河段比降趋于一致，为 1.9‱～2.2‱。8 月 21～31 日洪水过后，由于洪水前清淤改善了河道输沙条件，河床冲刷强度明显增大，潼关高程下降 0.35 m。清淤后，河势趋于顺直，局部河段比降调整后，上下河段比降朝着一致的方向变化。7 月 7～12 日洪水前，位于浅滩河段以上的潼关（六）至黄淤 39+4 断面的比降为 1.3‱左右，以后呈不断增大的变化趋势，至 8 月中旬增至 1.9‱。浅滩段（黄淤 39+4 断面和黄淤 37+8 断面间）洪水前比降为 2.0‱，是比降最大的一个河段。后来，在河床冲淤调整的过程中同流量水位变幅大致相同，7 月、8 月比降基本稳定为 2.0‱～2.2‱；位于清淤河段下端的黄淤 37+8—黄淤 37（二）断面洪水前比降仅为 1.5‱，洪水之后调整为 2.2‱。

2000 年清淤开始时，位于重点清淤河段上段的黄淤 39+4—黄淤 41 河段水面比降为 2.32‱，清淤重点河段黄淤 37+8—黄淤 39+4 河段为 1.94‱，其下段黄淤 37—黄淤 37+8 河段为 1.52‱，至 9 月 30 日清淤重点河段黄淤 37+8—黄淤 39+4 河段比降已达 2.39‱，比清淤前增加 0.45‱。而上段黄淤 39+4—黄淤 41 河段水面比降则减少 0.4‱，其下段黄淤 37—黄淤 37+8 河段增加 0.15‱❶[10]。可见，清淤工程在清淤河段水面比降增大方面，起到了积极的促进作用。

2001 年桃汛清淤初期，作业河段在黄淤 37+8 以上，受其影响，下游黄淤 37+8—黄淤 37+5 河段的水面比降由 3 月 14 日 8 时的 1.35‱上升至 3 月 16 日 18 时的 2.15‱，历时仅 3～5 天，到 3 月 17 日 18 时的水面比降达到 2.52‱，河段水面比降达到桃汛洪水前的最高值[14]。

2002 年 9 月虽然无大流量的洪峰，但来水流量比较稳定，来水来沙条件比较适宜清淤船作业，黄淤 38+2—黄淤 37+8 之间在射流船的冲刷作用下，床面不断下切，滩岸逐步外移，最终原河槽萎缩断流，沿串沟裁弯取直，与原河槽相比河道流路缩短了 1 850 m，黄淤 39+4—黄淤 37+8 之间比降变化较大，从 2.38‱增至 3.43‱[14]。

2003 年桃汛清淤期间，重点清淤河段为黄淤 39—黄淤 40 河段[15]，由于清淤使清淤河段同流量水位下降，从而导致清淤河段的上游水面比降变大，下游水面比降有所减小。如 2003 年潼关（八）—黄淤 39+4 河段位于重点作业段上游，桃峰之前的 3 月 27 日同流量水面比降由清淤初期的 2.53‱增至 3.19‱，增加了 0.66‱；而位于重点河段下游的黄淤 39+4—黄淤 37+8 河段的水面比降则相应由清淤初期的 2.08‱降低到 1.81‱。而潼关（六）—黄淤 37 河段较长河段的水面比降变幅较小，从 2.11‱变为 1.92‱。

以上各个河段的比降调整情况表明，在清淤及河床冲淤自动调整的作用下，潼关至鸡子岭河段比降趋于一致，为 1.9‱～2.2‱。清淤后，河势趋于顺直，局部河段比降调整后，上下河段比降朝着一致的方向变化。

五、清淤对河道横断面形态的影响

潼关河段射流清淤对断面形态的调整是在疏浚浅滩、封堵分流汊道与自然水流冲淤

❶ 2000 年潼关清淤情况及效果分析，黄河水利委员会三门峡库区水文水资源局，2001 年。

调整的作用下取得的。多年来，在实施清淤过程中，利用高速喷射水流冲击河床，改善泥沙淤积部位，使浅滩段河床产生冲刷，断面形态发生变化。河槽束窄刷深，小股汊流淤积萎缩，水流趋于集中。1996 年清淤期间，位于浅滩段的黄淤 39 +2 断面，汛期平水期清淤后主槽冲深，边滩淤高。黄淤 39 +2 断面左股河淤堵，河槽断面经冲淤调整后接近于矩形(见图 15-15(a))，黄淤 40 -5 断面清淤前后河槽明显冲深，过水面积增大(见图 15-15(b))。1999 年 8 月中旬洪水过后，清淤有效地减少了洪水过后的回淤(见 8 月下旬大断面测验示意图，图 15-16(a))，清淤后主槽变得相对窄深(见图 15-16(b))。2003 年桃汛平水期清淤期间，重点清淤河段的断面形态也是向冲深方向发展(图 15-17(a)、(b))。

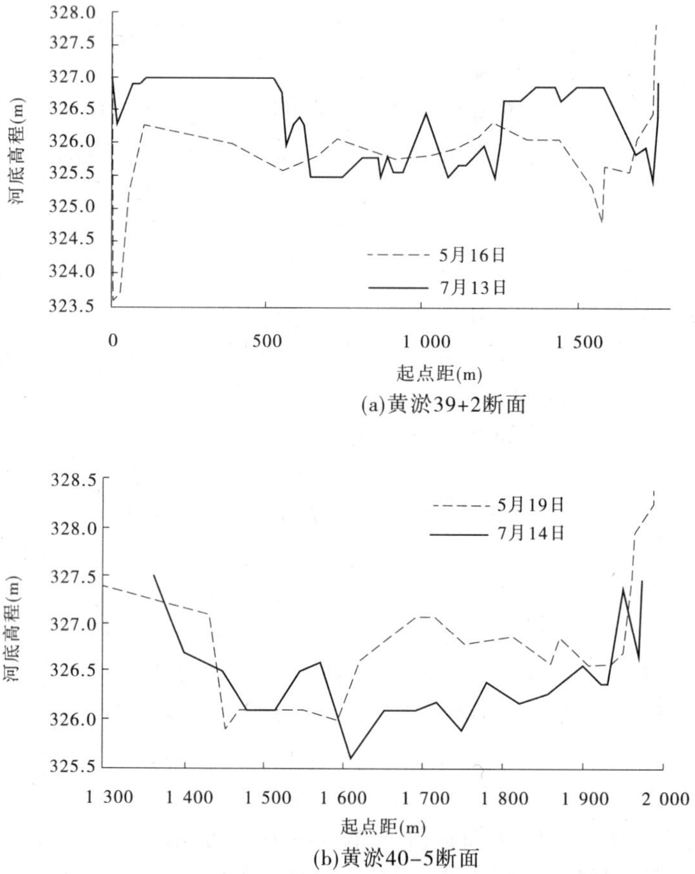

图 15-15　1996 年平水期清淤前后断面变化图

1997 年清淤的第一阶段(5 月 20 日 ~7 月 28 日)，位于浅滩段的黄淤 39 +4—黄淤 38 +7断面间，经过冲淤调整，各断面河相系数$\sqrt{B}/H$值有不同程度的减小(见图 15-18(a))。经 8 月 2 日这场洪水冲刷后，潼关至古贤河段的$\sqrt{B}/H$值由 30 左右减小为 10 左右，古贤至鸡子岭河段则由洪水前的 30 ~40 减小为 20 ~30。2001 年桃汛洪水发生在 3 月 22 ~31 日，洪水过后，清淤的重点河段黄淤 37 +4—黄淤 39 +6 河段间各个断面河相系数或保持基本不变或减小，使该河段向窄深方向发展(见图 15-18(b))；而当年4 月 24 日 ~7 月 14 日停止清淤期间，黄淤 37 +4—黄淤 39 +6 河段间绝大部分断面河相系数增大，说明期间

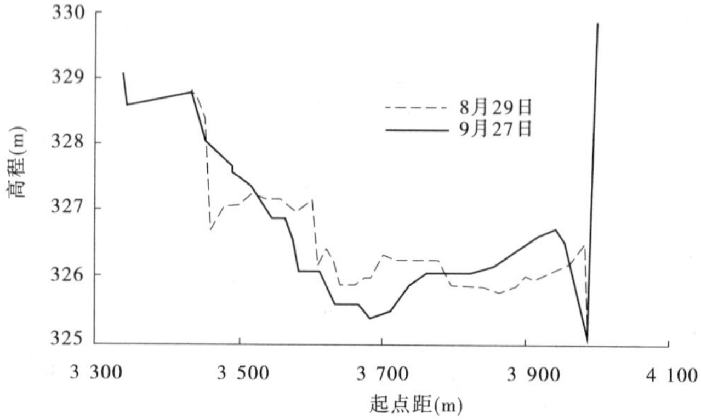

(a)1999年潼关清淤黄淤39+6断面

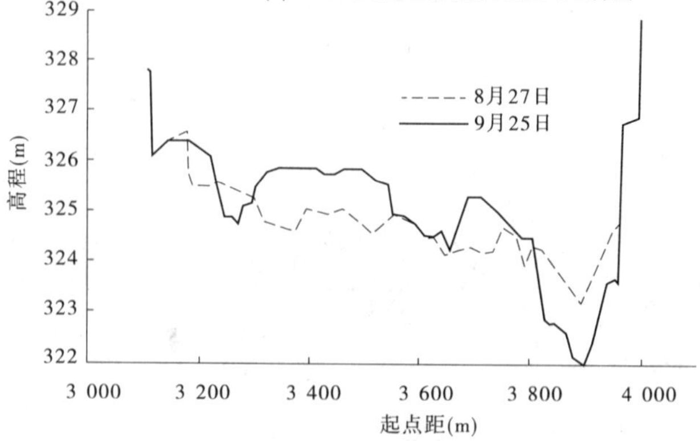

(b)1999年潼关清淤黄淤37+5断面

图 15-16　1999 年洪水过后平水期清淤前后断面变化图

发生了回淤;2001 年汛期清淤于 7 月 28 日开始,10 月 20 日结束,汛期洪峰流量超过 2 000 m^3/s的洪水只发生一次(发生在 8 月 18 ~ 23 日),洪水过后平水期 9 月 28 日 ~ 10 月 17 日,在射流清淤的不断作用下,汛期重点清淤的黄淤 36 + 1—黄淤 39 + 4 河段之间的绝大部分断面河相系数减小(见图 15-18(b)),主河槽趋于窄深。

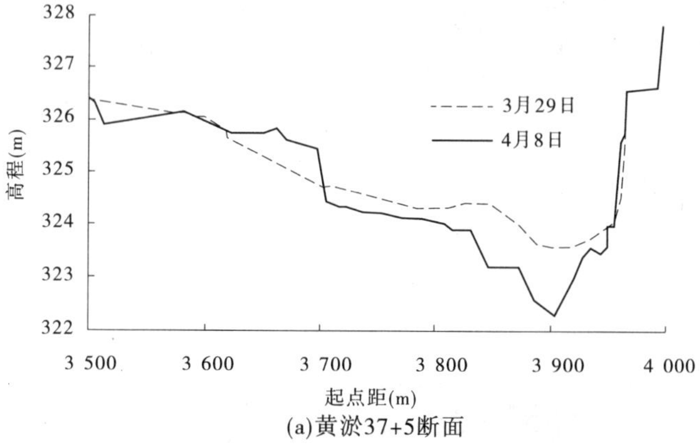

(a)黄淤37+5断面

图 15-17　2003 年桃汛平水期清淤前后断面变化图

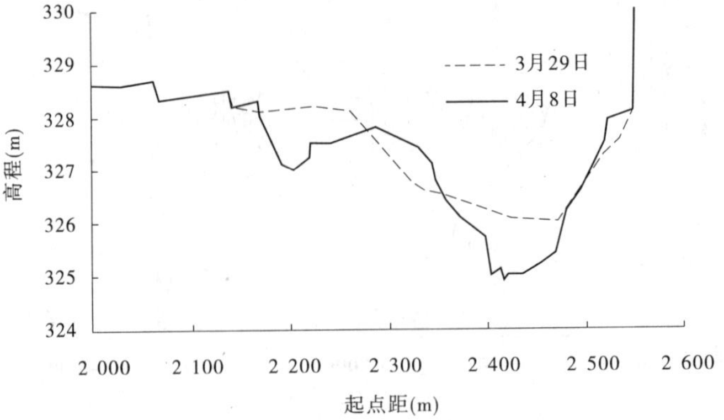

(b)黄淤40断面

续图 15-17

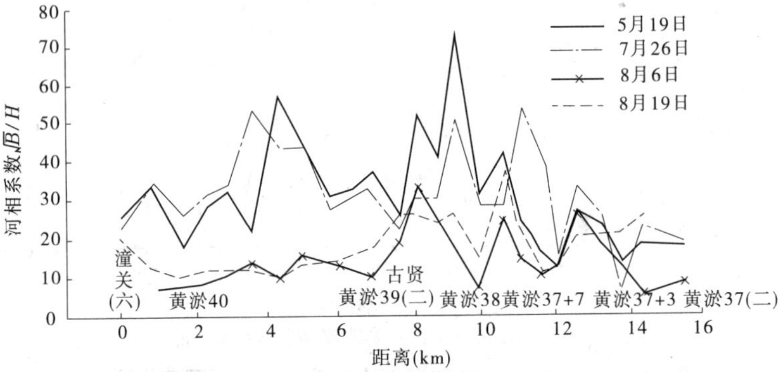

(a)1997年

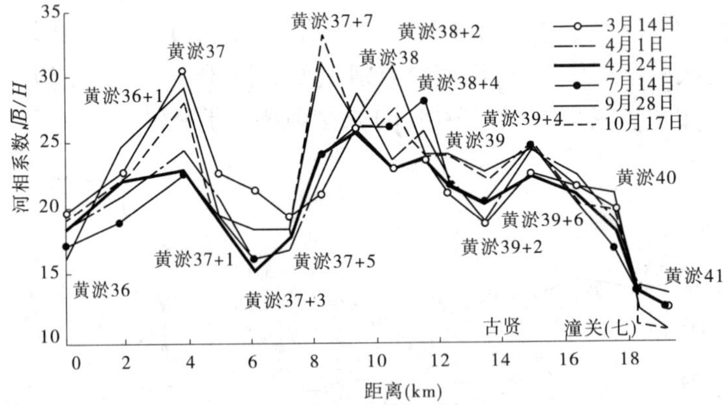

(b)2001年

图 15-18　潼关河段河相系数$\sqrt{B}/H$变化图

河道断面形态经过射流清淤和自然水流冲淤调整后，在河势得以改善的同时，河槽束窄刷深，河心滩和沙洲减少、缩小，两岸边滩淤高。费祥俊认为断面形态参数 $M = P/R$（其中 P 为湿周，R 为水力半径）比河相关系系数更能全面地反映河床断面形态[17]。M 愈大河槽愈宽浅，M 愈小河槽愈窄深。

表 15-16 是 1999 年汛期平水期清淤前后 M 值变化统计表,从表中可以看出,清淤后清淤河段大部分断面参数 M 减小,河床向窄深方向发展。

表 15-16　1999 年汛期平水期清淤前后河段断面特征值 M 的统计

断面名称	清淤前				清淤后			
	日期(年-月-日)	面积(m^2)	宽度(m)	M 值	日期(年-月-日)	面积(m^2)	宽度(m)	M 值
黄淤 39	1999-08-02	734	815	909	1999-09-26	633	543	470
黄淤 38 +4	1999-08-02	580	696	839	1999-09-26	269	459	787
黄淤 38 +3	1999-08-02	535	473	422	1999-09-26	341	321	304
黄淤 38 +2	1999-08-02	477	534	602	1999-09-26	424	399	379
黄淤 38 +1	1999-08-02	752	793	840	1999-09-25	538	504	476
黄淤 38	1999-08-02	505	412	340	1999-09-25	414	501	610
黄淤 37 +8	1999-08-01	463	598	776	1999-09-29	844	580	403
黄淤 37 +7	1999-08-01	1 036	1 098	1 168	1999-09-29	495	520	550
黄淤 37 +6	1999-08-01	817	713	626	1999-09-29	681	500	371
黄淤 37 +5	1999-07-30	533	273	144	1999-09-25	732	479	317
黄淤 37 +4	1999-07-30	476	365	284	1999-09-25	977	753	584
黄淤 37 +3	1999-07-31	715	451	288	1999-09-25	855	809	769
平均值		635	602	603		600	531	502

不同高程下的过流面积变化也可以反映清淤对断面形态的调整作用。图 15-19 是 2002 年清淤期间黄淤 37 +3 断面和黄淤 38 +4 断面不同高程下的过水面积变化。由图中可以看出,2002 年桃汛期 3 月 10 ~25 日在桃汛洪水和清淤共同作用下,清淤断面的过水面积明显增加;在桃汛平水期 3 月 25 日 ~4 月 20 日经过不断清淤作用,过水面积仍有增加的趋势。随着桃汛清淤的停止到汛期清淤开始之前的 6 月 20 日,断面过水面积减少。2002 年 6 ~7 月在河道连续发生高含沙小洪水期间,虽然较高点位的过流面积呈递减趋势,但较低点位过流面积(即主槽过流面积)相对稳定,而且相应高程下过流面积在清淤后期的平水期(8 月 25 日 ~9 月 23 日)明显递增。9 月 23 日至当年清淤作业的 10 月 15 日过水面积增加不明显。

以上综合说明,清淤对改变断面形态是有明显作用的。但是由于每年清淤的不连续性(仅在桃汛或汛期期间清淤)和每天作业之间的不连续性(白天作业,晚上停止),因此清淤对断面形态的调整作用无法累计。

六、清淤对抑制潼关高程的作用

(一) 枯水系列年潼关高程变化对比分析

研究表明[2],1974 年以来潼关高程的升降主要受水沙条件的影响,其次受水库运用

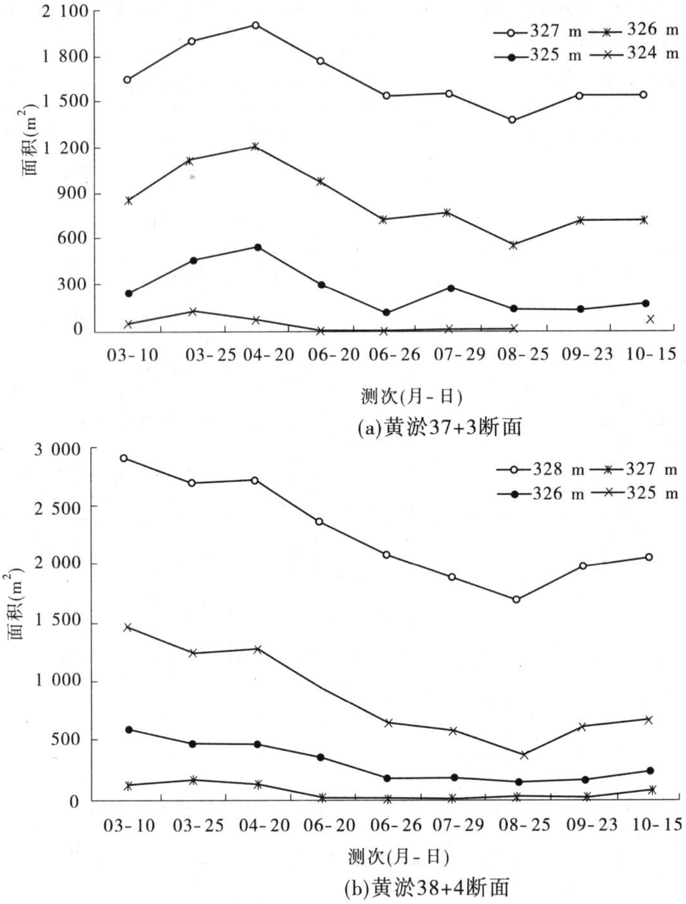

图 5-19　2002 年清淤断面分级高程面积变化

和河道边界条件的影响。从图 15-20 可以看出，潼关高程的升降与汛期来水量有一定的趋势关系（关系的离散说明还包含着其他影响因素），一般情况下汛期水量越大，潼关高程汛期下降值越大。1996 年在潼关河段实施清淤之后，潼关高程还受清淤作用的影响。由于三门峡水库实施蓄清排浑运用，潼关高程绝大多数年份具有非汛期上升、汛期下降的特点，1996 ~ 2003 年的变化情况见表 15-17。该时段潼关高程非汛期年平均上升 0. 26 m，汛期年平均下降 0. 30 m，年平均下降 0. 04 m，基本保持了潼关高程的相对稳定。该时段潼关年平均来水量为 199 亿 m^3，来沙量为 6 亿 t，年平均含沙量为 30. 15 kg/m^3；与没有实施清淤的枯水系列 1986 ~ 1995 年（潼关年平均来水量为 287 亿 m^3，来沙量为 8 亿 t，年平均含沙量为 27. 87 kg/m^3）来水来沙相比还是不利的水沙条件。而没有实施清淤的 1986 ~ 1995 年潼关高程非汛期年平均上升 0. 37 m，汛期年平均下降 0. 21 m，年平均上升 0. 16 m。由此可以看出，同是两个枯水时段，虽然清淤的枯水时段年平均含沙量有所增加，但潼关高程不仅没有上升，反而有所下降，从而说明潼关河段实施清淤对控制或降低潼关高程是有作用的。

从 1974 年以来汛期潼关高程升降值与汛期水量的关系图（见图 15-20）还可以看出，清淤年份的点群均处于整体点群中线以下，也说明了潼关清淤的作用。

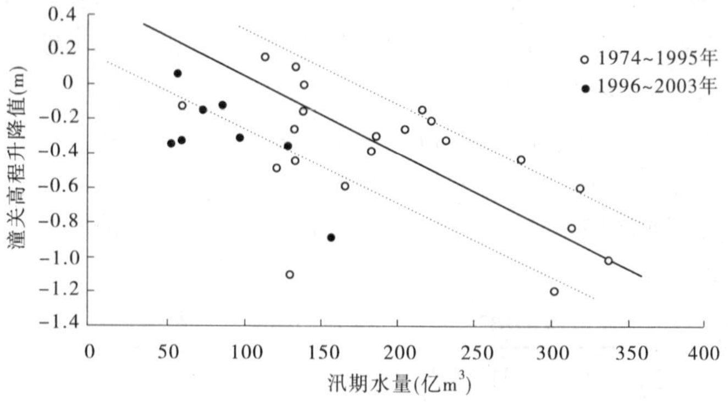

图 15-20　1974 年以来汛期潼关高程升降值与汛期水量的关系图

表 15-17　清淤期间历年潼关高程变化及其与未清淤时段(1986 ~ 1995 年)对比

年份	潼关高程(m)		潼关高程变化值(m)		
	汛前	汛后	非汛期	汛期	运用年
1995		328.28			
1996	328.42	328.07	0.14	-0.35	-0.21
1997	328.40	328.05	0.33	-0.35	-0.02
1998	328.40	328.28	0.35	-0.12	0.23
1999	328.43	328.12	0.15	-0.31	-0.16
2000	328.48	328.33	0.36	-0.15	0.21
2001	328.56	328.23	0.23	-0.33	-0.10
2002	328.72	328.78	0.49	0.06	0.55
2003	328.82	327.94	0.04	-0.88	-0.84
1986 ~ 1995			0.37	-0.21	0.16
1996 ~ 2003			0.26	-0.30	-0.04

(二) 不同时段汛期潼关高程变化对比

1974 年以来,汛期潼关河段处于自然河道状态下,潼关高程的下降值主要与汛期水量的多少有关,一般情况下汛期水量越多,潼关高程下降值越大;汛期水量越少,潼关高程下降值越小。从表 15-18 可以看出,1974 ~ 1979 年为来水较多的时段,多年平均汛期来水量为 225 亿 m^3,非汛期水库运用水位相对较高,汛期潼关高程下降值为 0.53 m;1980 ~ 1985 年也是来水较多的时段,多年平均汛期来水量为 247 亿 m^3,但非汛期运用水位有所降低,汛期潼关高程下降 0.57 m;1986 ~ 1995 年为来水较少的时段,多年平均汛期来水量仅为 132 亿 m^3,虽然非汛期运用水位进一步降低,但是汛期潼关高程仅下降 0.21 m;实施清淤的1996 ~ 2003年为来水特枯的时段,多年平均汛期来水量进一步减少,仅为 89 亿 m^3,而非汛期运用水位略高于 1986 ~ 1995 年时段,汛期潼关高程却下降了 0.30 m。就两个来水较少的时段相比,实施清淤的 1996 ~ 2003 年汛期平均水量比未实施清淤的 1986 ~ 1995 年减少 43 亿 m^3,占未实施清淤的 1986 ~ 1995 年汛期平均水量的 32%;汛期平均沙量比未实施清淤的 1986 ~ 1995 年减少 1.7 亿 t,占汛期平均沙量的 28%。水量减得多,沙量减得少,含沙量相对增加,但汛期潼关高程下降值反而有所增大,说明清淤对降低潼关高程起到一定作用。若排除2003年较为有利的水沙年份,实施清淤的1996~2002年汛期平均水量比未实施清淤的1986~1995年减少52亿m^3,占未实施清淤的1986~1995年汛期平均水量的39%;汛期平均沙量比未实施清淤的1986~1995年减少1.9亿t,占未实施清淤的1986~1995年汛期平均沙量的32%。仍然是水量减得多,沙量减得少,含沙量相对增加较多,但汛期潼关高程下降值超过或接近未清淤时段,同样可以说明清淤对控制或降低潼关高程是有作用的。

表15-18 典型时段汛期水沙量、水库运用水位及汛期潼关高程变化值

时段	汛期水量(亿m^3)	汛期沙量(亿t)	含沙量(kg/m^3)	非汛期平均水位(m)	汛期平均水位(m)	潼关高程变化值(m)
1974~1979年	225	11.2	50	316.97	305.18	-0.53
1980~1985年	247	6.5	26	316.56	303.83	-0.57
1986~1995年	132	6.0	45	315.67	303.19	-0.21
1996~2002年	80	4.1	51	316.08	304.42	-0.22
1996~2003年	89	4.3	48	316.02	304.38	-0.30

图15-21是根据表15-18中典型时段汛期平均水量与潼关高程升降值建立的关系图。图中没有实施清淤的三个时段线性回归成一条直线,比较直观地反映了汛期潼关高程升降与汛期平均水量的关系,清淤期间的点据位于关系线的下方,说明同样的水量,潼关高程的下降值明显偏大。利用该直线关系式计算1996~2003年没有实施清淤时,同样的汛期水量潼关高程应该下降约0.07 m,清淤之后潼关高程实际下降0.30 m,其差值为0.23 m。若排除2003年较为有利的水沙年份,1996~2002年没有实施清淤时,同样的汛期水量潼关高程大概应该下降0.04 m,清淤之后潼关高程实际下降0.22 m,其差值为0.18 m。当然,由于潼关高程影响因素的复杂性,它们的差值不能完全归功于清淤,但也充分肯定了清淤的作用。

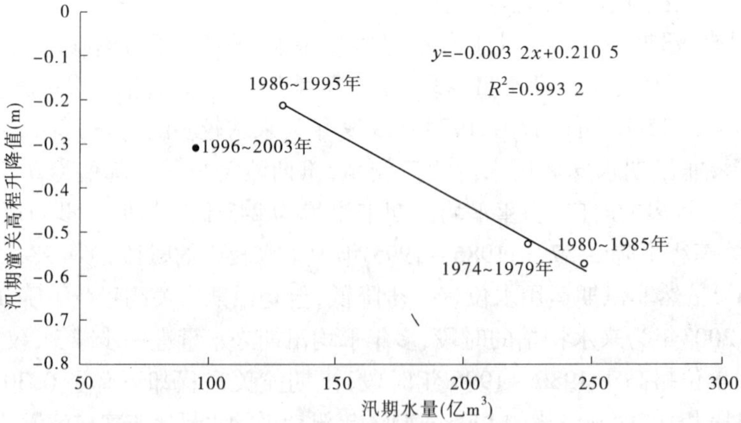

图15-21 典型时段多年平均汛期潼关高程变化与汛期水量的关系

（三）汛期水量相近年份潼关高程变化对比

根据历年汛期水沙资料选出与清淤年份水沙条件相近的年份进行对比，按汛期水量的多少分为五组进行对比分析潼关高程升降差别（见表 15-19），第一组是汛期水量为 50 亿～60 亿 m^3，非清淤年份为 1991 年，清淤年份为 1997 年和 2001 年，两者对比，清淤年份汛期潼关高程下降值均明显大于非清淤年份，显示出清淤对改善潼关高程是有明显效果的。对比分析 2002 年和 1991 年汛期的水沙条件（见图 15-22），从中不难看出，虽然 2002 年和 1991 年汛期水量相近，但是其水沙过程却相差较大，2002 年汛期潼关站连续发生了 5 次高含沙小流量过程，含沙量超过 100 kg/m^3 的沙峰出现 5 次之多，而超过 1 500 m^3/s 的流量仅有 1 天，可以说是潼关建站以来最不利的水沙搭配过程；1991 年虽然发生了两次较大的含沙量过程，但是沙峰和洪峰基本是同步发生，且含沙量超过 100 kg/m^3 的沙峰仅出现 1 次，而超过 1 500 m^3/s 的流量有近 3 天，相比之下，水沙搭配比 2002 年要有利得多。2002 年汛期清淤之前的 6 月 22～26 日这场高含沙小洪水期间，潼关高程曾一度上升到 329.20 m，洪水前后潼关高程上升了 0.72 m，在汛期极为不利的水沙条件下，经过不断的清淤疏浚，整个汛期潼关高程仅上升 0.06 m，清淤对控制潼关高程的抬升起到非常重要的作用。

表 15-19　汛期相近水量年份潼关高程升降对比

项目	年份	汛期水量（亿 m^3）	含沙量（kg/m^3）	汛期潼关高程变化值（m）	是否清淤
第一组	1997	55.6	74.0	-0.35	是
	2002*	57.8	45.6	0.06	是
	2001	61.1	44.4	-0.33	是
	1991	61.1	32.6	-0.12	否
第二组	2000	73.1	27.0	-0.15	是
	1987	75.4	27.5	-0.14	否
第三组	1998	86.1	49.5	-0.12	是
	1999	97.0	38.4	-0.31	是
	1995	113.7	59.6	0.16	否
第四组	1996	128.0	75.2	-0.35	是
	1994	133.3	77.3	-0.26	否
	1986	134.3	15.7	0.1	否
	1993	139.6	29.3	0	否
	1990	139.6	39.4	-0.15	否
第五组	2003	157.4	33.8	-0.88	是
	1982	183.7	23.6	-0.38	否
	1988	187.1	66.7	-0.29	否
	1989	205.0	32.2	-0.26	否
	1979	217.1	44.2	-0.14	否
	1978	222.9	55.5	-0.21	否
	1985	233.1	29.5	-0.32	否
	1984	281.9	24.8	-0.43	否

注：带 * 者为清淤期间潼关高程上升年份。

第二组至第五组，清淤年份比未清淤年份汛期水量均较少，而清淤年份比未清淤年份潼关高程多下降 0.01 ~ 0.74 m。从中可以看出清淤对降低或控制潼关高程是有效果的。

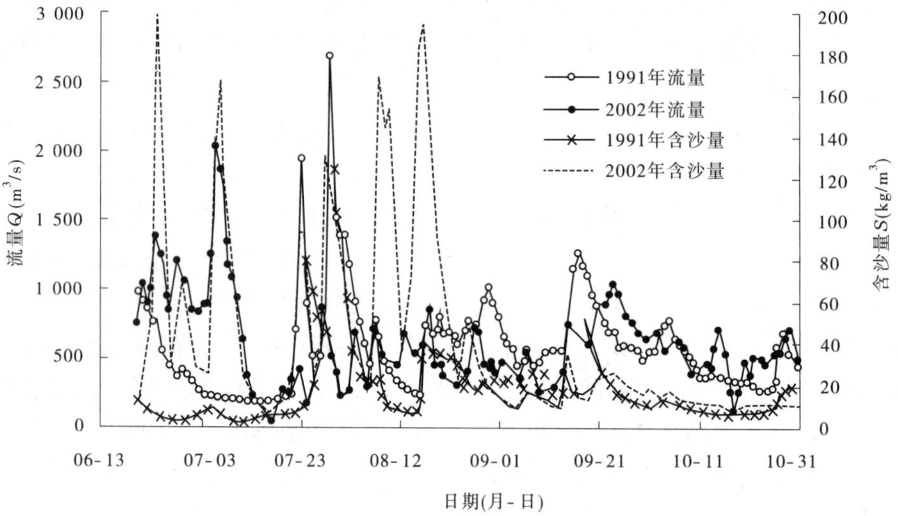

图 15-22　1991 年、2002 年汛期日均流量大于 2 000 m^3/s 的水沙过程

表 15-20 为汛期日均流量大于 2 000 m^3/s 水量相近年份的汛期潼关高程变化的对比。同样将水量相近年份分成五组进行对比分析，从中也可以清楚地看出，清淤年份潼关高程汛期下降的幅度比不清淤年份要大。如第一组 2001 年和 1991 年相比，汛期流量大于2 000 m^3/s的水量均为 2 亿 m^3 左右，而在清淤年份 2001 年含沙量超过没有清淤年份 1991 年的含沙量(124 kg/m^3)的情况下，2001 年潼关高程下降值前者超过后者 0.21 m。第二组 1997 年和 1987 年相比，汛期大于 2 000 m^3/s 水量均为 5 亿 m^3 左右，而 1997 年的含沙量比 1987 年多 222 kg/m^3，汛期潼关高程下降值却比 1987 年多下降 0.21 m。第三组，清淤的 1999 年和 1998 年在水量较少、含沙量较大的情况下，潼关高程下降值与未清淤的 1995 年和 1990 年相比却较大或相当。第四组，清淤的 1996 年与未清淤的 1986 年和 1993 年相比，在水量较少、含沙量较大的情况下，1996 年潼关高程下降 0.35 m，而 1986 年和 1993 年潼关高程却上升 0.1 m 和 0。第五组，清淤的 2003 年与其他未清淤年份相比，在水量较少、含沙量相当的情况下，汛期潼关高程下降值远超过其他年份。由此说明潼关清淤对改善潼关高程是有作用的。

（四）场次洪水对比分析

1. 不同时段洪水期潼关高程变化对比

潼关高程一般是在洪水期冲刷下降，平水期淤积抬升，因此汛期潼关高程下降基本上是在洪水期发生的，其下降值与洪水期水沙条件密切相关。从表 15-21 可以看出，1996 ~ 2003 年汛期潼关站洪峰流量大于 2 000 m^3/s 的场次洪水共发生 19 场，年均 2.4 场，场次洪水平均水量 16.40 亿 m^3，平均沙量 1.43 亿 t，平均含沙量 87.20 kg/m^3，潼关高程平均下降 0.26 m。

表 15-20　汛期潼关日均流量大于 2 000 m^3/s 水量相近年份潼关高程升降对比

项目	年份	水量（亿 m^3）	含沙量（kg/m^3）	汛期潼关高程变化值（m）	是否清淤
第一组	2001	2.1	344	-0.33	是
	1991	2.3	124	-0.12	否
第二组	1997	5.0	326	-0.35	是
	1987	5.0	104	-0.14	否
第三组	1999	8.3	125	-0.31	是
	1998	17.8	118	-0.12	是
	1995	18.8	89	0.16	否
	1990	20.2	64	-0.15	否
第四组	1996	33.5	143	-0.35	是
	1986	43.9	26	0.1	否
	1993	44.0	48	0	否
第五组	2003	92.5	40	-0.88	是
	1982	93.3	32	-0.38	否
	1989	141.3	32	-0.26	否
	1978	149.2	51	-0.21	否
	1979	159.2	48	-0.14	否
	1985	162.4	30	-0.32	否
	1984	227.2	28	-0.43	否

表 15-21　1996～2003 年汛期潼关场次洪水统计

序号	年份	日期（月-日）	水量（亿 m^3）	沙量（亿 t）	平均含沙量（kg/m^3）	潼关高程变化值（m）
1	1996	07-15～21	7.97	1.48	185.70	0
2		07-27～08-01	8.29	2.17	261.76	-1.9
3		08-01～08	15.13	1.97	130.20	1.21
4		08-09～18	21.81	2.44	111.87	0.39
5		08-25～09-13	26.78	2.57	95.97	0.05
6	1997	07-29～08-07	11.30	2.93	259.29	-1.76

续表 15-21

序号	年份	日期 (月-日)	水量 (亿 m^3)	沙量 (亿 t)	平均含沙量 (kg/m^3)	潼关高程 变化值(m)
7	1998	07-08～20	23.6	2.3	97.45	-0.19
8		08-21～31	15.8	1.1	69.62	-0.23
9	1999	07-12～18	7.3	1.3	178.08	-1.09
10		07-19～08-03	22.6	1.6	70.80	0.6
11	2000	10-10～18	11.3	0.3	26.55	-0.1
12	2001	08-18～23	5.8	1.3	224.14	-0.84
13	2002	06-09～16	5.5	0.2	36.36	0.2
14		07-03～11	9.3	0.8	86.02	0
15	2003	07-31～08-06	12.23	0.61	49.88	-0.18
16		08-25～09-15	45.16	2.32	51.37	-0.54
17		09-19～26	16.61	0.44	26.49	-0.09
18		10-01～09	24.94	0.77	30.87	-0.3
19		10-10～18	20.11	0.47	23.37	-0.25
1996～2003 年平均			16.40	1.43	87.20	-0.26
1974～1995 年平均			23.6	1.19	50.42	-0.07

1974～1995 年汛期洪水共 134 场,年均 6.1 场,场次洪水平均水量 23.6 亿 m^3,平均沙量 1.19 亿 t,平均含沙量 50.42 kg/m^3,潼关高程平均下降 0.07 m。对比两个时段,1996～2003 年场次洪水出现次数减少、水量减少、含沙量增加,反而场次洪水期间潼关高程下降值明显增大,说明清淤对增大洪水期间潼关高程的冲刷有明显作用。

2. 类似洪水潼关高程下降值对比分析

通过对潼关高程的影响因素分析发现,当渭河来高含沙大洪水时(即渭河华县洪峰流量大于 1 000 m^3/s,最大含沙量超过 200 kg/m^3,平均含沙量大于 100 kg/m^3),特别是每年的汛期第一场洪水,潼关高程一般都是冲刷下降的。通过对潼关站 1974 年以来 153 场洪水统计分析,找出华县站发生高含沙大洪水的场次洪水 14 次(见表 15-22)。由表 15-22可以看出,华县平均流量小于 1 000 m^3/s 的场次洪水,清淤年份"96·7"、"97·7"和"99·7"几场洪水期间潼关高程下降值均超过 1 m,明显大于未清淤年份。1995 年以前没有实施清淤的年份"77·7"、"88·8"和"92·8"三场洪水期间潼关高程下降值也较大,分析其原因主要是由于华县站洪峰平均流量大于 1 000 m^3/s,潼关站洪峰平均流量均大于或接近3 000 m^3/s,水流动力条件远大于清淤年份的几场洪水,特别是"77·7"这场洪水期间,渭河下游发生了"揭河底"冲刷,其冲刷范围发展到潼关以下,以致造成潼关高程的大幅度下降。由此可以说明,清淤年份由于洪水前清淤作业,增加了洪水期间潼关高程的下降幅度。

表 15-22 1974 年以来类似洪水期潼关高程下降值对比

日期（年-月-日）	最大洪峰流量（m^3/s）		最大含沙量（kg/m^3）		平均流量（m^3/s）		平均含沙量（kg/m^3）		潼关高程升降值（m）
	华县	潼关	华县	潼关	华县	潼关	华县	潼关	
1975-07-20～08-06	1 680	5 860	634	256	371	2 764	262	77.9	-0.14
1977-07-05～14	4 470	13 600	795	616	1 137	3 741	382	245	-2.52
1978-07-11～18	1 960	2 540	468	421	929	1 524	248	170	-0.31
1978-07-21～26	2 280	3 380	419	341	876	1 970	274	193	-0.13
1980-08-03～07	2 800	2 770	227	122	806	1 412	147	73.9	-0.13
1980-08-19～29	1 580	2 740	417	149	368	1 477	102	47.9	-0.23
1982-07-30～08-08	1 620	4 760	339	103	654	2 830	101	53.5	-0.21
1985-08-26～09-08	1 200	3 520	284	64.3	352	2 096	123	47.0	-0.58
1988-08-09～08-24	3 980	5 870	466	363	1 365	3 498	149	102	-0.91
1992-08-09～17	3 950	4 040	528	279	1 184	2 723	349	151	-1.68
1994-07-08～14	2 000	4 890	765	425	705	1 916	306	163	-0.50
1996-07-27～08-01	3 500	2 270	565	468	910	1 598	417	262	-1.90
1997-07-29～08-07	1 090	4 700	749	465	281	1 308	623	259	-1.76
1999-07-12～18	1 310	2 200	635	376	649	1 213	226	173	-1.09

参考文献

[1] 姜乃迁,李文学,张翠萍,等.黄河潼关河段清淤关键技术研究[M].郑州:黄河水利出版社,2004.

[2] 潼关高程控制及三门峡水库运用方式研究项目组.潼关高程控制及三门峡水库运用方式研究[R].郑州:黄河水利科学研究院,2005.

[3] 李文学,等.黄河潼关河段射流清淤试验综述[J].人民黄河,2000(7):4-5.

[4] 黄河水利科学研究院.2001 年黄河清淤工程设计方案[R].黄科技 ZX2001-14-19(N17),2001.

[5] 黄河水利委员会三门峡库区清淤项目组.黄河三门峡库区 1996 年潼关河段清淤分析报告[R].郑州:黄河水利科学研究院,1997.

[6] 黄河水利委员会三门峡库区清淤项目组.1997 年黄河潼关河段清淤分析报告[R].郑州:黄河水利科学研究院,1998.

[7] 黄河水利科学研究院.1998 年黄河潼关河段清淤效果初步分析[R].黄科技 ZH-9814-073,1998.

[8] 黄河水利科学研究院.1999 年黄河潼关河段清淤效果初步分析[R].黄科技第 ZX-2003-07,1999.

[9] 黄河水利科学研究院.2000 年黄河潼关河段清淤实施方案[R].ZHX-92012-21,2000.

[10] 黄河水利科学研究院.2000 年黄河潼关河段清淤效果初步分析[R].黄科技第 ZX-2001-04-07(N06),2001.

[11] 黄河水利科学研究院. 2001 年黄河潼关河段清淤效果初步分析[R]. 黄科技 ZX－2002－9－17(N10),2002.
[12] 黄河水利科学研究院 . 2002 年黄河潼关河段清淤工程设计方案[R]. 黄科技 ZX－2002－6－12(N06),2002.
[13] 黄河水利科学研究院 . 2002 年黄河潼关河段清淤效果分析[R]. 黄科技 ZX－2003－02－02(N02),2003.
[14] 黄河水利科学研究院 . 2003 年黄河潼关河段清淤效果分析[R]. 黄科技 ZX－2004－10－16(N03),2004.
[15] 黄河水利科学研究院. 2000 年潼关清淤现场试验结果分析[R]. 黄科技第 ZX－2001－05－08(N07),2001.
[16] 黄河水利科学研究院. 河道冲淤及河势演变对潼关高程的影响[R]. 黄科技 ZX－2004－32－40(N22),2004.
[17] 费祥俊,等. 多沙河流输沙能力的研究[J]. 水利学报,1998(11):39-44.

第十六章　三门峡水库非汛期“318”试验

根据多方面研究与协商，为了降低潼关高程，减少潼关以下库区淤积，遵照水利部办公厅办函[2003]31 号文件，黄河防汛总指挥部办电[2003]12 号下达的《关于非汛期三门峡水库试验运用水位通知》，自 2002 年 11 月起至翌年 6 月（运用年），三门峡水库最高运用水位按 318 m 控制，即“318”试验方案。

1964 年，周恩来总理在治黄会议上决定了“确保西安，确保下游”的原则[1]。我们对“确保西安”的理解是：三门峡水库运用之后，要稳定水库的淤积上延和回水末端基本维持在临潼（渭淤 28 断面，距坝 210 km）附近。其敏感指标为潼关（黄淤 41（三）断面）断面（六）1 000 m^3/s 水位河床高程维持在 328 m 上下。对“确保下游”的要求是为了防御“上大洪水”（三门峡以上出现的大洪水），三门峡水库要保持一定的防洪库容。小浪底水库建成后仍然需要三门峡水库承担拦截部分洪水水量的防洪任务。

从上述两方面的要求来看，其都需要解决三门峡水库潼关以下库区维持冲淤平衡和维持潼关高程稳定在 328 m 上下的难题。

“318”运用方案的主要内涵是：①库水位在非汛期最高不超过 318 m 高程，则回水末端不影响潼关河段（黄淤 41 断面—黄淤 36 断面之间的河段，黄淤 36 断面距坝 105 km），非汛期淤积末端控制在黄淤 34 断面附近（距坝 95 km）；②淤积重心靠近坝前，距坝 45 ~ 57 km，有利于汛期骤降水位或大流量进库时期产生强烈的溯源冲刷和沿程冲刷，将淤积物冲刷出库。从而可以基本上达到潼关以下库区冲淤平衡，可以达到稳定潼关高程不上升和保持潼关以下库区在 330 m 高程以下的 30 亿 m^3 库容。

第一节　水文泥沙特征

20 世纪 80 年代后期，黄河上中游修建了龙羊峡、刘家峡等很多大中型水库，水利水保工程大范围开展，对流域内径流量实施控制与调节，改变了径流量在年内分配与过程，又加上遇到降水量偏枯，致使汛期洪峰流量变小，洪峰出现次数少，洪水总水量减少，这给三门峡水库排沙减淤、水库运用带来新问题，其水沙特征出现新变化。

三门峡水库修建前（1919 ~ 1959 年）多年平均径流量（陕县站）为 426. 8 亿 m^3，其中汛期径流量为 243. 3 亿 m^3；输沙量为 16. 04 亿 t，汛期输沙量为 13. 63 亿 t。三门峡水库修建后，按运用年统计，径流量逐时段减少，至 1996 ~ 2002 年，多年平均径流量为 193. 1 亿 m^3，与建库前相比，减少 233. 7 亿 m^3，约 55%；输沙量为 5. 737 亿 t，与建库前相比较减少约 10. 3 亿 t，约 64. 2%。见表 16-1。

从表 16-1 中可以看出，径流量显著减少是从 1987 年开始的，也正是在黄河上游龙羊峡水电站正式下闸蓄水时（1986 年 10 月）出现的。与 1919 ~ 1959 年时段相比较，减少径流量 140. 4 亿 m^3，约 33%，减少量更集中在汛期。1919 ~ 1959 年时段汛期径流量为

243.3 亿 m^3,1987～1995 年汛期径流量为 131.7 亿 m^3,1996～2002 年汛期径流量为 80.0 亿 m^3,减少 45.9%、67.1%。由于水库削峰和拦蓄作用,使得汛期进入三门峡水库的洪水变得洪峰峰值低、洪水水量小、出现洪水场次少。除此之外,降水量偏枯也是主要原因,见表 16-2。

表 16-1　三门峡潼关站各时段水沙量对比

时段		径流量(亿 m^3)				输沙量(亿 t)			
		非汛期	汛期	全年	汛期占全年的百分比(%)	非汛期	汛期	全年	汛期占全年的百分比(%)
1919～1959 年		183.5	243.3	426.8	57.0	2.41	13.63	16.04	85.0
1960～1973 年		180.8	232.0	412.8	56.2	2.27	11.8	14.07	83.9
1974～1986 年		163.6	228.0	391.6	58.2	1.592	8.356	9.948	84.0
1987～1995 年		154.7	131.7	286.4	46.0	2.042	6.432	8.474	75.9
1996～2002 年		113.1	80.0	193.1	41.4	1.574	4.163	5.737	72.6
“318”试验期	2003 年	81.0	157.0	238.0	66.0	0.67	5.33	6.00	88.8
	2004 年	134.0	75.0	209.0	35.9	0.84	2.33	3.17	73.5
	2005 年	116.0	113.0	229.0	49.3	0.83	2.50	3.33	75.1
	2006 年	146.7	95.9	242.6	39.5	0.87	1.70	2.57	66.1
	2003～2006 年	119.5	110.2	229.7	48.0	0.805	2.965	3.77	78.6

表 16-2　黄河上中游不同地区、各时段年均降水量[2]　　(单位:mm)

时段	龙羊峡以上	龙羊峡—兰州	兰州—河口镇	河口镇—龙门	龙门—三门峡
1956～1959 年	461.3	477.3	285.5	512.6	583.9
1960～1969 年	494.9	491.0	273.8	462.3	576.8
1970～1979 年	482.7	487.1	265.9	429.4	530.8
1980～1989 年	507.9	479.3	239.4	414.8	551.6
1990～2000 年	469.5	461.0	258.7	399.3	490.4
1956～1985 年	491.1	484.6	267.4	450.2	563.0
1986～2000 年	475.3	467.7	250.3	400.1	495.5
1986～2000 年比 1956～1985 年偏少百分比(%)	3.2	3.5	6.4	11.1	12.0

在“318”试验期间(2003～2006 年),年均径流量进一步下降,只有 229.7 亿 m^3,与建库前比较减少 197.1 亿 m^3,减少 46.2%。汛期径流量由 243.3 亿 m^3 下降到 110.2 亿 m^3,减少 133.1 亿 m^3,约 54.7%。从输沙量来看,年均输沙量由 16.04 亿 t 下降到 3.77 亿 t,非汛期输沙量由 2.41 亿 t 下降到 0.805 亿 t。而非汛期径流量由 183.5 亿 m^3 下降到 119.5 亿 m^3。从上述数据可以看出:①汛期径流量由占全年的 57% 下降到 48%;②非汛期径流量由占全年的 43% 上升到 52%;③非汛期输沙量由占全年的 15.0% 上升到 21.4%;④汛期径流量大幅减少而且洪水量小、场次少,降低了洪水富余输沙能力和溯源冲刷能力。非汛期径流量增加,输沙量减少,当坝前水位维持较低时,水库淤积重心下移,对排沙有利。

第二节　非汛期淤积分布

自 2003 年起三门峡水库在非汛期实施“318”试验，改变了潼关以下库区各库段淤积分布，见表 16-3 及图 16-1[3]。

表 16-3　三门峡水库在非汛期各河段淤积量及比例[4]

时段	项目	坝址—黄淤 12	黄淤 12—黄淤 22	黄淤 22—黄淤 30	黄淤 30—黄淤 36	黄淤 36—黄淤 41	坝址—黄淤 41
1993～2002 年	淤积量（亿 m³）	0.048	0.328	0.592	0.303	0.011	1.282
2003 年		0.033	0.290	0.431	0.068	-0.002	0.820
2004 年		0.022	0.294	0.452	0.113	-0.03	0.851
2005 年		0.191	0.268	0.359	0.082	-0.035	0.865
2006 年		0.103	0.343	0.269	0.027	-0.016	0.726
1993～2002 年	占潼关至大坝的百分数（%）	3.7	25.6	46.2	23.6	0.9	100
2003 年		4.0	35.4	52.5	8.3	-0.2	100
2004 年		2.6	34.5	53.1	13.3	-3.5	100
2005 年		22.1	31.0	41.5	9.5	-4.1	100
2006 年		14.2	47.2	37.1	3.7	-2.2	100

从表 16-3 及图 16-1 中可以看出：以 1993～2002 年时段平均值为准，与 2006 年对比分析，前者的淤积重心分布在黄淤 22 断面至黄淤 30 断面，淤积量占潼关以下总淤积量的 46.2%。2006 年非汛期潼关以下总淤积量为 0.726 亿 m³，其中黄淤 12 断面至黄淤 22 断面的淤积量为 0.343 亿 m³，占总淤积量的 47.2%；黄淤 22 断面至黄淤 30 断面淤积量为 0.269 亿 m³，占总淤积量的 37.1%。上述两段淤积量约占总淤积量的 84.3%。

2006 年非汛期潼关河段没有淤积反而发生冲刷，然而 1993～2002 年期间是淤积的。参见表 16-3。

从图 16-1 中还可以看出：1993～2002 年，最大淤积量（多年平均值）在黄淤 28 断面（见图 16-1(a)），2006 年非汛期最大淤积量在黄淤 18 断面，两者距坝里程相差 38.3 km，即淤积重心下移了 38.3 km。

表 16-4 是每年各时期、各库段的冲淤量，从表中可知，2006 年非汛期的坝前平均水位为 316.21 m，黄淤 22 断面以下淤积量占潼关以下总淤积量的 61.4%，黄淤 30 断面以下的淤积量占 98.5%。从这 4 年“318”运用试验的实践来看，黄淤 30 断面以下淤积量占潼关以下库区总淤积量的百分数均超过 90% 以上，这表明三门峡水库非汛期的回水末端和淤积末端均在黄淤 36 断面以下，黄淤 36 断面以上河段均为冲刷。如果说在冲刷的条件下潼关河床高程仍然在上升，这种情况是属于河流自身的调整规律的表现，与三门峡水库运用是无关的。

从另外一个角度来分析，2003～2006 年的 4 年间，非汛期来沙量偏枯，非汛期坝前水位又控制在 318 m 高程以下，使得进入库区的泥沙沉积在靠近坝前库段，这有利于汛期敞泄冲刷排沙，同时又消除了非汛期蓄水对潼关高程的影响。

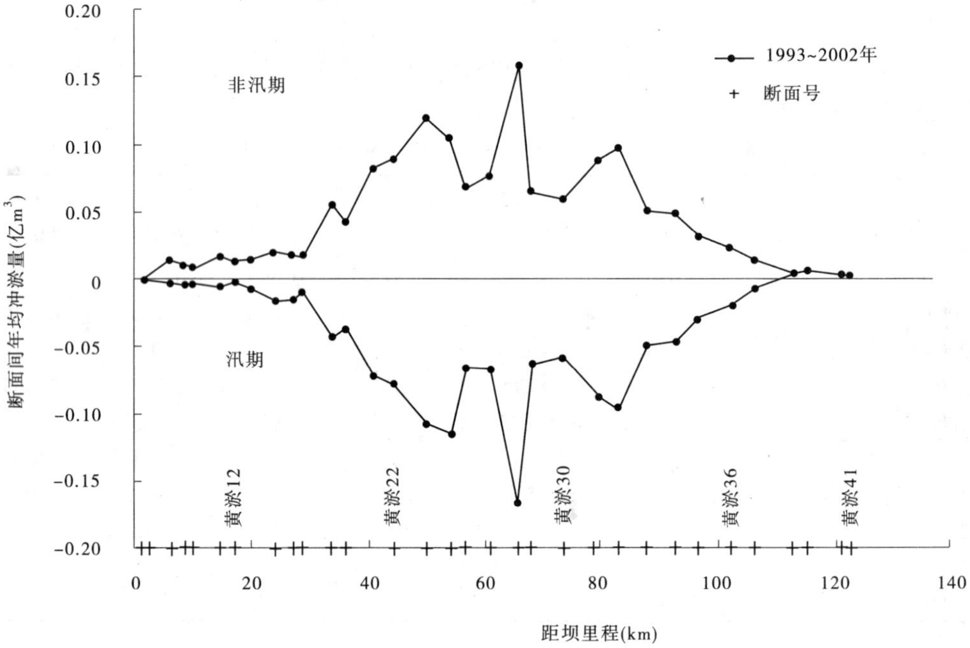

(a)1993~2002年运用年

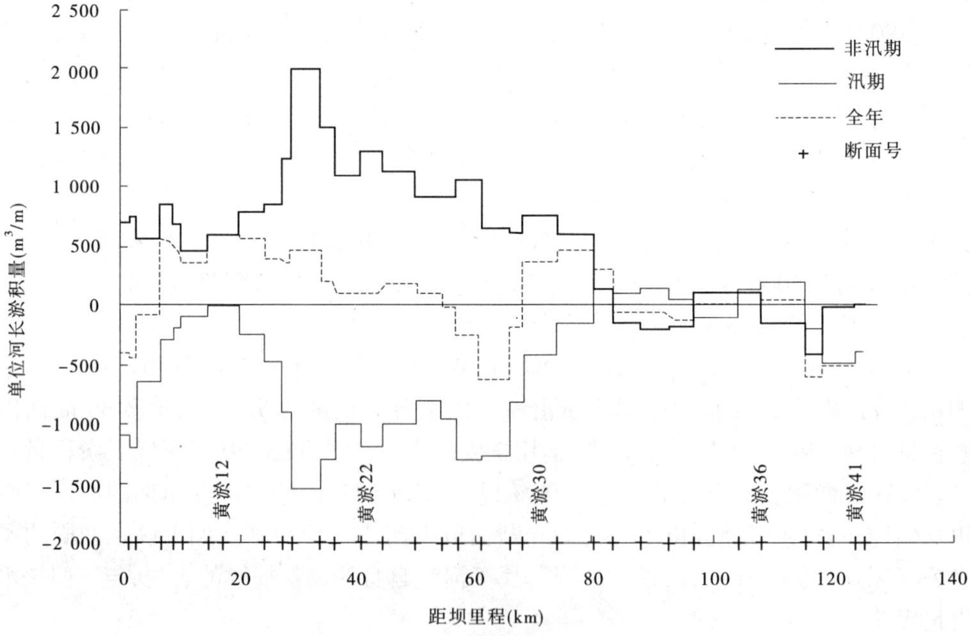

(b)2006年

图 16-1　三门峡水库非汛期冲淤分布图[5]

表 16-4　三门峡水库 2003～2006 运用年各库段冲淤量及潼关水沙量[6]

年份	时段		坝址—黄淤 12	黄淤 12—黄淤 22	黄淤 22—黄淤 30	黄淤 30—黄淤 36	黄淤 36—黄淤 41	坝址—黄淤 41	潼关站		坝前水位(m)		
									径流量(亿 m^3)	输沙量(亿 t)	最高	最低	平均
2003	非汛期	亿(m^3)	0.033 8	0.290	0.431	0.068	-0.002	0.820	81.2	0.76	317.92	314.87	315.59
		(%)	4.0	35.4	52.5	8.3	-0.2	100					
	汛期	(亿 m^3)	-0.407 3	-0.689 9	-0.649 6	-0.320 8	-0.135 6	-2.203 2	15.61	5.38		291.96	304.06
		(%)	18.5	31.3	29.5	14.6	6.1	100					
	全年	(亿 m^3)	-0.373 5	-0.402 4	-0.218 2	-0.246 4	-0.137 3	-1.377 9	236.7	6.14			
		(%)	27.1	29.2	15.8	17.9	10.0	100					
2004	非汛期	亿(m^3)	0.022	0.294	0.452	0.113	-0.030	0.851	134.0	0.84	317.96	312.83	317.01
		(%)	2.6	34.5	53.1	13.3	-3.5	100					
	汛期	(亿 m^3)	0.044	-0.053	-0.397	-0.068	0.065	-0.409	75.0	2.33		286.60	304.78
		(%)	-10.8	13.0	97.1	16.6	-15.9	100					
	全年	(亿 m^3)	0.066	0.241	0.055	0.045	0.035	0.442	209.0	3.17			
		(%)	14.9	54.5	12.5	10.2	7.9	100					
2005	非汛期	亿(m^3)	0.191	0.268	0.359	0.082	-0.035	0.865	115.5	0.83	317.94	313.71	316.41
		(%)	22.1	31.0	41.5	9.5	-4.1	100					
	汛期	(亿 m^3)	-0.370	-0.485	-0.499	-0.178	-0.045	-1.577	113.3	2.50		286.03	303.36
		(%)	23.5	30.8	31.6	11.3	2.8	100					
	全年	(亿 m^3)	-0.179	-0.217	-0.140	-0.096	-0.080	-0.712	228.8	3.33			
		(%)	25.1	30.5	198.7	13.5	11.2	100					
2006	非汛期	亿(m^3)	0.103	0.343	0.269	0.027	-0.016	0.726	146.7	0.81	317.96	312.76	316.21
		(%)	14.2	47.2	37.1	3.7	-2.2	100					
	汛期	亿(m^3)	-0.064	-0.234	-0.265	0.007	-0.015	-0.571	95.9	1.70		286.62	
		(%)	11.2	41.0	46.4	-1.2	2.6	100					
	合计	亿(m^3)	0.039	0.109	0.004	0.034	-0.031	0.155	242.6	2.57			
		(%)	25.2	70.3	2.6	21.9	-20	100					

表 16-5　三门峡水库 2003 ~ 2006 运用年洪水期敞泄运用排沙[3]

年份	日期（月-日）	天数(d)	坝前平均水位(m)	沙量(亿 t)		冲刷量（亿 t）	排沙比（%）	潼关			水沙搭配参数（kg · s/m^6）
				潼关	三门峡			水量（亿 m^3）	含沙量（kg/m^3）	流量（m^3/s）	
2003	07-17 ~ 19	3	300.17	0.07	0.48	0.41	686	1.90	36.8	733	0.050 2
	08-01 ~ 03	3	295.98	0.19	0.65	0.46	342	3.20	53.1	1 235	0.043
	08-27 ~ 09-10	15	294.82	2.18	3.47	1.29	159	35.1	62.1	2 700	0.023
	10-03 ~ 13	11	297.86	0.87	1.76	0.89	202	30.1	28.9	3 167	0.009 1
2004	07-07 ~ 12	6	295.07	0.03	0.38	0.35	1 267	3.34	8.89	644	0.013 8
	08-12 ~ 26	6	296.30	1.11	1.63	0.52	147	7.46	149	1 439	0.104
2005	06-28 ~ 07-01	4	291.73	0.01	0.41	0.40	4 100	1.50	6.67	434	0.015 4
	07-04 ~ 07-07	4	292.51	0.39	0.79	0.40	202	4.20	92.9	1 215	0.076 5
	07-23 ~ 24	2	296.60	0.15	0.28	0.13	187	1.09	138	631	0.219
	08-20 ~ 22	3	297.30	0.17	0.51	0.34	300	4.59	37.0	1 770	0.021
	09-22 ~ 25	4	294.30	0.14	0.59	0.45	421	6.58	21.2	1 904	0.011 1
	09-30 ~ 10-09	10	297.60	0.57	0.82	0.25	144	23.92	23.8	2 769	0.008 6
2006	06-26 ~ 28	3	291.52	0.005	0.23	0.225	4 600	1.47	3.13	567	0.005 5
	08-02 ~ 30	2	297.63	0.053	0.35	0.297	660	2.10	25.3	1 215	0.020 8
	09-01	1	297.96	0.075	0.319	0.244	425	1.85	40.6	2 141	0.019
	09-22 ~ 24	3	299.32	0.105	0.463	0.358	441	4.11	25.1	1 586	0.015 8

第三节　汛期敞泄排沙

三门峡水库汛期排沙有几种形式：洪水期降低坝前水位排沙；两场次洪水之间的平水冲刷排沙；枯水期小流量冲刷排沙（也称之为基流排沙）。根据国内很多水库的经验，洪水期降低坝前水位排沙效益最大[5]。它不仅将洪水自身挟带的泥沙排出库外，还可以借助溯源冲刷和沿程冲刷将前期（运用年的非汛期）淤积下来的泥沙冲起来带出库外。在“318”试验过程中，每年都利用洪水期降低坝前水位排沙（见表16-5）。从表16-5中可以看出，敞泄排沙历时每年各不相同，最多为32天（2003年），最少为9天（2006年），库区冲刷量最多为3.05亿t（2003年），最少为0.87亿t（2004年）。

在实施“318”运用试验的年度中，从运用年内库区冲淤量的分布可以看出，潼关以下库区呈现出累积性冲刷（见表16-4）。

如果从全汛期来分析水库排沙，应当将平水发电的壅水淤积考虑在内（见表16-6）。从表16-6中可以得知，由于平水发电，坝前水位上升，近坝区发生淤积，其中2005年多淤0.599亿t，历时99天；2006年多淤约0.52亿t，历时119天，见表16-7、表16-8。由此可见，如何处理好维持潼关高程、潼关以下库区冲淤平衡、保持防洪30亿m^3库容，是编制三门峡水库运用方案最至关重要的，也是落实周恩来总理于1964年在治黄工作会议上的指示。

表16-6　汛期和敞泄期排沙统计[3]

年份	日期（月-日）		天数（d）	洪峰流量（m^3/s）	坝前平均水位（m）	潼关		三门峡沙量（亿t）	冲刷量（亿t）	单位水量冲刷量（kg/m^3）
						径流量（亿m^3）	输沙量（亿t）			
2003	敞泄期	07-17~19	3	901	300.17	1.9	0.07	0.48	0.41	216
		08-01~08	3	2 150	295.98	3.2	0.19	0.65	0.46	144
		08-27~09-10	15	3 250	294.82	35.1	2.18	3.47	1.29	37
		10-03~13	11	4 430	297.86	30.1	0.87	1.76	0.89	30
		合计	32		296.48	70.3	3.31	6.36	3.05	43
	汛期		123		304.06	157	5.38	7.76	2.38	15
2004	敞泄期	07-07~10	4	1 140	287.75	2.8	0.03	0.38	0.35	143
		08-22~25	4	2 300	292.84	5.7	1.11	1.63	0.52	103
		合计	8		292.37	8.5	1.14	2.01	0.87	111
	汛期		123		304.78	75	2.33	2.72	0.39	5

续表 16-6

年份	日期（月-日）		天数	洪峰流量（m³/s）	坝前平均水位（m）	潼关 径流量（亿 m³）	潼关 输沙量（亿 t）	三门峡沙量（亿 t）	冲刷量（亿 t）	单位水量冲刷量（kg/m³）
2005	敞泄期	06-28～30	3	1 060	288.58	1.2	0.015	0.41	0.395	333
		07-04～07	4	1 840	292.51	4.2	0.39	0.79	0.40	96
		07-23	1	1 420	294.05	0.5	0.15	0.28	0.13	294
		08-20～22	3	2 130	297.3	4.6	0.17	0.51	0.34	74
		09-22～25	4	2 810	294.3	6.6	0.14	0.59	0.45	69
		09-30～10-09	10	4 500	297.6	23.9	0.57	0.82	0.25	15
		合计	25		295	41.0	1.435	3.40	1.965	52
	汛期		123		303.36	115	2.50	4.03	1.53	13
2006	敞泄期	06-26～28	3	853	291.52	1.5	0.005	0.23	0.225	153
		08-02～03	2	1 450	297.63	2.1	0.053	0.35	0.297	141
		09-01	1	2 210	297.96	1.9	0.075	0.319	0.244	132
		09-22～24	3	1 940	299.32	4.1	0.105	0.463	0.358	87
		合计	9		296.19	9.6	0.238	1.362	1.124	118
	汛期		123		304.43	97.6	1.70	2.30	0.60	6.15

表 16-7　2005 年三门峡汛期排沙统计[3]

日期（月-日）		天数	坝前平均水位（m）	输沙量（亿 t） 潼关	输沙量（亿 t） 三门峡	冲淤量（亿 t）	排沙比	运用方式	潼关最大流量（m³/s）	最低水位（m）
06-28～07-01		4	291.73	0.005	0.407	-0.402	81.4	敞泄	1 060	286.03
07-02～03		2	303.98	0.003 4	0.002 7	0.000 7	0.79			
07-04～07		4	292.51	0.384 7	0.789 4	-0.404 7	2.05	敞泄	1 840	289.43
07-08～22		15	303.80	0.283 4	0.068 9	0.214 5	0.24			
07-23～24		2	296.60	0.152 0	0.280 0	-0.128 0	1.84	敞泄	1 420	294.05
07-25～08-19		26	303.82	0.397 5	0.283 0	0.114 5	0.71			
08-20～22		3	297.30	0.172 0	0.510 5	-0.338 5	2.97	敞泄	2 130	292.72
08-23～09-21		30	304.48	0.222 6	0.072 8	0.149 8	0.33			
09-22～25		4	294.30	0.140 8	0.593 9	-0.453 1	4.22	敞泄	2 810	291.56
09-26～25		4	304.77	0.037 0	0.025 0	0.012 0	0.68			
09-30～10-09		10	297.60	0.569 0	0.933 0	-0.364 0	1.64	敞泄	4 500	292.88
10-10～31		22	308.47	0.135 5	0.028 0	0.107 5	0.21			
累计	敞泄期	27	295.01	1.423 5	3.513 8	-2.090 3	2.47			
	非敞泄期	99	304.89	1.079 4	0.480 4	0.599 0	0.45			

表 16-8　2006 年汛期排沙计算[3]

日期(月-日)		天数(d)	坝前平均水位(m)	输沙量(亿 t)		冲淤量(亿 t)	排沙比	运用方式	潼关最大流量(m^3/s)	最低水位(m)
				潼关	三门峡					
06-29 ~ 08-01		34	304.14	0.358 4	0.231 9	0.126 5	0.65			
08-02 ~ 03		2	297.63	0.053 1	0.349 5	-0.296 4	6.58	敞泄	1 780	294.51
08-04 ~ 31		28	303.79	0.469 9	0.332 8	0.137 0	0.71			
09-01		1	297.96	0.075 1	0.318 8	-0.243 7	4.25	敞泄	2 630	297.96
09-02 ~ 21		20	304.76	0.425 5	0.313 3	0.112 2	0.74			
09-22 ~ 24		3	299.32	0.106 4	0.462 9	-0.356 6	4.35	敞泄	2 600	294.49
09-25 ~ 10-31		37	307.01	0.211 1	0.066 1	0.145 0	0.31			
累计	敞泄期	9	298.53	0.234 6	1.131 2	-0.896 7	5.69			
	非敞泄期	119	305.05	1.464 9	0.944 1	0.520 7	0.64			
	汛期			1.703 7	2.304 6	-0.600 9	1.35			

第四节　潼关高程的演变

自 2002 年汛后起，三门峡水库非汛期最高蓄水位不得超过 318 m 高程。各年径流量、输沙量及水位特征值如表 16-9 所示。

表 16-9　2003 ~ 2006 年三门峡水库非汛期运用特征值

运用年(11 月 ~ 次年 6 月)	2003 年	2004 年	2005 年	2006 年
径流量(亿 m^3)	81.2	133.5	115.5	146.7
输沙量(亿 t)	0.688	0.834	0.830	0.81
最高库水位(m)	317.92	317.96	317.94	317.96
平均库水位(m)	315.59	317.01	316.41	316.21
冲淤量(亿 m^3)	0.823 5	0.851 0	0.865 0	0.726 0
水位超过 315 m 天数	179	236	213	194

从表 16-9 中可以看出，最高库水位均低于 318 m 高程，但是非汛期平均库水位都在 315 m 以上，2004 年平均水位达到 317.01 m，水位超过 315 m 高程的天数达到 236 天，这对非汛期进入库区的泥沙沉积部位是不利的，它影响潼关高程的升降。表 16-10 是“318”试验各年的汛期前后的潼关高程。与表 16-9 对比可知，2004 年汛期前后的潼关高程都略

高于其他年份。

表 16-10　2003～2006 年潼关高程变化

年份	2003 年	2004 年	2005 年	2006 年
汛前(6 月 30 日)	328.65	328.24	328.15	328.10
汛后(10 月 31 日)	327.94	327.98	327.75	327.79
下降值(m)	-0.71	-0.26	-0.40	-0.31
汛期水量(亿 m^3)	157	75	113	96

第五节　“318”试验效益与建议

三门峡水库自 1974 年改为调水调沙运用以来已经走过 34 年，经过不断的改进、调整、完善，逐渐趋于成熟。然而，宇宙间的事物是运动的，不断变化的或前进的，只有相对运动而无绝对静止。三门峡水库运用方式也应随着客观的“运动”而随之改变，静止的观点是不可取的。在某一时间是成功的，经过一定时间之后又应当对应客观条件进行调整，否则就会受到自然界的惩罚。

一、“318”试验的效益

自 2003 运用年开始，非汛期蓄水位不超过 318 m 高程以后，潼关河床高程（相应 1 000 m^3/s水位）逐年下降，至 2006 年汛后已下降到 327.79 m，与 2002 年汛后相比较（328.78 m），下降 0.99 m（见表 16-10）。

因为非汛期蓄水位下降，进入库区的输沙量的 90% 以上淤积在黄淤 30 断面以下（见表 16-3）。淤积重心由黄淤 22 断面至黄淤 36 断面库段下移到黄淤 22 断面以下库段（见图 16-1）。

因为非汛期淤积重心靠近坝区，汛期敞泄水位较低，有利于冲刷排沙，潼关以下库区出现年内净排沙量，排沙比大于 1.0（见表 16-9）。

二、几点思考与建议

(1)从表 16-7 及表 16-8 中可以看出：如果放弃汛期发电，汛期排沙效益会更大，这就存在发电效益与排沙效益两者之间的矛盾。从保持防御“上大洪水”来看，小浪底水库已经建成，减轻了三门峡水库的防洪压力。根据分析计算，潼关以下库区 330 m 高程以下保留 30 亿 m^3 防洪库容可以满足防御“上大洪水”的要求[6]，因此只要达到年内冲淤平衡，不侵占防洪库容，应当尽最大可能发挥三门峡水利枢纽的综合效益。

(2)非汛期平均水位最好不超过 315 m 高程，使非汛期进库输沙量尽可能落在黄淤 12 断面以下，这有利于汛期敞泄排沙。

每年非汛期进库输沙量最多的月份为 11 月、12 月及 3 月。建议在这三个月将库水位控制在 312 m 高程以下。

(3)2003 ~2006 年 4 年中,非汛期进库输沙量均小于 1.0 亿 t(见表 16-1),是枯沙系列,如果遇到正常年份,进库输沙量在 1.5 亿 ~2.4 亿 t 范围内,那么是否会出现累积性淤积值得研究。

(4)非汛期按“318”方案运行,将会引起移民反迁问题,若大量移民反迁,在 318 m 高程以上滩区定居,遇到大洪水(1933 年)进库,移民的生命财产将遭到不可预测的损失,如何预防值得及早考虑。

(5)三门峡水库为了排沙减淤,不可避免地在汛初开闸排沙,会出现“小水带大沙”的过程。目前,小浪底水库尚有堆沙库容,当堆沙库容淤满之后,小浪底水库也要排沙,“小水带大沙”进入下游河道将发生严重淤积。应及早研究三门峡、小浪底两库联合运用过程中如何避免不利于下游河道的水沙过程。

参考文献

[1] 中国水利学会. 黄河三门峡工程泥沙问题[M]. 北京:中国水利水电出版社,2006.

[2] 黄河水利委员会. 黄河下游治理方略专家论坛[C]. 郑州:黄河水利出版社,2004.

[3] 侯素珍,等. 2006 年三门峡水库冲淤演变分析[R]//黄科技年度咨询及跟踪研究报告之四. 黄科技 ZX-2007-13-24,郑州:黄河水利科学研究院,2007.

[4] 侯素珍,等. 2003 年三门峡库区冲淤演变及潼关高程变化[R]//2003 年黄河河情咨询报告. 郑州:黄河水利出版社,2005.

[5] 焦恩泽. 黄河水库泥沙[M]. 郑州:黄河水利出版社,2004.

[6] 侯素珍,等. 2004 年三门峡库区冲淤变化[R]//2004 年黄河河情咨询报告. 郑州:黄河水利出版社,2006.

第十七章 三门峡水库汛期发电问题的讨论与思考

黄河三门峡水库自 1973 年 11 月开始调水调沙运用以来，受降水量偏枯的影响、黄河上游诸多大型水库及其梯级开发的作用，从而使进入三门峡水库的径流量、输沙量以及水沙搭配都发生了很大变化。

为了维持潼关断面的河床高程（相应 1 000 m^3/s 流量的水位）稳定（确保西安），保持 330 m 高程以下 30 亿 m^3 的库容作为防御黄河下游防洪、防凌的需要（确保下游），自 1994 年以后，在三门峡水库进行三项原型试验：潼关河段清淤、非汛期“318”方案运用、汛期发电。这三项原型现场试验是到目前为止古今中外所罕见的，也是绝无仅有的，它为修建在多沙河流上的水利水电工程提供了非常宝贵的经验、理论和数据。

潼关河段清淤和非汛期“318”方案运用已在第十五、十六两章分别作了介绍。本章对汛期发电试验作专题介绍❶。

1969 年，“四省会议”对三门峡水利枢纽进行改建所确定的改建原则是“在确保西安、确保下游的前提下，合理防洪，排沙放淤，低水头径流发电”[1]。三门峡水利枢纽管理局依据上述原则精神，编制了年度运行和汛期发电方案。在初期的 1974 ~ 1979 年，为全年发电，但是在汛期由于进库水流的含沙量很大，对发电过流部件的磨损异常严重，溢流坝的泄水底孔严重磨损。工作闸门槽导轨磨损、气蚀严重已无法正常运行[1]。因此，在 1980 年汛后，停止汛期发电。

经过 10 多年的悉心研究，对机组进行更新与改造，提高了抗磨强度，过机含沙量达到 30 kg/m^3。为此，经水利部有关司局批准，于 1994 年汛期进行了发电原型试验。

三门峡水库自 1994 年起至 1999 年止进行了 6 年汛期发电试验，取得了丰富成果。2000 年之后汛期继续进行发电。回顾 10 余年的历程，积累了许多经验，探索出一些规律，是值得进行归纳的，它可以提供给修建在多沙河流上的水电站管理工作者作为参考之用。

第一节 汛期发电的回顾

黄河三门峡水利枢纽实施汛期发电必须要在“确保西安、确保下游”的原则下进行，这是周恩来总理在 1964 年治黄会议时所作的指示[1]。为了落实周总理的指示，三门峡水库汛期发电要做到：不影响潼关河床高程上升，潼关以下库区基本上达到冲淤平衡。

潼关断面是渭河下游河道的侵蚀基准面，潼关河床高程上升或下降，将直接影响渭河

❶ 黄河水利委员会三门峡水利枢纽汛期发电试验研究组，三门峡水利枢纽汛期发电试验研究报告，2000 年 12 月。

下游的冲淤变化，若潼关河床高程不断地抬高，势必促使渭河下游河道发生溯源淤积，最终可能威胁到西安。“确保西安”不应理解为只保西安市，应当把“西安”看做是一片较大地区。因此，维护潼关河床高程处在稳定甚至略有下降状态，是三门峡水库运用必须考虑的问题。

修建三门峡水库的重要目的之一是利用三门峡水库的库容拦蓄三门峡以上地区出现的洪水，特别是大洪水（又称上大洪水），为黄河下游防凌、防洪提供服务。因此，要使汛期发电时期所出现的泥沙淤积不能侵占防洪、防凌库容，不能影响潼关以下库区冲淤平衡。能达到冲淤平衡也就是落实了“确保下游”的目的。

三门峡水利枢纽于1994年汛期开始进行汛期发电试验。至1999年汛后为止共进行了6年，2000年以后将汛期发电列为正常运行作业，至2002年汛后。2003年（运用年）实施非汛期库水位控制318 m高程以下，至2006年汛后也刚好运用6年。因此，汛期发电实际上已经走过了13年，经历3个阶级，2种不同的运行条件，也就必然得到了不同的效果，这是值得研究与总结的。

一、汛期发电的库水位与潼关高程

为了保持可用库容，三门峡水库在汛期应以排沙运用为主，而排沙的手段采用泄空冲刷方式最为有效。通过多年的实践，泄空冲刷的时间应当选择在洪水进库时段，它可以借助洪水的富余输沙能力和由于库水位大幅度下落产生的溯源冲刷，将前期（非汛期）淤积下来的泥沙冲起并排沙出库，借以恢复可用库容。洪水期过后，在非洪水期进库流量比较均衡、平稳，水流挟带的含沙量较低，可以进行发电，非洪水期又被称为“平水期”。

为了恢复可用库容，汛期运用以排沙为主，因此在发电期间不宜将库水位抬升太高。“最高库水位应控制在哪一高程？受壅水作用，发电期间泥沙沉降的部位应当控制在哪个库段最为有利？”是值得研究的两个问题。

根据以往的研究[2]，敞泄过程之后，坝前区都会冲刷出一个范围较广的冲刷漏斗。三门峡库区的冲刷漏斗的大漏斗上沿就在北村（黄淤22）断面。因此，要求汛期发电的库水位影响范围应当控制在北村以下。三门峡水库影响到各库段的坝前水位如表17-1所示。从表17-1中可知，汛期发电最高水位以不超过307～308 m为宜。

表17-1　三门峡水库开始影响各库段起始断面的水位[2]

库段	潼关（黄淤41）—坫垮（黄淤36）	坫垮（黄淤36）—大禹渡（黄淤30）	大禹渡（黄淤30）—北村（黄淤22）	北村（黄淤22）—坝址
距坝里程（km）	113～125	94～105	68～76	42～45
库水位（m）	323.5～324.5	320～321	315～316	307～308

从表17-1中还可看出，影响到坫垮（黄淤36）断面的坝前水位为320～321 m，与307～308 m相差13 m，发电期间回水末端距坝址42～45 km，坫垮距坝址94～105 km，两者相距52～60 km，由于发电而发生沉积的泥沙远离潼关断面，因此对潼关河床升降没有

任何影响。至于潼关高程在汛期的升降，是上游来水来沙对河床的综合作用。

二、汛期发电与库区冲淤平衡问题

汛期为了发电而适当抬升水库水位，势必发生淤积，这与汛期以敞泄排沙为主出现了矛盾。就全汛期来看，发电时期的总淤积量是否破坏冲淤平衡的局面从而损失防洪、防凌库容是值得研究的问题。

汛期发电是在前后两次敞泄排沙之间进行的，发电运行期间所产生的淤积，在敞泄排沙期间可以排出库外。以2005年汛期运用实际情况（见表17-2）来分析。表17-2中列出了6月28日至10月31日共12次排沙资料。2005年汛期出库总沙量为3.994 2亿t，其中敞泄排沙量为3.513 8亿t，占汛期出库沙量的87.97%，非敞泄排沙量为0.480 4亿t，占汛期出库沙量的12.03%，其中包括了发电期间的淤积量。全汛期潼关以下库区在敞泄期冲刷量为2.090 3亿t，发电期间淤积量约0.599亿t，净冲刷量为1.491 3亿t。

从淤积大断面的冲刷量资料来看，2005年6～10月两次测量求出的潼关以下库区冲淤来看，共冲刷1.577亿m^3（见表17-3）。表17-2与表17-3的结果基本相近，是可信的。

表17-2　2005年三门峡水库汛期排沙运用统计❶

日期（月-日）	敞泄天数（d）	史家滩水位（m）	潼关		三门峡沙量（亿t）	冲淤量（亿t）	单位水量冲淤量（kg/m^3）	排沙比
			水量（亿m^3）	沙量（亿t）				
06-28～07-01	4	291.73（敞泄）	1.50	0.005 0	0.407 0	-0.402 0	-268.0	81.40
07-02～03	2	303.98	0.64	0.003 4	0.002 7	0.000 7	1.1	0.79
07-04～07	4	292.51（敞泄）	4.20	0.384 7	0.789 4	-0.404 7	-96.4	2.05
07-08～22	15	303.80	4.39	0.283 4	0.068 9	0.214 5	48.9	0.24
07-23～24	2	296.6（敞泄）	1.09	0.152 0	0.280 0	-0.128 0	-117.4	1.84
07-25～08-19	26	303.82	15.94	0.397 5	0.283 0	0.114 5	7.2	0.71
08-20～22	3	297.30（敞泄）	4.59	0.172 0	0.510 5	-0.338 5	-73.7	2.97
08-23～09-21	30	304.48	24.98	0.222 6	0.072 8	0.149 8	6.0	0.33
09-22～25	4	294.30（敞泄）	6.58	0.140 8	0.593 9	-0.453 1	-68.9	4.22

❶ 王平等，2005年三门峡水库冲淤变化分析，黄科技ZX－2006－12＋9（N09）。

续表 17-2

日期	敞泄天数(d)	史家滩水位(m)	潼关		三门峡沙量(亿 t)	冲淤量(亿 t)	单位水量冲淤量(kg/m^3)	排沙比
			水量(亿 m^3)	沙量(亿 t)				
09-26 ~ 29	4	304.77	4.71	0.037 0	0.025 0	0.012 0	2.5	0.68
09-30 ~ 10-09	10	297.60(敞泄)	23.92	0.569 0	0.933 0	-0.364 0	-15.2	1.64
10-10 ~ 31	22	308.47	22.00	0.135 5	0.028 0	0.107 5	4.9	0.21
非敞泄期	99	304.89	72.66	1.079 4	0.480 4	0.599 0	8.2	0.45
敞泄期	27	295.01	41.89	1.423 5	3.513 8	-2.090 3	-49.9	2.47
合计	126		114.55	2.502 9	3.994 2	-1.491 3		

表 17-3　三门峡水库 2005 年潼关以下库区冲淤分布

时段(年-月)	坝址—黄淤 12	黄淤 12—黄淤 22	黄淤 22—黄淤 30	黄淤 30—黄淤 36	黄淤 36—黄淤 41	坝址—黄淤 41
2005-06 ~ 10	-0.370	-0.485	-0.499 0	-0.178 0	-0.045	-1.577

从表 17-3 中可以看出，北村（黄淤 22）断面以下库区汛期可以恢复的库容为 0.855 亿 m^3，而当年汛期非敞泄期（相当于发电运用期）淤积约 0.6 亿 t，这意味着北村以下库区有足够的调沙库容为汛期发电与敞泄交插进行运用提供可用库容。

从表 17-2 及表 17-3 中还可以看出，汛期发电不影响潼关以下库区冲淤平衡。

第二节　汛期发电的必备条件与效益

实施汛期发电运用也需要必备的条件，如发电的时机、径流量，以及水轮机过沙等。

一、汛期发电时机

前面已经讨论了在汛期的洪水过程应当降低库水位敞泄排沙，以便恢复河槽库容使之达到年内冲淤平衡，不宜发电。从已有资料得知，汛期洪水出现的天数每年都不相同。表 17-4 分别列出了汛期与洪水期的径流量、输沙量和含沙量以及洪水期、平水期出现的天数。从表 17-4 中可以看出，丰水年（2003 年）洪水期天数多而平水期天数少；在枯水年（1997 年）洪水期天数不足 10 天，而平水期的天数达到 100 天以上（见表 17-4）。

从而可以确定，汛期发电有足够的时间进行发电。同时还可以预料到，像 2003 年的丰水年份，也可以在 9、10 月份，水流含沙量相对较少时期进行发电，这不影响潼关以下库区冲淤平衡,能够保持为了防洪预留的库容。

表 17-4　三门峡 1994～2006 年汛期、洪水期水沙特征值

年份	径流量(亿 m^3)			洪水次数及天数			输沙量(亿 t)		
	汛期	洪水期	平水期	次数	洪水天数	平水天数	汛期	洪水期	平水期
1994	133	54	79	4	29	94	10.30	7.96	2.34
1995	114	45	69	5	34	89	6.78	4.47	2.31
1996	128	50	78	5	28	95	9.63	6.77	2.86
1997	56	10	46	1	7	116	4.11	2.75	1.36
1998	86	39	47	2	24	99	4.37	3.32	1.05
1999	97	30	67	2	23	100	3.73	2.87	0.86
2000	73	11	62	3	9	114	1.97	0.30	1.67
2001	61	6	55	2	6	117	2.91	1.37	1.54
2002	58	36	22	4	35	88	3.11	2.43	0.68
2003	156	115	41	5	58	65	5.38	4.42	0.96
2004	75	8	67	1	6	117	2.33	1.10	1.23
2005	113	66	47	5	50	73	2.50	2.05	0.45
2006	96	45	51	4	44	79	1.70	1.15	0.55

二、汛期发电与径流量、输沙量关系

汛期发电要有足够的径流量,同时又要水流含沙量不超过 30 kg/m^3。从表 17-4 中可以看出,径流量与输沙量的出现时机时有协调,如 1998 年平水期径流量为 47 亿 m^3,而输沙量为 1.05 亿 t,平均含沙量为 22.3 kg/m^3,是比较理想的年份。而 1995 年平水期径流量为 69 亿 m^3,同期输沙量为 2.31 亿 t,平均含沙量接近 33.5 kg/m^3;1996 年平水期径流量为 78 亿 m^3,同期输沙量为 2.86 亿 t,平均含沙量达到 36.7 kg/m^3,这样的水沙条件对发电可能不利。

从多年的径流量、输沙量的分配来看,9、10 月两个月最为有利,见表 17-5。

表 17-5　潼关站多年(1969～1994 年)径流量、输沙量、含沙量平均值

项目	全年	非汛期	汛期	7 月	8 月	9 月	10 月
径流量(亿 m^3)	346.3	163.0	183.3	37.5	52.4	51.5	41.9
输沙量(亿 t)	10.448	2.336	8.112	2.360	3.606	1.442	0.704
含沙量(kg/m^3)	30.2	14.33	44.3	62.9	68.8	28.0	16.8

随着黄河上中游地区各种引用水量的增加,径流量逐渐减少,而相对比较,水流含沙量增加,在汛期发电试验期间,含沙量增加,特别在 9 月份,平均含沙量增加到 35.9 kg/m^3

(见表17-6)。表17-6提醒我们，在汛期进行发电的过程中，要随时关注进库的水沙情况，以免受到意外损失。

表17-6　汛期发电试验期间(1994～1999年)径流量与输沙量值

项目	全年	非汛期	汛期	7月	8月	9月	10月
径流量(亿 m^3)	226	124	102	25.1	36.9	25.9	14.1
输沙量(亿 t)	8.26	1.73	6.53	2.45	2.99	0.93	0.16
含沙量(kg/m^3)	36.5	14.0	64.0	97.6	81.0	35.9	11.3

三、汛期发电效益❶

自1994～1999年汛期发电试验，总发电量约10.5亿kWh。汛期年均发电量约1.75亿kWh。发电时机避开洪水过程，发电期间的进库含沙量相对较少。又加上为了发电，适当抬升库水位，在北村以下库区起到了沉沙池的作用，使进入机组的含沙量减少(见表17-7)。在发电试验期间，进库平均含沙量为27.9 kg/m^3，同期出库平均含沙量为17.4 kg/m^3。由于坝前壅水起到沉沙池的作用，出库平均含沙量减了10.5 kg/m^3，进入机组的平均含沙量下降到12.7 kg/m^3，比出库平均含沙量减少了4.7 kg/m^3。从粗颗粒泥沙($D \geq 0.05$ mm)来看，进库泥沙中粗颗粒泥沙量平均值占18%，出库泥沙中的粗颗粒占11.4%，进入机组的粗颗粒泥沙只占10%，两者相差8%，从泥沙的中值粒径来看，进库平均的中值粒径为0.025 6 mm，出库为0.010 7 mm，进入机组为0.009 2 mm。

表17-7　1994～1998年过机及进出库粗、细泥沙情况❶

取样地点	年份	平均含沙量(kg/m^3)	$D \geq 0.05$ mm 含沙量(kg/m^3)	粗沙占全沙(%)	平均粒径(mm)	中值粒径(mm)
进库(潼关站)	1994	32.3	5.00	15.5	0.026	0.023
	1995	41.0	6.52	15.9	0.026	0.020
	1996	21.9	5.64	25.8	0.029	0.025
	1997	14.8	4.06	27.4	0.034	0.030
	1998	29.5	6.9	23.4	0.030	0.030
出库(三门峡)	1994	19.0	0.93	4.9	0.014	0.007
	1995	31.4	2.73	8.7	0.019	0.012
	1996	12.6	1.93	15.3	0.019	0.010
	1997	5.39	0.81	15.0	0.016	—
	1998	18.4	2.40	13.0	0.019	0.014
试验机组	1994	15.6	0.80	5.1	0.012	0.007
	1995	21.3	0.77	3.6	0.016	0.010
	1996	9.92	1.43	14.4	0.018	0.009
	1997	3.66	0.60	16.4	0.019	0.005
	1998	12.9	1.30	10.0	0.022	0.015

❶ 黄委会三门峡水利枢纽汛期发电试验研究组，三门峡水利枢纽发电试验研究报告，2002年12月。

第三节 汛期发电与非汛期“318”结合

非汛期“318”运用，在第十六章已经进行了讨论。它的突出特点是控制了非汛期淤积上延到不了潼关河段，淤积重心向坝前移动，有利于汛期借助洪水，发生溯源冲刷时排沙出库，有利于运用年内在潼关以下库区达到冲淤平衡。具体地落实了“确保西安、确保下游”的方针。

汛期发电只注意到在汛期运用过程不影响潼关高程，北村以下库区可以达到冲淤平衡，没有考虑非汛期的意外的不利因素。

这里引用了淤积大断面测量资料来分析运用年内潼关以下冲淤分配，多年冲淤分配的全过程见表 17-8 及表 17-9。

表 17-8 三门峡潼关以下库区汛期前后冲淤量

时段（年-月）	坝址—黄淤 12（亿 m^3）	黄淤 12—黄淤 22（亿 m^3）	黄淤 22—黄淤 30（亿 m^3）	黄淤 30—黄淤 36（亿 m^3）	黄淤 36—黄淤 41（亿 m^3）	坝址—黄淤 41（亿 m^3）	潼关高程（汛后）（m）
1993-10 ~ 1994-06	0.029 7	0.282 4	0.618 5	0.321 0	0.044 9	1.296 5	
1994-06 ~ 10	-0.095 3	-0.290 6	-0.661 5	-0.428 9	0.007	-1.469 3	327.69
1994-06 ~ 1995-06	0.132 6	0.558 7	0.726 3	0.271 8	-0.009 3	1.680 1	
1995-06 ~ 10	-0.044 2	-0.443 2	-0.717 0	-0.197 9	0.096 7	-1.305 6	328.28
1995-10 ~ 1996-05	0.062 7	0.327 7	0.595 9	0.377 0	0.026 5	1.389 8	
1996-05 ~ 09	-0.161 1	-0.575 1	-0.779 0	-0.603 1	-0.134 9	-2.253 2	328.67
1996-09 ~ 1997-06	0.158 1	0.270 8	0.481 2	0.414 6	0.058 2	1.382 9	
1997-06 ~ 10	-0.112 3	-0.237 6	-0.357 9	-0.045 5	0.070 0	-0.683 3	328.05
1997-10 ~ 1998-05	0.079 0	0.256 7	0.584 4	0.272 7	0.020 3	1.213 1	
1998-05 ~ 10	-0.044 8	-0.237 8	-0.498 5	-0.325 9	-0.011 8	-1.118 8	328.28
1998-10 ~ 1999-05	0.046 5	0.333 5	0.907 6	0.408 3	0.036 2	1.732 1	
1999-05 ~ 10	0.004 3	-0.163 7	-0.661 7	-0.378 1	-0.031 1	-1.230 3	328.12
1993-10 ~ 1999-10	0.055 2	0.081 8	0.238 3	0.086 0	0.172 7	0.634	

表 17-8 是汛期发电试验的 6 年中，汛前（5、6 月）及汛期末（10 月）大断面测量计算出的各库段冲淤量。从中可以看出，1993 年 10 月至 1999 年 10 月，潼关以下库区出现累积性淤积量，坝址至黄淤 41（潼关）断面总淤积量为 0.634 亿 m^3，北村（黄淤 22）断面以下库区淤积 0.137 亿 m^3，占总淤积量的 25.7%。淤积重心在北村（黄淤 22 断面）至大禹渡（黄淤 30 断面）库段。问题比较严重的是坫埼（黄淤 36 断面）至潼关（黄淤 41 断面）库段，淤积0.172 7 亿 m^3，这是直接影响潼关河床高程的主要因素。当然，与汛期发电有无

关系，社会各界还争论不休，尚无定论。再分析表 17-9，表中给出 1999 年 10 月以后至 2006 年 10 月的汛前、汛后大断面测量结果。从中可以看出，1999 年 10 月至 2002 年 10 月，潼关以下库区仍然有累积性淤积，由于控制了非汛期库水位，淤积量比 1993 年 10 月至 1999 年 10 月期间的淤积量要少些，为 0.287 8 亿 m^3，北村以下库段出现冲刷，冲刷量为 0.045 9 亿 m^3。但是坫埼至潼关库段仍有淤积，达 0.086 1 亿 m^3。自 1999 年汛后至 2002 年汛后，潼关高程由 328.33 m 上升到 328.78 m。2002 年汛后进入非汛期，控制库水位不得超过 318 m 高程，简称“318”运用。自 2002 年 10 月至 2006 年 10 月，潼关以下库区累积冲刷 1.491 4 亿 m^3，北村以下库区冲刷 0.715 5 亿 m^3，占总冲刷量的 48%；潼关至坫埼库段冲刷0.213 3 亿 m^3。这是潼关河床高程下降的重要因素之一。除此之外，非汛期淤积重心下移到北村以下，这对汛期排沙十分有利。

表 17-9　三门峡潼关以下库区汛前、汛后冲淤量

时段（年-月）	坝址—黄淤 12（亿 m^3）	黄淤 12—黄淤 22（亿 m^3）	黄淤 22—黄淤 30（亿 m^3）	黄淤 30—黄淤 36（亿 m^3）	黄淤 36—黄淤 41（亿 m^3）	坝址—黄淤 41（亿 m^3）	潼关高程（汛后）（m）
1999-10～2000-06	-0.021 1	0.265 2	0.466 1	0.370 5	0.023	1.103 7	
2000-06～10	0.059 3	-0.127 5	-0.246 1	-0.215 0	0.040 4	-0.488 9	328.33
2000-10～2001-06	-0.314 6	-0.053 0	0.371 3	0.182 2	-0.048 6	0.137 3	
2001-06～10	0.262 2	0.025 7	-0.397 9	-0.184 5	0.061 3	-0.233 2	328.23
2001-10～2002-05	0.049	0.029 2	0.417 6	0.133 6	-0.058 1	0.571 3	
2002-05～10	-0.024 2	-0.196 1	-0.490 8	-0.159 4	0.068 1	-0.802 4	328.78
2002-10～2003-05	0.033 8	0.287 4	0.431 4	0.074 4	-0.001 7	0.825 3	
2003-05～10	-0.407 3	-0.689 9	-0.649 6	-0.320 8	-0.135 6	-2.203 2	327.94
2003-10～2004-05	0.022	0.294 0	0.452 0	0.113 0	-0.03	0.851	
2004-05～10	0.044	-0.053	-0.397	-0.068	0.065	-0.409	327.98
2004-10～2005-06	0.191	0.268	0.359	0.082	-0.035	0.865	
2005-06～10	-0.370	-0.485	-0.499	-0.178	-0.045	1.577	327.25
2005-10～2006-06	0.103	0.343	0.269	0.027	-0.016	0.726	
2006-06～10	-0.063	-0.234	-0.265	0.007	-0.015	-0.570	327.79
1999-10～2002-10	0.010 6	-0.056 5	0.120 2	0.127 4	0.086 1	0.287 8	
2002-10～2006-10	-0.446 5	-0.269 5	-0.299 2	-0.263 4	-0.213 3	-1.491 4	
1999-10～2006-11	-0.435 9	-0.326	-0.179	-0.136	-0.127 2	-1.204 1	

从上述的讨论可以启发对水库运用的新思路，当库区前期出现累积性淤积，需修订下一年度的运用方案时，尽可能使非汛期淤积体尤其是淤积重心靠近坝前。汛期敞泄期间库水位降到最低；当前期库区出现较大的冲刷体，特别是北村以下库区，这就要求，三门峡

水库在非汛期运用水位不能超过318 m高程，非汛期平均水位最好控制在315 m高程以下。当307 m高程以下的库容在0.8亿m^3以上时，发电水位可以适当提高，充分利用水资源创造福祉[3]。

第四节　展望未来

三门峡水利枢纽在汛期进行发电是无可非议的，然而它所处的特殊地理位置，负担的沉重任务，是背着包袱进行发电。一旦库容发生损失，潼关高程上升，总会有瓜田李下之嫌。

随着黄河流域水资源的不断开发，水沙条件的不断改变，进入三门峡库区的径流量和输沙量也随之变化。因此，三门峡水库汛期发电可能会出现两种趋势：①上游修建大型水利枢纽，如古贤水库、碛口水库等。库容大、拦沙时期长，缓解了潼关高程问题，减少了进入三门峡库区的泥沙量，对汛期发电十分有利。然而不论哪一座水库，修建的同时，都要对小北干流（禹门口—潼关）进行工程治理，防止河道展宽与下切，同时要进行大放淤（可堆沙100亿m^3），黄淤45断面（上源头）以下河段可任其发展，为渭河河口、潼关河床留有冲刷空间。②遭遇丰沙年份（如1967年、1986年），黄河干流汛期输沙量在18.5亿t以上，三门峡水库汛期平均流量超过3 800 m^3/s，汛期平均库水位在314 m以上。由此可以推测，在潼关以下库区会出现严重淤积。在这种形势下，汛期发电将被质疑，甚至强迫改为敞泄排沙。③从经济发展来看，黄河上中游的水资源越来越紧缺，超负荷利用在所难免，对泥沙的安排并非很快见效，由此会引发进入三门峡水库的径流量越来越少，进入库区的含沙量相对增加，如何维持库区冲淤平衡值得研究。

参考文献

[1] 黄河三门峡水利枢纽志编纂委员会. 黄河三门峡水利枢纽志[M]. 北京：中国大百科全书出版社，1993.

[2] 龙毓骞. 龙毓骞论文集[M]. 郑州：黄河水利出版社，2006.

[3] 焦恩泽. 坝前漏斗形态简析[J]. 人民黄河，1991(2)：24-26.

第十八章　河流梯级开发的调水调沙探讨与思考

随着我国国民经济的飞速发展,我国水利水电事业也突飞猛进,水资源得到了充分利用与开发。黄河、长江已经或即将进行水利水电枢纽梯级建设。例如,黄河上游干流已建和在建水利水电工程有18座(见表18-1)。长江上游的金沙江拟建多座梯级工程。

表18-1　黄河上游已建、在建水利水电工程

序号	水库名称	正常蓄水位(m)	库容(亿 m^3)	可用库容(亿 m^3)	最大坝高(m)	已建● 在建○
1	龙羊峡	2 600.0	247.0	193.5	178.0	●
2	拉西瓦	2 452.0	10.0	1.5	250.0	○
3	尼那	2 235.5	0.3	0.1	45.5	●
4	李家峡	2 180.0	16.5	0.6	165.0	●
5	康扬	2 033.0	0.2	0.1	39.0	○
6	公伯峡	2 005.0	5.5	0.8	139.0	○
7	苏只	1 900.0	0.5	0.1	44.0	○
8	积石峡	1 856.0	2.4	0.5	88.0	○
9	寺沟峡	1 748.0	0.5	0.1	54.0	○
10	刘家峡	1 735.0	57.0	41.5	147.0	●
11	盐锅峡	1 619.0	2.2	0.1	55.0	●
12	八盘峡	1 578.0	0.5	0.1	33.0	●
13	小峡	1 499.0	0.5	0.1	47.7	●
14	大峡	1 480.0	0.9	0.6	71.0	●
15	乌金峡	1 436.0	0.2	0.1	54.5	○
16	沙坡头	1 240.5	0.3	0.1	37.6	●
17	青铜峡	1 156.0	5.7	0.5	42.7	●
18	三盛公	1 055.0	0.8	0.3	9.0	●

为了减少泥沙在库内的淤积,保持可用库容长期使用,在规划设计过程以及运用时期,千方百计地采取排沙措施来保持库容,尤其是在多沙河流上的枢纽工程更是如此。为此,众多水库采用调水调沙方式进行运用。

就单一水库而言,为了保持可用库容,在具备必要条件的情况下,是可以达到长期使用的目的的,但是必须考虑排沙对下游河道的影响。例如,在下游地区有引浑淤灌,或者

有放淤地势,能容纳水库下泄沙量,其对下游河道的淤积影响很小。

若进行梯级开发,在水库下游又修建水库,上一级水库排沙对下一级水库有何影响?下一级水库也要为了保持库容而采用调水调沙方式,势必将全年输沙量集中于汛期或洪水期排沙出库,如此排沙会造成水沙不协调的出库水沙过程,也给下一级水库及下游河道造成不利影响,这就需要对河流梯级开发做全面、系统的分析研究,给泥沙安排较为合理的“出路”。

第一节　黄河上游梯级开发实例

从表 18-1 中可知,刘家峡水库以下有盐锅峡、八盘峡、小峡、大峡等梯级工程,再下游有沙坡头、青铜峡、三盛公等梯级工程。

刘家峡、盐锅峡与八盘峡三座水库是首尾相连的。刘家峡水库于 1968 年 10 月建成后蓄水运用,盐锅峡水库于 1962 年建成投产,八盘峡在 1975 年建成开始运用。

盐锅峡总库容 2.2 亿 m^3,死水位为 1 618 m,相应库容为 2.065 亿 m^3,可用库容为 0.10 亿 m^3。大坝左侧为水电站,进水口高为 1 600 m,大坝右侧设有 6 孔溢洪道,底坎高程为 1 609 m。因此,8 座发电机组就成为排沙通道(见图 18-1)。

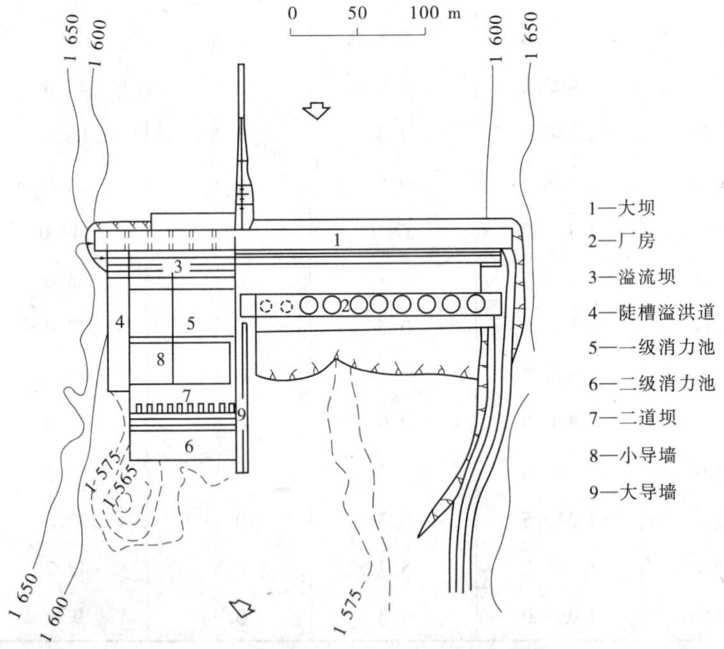

图 18-1　盐锅峡水电站枢纽平面布置图

盐锅峡早于刘家峡 6 年建成,6 年间多年平均进库输沙量为 0.93 亿 t❶,水库淤积异常严重。大体上可分为四个阶段:①施工期(1958 ~ 1961 年),受施工期围堰壅水影响,泥

❶ 水利电力部水利水电规划设计院,水电站泥沙问题总结汇编,1988。

沙淤积约 0.66 亿 m^3，占正常蓄水位以下总库容的 30.6%，坝前淤积厚度达到 23 m。②初期运用阶段(1962～1964 年)，在这一时期内，淤积量最大，累计淤积量达到 1.54 亿 m^3，占总库容的 71.3%。淤积集中在库区下段，库区上、中段较少。③接近冲淤平衡期(1965～1968 年)，由于前期淤积占据总库容的 71.3%，又加上盐锅峡为河道型水库，在这一时期库区已淤积成近似天然河道，输沙能力逐渐恢复到自然状态，因此库区仍有少量淤积，排沙比约为 98.9%，基本上接近冲淤平衡状态。④刘家峡水库建成后(1968 年以后)，于 1968 年汛后蓄水运用，黄河干流及洮河等支流的输沙量被拦截在刘家峡水库内，只有洮河来水来沙产生的异重流排沙出库，泥沙组成细，均可通过盐锅峡电站输送到坝下游，库区发生少量冲刷(见图 18-2)。受刘家峡下泄清水影响，盐锅峡库区发生冲刷，库区床面发生粗化，见表 18-2。水库淤积的历年纵剖面见图 18-3。

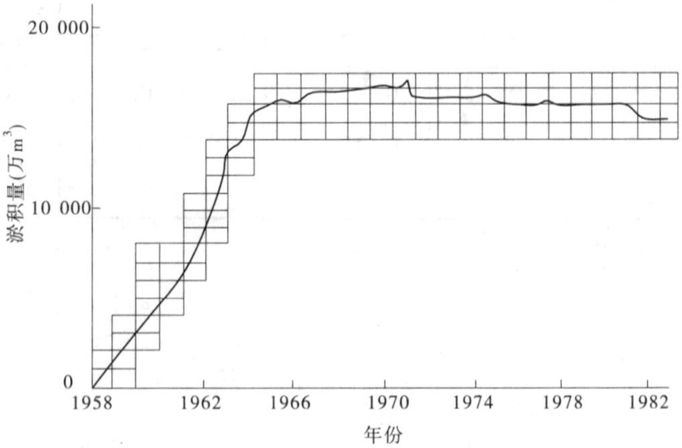

图 18-2　盐锅峡水库历年冲淤量累积过程线

表 18-2　盐锅峡库区淤积物 D_{50} 沿程变化　　（单位:mm）

淤积断面编号	库区地形	距坝里程(km)	1964 年 11 月	1965 年 10 月	1966 年 10 月	1970 年 8 月	1976 年 10 月	1978 年 10 月
1	峡谷	0.318	0.043 5	—	0.112	0.225	0.325	0.283
2		0.689	0.132	0.128	0.103	0.240	0.206	0.384
3	川地	1.729	0.145	0.108	0.109	0.225	0.117	0.357
4		4.019	0.116	0.125	0.127	0.019	0.417	0.293
5	峡谷	5.499	0.094 2	0.113	0.197	0.035	0.337	0.442
6		6.467	0.007 9	0.134	0.107	0.049	0.276	0.359
7		8.292	0.198	0.152	0.134	0.126	0.466	0.485
8		10.102	0.192	0.143	0.113	0.31	0.257	0.331
9		11.652	0.087 2	0.112	0.123	0.101	0.56	0.398

续表 18-2

淤积断面编号	库区地形	距坝里程（km）	1964 年 11 月	1965 年 10 月	1966 年 10 月	1970 年 8 月	1976 年 10 月	1978 年 10 月
10	川地	12.287	0.252	0.037	0.224	0.213	0.504	0.288
11		14.347	0.240	0.170	0.240	0.335	0.394	0.419
12	峡谷	16.899	0.532	0.234	0.246	0.406	0.440	0.487
13	川地	18.934	0.165	0.133	0.146	0.061	0.51	0.47
14		20.004	0.307	0.201	0.144	0.250	0.546	0.393
15		22.034	0.758	0.198	0.202	0.237	0.549	0.316
16		24.499	0.400	0.252	0.412	0.035	0.414	0.242
17	河道	25.884	0.645	0.542	0.215	0.363	26.6	3.70
18		27.046	0.33	0.269	0.204	10.3	15.3	21.0
19				0.568				

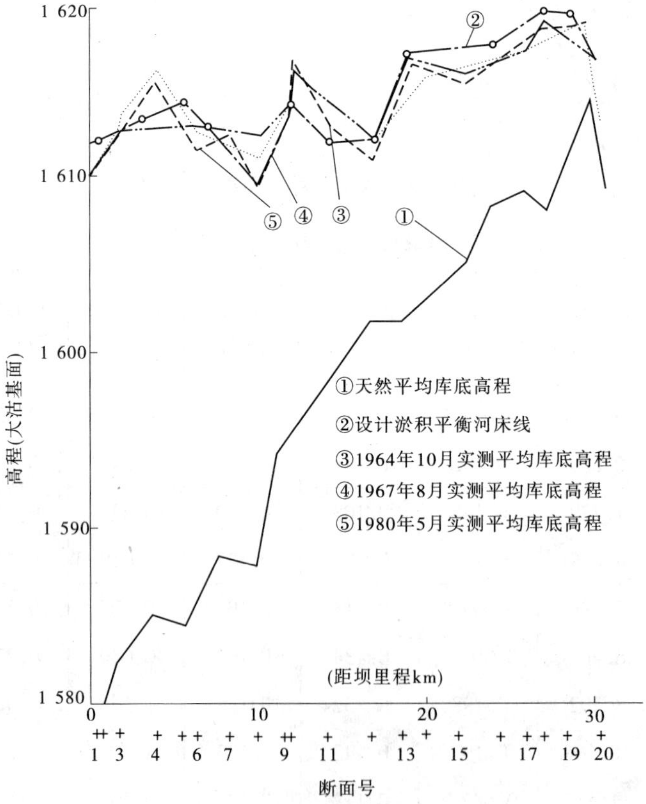

图 18-3　盐锅峡库区纵剖面图

1980 年以后，刘家峡水库为了处理距坝上游 1.5 km 处的拦门沙坎，已经 3 次降低库水位冲刷拦门沙排沙出库，对盐锅峡水库和电站威胁较大。盐锅峡排沙出库后穿过八盘峡等枢纽进入兰州以下河道。天然流量与含沙量受梯级枢纽逐级调节，改变了原有的水沙过程，破坏了水沙搭配平衡，其后果反映为主河槽淤积、平滩流量下降、河槽形态向宽浅方向发展、同流量水位上升。如下河沿水文站同流量(1 000 m^3/s)，50 年代同流量水位平均值为 1 230.98 m，80 年代中期为 1 231.08 m，1998 年上升到 1 231.22 m。

三湖河口水文站受青铜峡、三盛公两座枢纽的日调节作用，洪峰流量和平滩流量急剧下降(见图 18-4)。横断面面积减小并且逐渐向平坦化发展(见图 18-5)。

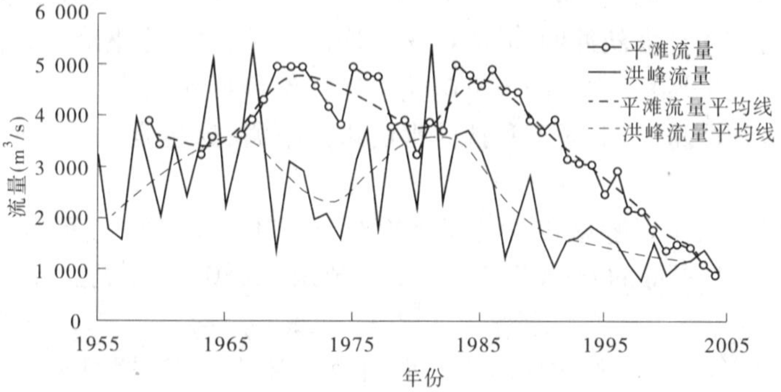

图 18-4　三湖河口洪峰流量和平滩流量[1]

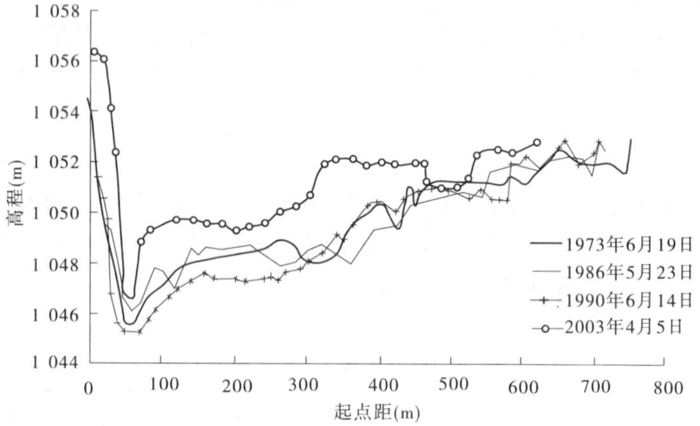

图 18-5　巴彦高勒实测大断面套绘图[1]

第二节　三门峡水库对下游的影响

黄河三门峡水库于 1960 年 9 月开始正式运用至 1999 年近 40 年，经过水库运用方式的改变，又有两次工程增建与改建。水库由蓄水拦沙运用期(1960 年 9 月 ~1962 年 3 月)

---

❶ 侯素珍，宁蒙河段水沙变化及河床演变分析，黄科技 2X－2006－37－56，2006 年 5 月。

改为敞泄排沙运用期(1962 年 4 月 ~ 1964 年 7 月)。第一期枢纽工程增建、改建后增大了排沙能力(1964 年 8 月 ~ 1970 年 6 月),第二期工程改建扩大了泄流规模,降低了泄流建筑物进水口底坎高程,直到 1973 年 11 月转为调水调沙运用(1973 年 11 月至今)。在拦沙期(1960 年 9 月 ~ 1964 年 10 月),由于水库下泄清水,黄河下游共冲刷 21.619 亿 m^3 (见表 18-3)。其中,小浪底—高村河段冲刷 15.27 亿 m^3,占全下游总冲刷量的 70.6%,艾山以下河段冲刷 3.968 亿 m^3,占全下游总冲刷量的 18.4%(见表 18-3)。在这一段时期内,三门峡水库下泄流量较为均匀,清水对河岸侧蚀严重,引起河床形态($\sqrt{B}/H$)向宽浅方向发展。在下泄清水流量较小时还出现上段河道冲刷而下段河道发生淤积的现象。

在滞洪排沙期间(1964 年 10 月 ~ 1973 年 10 月),三门峡水库按敞泄排沙运用。由于前期下泄清水,河床受到强烈冲刷,河床粗化,水流输沙能力随之下降,因此在敞泄排沙初期,下游河道立即发生淤积。此外,当三门峡水库突然降低库水位,库区发生强烈的溯源冲刷,出库水沙搭配严重失调,超饱和挟沙水流进入下游,这也是下游河道发生严重淤积的重要因素。

在滞洪排沙期间,全下游总共淤积 28.549 亿 m^3,其中小浪底—高村河段淤积 18.877 亿 m^3,占全下游总淤积量的 66.1%;艾山以下淤积 4.680 亿 m^3,占全下游总淤积量的 16.4%。

1973 年 11 月以后,三门峡水库转入调水调沙运用期。在此期间又分为两个时段:

1973 年 11 月 ~ 1985 年 10 月为龙羊峡水库投入运用前,年内径流量的分配变化较小。在此时期,全下游共淤积 2.836 亿 m^3,三门峡水库冲刷 2.29 亿 m^3,两者很接近。然而由于受三门峡水库调节作用的影响,下泄流量偏小而均衡,黄河下游的小浪底—花园口河段发生冲刷,冲刷量为 3.169 亿 m^3,花园口以下各河段都是淤积的,淤积最多的河段为高村—艾山河段,达到 4.073 亿 m^3。

1985 年 10 月 ~ 1999 年 10 月,除了龙羊峡水库蓄水并与刘家峡水库联合调度运用外,又遇到了枯水系列年份。三门峡水库出现累积性淤积,共淤积 1.99 亿 m^3,同期黄河下游总淤积量为 22.902 亿 m^3。其中,小浪底—高村河段淤积 15.382 亿 m^3,占全下游总淤积量的 67.2%;艾山以下河段淤积 4.059 亿 m^3,占全下游总淤积量的 17.7%。见表 18-3。

表 18-3　黄河三门峡水库上、下游河道冲刷量　　（单位:亿 m^3）

时段(年-月)	三门峡潼关以下库区	黄河下游河段				
		小浪底—花园口	花园口—高村	高村—艾山	艾山—利津	合计
1961-10 ~ 1964-10	29.78	-6.460	-8.810	-2.381	-3.968	-21.619
1964-11 ~ 1973-10	-5.97	5.280	13.597	4.992	4.680	28.549
1973-11 ~ 1985-10	-2.29	-3.169	1.110	4.073	0.822	2.836
1985-11 ~ 1999-10	1.99	4.288	11.094	3.460	4.059	22.901
合计	23.51	-0.061	16.991	10.144	5.593	32.667

由上述可知，在正常的水沙年份，水库拦沙淤积时，下游河道将发生冲刷，若水库敞泄排沙，则下游河道发生淤积。当遇到较为有利的水沙年份，水库发生冲刷的同时，下游河道也会发生冲刷，但冲刷仅发生在下游河道的上段。当遇到不利的水沙年份，水库与下游河道都会出现淤积，其淤积量也不会很大。

上述三门峡水库与黄河下游河道的冲淤实例说明，在有利的水沙条件时期，管理者应考虑在今后遇到不利水沙年份时可能带来的负面作用。要充分利用有利的水沙条件多冲刷水库和河道的淤积物；当遇到不利水沙年份时，要尽可能地利用水库运用手段，将非汛期进入库区的输沙量尽可能地输送到靠近坝前落淤，以利于汛期敞泄排沙。

第三节　关于三门峡、小浪底两库现状

小浪底水库于1999年汛后投入运用，至今已有7年。黄河水利委员会充分利用小浪底水库建成后的有利时机和条件，于2002年进行调水调沙试验与正常运用。在黄河下游河道恢复过洪能力、塑造河床形态等方面取得了丰富成果。当小浪底水库堆沙库容淤满转入正常运用期以后，就要考虑如何与三门峡水库共同实施水库调水调沙、如何处理泥沙问题。在讨论小浪底、三门峡两库联合调水调沙之前，分别介绍两库目前的现状和需要考虑的问题。

一、小浪底水库现状

小浪底水库于1999年10月蓄水，2000年1月第一台机组发电。至2006年汛后库区已淤积21.352亿 m^3，尚有库容：干流56.5亿 m^3，支流49.4亿 m^3。在这一时期，水库在非汛期蓄水，主汛期（7、8两月）库水位控制在汛限水位（225 m）以下，8月末以后逐渐蓄水，库水位上升。见图18-6。

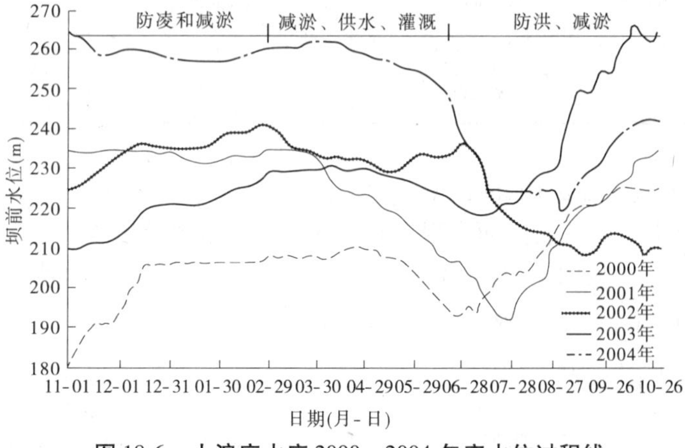

图18-6　小浪底水库2000～2004年库水位过程线

2000～2006年进库总输沙量为27.81亿t，出库总输沙量为4.537亿t，排沙比为16.31%，进库输沙量和出库输沙量均集中在汛期（见表18-4）。

表 18-4　2000～2006 年进出库输沙量和排沙比❶

年份	年沙量(亿 t)			汛期沙量(亿 t)		
	进库	出库	排沙比(%)	进库	出库	排沙比(%)
2000	3.572	0.042	1.176	3.337	0.042	1.259
2001	2.940	0.230	7.823	2.940	0.230	7.823
2002	4.747	0.740	15.59	3.494	0.725	20.75
2003	7.474	1.194	15.98	7.742	1.150	14.85
2004	2.676	1.484	55.46	2.676	1.484	55.46
2005	4.076	0.449	11.02	3.619	0.434	11.99
2006	2.324	0.398	17.12	2.075	0.329	15.86
合计	27.809	4.537	16.31	25.883	4.394	16.98

库区干支流淤积总量为 21.352 亿 m^3,其中干流为 17.953 亿 m^3,占总淤积量的 84.1%,支流淤积量为 3.399 亿 m^3,占总淤积量的 15.9%(见表 18-5)。

表 18-5　小浪底水库历年干、支流淤积量

时段(月-日)	干流	支流	全库区
1999-10～2000-10	3.471	0.344	3.815
2000-11～2001-10	2.557	0.449	3.006
2001-11～2002-10	1.939	0.164	2.103
2002-11～2003-10	4.623	0.270	4.893
2003-11～2004-10	0.297	0.877	1.174
2004-11～2005-10	2.603	0.308	2.911
2005-11～2006-10	2.463	0.987	3.450
1999-10～2006-10	17.953	3.399	21.352

小浪底水库经过多年运用,库区干流由于上游三门峡水库汛期下泄清水,小浪底水库三角洲尾部段受到强烈冲刷,因而出现没有尾部段的三角洲淤积体,库区干流淤积形态呈不完整的三角洲外形(见图 18-7)。小浪底水库排沙洞进水口底坎高程为 175 m,比原河床高出 35 余 m,因此三角洲前坡至坝前呈平行抬高现象(见图 18-7)。

二、三门峡水库现状

三门峡水库自 1973 年汛后开始蓄清排浑运用以来历经 30 多年,张启舜与龙毓骞在 1977 年对蓄清排浑运用做了细致地分析,将三门峡水库运用方式改称为调水调沙。自此

❶　马怀宝等,2004 年小浪底水库运用及库区水沙运动特性分析,2005 年 4 月。

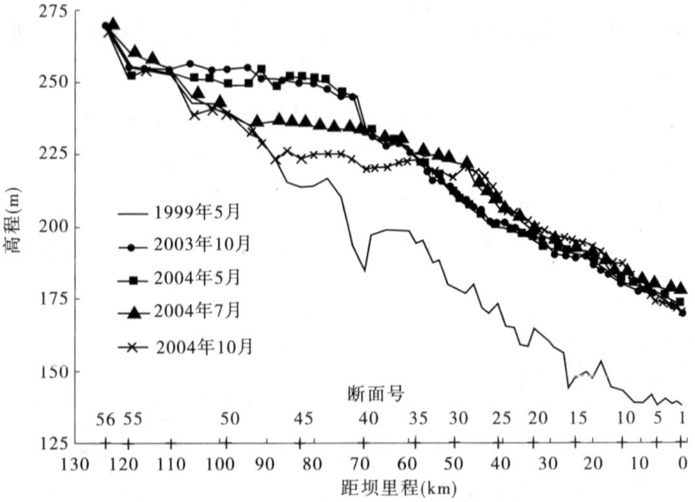

图 18-7　小浪底水库干流纵剖面套绘图(深泓点)

以后对蓄清排浑运用习惯地改称为水库调水调沙。

根据黄河防洪的要求,三门峡水库在 335 m 高程以下的库容要维持 50 亿 m^3 的防御"上大洪水"的库容。为此,应保持潼关以下库区冲淤平衡,同时为了缓解渭河下游淤积问题,又要求控制潼关河床高程上升。因此,三门峡水库在运用年内,根据库区冲淤变化、潼关河床高程升降,也在随之修改年度调度方案,如非汛期坝前最高水位不得超过 318 m;其次,在桃汛期与万家寨水利枢纽相协调,调节万家寨出库水沙过程,以利于冲刷潼关河床,使潼关河床高程在桃汛期能够下降;非汛期进入库区的输沙量尽可能输送到靠近坝区落淤,以便于在汛期敞泄过程中为冲刷创造条件和时机。

第四节　小浪底水库的三个特殊问题

小浪底坝址上距三门峡大坝 126 km,三门峡水电站尾水位约为 275 m。小浪底出库的径流量和输沙量与伊洛河、沁河水沙汇合后进入黄河下游河道。

基于上述情况,小浪底水库具有 3 个特殊问题。

一、水沙过程的特殊性

小浪底水库回水与三门峡电站尾水相接,承受三门峡水库非汛期(8 个月)下泄清水而产生的冲刷过程,尤其是 4 ~ 6 月期间,正值黄河下游灌区春灌用水高峰期,小浪底水库向下游补水,库水位逐渐下降至汛限水位,水库末端库段脱离回水影响,迎来三门峡水库下泄清水而发生沿程冲刷,被冲刷起来的泥沙被带进水库下段深水区落淤。进入汛期,三门峡水库敞泄排沙,将接近全年的输沙量在汛期排泄出库,进入小浪底库区。

从三门峡水库数十年的运用经验来看,在有利来水来沙条件时(1980 年 11 月 ~ 1985 年 10 月),全库区发生冲刷,年均冲刷量为 0.232 亿 t,若遇不利来水来沙的时期(1985 年 11 月 ~ 1990 年 10 月),库区淤积严重,年均淤积量为 0.856 亿 t。由此可知,上游来水来沙条件是决定性因素。当然，在有利来水来沙条件下，水库的运用方案等也是重要因素，例如，水库运用初期(1960 年 9 月 ~1964 年 10 月)为蓄水和滞洪运用，来水来沙条件虽然有利，但是受泄流能力的制约，三门峡水库出现严重淤积。

1999 年 10 月小浪底开始蓄水进入正常运用以后，三门峡水库的运用原则是在非汛期接近 8 个月时间下泄清水，自 7 月初至 10 月末敞泄排沙，将全年输沙量排出库外，进入小浪底水库。目前，小浪底正值拦沙期，当堆沙库容淤满以后，三门峡水库必须在保证潼关以下库区冲淤平衡的条件下，使三门峡水库出库的水沙过程达到合理的水沙搭配是必须早日解决的问题。

二、特殊的库区地形

小浪底库区总长约 130 km，在三门峡大坝下游 40 km 范围为峡谷河道，断面呈窄深形态，宽度为 200 ~300 m，原河床由砾石、卵石和粗砂组成，两侧岸壁岩石参差不齐，河床纵向坡度很陡，约为 1.2‰。坝前水位 $H \leqslant 235$ m 高程时，不受回水影响，处于自然状态。在运用年内容易达到冲淤平衡，由于单宽流量大或水流功能($\gamma' qJ$，γ'为浑水容重；q 为单宽流量；J 为纵比降)强，甚至可以在末端恢复到自然状态的天然河道。坝址上游 74 ~26 km 处在变动回水区范围，易冲(库水位下降)易淤(受回水影响)，若运用得当则有利于恢复库容。然而，遭遇不利水沙年份，或者上游三门峡水库长时间下泄小流量大含沙量的水沙过程，或者小浪底水库运用不当，则极有可能出现累积性淤积，这种累积性淤积又不可避免地出现淤积上延，从而引起库区末端出现意想不到的淤积，进而威胁三门峡水电站尾水位上升，危及该电站的经济效益。距坝 26 km 范围是高滩深槽淤积形态，又是“调沙”的主要库容，这一段库容直接影响调沙效益，同时滩槽差近 70 m 能否稳定？坝前冲刷漏斗形态如何？都是保持 10 亿 m^3 调沙库容的关键问题。

三、上游与下游对小浪底水库的“苛刻”要求

黄河下游河道受三门峡水库 30 多年调水调沙的作用，洪峰流量下降，有时出库水沙过程不相适应，又加上 20 世纪 90 年代后期开始出现的枯水系列的影响，使得河道主槽淤积加重，平滩流量下降(3 500 ~4 500 m^3/s)，同流量水位上升。因此，在一般水沙年份，不希望小浪底水库下泄流量超过 4 000 m^3/s。在调水调沙过程中，下泄含沙量尽可能控制在 30 ~40 kg/m^3 以下，上述的几种情况就圈定了水库运用的范围，也是对小浪底水库运用的限制。

三门峡水库为保持防御“上大洪水”的库容，一定要维持 30 亿 ~50 亿 m^3 的防洪库容，采取一切办法来维持库区冲淤平衡。另外，为了减少渭河下游河道防洪压力，也要稳定潼关河床高程。在上述前提下，给水库运用方案和执行过程带来一些意想不到的麻烦。例如，上一个运用年出现累积性淤积，就要求汛期降低水位幅度要大些，由此会出现历时较长的小水带大沙过程；又例如，非汛期下游防凌要求和春灌要求，高水位蓄水历时较长，从而引起淤积部位偏上，进而在汛期敞泄历时长，也会出现小水带大沙过程。这对小浪底水库是非常不利的。为了避免上述不利情况，除小浪底水库在调水调沙运用方案和操作方面应当精心制订与随机应变外，还必须与三门峡水库进行协商。

第五节　小浪底水库后期运用方案设想

三门峡与小浪底两座水库相连接，又是修建在含沙量很高的黄河中游，方方面面对它们又期待很高（防洪、防凌、供水、减淤），承担的任务极其繁重和复杂，是国内外罕见的梯级水利枢纽。本节对小浪底水库堆沙库容淤满以后的运用方案进行设想。

一、三门峡水库出库水沙过程概况

三门峡水库自1974年采用调水调沙运用方案以来，均为非汛期蓄水拦沙，汛期敞泄排沙，各时期的水库水位过程线如图18-8所示。

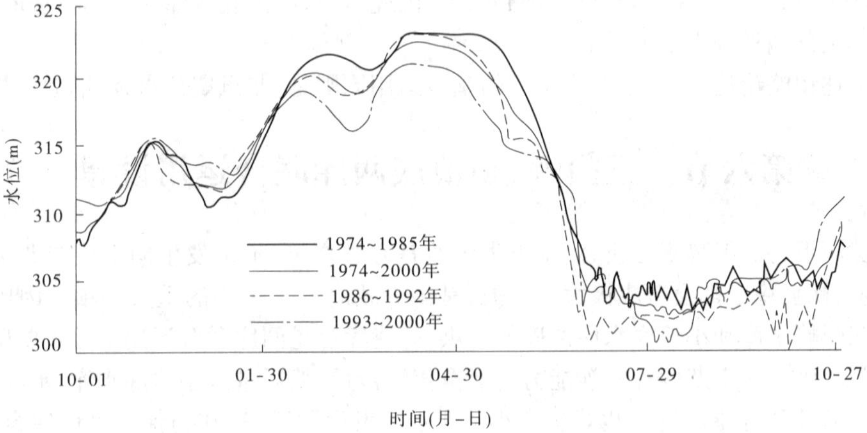

图18-8　各时期三门峡水库日均水位过程线

（一）非汛期运用

防凌期若遇到黄河下游凌汛汛情严重时，为避免凌汛灾害，要求三门峡水库关闸蓄水，但库水位控制在326 m高程以下。

1999年汛后，小浪底水库建成投入运用，减轻了三门峡水库防凌任务。根据小浪底规划时推算结果，下游出现最严重的凌汛时，需要拦蓄的水量为35亿 m^3：小浪底水库承担20亿 m^3，三门峡水库承担15亿 m^3。在通常情况下，三门峡水库可承担7.0亿 m^3（库水位为320 m）。

为了缓解潼关河床上升，2002年以后非汛期最高蓄水位不超过318 m，若防凌需要则另作安排。

（二）汛期运用

为减少黄河下游河道主河槽的淤积，在汛期避免小流量挟带大含沙量出库。通过分析，当为流量大于2 500 m^3/s 以上的洪水时，开闸敞泄；当流量在1 500 m^3/s 以下小洪水时，尽可能拦蓄。在汛期没有洪水进库的时段，称做“平水期”，平水期进库的含沙量较少，适当蓄水发电，有少量淤积可以凭借洪水富余输沙能力排沙出库。

从上述情况可概括为：三门峡水库在非汛期近8个月时间蓄水拦沙，拦沙量在1.0亿～1.5亿t，基本上是清水下泄，汛期依靠洪水或大流量将全年输沙量排泄出库，进入小浪底水库。

二、小浪底水库运用原则

小浪底水库堆沙库容淤满以后，淤积形态呈锥体形态，坝前构成冲刷漏斗，横断面出现窄深河槽的局面。水库尚保持51亿 m^3 防洪库容和调沙库容。由于三门峡水库在非汛期下泄清水，只有很少量的泥沙进入小浪底水库，就没有将非汛期泥沙滞留在库区，即出现所谓的凭借汛期洪水的富余输沙能力和溯源冲刷输沙能力排沙出库的问题，或者所谓的“调沙”问题。

进入汛期，三门峡水库为达到库区冲淤平衡，为了保持防御“上大洪水”的库容，要求采取多种措施排沙出库。因此，三门峡水库全年的输沙量在汛期进入小浪底水库。对小浪底水库来讲，也存在保持防洪库容的问题。因此，要求小浪底水库在汛期将进库输沙量通过库区全部输送到下游河道。

从上述粗略论述可知，小浪底水库的基本运用原则是：非汛期蓄水，汛期敞泄排沙。

第六节　三门峡、小浪底两库联合运用设想

从黄河下游的形势来分析，洪水灾害仍然是心腹之患，不论发生向南或向北决口，对国民经济、社会稳定都会造成极大的损失，是中央政府经常关心的重大事项。因此，维持与保证三门峡水库和小浪底水库两库的防洪、防凌库容是两库联合运用中首先要确保的。

三门峡水库靠汛期两种输沙能力排泄全年输沙量，然后进入小浪底水库，水沙过程发生坦化变形，即“穿堂而过”，也难免在小浪底水库发生淤积，这在与保持可用库容又发生矛盾的同时也会给下游河道带来诸多问题。

保持两库的防洪库容是保证黄河下游安澜的一个重要方面，然而保持下游河道不淤或少淤也是维持黄河不决口的重要方面。因此，给泥沙的安排或者找“出路”就成为重要环节。

通过上述粗略分析，本节着重讨论两库联合运用方案及安排泥沙出路问题。

一、两库运用方案设想

三门峡水库运用方式已基本确定，然而从两库和全下游的情况来看仍然有调节与改善的空间，不能一成不变而不考虑小浪底水库和全下游出现的问题。

（一）遇到枯水年或枯水系列

因为在洪水场次少、洪峰流量小、输沙能力弱的情况下，三门峡水库非汛期最高蓄水位最好不超过315 m，以便使进库的输沙量落淤在靠近坝区附近，这样的淤积部位容易冲刷排沙。汛期最好全时段开闸敞泄，其目的就是要达到运用年内冲淤平衡，保持防洪、防凌库容不受损失。

这种运用方案会引起小浪底水库出现累积性淤积，解决的方法是：①三门峡水库在6月和10月份制造人造洪峰（人造洪峰的时机应当选择在有洪水进库的时段），冲刷小浪底水库淤积泥沙出库；②小浪底水库提前泄空排沙，迎接三门峡水库人造洪峰，既冲刷三

门峡水库前期淤积下来的泥沙又冲刷小浪底水库前期淤积的泥沙，以达到保持防洪库容的目的。

（二）平水年或平水系列

在一般情况下，这种来水来沙条件，三门峡水库容易达到冲淤平衡。若小浪底水库仍然有一定数量的累积性淤积，也可以利用三门峡水库的有利条件，制造人造洪峰进行冲刷，而小浪底水库应采取汛期敞泄排沙运用。

上述两种方案会损失发电效益，但宇宙间事物总是利与弊共存的，衡量全局，若利大于弊，则应牺牲局部利益。

（三）丰水年或丰水系列

在丰水年份除高含沙洪水外，对三门峡水库和小浪底水库保持可用库容均为有利。在有利来水来沙年份，在多兴利的前提下还要考虑以后可能出现不利的水沙年份，因此尽可能利用有利条件，多冲刷前期淤积、多恢复库容，为度过不利年份留有余地。为了长久的效益，损失少量眼前利益也是值得的。

（四）两库运用程序安排

非汛期将近结束前（每年6月中旬），小浪底水库先行泄空之后，三门峡水库降低库水位敞泄排沙，以便下泄水沙过程在小浪底水库穿堂而过。汛期后期（10月下旬）三门峡水库提前蓄水：一是避免输沙量淤积在小浪底库区；二是遇到枯水年份，利用三门峡水库蓄水制造人造洪峰冲刷小浪底前期淤积。

在丰水年份的汛末，两库可以同步蓄水至限制水位。

凌汛期，小浪底水库先防凌蓄水，仍不能满足下游防凌时，三门峡水库可随后蓄水。

向下游供水期，小浪底先期向下游供水，然后启用三门峡库区蓄水量，以便三门峡水库在排沙期尽可能地避免小浪底水库发生淤积或少量淤积。

二、两库敞泄排沙的泥沙处理与安排设想

为了防御洪水对下游河道的威胁，保证两库的防洪库容是首要任务。为了保护两库库容不受损失，势必将全年的输沙量排泄出库进入黄河下游河道。汛期的径流量与全年的输沙量显然是不相匹配的，特别是在小水大沙的条件下，主河槽会出现严重的淤积。

为了维持下游河道，尤其是主河槽不淤或者微淤状态，就要另辟途径安排泥沙出路。就黄河下游具体情况而言，只有“放淤”和“挖河”两种出路。

（一）关于放淤的问题

“黄河近期重点治理开发规划”中确定处理泥沙的基本思路是：拦、排、放、调、挖。

黄河小北干流于2004年7月在连伯滩实施无坝自流放淤已经3年，取得了一定的效益和经验，而黄河下游尚未开展。

从黄河小北干流和下游滩区来看，均具有放淤的空间。如温孟滩、花园口至高村河段两侧滩区，均可作为放淤地区。然而，放淤又与社会经济、群众生产生活存在矛盾。因此，建议：

（1）选出可行地块开展试验，积累经验，通过总结、完善，逐步推广。

（2）先在滩区修建避水台，村民搬迁到台上后，进行逐块放淤，由上段起，逐步向下段

放淤。当年或两年内，农业损失由国家和地方给予补偿。当淤区可以恢复生产后，将下段居民搬迁至已淤成的地段后，对下段进行放淤。如此依次放淤为泥沙安排出路。

（3）利用西霞院反调节水库的有利条件在汛期引洪放淤。

（二）关于挖河的问题

黄河下游河道早在20年前就有民船采用吸泥式挖泥机将泥沙输送到大堤附近，作为固堤加高加厚的原料。随着科学技术的发展，也可以提出设计适合黄河下游河道特点的挖泥船。采取"土洋"结合的思路进行挖泥，输送到滩区。尤其是高村至孙口段的瓶颈地段，更应采用以挖为主的方式疏通河道，单靠水流冲刷拓宽、刷深难以达预期效果。黄河小北干流也可以采取"放与挖"并举的措施。

（三）投资与政策

投资应为中央与地方共同投资。发挥两方面的积极性，采用挖泥方案时，也可以结合因占地而荒废失业的群众，给予适当补贴，让他们挖泥。发挥群众的积极性，同心协力共同治河。

放淤最大的问题是暂时"移民"和生活补助问题。但是这类"移民"在放淤完成后立即可以返回原处，可能因放淤前后，土地肥力不一而影响群众生产、生活，出现差异，这就需要制订相关政策加以解决，消除人民群众的各种顾虑。

后 记

本书虽然概括地总结了目前已经采用的“调水调沙”运用的水库经验，然而水库调水调沙的历时尚短，推广面还不是很宽。由于各流域的水沙特性差异很大，水库所处的地形、地貌更是千差万别，水利水电枢纽的开发目标以及对上下游、左右岸的相互制约条件又很不相同，因此水库调水调沙还会出现创新经验，在理论上也有待于进一步探讨和提高。

水库调水调沙只是人们对水沙在时空分布上做了调整。龙毓骞先生在生前曾经对三门峡水库的运用方式概括为“蓄清排浑，调水调沙，控制运用”。黄河水利委员会通过小浪底水库及下游河道多年的调水调沙试验，发展到黄河中下游（包括万家寨、三门峡及小浪底）调水调沙调度运用，进而称之为“水沙调控”体系。

由此看来，“调水调沙”的内涵异常丰富，这些都有待于进一步发掘、深化和在理论上进行研究。